transtornos alimentares

ABP
Associação
Brasileira de
Psiquiatria

artmed

A Artmed é a editora
oficial da ABP

NOTA

A medicina é uma ciência em constante evolução. À medida que novas pesquisas e a própria experiência clínica ampliam o nosso conhecimento, são necessárias modificações no tratamento e na farmacoterapia. Os autores desta obra consultaram as fontes consideradas confiáveis, em um esforço para oferecer informações completas e, geralmente, de acordo com os padrões aceitos à época da publicação. Entretanto, tendo em vista a possibilidade de falha humana ou de alterações nas ciências médicas, os leitores devem confirmar estas informações com outras fontes. Por exemplo, e em particular, os leitores são aconselhados a conferir a bula de qualquer medicamento que pretendam administrar, para se certificar de que a informação contida neste livro está correta e de que não houve alteração na dose recomendada nem nas contraindicações para o seu uso. Essa recomendação é particularmente importante em relação a medicamentos novos ou raramente utilizados.

T772 Transtornos alimentares : diagnóstico e manejo / Organizadores, Jose Carlos Appolinario, Maria Angélica Nunes, Táki Athanássios Cordás. – Porto Alegre : Artmed, 2022.
xiv, 378 p. ; 23 cm.

ISBN 978-65-5882-031-4

1.Distúrbios alimentares. 2. Imagem corporal. 3. Psiquiatria.
I. Appolinario, Jose Carlos. II. Nunes, Maria Angélica.
III. Cordás, Táki Athanássios.

CDU 616.89

Catalogação na publicação: Karin Lorien Menoncin – CRB 10/2147

transtornos alimentares

diagnóstico e manejo

ORGANIZADORES

- Jose Carlos Appolinario
- Maria Angélica Nunes
- Táki Athanássios Cordás

artmed

Porto Alegre
2022

Gerente editorial: *Letícia Bispo de Lima*

Colaboraram nesta edição:
Coordenadora editorial: *Cláudia Bittencourt*
Capa: *Tatiana Sperhacke*
Imagem da capa: *©shutterstock.com/metamorworks*
Preparação de originais: *Camila Wisnieski Heck*
Leitura final: *Giovana Roza*
Projeto gráfico: *Tipos – Design editorial e fotografia*
Editoração eletrônica: *Kaéle Finalizando Ideias*

Rua Ernesto Alves, 150 – Bairro Floresta
90220-190 – Porto Alegre – RS
Fone: (51) 3027-7000

SAC 0800 703 3444 – www.grupoa.com.br

IMPRESSO NO BRASIL
PRINTED IN BRAZIL

AUTORES

Jose Carlos Appolinario (org.)
Psiquiatra. Professor do Programa de Pós-graduação em Psiquiatria e Saúde Mental do Instituto de Psiquiatria da Universidade Federal do Rio de Janeiro (IPUB/UFRJ). Coordenador do Grupo de Obesidade e Transtornos Alimentares (GOTA) do IPUB/UFRJ e Instituto Estadual de Diabetes e Endocrinologia do Rio de Janeiro. Coordenador da Comissão de Transtornos Alimentares da Associação Brasileira de Psiquiatria (ABP). Mestre e Doutor em Psiquiatria pelo Programa de Psiquiatria e Saúde Mental do IPUB/UFRJ.

Maria Angélica Nunes (org.)
Psiquiatra. Professora do Programa de Pós-graduação em Epidemiologia da Universidade Federal do Rio Grande do Sul (UFRGS). Especialista em Psiquiatria pela UFRGS. Mestra em Epidemiologia pela Universidade Federal de Pelotas (UFPel). Doutora em Psiquiatria e Psicologia Médica pela Universidade Federal de São Paulo (Unifesp). Pós-doutorado em Epidemiologia na UFRGS.

Táki Athanássios Cordás (org.)
Professor dos Programas de Pós-graduação do Departamento de Psiquiatria da Universidade de São Paulo (USP). Professor do Programa de Neurociências e Comportamento do Instituto de Psicologia da USP. Professor do Programa de Fisiopatologia Experimental da Faculdade de Medicina (FM) da USP. Coordenador da Assistência Clínica do Instituto de Psiquiatria (IPq) do Hospital das Clínicas (HC) da FMUSP. Coordenador do Programa de Transtornos Alimentares (Ambulim) do IPq-HCFMUSP.

Adriano Segal
Psiquiatra clínica. Educador e pesquisador no HCFMUSP, Hospital Alemão Oswaldo Cruz (HAOC). Especialista em Obesidade e Transtornos Alimentares pelo HCFMUSP. Doutor em Medicina pelo IPq-HCFMUSP.

Alexandre Pinto de Azevedo
Psiquiatra. Assistente do Ambulim/IPq-HCFMUSP. Coordenador do Grupo Especializado em Comer Compulsivo e Obesidade (Grecco) e do Grupo Especializado em Atendimento a Homens com Transtornos Alimentares (Geahta) do Ambulim. Mestre em Ciências pela FMUSP.

Ana Carolina Soares Amaral
Licenciada plena em Educação Física. Professora de Ensino Básico, Técnico e Tecnológico do Instituto Federal de Educação, Ciência e Tecnologia do Sudeste de Minas Gerais – *Campus* Barbacena. Pesquisadora do Laboratório de Estudos do Corpo da Universidade Federal de Juiz de Fora (Labesc/UFJF). Mestra em Educação Física pela UFJF. Doutora em Psicologia pela UFJF.

Angélica de Medeiros Claudino
Psiquiatra. Professora afiliada de Psiquiatria da Unifesp. Especialista em Transtornos Alimentares pelo Programa de Atenção aos Transtornos Alimentares (Proata)/Unifesp. Mestra em Psiquiatria pela Unifesp. Doutora em Ciências pela Unifesp. Pós-doutorado no Institute of Psychiatry, King's College, Reino Unido.

Antonio Leandro Nascimento
Psiquiatra. Chefe do Serviço de Psiquiatria e Psicologia Médica do Hospital Universitário Clementino Fraga Filho/UFRJ e coordenador do setor de eletroconvulsoterapia do IPUB/UFRJ. Mestre em Psiquiatria pelo Programa de Pós-graduação em Psiquiatria e Saúde Mental do IPUB/UFRJ.

Bacy Fleitlich-Bilyk
Psiquiatra. Especialista em Psiquiatria pela ABP. Mestra e Doutora em Psiquiatria da Infância e Adolescência pelo King's College, Reino Unido. Fundadora do Programa Ambulatorial e de Internação de Transtornos Alimentares em Crianças e Adolescentes (Protad) do IPq-HCFMUSP.

Carla Mourilhe
Nutricionista clínica. Coordenadora de Nutrição do Grupo de Obesidade e Transtornos Alimentares (GOTA) do IPUB/UFRJ. Mestra em Fisiopatologia Clínica e Experimental pela Clínica de Hipertensão da Universidade do Estado do Rio de Janeiro (Clinex/UERJ). Doutoranda no Programa de Pós-graduação em Nutrição do Instituto de Nutrição Josué de Castro/UFRJ.

Carlos Eduardo de Moraes
Nutricionista. Colaborador do GOTA/IPUB/UFRJ. Especialista em Nutrição Clínica, Esporte e Fitoterapia pelo Centro Universitário de Barra Mansa (UBM/RJ). Mestre em Nutrição Humana pela UFRJ.

Denise Achoa Claudino
Psiquiatra e psicanalista. Mestra em Psiquiatria e Psicologia Médica pela Unifesp. Coordenadora do Proata-IA (infância e adolescência).

Fábio Tápia Salzano
Psiquiatra. Médico assistente do IPq-HCFMUSP. Mestre em Ciências pela FMUSP.

Fellipe Augusto de Lima Souza
Psicólogo. Professor convidado de diversos cursos de Pós-graduação pelo Brasil. Coordenador dos Grupos de Terapia Comportamental Dialética (DBT) do Ambulim/IPq-HCFMUSP e da Enfermaria do Comportamento Alimentar (ECAL)/IPq-HCFMUSP.

Fernanda Pescador
Endocrinologista.

Gabriela Morgado O. Coelho
Nutricionista. Professora adjunta da UERJ. Doutora em Alimentação, Nutrição e Saúde pela UERJ.

Glauber Higa Kaio
Psiquiatra. Coordenador da Psiquiatria do Laboratório de Pesquisa em Transtornos Alimentares e Obesidade (Latos). Membro da Academy for Eating Disorder, da Comissão das Especialidades Associadas da Sociedade Brasileira de Cirurgia Bariátrica e Metabólica, da International Federation for the Surgery of Obesity and Metabolic Disorders e da ABP. Vice-presidente da Associação Paranaense de Psiquiatria – Capital. Mestre em Ciências da Saúde pelo Departamento de Psiquiatria da Unifesp.

Isabela Bussade
Endocrinologista e médica clínica. Mestra em Endocrinologia pela UFRJ. Doutora em Ciências Médicas pela UERJ.

João Chaves Hiluy
Psiquiatra. Pesquisador do GOTA/IPUB/UFRJ. Mestrando em Psiquiatria e Saúde Mental no IPUB/UFRJ.

Juliana Fernandes Filgueiras Meireles
Graduada e licenciada em Educação Física. Mestra e Doutora em Psicologia pela UFJF. Pós-doutorado em andamento no Departamento de Ciências do Exercício da Kennesaw State University, Estados Unidos.

Karin Louise Lenz Dunker
Nutricionista. Orientadora do Programa de Pós-graduação de Fisiopatologia Experimental da USP. Coordenadora do Núcleo de Pesquisa (NUPE) e membro do Conselho Técnico da Associação Brasileira dos Transtornos Alimentares (Astral), Ambulim/IPq-HCFMUSP. Mestra e Doutora em Nutrição Humana Aplicada pela USP. Pós-doutorado em Psiquiatria e Psicologia Médica pela Unifesp.

Leonardo F. Fontenelle
Psiquiatra. Professor adjunto do IPUB/UFRJ.

Liliane Kijner Kern
Psiquiatra. Atuação na Casa Viva. Especialista em Transtornos Alimentares pela Unifesp e em Terapia Familiar pela Nova Southeastern University, Estados Unidos. Mestra em Ciências pela Unifesp.

Mara Fernandes Maranhão
Psiquiatra. Especialista em Transtornos Alimentares pela Unifesp.

Marcel Higa Kaio
Psiquiatra. Mestre em Ciências da Saúde pelo Departamento de Psiquiatria da Unifesp. Membro da ABP.

Marcelo Papelbaum
Psiquiatra. Médico do Departamento de Transtornos Alimentares do Centro Médico Sheba, Israel. Especialista em Psiquiatria pela UFRJ. Doutor em Psiquiatria pela UFRJ.

Maria Amália Accari Pedrosa
Psiquiatra. Coordenadora da Residência Médica em Psiquiatria do Instituto Capixaba de Ensino, Pesquisa e Inovação (ICEPi/SESA). Especialista em Transtornos Alimentares pelo IPUB/ UFRJ.

Maria Francisca Mauro
Psiquiatra. Mestra em Psiquiatria e Saúde Mental pelo Programa de Pós-graduação em Psiquiatria e Saúde Mental (PROPSAM) do IPUB/UFRJ. Doutoranda no PROPSAM/IPUB/UFRJ.

Mariana Pires Luz
Psiquiatra. Médica do IPUB/UFRJ. Pesquisadora do Laboratório Integrado de Pesquisas sobre o Estresse (Linpes)/UFRJ. Doutora em Psiquiatria pela UFRJ.

Mariana Ribeiro Costa Portugal
Nutricionista. Docente do Curso de Nutrição do Centro Universitário de Volta Redonda (UniFOA). Especialista em Nutrição Clínica pela UFRJ. Mestra em Fisiopatologia Clínica e Experimental pela UERJ. Doutora em Alimentação, Nutrição e Saúde pela UERJ.

Mariangela Bicudo
Psicóloga clínica. Atuação em consultório particular. Colaboradora e coordenadora do Núcleo de Terapia Familiar do Proata/Unifesp. Especialista em Transtornos Alimentares, Psicoterapia Interpessoal, Psicoterapia Familiar e Psicodrama pelo HCFMUSP/Unifesp/Instituto Sedes Sapientiae.

Marle S. Alvarenga
Nutricionista. Atuação em clínica e em pesquisa no Programa de Pós-graduação em Nutrição da Faculdade de Saúde Pública (FSP) da USP. Especialista em Nutrição Clínica pela Associação Brasileira de Nutrição (Asbran). Mestra e Doutora pelo Programa Interunidades em Nutrição da Faculdades de Ciências Farmacêuticas, de Economia, Administração e Contabilidade e de Saúde Pública (FSP-FEA-FCF)/USP. Pós-doutorado em Nutrição em Saúde Pública na USP.

Marly Amorim Palavras
Psicóloga. Doutora em Ciências pelo Programa de Pós-graduação em Psiquiatria e Psicologia Médica da Unifesp.

Michele de Oliveira Gonzalez
Psiquiatra. Médica voluntária do Ambulim/IPq-HCFMUSP. Especialista em Psiquiatria pela ABP.

Mireille Coêlho de Almeida
Psiquiatra. Preceptora do Proata/Unifesp. Especialista em Transtornos Alimentares pelo Proata/Unifesp. Mestra em Ciências pelo Departamento de Psiquiatria e Psicologia Médica da Unifesp. Doutoranda no Departamento de Psiquiatria e Psicologia Médica na Unifesp.

Mônica Duchesne
Psicóloga. Terapeuta cognitivo-comportamental certificada pela Federação Brasileira de Terapias Cognitivas e terapeuta comportamental dialética pela Behavioral Tech. Coordenadora da Psicologia do GOTA/IPUB/UFRJ e do Instituto Estadual de Diabetes e Endocrinologia Luis Capriglione. Especialista em Psicologia Clínica pelo Conselho Regional de Psicologia. Mestra e Doutora em Saúde Mental pelo IPUB/UFRJ.

Nara Mendes Estella
Psicóloga. Especialista em Transtornos Alimentares pela Unifesp. Mestra em Artes: Psicologia pela Harvard University, Estados Unidos. Doutora em Ciências: Psiquiatria e Psicologia Médica pela Unifesp.

Priscilla Gil
Endocrinologista. Preceptora do Serviço de Obesidade, Transtornos Alimentares e Metabologia do Instituto Estadual de Diabetes e Endocrinologia (IEDE) e coordenadora de Endocrinologia do Núcleo de Atenção aos Transtornos Alimentares (NATA). Especialista em Endocrinologia e Transtornos Alimentares pelo IEDE/NATA/Associação Brasileira para Estudo da Obesidade e da Síndrome Metabólica (Abeso). Mestra em Endocrinologia pela UFRJ.

Roberta Catanzaro Perosa Ferreira
Psiquiatra. Psiquiatra voluntária do Ambulim/IPq-HCFMUSP, supervisora do Ambulatório de AN e BN e coordenadora do Curso Aprimoramento em Transtornos Alimentares para Médicos e Psicólogos do IPq-HCFMUSP. Especialista em Transtornos Alimentares pelo IPq-HCFMUSP.

Silvia Freitas
Psiquiatra. Coordenadora do GOTA/IEDE/IPUB/UFRJ. Coordenadora do Ambulatório Multidisciplinar da Síndrome de Prader-Willi (IEDE-RJ). Doutora em Saúde Coletiva/Epidemiologia pelo Instituto de Medicina Social da UERJ.

APRESENTAÇÃO

Transtornos alimentares: diagnóstico e manejo, organizado pelos doutores Jose Carlos Appolinario, Maria Angélica Nunes e Táki Athanássios Cordás, é uma coleção multiautoral de revisões concisas, reunindo aspectos teóricos e práticos para a abordagem clínica desses transtornos. Seu objetivo é apresentar aos profissionais de saúde mental, bem como a estudantes de graduação e pós-graduação, os conhecimentos mais atuais em relação ao diagnóstico e ao manejo dessas condições. Para tanto, profissionais brasileiros conceituados e especialistas com experiência em pesquisa foram convidados a contribuir com diferentes capítulos em suas áreas de atuação.

Os transtornos alimentares são um problema de saúde mental global crescente e importante, sendo cada vez mais reconhecidos como uma questão impactante no mundo em desenvolvimento e em países de renda média, como o Brasil. Além disso, as pesquisas sobre o tratamento, a etiologia e a compreensão de sua distribuição e seus determinantes tiveram um rápido crescimento na última década. Isso tudo associado ao reconhecimento de novos transtornos alimentares, notavelmente o transtorno de compulsão alimentar (TCA) e o transtorno alimentar restritivo evitativo (TARE) pela 11ª edição da *Classificação internacional de doenças* (CID-11), da Organização Mundial da Saúda (OMS), e pela 5ª edição do *Manual diagnóstico e estatístico de transtornos mentais* (DSM-5), da American Psychiatric Association. Paralelamente, tratamentos como a terapia cognitivo-comportamental, o tratamento familiar, os medicamentos psicotrópicos e novos agentes neuromoduladores tiveram sua base de evidências aumentada a partir de ensaios clínicos randomizados.

As revisões aqui apresentadas são abrangentes, cobrindo uma ampla variedade de temas, desde a fenomenologia, a epidemiologia, a etiologia e os tratamentos, bem como as novas tecnologias e a prestação de serviços de saúde. Em suma, trata-se de um livro muito oportuno e informativo, de utilidade clínica, além de reunir os achados de pesquisa para médicos e acadêmicos. Também é bem apresentado, com uso extensivo de tabelas e leituras recomendadas para apoiar as referências dos capítulos. Parabenizo os organizadores e todos os autores por este livro!

Phillipa Hay
Foundation Chair of Mental Health, Translational Health Research Institute,
School of Medicine, D'harawal Country (Tharawal Country)

PREFÁCIO

Os transtornos alimentares são doenças mentais complexas, caracterizadas por alterações do comportamento alimentar, crenças distorcidas e preocupações extremas sobre comida, alimentação e com o tamanho, a forma ou o peso do corpo. Esses transtornos podem ter início muito cedo na vida e manter-se presentes por vários anos, sendo seus sintomas iniciais geralmente pouco visíveis. Também tendem a ser condições persistentes, acompanhadas de sequelas físicas e psicossociais, cujos quadros mais graves são de difícil recuperação, algumas vezes levando ao óbito.

Devido à sua natureza multifatorial, idealmente o tratamento dos transtornos alimentares deve ser conduzido por uma equipe multiprofissional integrada e atualizada, sendo o treinamento dos profissionais da saúde em relação a esses transtornos é fundamental para garantir uma boa assistência aos portadores dessas condições.

Assim, foi com grande satisfação que recebemos o convite da Associação Brasileira de Psiquiatria para organizarmos este livro – *Transtornos alimentares: diagnóstico e manejo* –, cujo objetivo é fornecer aos psiquiatras e aos demais profissionais de saúde, bem como aos estudantes, informações atualizadas e baseadas em evidências, sempre com a preocupação de integrar os conhecimentos teóricos com a prática clínica.

O livro abrange vários temas relacionados aos transtornos alimentares, como, por exemplo, aspectos históricos, classificações diagnósticas, etiologia e abordagens terapêuticas. São apresentados também tópicos atuais, como as chamadas síndromes alimentares emergentes e o emprego de novas tecnologias na área dos transtornos alimentares. Ao todo, são 24 capítulos escritos por profissionais experientes e reconhecidos no campo da pesquisa e da assistência aos pacientes com transtornos alimentares no Brasil, a maioria atuando em serviços especializados no tratamento desses transtornos. Esses profissionais de diferentes áreas produziram seus capítulos sempre buscando integrar os conhecimentos da literatura com aspectos de sua prática clínica.

Esperamos oferecer uma fonte de atualização confiável para todos os profissionais e estudantes da área da saúde interessados nessa importante área do conhecimento. Acreditamos, ainda, que esta obra poderá despertar o interesse dos profissionais para a assistência multiprofissional dos pacientes com transtornos alimentares.

Jose Carlos Appolinario
Maria Angélica Nunes
Táki Athanássios Cordás

SUMÁRIO

1 TRANSTORNOS ALIMENTARES: ASPECTOS HISTÓRICOS

Táki Athanássios Cordás
Angélica de Medeiros Claudino

Como aponta Berrios em seu capítulo introdutório de *The History of Mental Symptoms*, há várias formas de entender e abordar questões ligadas à história da psiquiatria.[1] Pode-se entender a história da evolução da psiquiatria como o desenvolvimento, dentro da medicina, da especialidade, que nasceu no final do século XVIII. Pode-se traçar a história dos termos psiquiátricos (obsessão, delírio, mania, etc.) ou dos conceitos fundamentais da especialidade (teorias sobre anorexia nervosa [AN], esquizofrenia, depressão, etc.) no que se convencionou chamar de "história conceitual".[2] Certamente, mais do que com qualquer outra especialidade médica, o estudo da construção do conceito e do diagnóstico de determinada doença tem importância clínica atual, particularmente entre os transtornos alimentares (TAs), que apresentam aspectos socioculturais muito pronunciados.[3] O mesmo Berrios, usando como exemplo a depressão, diria que não se pode discutir as questões relacionadas ao quadro ou chamar quadros históricos de depressão antes da estruturação do conceito, que foi realizada apenas no séculos XIX e XX.[1] Parece-nos um pouco o leito de Procusto iniciar a história dos TAs em Lasegue e Gull para AN (segunda metade do século XIX) e em Russell (1979) para a bulimia nervosa (BN) e obscurecer aspectos anteriores. A busca quase arqueológica de quadros com as características patogenéticas imutáveis ao longo da história da humanidade, mesmo com patoplastias diferentes (aspectos socioculturais), evidenciará mais uma vez que as doenças têm história e não são, a exemplo do que por vezes se diz desavisadamente, doenças da modernidade. Neste capítulo, abordaremos especificamente os três TAs mais relevantes para a clínica: AN, BN e transtorno de compulsão alimentar (TCA).

ASPECTOS HISTÓRICOS DA ANOREXIA NERVOSA

O termo "anorexia" deriva do grego prefixo "an" (privação, negação) e da palavra "orexis" (apetite), que significa perda do apetite, termo genérico encontrado em várias situações médicas. Na AN, no entanto, pelo menos inicialmente, não ocorre uma verdadeira perda do apetite.[4] Entre os séculos V e XIII, o jejum voluntário, ou inanição autoimposta, interpretado como possessão demoníaca ou milagre divino, aparece, basicamente, na literatura teológica. O historiador americano Rudolph Bell,[5] em seu livro *Holy Anorexia*, descreve a vida de 260 santas e beatas da Igreja Católica em suas práticas de jejum religioso a partir do século XIII. A mais conhecida delas é Catarina de Siena (1347-1380), que, aos 15 anos, após a morte de uma irmã, passou a comer pouco e a ocupar grande parte do seu tempo rezando e intensificando práticas ascéticas. Cortou os cabelos, passava longos períodos meditando e autoflagelando-se secretamente e alimentando-se de um punhado de ervas apesar da insistência de seu confessor de que esta não era a melhor forma de honrar a Deus. Este é um aspecto relevante, na medida em que a prática não era aceita pela própria cultura em que estava inserida.

Para evitar a fome, uma das atividades mais febris de Catarina era escrever cartas. Nos 10 últimos anos de vida, a jovem ligada à Ordem Dominicana escreveu ou ditou 382 cartas sobre os mais diversos assuntos, particularmente pedindo a volta do papado de Gregório XI para Roma, durante o chamado "Cisma do Ocidente", um período de quase 40 anos no qual se estabeleceu o papado de Avinhon. A vida de Catarina tem sido muito estudada por especialistas em TAs em virtude do interesse que seu quadro alimentar desperta. Gamero[6] transcreve a correspondência entre essa santa e seu confessor:

> Querido pai, agradeço-lhe por toda a santa dedicação e cuidado que o senhor mostra para com a minha alma, porque parece que o senhor preocupa-se muito quando escuta coisas sobre a minha vida. [...] o senhor escreveu-me aconselhando que eu peça a Deus que faça-me comer mais. E eu contesto-lhe, pai, e digo-lhe em nome de Deus, que de todas as formas possíveis eu obrigo-me a ingerir algum alimento, uma ou duas vezes ao dia. [...] muitas vezes, enquanto fiz o que pede, olhei para mim mesma, para compreender a minha doença e a bondade de Deus, que por uma graça muito especial, permitiu-me corrigir o vício da glutonaria.

Catarina faleceu muito jovem, aos 32 anos, em virtude de complicações de seu jejum severo.

Uma tentativa de explicação do verdadeiro surto de santas anoréxicas na Idade Média, o mesmo Gamero afirma que, com o advento do cristianismo, houve substituição drástica dos deuses obesos e hedonistas da mitologia greco-romana pelos cristos magros. Nos primeiros anos da Idade Média, a glutonaria passou a ser sinônimo de impureza, a gula converteu-se em um dos sete pecados capitais, e a rejeição aos alimentos foi eleita a penitência preferida para alcançar o estado de máxima espiritualidade.

A busca da santidade, do puro, exigia privações do corpo, embora o jejum autoimposto pudesse, também, trazer certas vantagens:[7]

> Uma mulher podia usar o jejum religioso para negligenciar seus deveres e/ou exercer controle sobre outros, barganhar abstinência sexual com seu marido, rejeitar um casamento indesejado ou rogar por membros da família. Santas jejuadoras podiam até passar por cima da autoridade dos homens da Igreja com suas práticas religiosas austeras, criticar o poder secular ou as autoridades religiosas e assumir o papel de professoras, conselheiras ou reformadoras das regras da Igreja em seu benefício.

Pensar em termos de "ganho secundário" não seria uma heresia aqui. Além de Santa Catarina de Siena, outros exemplos de santas anoréxicas incluem Santa Liduína, que, durante anos, se alimentou só de um pedaço de maçã por dia, e Santa Wilgefortis (do latim *virgo fortis*, "virgem forte"), a jovem filha do rei de Portugal, que rejeitava os alimentos oferecidos, fazia jejuns e vomitava o que era obrigada a ingerir, emagrecendo notoriamente e praticamente deixando-se morrer de fome. A presença de hirsutismo também é um fato relevante na sua história, ainda que, segundo a lenda, seu corpo tenha-se coberto de pelos e uma barba tenha crescido como resultado de suas orações, em que rogava a Deus que lhe apagasse a beleza. Entre centenas de mulheres de comportamento semelhante, salientamos também Santa Rosa de Lima, considerada a Patrona da América e das Filipinas, a primeira santa latino-americana a ser canonizada (1671) e a ter sua obra difundida na Europa.

Depois de ler sobre a vida de Santa Catarina de Siena, tomou-a por modelo, começando por jejuar três vezes por semana e aplicando-se severas penitências, fato que levou Bell[5] a chamá-la de "imitadora consciente". Além disso, para não ser tentada pela vaidade, cortou seu "formoso" cabelo (como fizera Catarina) e maltratava suas mãos com trabalhos penosos. Durante 10 anos, lutou contra o propósito de seus pais de fazê-la casar-se, até que obteve o consentimento para que continuasse em sua vida de devoção a Deus. Aos 20 anos, ingressou na Irmandade da Terceira Ordem da Penitência de São Domingos e reduplicou a severidade e a variedade das penitências. Usava constantemente uma coroa de espinhos de metal, que escondia sob uma fileira de rosas, e uma cinta de ferro na cintura. Permanecia dias seguidos sem provar qualquer alimento, salvo um pouco de mel misturado a ervas amargas. Quando já não podia manter-se em pé, buscava repouso em uma cama construída por ela, de vidro picado, pedras e espinhos. Esse martírio ininterrupto, no entanto, era compensado, segundo ela, pelas frequentes revelações de Jesus Cristo, que "inundavam sua alma de paz e alegria".[8]

Morton é o autor do primeiro relato médico de AN, de 1689, em um livro sobre doenças consumptivas, no qual descreve dois casos de "consumpção de origem nervosa". O autor comenta sobre a influência mútua entre processos mentais e físicos e ressalta o papel patogênico das emoções. Esses quadros não eram acompanhados de febre ou dispneia, mas caracterizavam-se pela diminuição do apetite, amenorreia, aversão à comida, obstipação, emagrecimento extremo e hiperatividade. O autor se mostra intrigado pela indiferença característica que essas pacientes denotam em relação a seu estado de desnutrição e pela preservação de suas faculdades mentais básicas.[7]

Vários relatos médicos estão descritos na literatura desde então, porém sem receberem a atenção merecida, como o trabalho elegante publicado em 1860, em Paris, por Louis-Victor Marcé intitulado *Note sur une forme de délire hypochondriaque consécutive aux dyspepsies et caracterisée principalement par le refus d'aliments.*[9] É ainda na segunda metade do século XIX que a AN emerge como uma entidade clínica independente, com sintomatologia e patogenia distintas, com os relatos quase simultâneos, em 1873, do médico inglês Gull e do psiquiatra francês Lasègue. Gull parece receber certa prioridade na literatura médica pelo fato de ter feito rápida referência à "apepsia histérica" em uma conferência anual da British Medical Association, em 1868.[10] Essa referência, no entanto, passou despercebida por cinco anos, até que, em abril de 1873, Lasègue publica o artigo *De l'anorexie hystérique*, uma contribuição à nosologia dos "distúrbios dos órgãos digestivos que ocorrem no curso da histeria". O psiquiatra descreve nesse artigo os achados clínicos de oito pacientes, de 18 a 32 anos de idade, e ressalta a origem psíquica (causa primária) dessa doença: focaliza a fenomenologia distinta da anorexia histérica na crença mórbida de que o alimento é lesivo e deve ser evitado. Ele identifica, ainda, outras características psicopatológicas relativas a inseguranças pessoais e busca por aprovação e ressalta a contribuição familiar para a manutenção dos sintomas.

Em outubro de 1873, Gull apresenta o tema "anorexia nervosa" para a Clinical Society of London, publicado apenas em 1874. O médico descreve três casos, referindo que o quadro costuma ocorrer em mulheres entre 16 e 23 anos e ocasionalmente em homens da mesma faixa etária. Em sua descrição, Gull (1874) se volta mais para os achados clínicos decorrentes da inanição prolongada, como a caquexia, perda de apetite, amenorreia, constipação e diminuição dos sinais vitais, embora também aponte o componente psicológico (sem, no entanto, priorizá-lo) e indique a necessidade de que o responsável pelo tratamento assuma uma postura moral mais autoritária perante a paciente.[11]

É provável que Charcot tenha sido o primeiro a detectar, por volta de 1889, o aspecto psicopatológico central que motivava as mulheres anoréxicas a jejuar: a *idée fixe d'obesité*, ou fobia de peso. Outros médicos franceses teriam feito referências ao medo de engordar na época, aspecto que não teria ocorrido em países de língua anglo-saxônica antes da virada do século. Em 1903, Janet descreve o caso de uma moça de 22 anos (Nadia) como "anorexia mental". Durante as consultas, não parava de perguntar: "*M'avez vous trouvée aussi maigre que les autres fois? Faite moi le plaisir de me dire que je serais toujours maigre*" ("Você acredita que eu estou tão magra quanto da última vez? Por favor, diga-me que serei sempre magra").

Assim como Nadia, que apresentava vergonha e aversão ao corpo feminino, na anorexia, o desejo de emagrecer relacionava-se à tentativa de retardar a maturidade sexual. Janet distinguiu duas formas de anorexia com base na presença ou ausência de fome: uma obsessiva, na qual a fome estava mantida, e outra, histérica, na qual as pacientes a perdiam.[12] Outro quadro que merece a atenção foi o fugaz diagnóstico de clorose.[13]

A clorose, ou doença verde, virou epidemia entre as meninas adolescentes na Inglaterra, na França e nos Estados Unidos durante o século XIX e tinha como principais sintomas a presença de palidez, fraqueza, cansaço, irritabilidade, constipação e amenorreia. A aversão a alguns alimentos, especialmente carnes vermelhas, e o baixo apetite desencadeavam emagrecimento exagerado. Segundo Loudon,[14] conhecida por "doença das virgens", a clorose foi descrita pela primeira vez em 1554 nos registros de Johannes Lange, que acreditava ser essa doença causada por uma "febre amorosa" que se curaria com o casamento, o intercurso sexual e a maternidade. Por volta da terceira década do século XX, a doença desapareceu completamente dos registros médicos. Vale ressaltar que, além de pressupor um comportamento provocativo ao ideal burguês, essas meninas tinham em suas leituras educativas a biografia de Santa Catarina de Siena, admirada por seu autocontrole e elevação espiritual.

A partir de 1914, ocorre uma mudança marcante na compreensão da AN, que passa a ser vista como uma doença puramente orgânica (somática), quando Simmonds descreveu um caso fatal de caquexia, no qual a autópsia revelou atrofia do lobo anterior da hipófise. A AN passou a ser confundida com a doença de Simmonds (hipopituitarismo), com graves implicações terapêuticas. O restabelecimento do conceito clássico de AN só ocorre após cerca 30 anos, quando Sheehan e Summers[15] apontam que, apesar de existirem sintomas comuns entre os dois quadros, não havia evidências clínicas de redução da função hipofisária nem anormalidades histológicas significativas da glândula na AN.[15]

Ao longo de sua história, a AN também foi vista como um sintoma inespecífico, passível de manifestação em praticamente todos os diagnósticos psiquiátricos que levem a acentuada perda de peso. Tal concepção provavelmente decorreu da existência de aspectos inespecíficos presentes em sua psicopatologia, como alterações cognitivas, afetivas e comportamentais, provocadas pela inanição. Outra forma de se conceber a AN foi como variante de outras doenças psiquiátricas, principalmente da histeria, da esquizofrenia, do transtorno obsessivo e da doença afetiva.[16] A partir de 1960, o número crescente de pacientes com AN e as tentativas de distinguir diferentes tipos de pacientes com o quadro parecem ter contribuído para o reconhecimento da doença como síndrome psiquiátrica específica, com aspectos característicos que a distinguem de outros transtornos.[17]

A psicanalista americana de origem alemã Hilde Bruch[18] trouxe importante contribuição para a compreensão de aspectos psicopatológicos comuns na AN. Essa autora propôs que a psicopatologia central da AN compreendia uma constelação específica de deficiências do ego e da personalidade, consistindo em três áreas de perturbação do funcionamento: transtornos da imagem corporal, transtornos na percepção ou interpretação de estímulos corporais (como reconhecimento da fome) e uma sensação paralisante de ineficiência que invade todo o pensamento e as atividades da paciente. Na década de 1970, começam a surgir critérios padronizados para o diagnóstico da AN com base nos distúrbios psicobiológicos e psicopatológicos, desenvolvidos para atender tanto as necessidades clínicas como as de pesquisa.[19,20]

De modo geral, os critérios ressaltaram: a perda considerável de peso, a preocupação mórbida com o risco de engordar, alterações na percepção corporal e disfunções endócrinas (p. ex., amenorreia), aspectos concebidos como diagnósticos de AN pelos atuais sistemas.

Na quinta edição do *Manual diagnóstico e estatístico de transtornos mentais* (DSM-5), da American Psychiatric Association (APA), em virtude da evidente presença, não rara, de pacientes com diagnóstico de AN que engravidavam, a necessidade da presença de amenorreia entre os sintomas foi excluída.[21]

BULIMIA NERVOSA

Desde a primeira descrição da BN por Gerald Russell,[22] o conhecimento desse quadro como entidade nosológica distinta tem avançado rapidamente, graças à proliferação de grupos de pesquisa em vários países.

Esse fato é, principalmente, reflexo da importância clínica e epidemiológica que a BN vem demonstrando, superando, em número de publicações, o interesse pela sua "irmã mais velha", a AN. A BN é caracterizada, em sua forma típica, pela ingestão compulsiva e rápida de grande quantidade de alimento, com pouco ou nenhum prazer, alternada com comportamento dirigido para evitar o ganho de peso (como vomitar, abusar de laxantes e diuréticos ou períodos de restrição alimentar severa) e medo mórbido de engordar. O vômito autoinduzido é extremamente comum, sendo encontrado em até 95% dos pacientes, provavelmente pelo seu efeito de redução imediata da ansiedade. É interessante lembrar que o comportamento de forçar o vômito é muito antigo e pode ser encontrado precocemente na história de diferentes povos da Antiguidade. No Antigo Egito, por exemplo, grande parte do papiro de Eber é dedicada ao estímulo e às virtudes do ato de vomitar. Segundo Heródoto, os egípcios vomitavam e usavam purgativos todo mês, por três dias consecutivos, julgando que "todas as doenças dos homens são oriundas da comida".

Na medicina grega, é sabido que Hipócrates também recomendava a indução de vômitos por dois dias consecutivos todo mês como um método de prevenir diferentes doenças. Os romanos criaram o *vomitorium*, que lhes permitia alimentar-se em excesso durante os banquetes e posteriormente vomitar em local reservado para essa finalidade, às vezes usando uma pena de ave para estimular o reflexo do vômito na garganta.

Purgantes eram muito populares na Idade Média como herança da medicina greco-romana.[23] De fato, junto com os eméticos (medicamentos para induzir o vômito), os laxativos dominaram o arsenal terapêutico por muitos anos, sendo tudo o que um médico podia prescrever na época, prática que foi violentamente satirizada por Moliére em suas peças.

O termo "bulimia" tem uma história muito antiga; deriva do grego *bous* (boi) e *limos* (fome), designando, assim, um apetite tão grande que seria possível a um homem comer um boi, ou quase. Entre os séculos XV e XVIII, diferentes variantes do termo, como os derivados do latim *bulimus* e *bolismos*, ou do francês *bolisme*, com o mesmo significado anterior, foram empregados na literatura médica na Inglaterra, na França, na Alemanha e na Polônia.[24] Desde há quase um século, pacientes com BN, como o célebre caso de Ellen West, descrito por Binswanger, aparecem na literatura psiquiátrica recebendo outros diagnósticos ("obsessão da vergonha do corpo", Janet) na ausência de um nome mais apropriado,[25] mas ainda o caso de Ellen West apresenta todo o corolário de sintomas que hoje nos permitiria o diagnóstico, como medo de engordar, marchas exageradas (20-25 milhas por dia), apetite voraz alternando-se com dietas restritivas e abuso de tabletes tireoidianos para perder peso.

A sonhadora Ellen, que faz poesias, lê Rilke, Goethe, Tennyson e Mark Twain, apresenta períodos de melancolia, descreve-se como alguém com "compulsão de ter de pensar em comer" e, mesmo internada em um dos melhores sanatórios da época, o "Kreuzlinger", e atendida por Bleuler, a pedido de Binswanger, não obtém qualquer melhora, cometendo o suicídio com ingestão de veneno.[26]

Inicialmente descritos entre pacientes com AN e posteriormente entre obesos (anos 1950), em meados da década de 1970, pesquisadores identificaram sintomas bulímicos entre mulheres jovens de peso normal. A descrição histórica de 30 casos por Gerald Russell, em 1979, sugeria que o quadro seria uma estranha evolução da AN e, particularmente, do subgrupo dos anoréxicos bulímicos. Essas pacientes apresentavam um "impulso irresistível para comer excessivamente", seguido de vômitos autoinduzidos como forma de purgação e medo mórbido de engordar. A perda de peso mínima ou ausente, refere Russell, caracterizaria os piores medos das pacientes, tornando-se realidade.[27] Estudos posteriores demonstraram, no entanto, que apenas 20 a 30% dos pacientes com BN apresentavam, em sua história pregressa, um episódio de AN, geralmente de curta duração.[28,29] Nomes diferentes já foram dados ao quadro, entre eles hiperorexia nervosa, bulimarexia, bulivomia, síndrome do caos alimentar, bulimia e, finalmente, BN, termo hoje de aceitação geral.[29] A última versão do DSM reviu os critérios diagnósticos, reduzindo a frequência necessária de episódios bulímicos para um por semana nos últimos três meses, em vez da necessidade de dois episódios por semana, como exigia a versão anterior, o DSM-IV e o DSM-IV-R.

TRANSTORNO DE COMPULSÃO ALIMENTAR

O *binge eating disorder* foi observado pela primeira vez em 1959, pelo psiquiatra Albert Stunkard, em seu artigo intitulado *Eating Patterns and Obesity*, no qual descreve um padrão alimentar em obesos marcado pelo consumo de grandes quantidades de alimentos em intervalos irregulares. Ele observou que alguns desses episódios estavam relacionados também à alimentação noturna.[30]

A expressão "compulsão alimentar" acabou por se popularizar. A APA mencionou a compulsão alimentar em seu DSM-III, em 1987, dentro dos critérios de BN.

Inicialmente batizado em nosso país como "transtorno de compulsão alimentar periódica" (TCAP), ele figurou no Apêndice B do DSM-IV para investigação e possível inclusão entre as categorias principais. Em 2008, uma organização sem fins lucrativos chamada Binge Eating Disorder Association (BEDA) foi criada, no sentido de apoiar e defender a necessidade de reconhecer o *binge eating disorder* como um diagnóstico médico, tirando os pacientes do olhar moralista e ao mesmo tempo obtendo a possibilidade de se tratar por meio dos seguros médicos. Aqui encontramos um dos exemplos de como a sociedade civil participa e opina nos diagnósticos médicos e psiquiátricos, em particular.[31] Em 2013, a APA lançou uma edição revisada do DSM, o DSM-5 reconhecendo o TCA, nome hoje utilizado no Brasil como um transtorno psiquiátrico autônomo e epidemiologicamente muito importante. Merece destaque que, em 2015, a Food and Drug Administration (FDA) aprovou um novo medicamento para tratar o TCA. A droga, dimesilato de lisdexanfetamina,[32] foi o primeiro medicamento específico prescrito para o tratamento de compulsão alimentar moderada a grave, esperamos que iniciando uma nova era promissora para o tratamento dos TAs.

REFERÊNCIAS

1. Berrios GE. The history of mental symptoms: descriptive psychopathology since the nineteenth century. Cambridge: Cambridge University; 1996.
2. Alexander FG, Selesnick ST. The history of psychiatry: an evaluation of psychiatric thought and practice from prehistoric times to the present. New York: Harper and Row; 1966.
3. Pélicier Y. Histoire de la psychiatric. Paris: Universitaires de France; 1971.
4. Parry-Jones B. Historical terminology of eating disorders. Psychol Med. 1991;21(1):21-8.
5. Bell RM. Holy anorexia. Chicago: University of Chicago; 1985.
6. Gamero C. La insoportable levedad del nunca comer. Rev Vivat Acad Chil. 2002;6:37.
7. Liles EG, Woods SC. Anorexia nervosa as viable behaviour: extreme self-deprivation in historical context. Hist Psychiatry. 1999;10(39 Pt 2):205-25.
8. Weinberg C, Cordás TA, Albornoz Munoz P. Santa Rosa de Lima: uma santa anoréxica na América Latina? Rev Psiquiatr Rio Gd Sul. 2005;27(1):18-22.
9. Silverman JA. Louis-Victor Marcé, 1828-1864: anorexia nervosa's forgotten man. Psychol Med. 1989;19(4):833-5.
10. Gull WW. Address in medicine. Br Med J. 1868;2(397):131-5.
11. Gull WW. Anorexia nervosa. Trans Clin Soc. 1874;1:22.
12. Habermas T. In defense of weight phobia as the central organizing motive in anorexia nervosa: historical and cultural arguments for a culture-sensitive psychological conception. Int J Eat Disord. 1996;19(4):317-34.
13. Cordás TA, Weinberg C. Clorose: a efêmera doença das virgens. Rev Psiq Clin. 2002;29(4):204-6.
14. Loudon IS. Chlorosis, anaemia, and anorexia nervosa. Br Med J. 1980;281(6256):1669-75.
15. Sheehan HL, Summers VK. The syndrome of hypopituitarism. Q J Med. 1949;18(72):319-78.
16. Silverman JA. Historical development. In: Halmi KA, editor. Psychobiology and treatment of anorexia nervosa and bulimia nervosa. Washington: American Psychiatric Association; 1992. p. 3-17.
17. Brumberg JJ. Fasting girls: the emergence of anorexia nervosa as a modern disease. Cambrigde: Harvard University;1988.
18. Bruch H. Eating disorders: obesity, anorexia nervosa, and the person within. New York: Basic Books; 1973.
19. Beaumont PJV. The history of eating and dieting disorders. Clin Appl Nutr 1991;1(2):9-20.
20. Garfinkel PE, Garner DM, Kaplan AS, Rodin G, Kennedy S. Differential diagnosis of emotional disorders that cause weight loss. Can Med Assoc J. 1983;129(9):939-45.
21. American Psychiatric Association. Diagnostic and statistical manual of mental disorders: DSM-5. 5th ed. Washington: APA; 2013.
22. Russell G. Bulimia nervosa: an ominous variant of anorexia nervosa. Psychol Med. 1979;9(3):429-48.
23. Casper RC. On the emergence of bulimia nervosa as a syndrome: a historical view. Int J Eat Disord. 1983;2:3-16.
24. Parry-Jones B, Parry-Jones WL. Bulimia. Na archival review of its history in psychossomatic medicine. Int J Eat Disord. 1991;10:129-43.
25. Binswanger L. El caso de Ellen West. Estúdio antropológico-clínico. In: May R, Angel E, Ellenberg HF, editors. Existencia. Madrid: Gredos; 1977. p. 288-434.

26. Binswanger L. Três formas de existência malograda. São Paulo: Zahar; 1977.
27. Russell G. Bulimia nervosa: an ominous variant of anorexia nervosa. Psychol Med. 1979;9(3):429-48.
28. Doerr-Zegers O. About a particular type of oral perversion in the female: hyperphagia followed by vomiting. 1972. Int J Eat Disord. 1994;16(2):117-32.
29. Fichter MF. Bulimia nervosa and bulimic behaviour. In: Fichter MF, editor. Bulimia nervosa: basic research, diagnois and therapy. Chichester: John Wiley & Sons; 1990.
30. Stunkard AJ. Eating patterns and obesity. Psychiatr Q. 1959;33:284-95.
31. Heaner MK, Walsh BT. A history of the identification of the characteristic eating disturbances of bulimia nervosa, binge eating disorder and anorexia nervosa. Appetite. 2013;65:185-8.
32. Guerdjikova AI, Mori N, Casuto LS, McElroy SL. Novel pharmacologic treatment in acute binge eating disorder - role of lisdexamfetamine. Neuropsychiatr Dis Treat. 2016;12:833-41.

2

DIAGNÓSTICO E CLASSIFICAÇÃO DOS TRANSTORNOS ALIMENTARES

Angélica de Medeiros Claudino
Mireille Coêlho de Almeida
Denise Achoa Claudino
Marly Amorim Palavras

Os transtornos alimentares (TAs) são condições que cursam com alterações na alimentação e/ou nos comportamentos a ela relacionados e que se manifestam com intensidade e duração suficientes para causar impacto na saúde física ou no funcionamento psicossocial. Tal impacto decorre de consumo insuficiente ou excessivo de alimentos ou de comportamentos que prejudicam sua absorção adequada, mas que não são consequência de uma doença física, não representam um padrão alimentar culturalmente sancionado ou são apropriados ao estágio de desenvolvimento do indivíduo.[1,2]

Apesar da prevalência e do aumento de incidência significantes de alguns desses transtornos em diversas regiões do mundo, assim como da gravidade de suas manifestações com sobrecarga sobre a saúde dos afetados, duas décadas se passaram até que revisões dos principais sistemas classificatórios de transtornos mentais ocorressem: a 5ª edição do *Manual diagnóstico e estatístico de transtornos mentais* (DSM-5)[1] e a 11ª edição da *Classificação internacional de doenças e problemas relacionados à saúde* (CID-11).[2] Ambos se propuseram à reclassificação das categorias diagnósticas buscando aprimorar sua utilidade clínica, acurácia e confiabilidade.[3,4] Para tal, extensa revisão das pesquisas que examinaram tais aspectos das categorias existentes foi realizada por *experts* da área (Feeding and Eating Disorders Workgroup CID-11 e DSM-5),[5,6] observando-se o alinhamento do DSM-5 e da CID-11 ao reconhecerem que: a) os transtornos alimentares (*eating disorders*) e os transtornos da alimentação (*feeding disorders*) comumente descritos nos manuais em seções da infância e adolescência, na verdade, se acham interligados e se manifestam ao longo do desenvolvimento e, portanto, devem ser agrupados em uma mesma categoria; b) grande parte dos casos não se enquadrava nas principais categorias diagnósticas descritas nas versões anteriores dos manuais e era classificada como quadros "atípicos" ou em categorias residuais, pouco definidas ou mesmo inespecíficas; e c) diferenças em manifestações culturais dos transtornos não eram consideradas.[3,4,6]

Várias mudanças foram realizadas nas atuais classificações visando corrigir ou reduzir as limitações observadas em edições anteriores, entre elas: a criação da categoria única de TAs (no inglês *feeding and eating disorders*), que reúne manifestações com início em qualquer faixa etária; a revisão e ampliação das categorias diagnósticas principais então existentes, anorexia nervosa (AN) e bulimia nervosa (BN); e a introdução de duas novas categorias específicas, o transtorno de compulsão alimentar (TCA) e o transtorno alimentar restritivo/evitativo (TARE), que contribuem para a redução do uso das categorias inespecíficas. Assim, o capítulo de TAs passou a englobar, em ambas as classificações, seis categorias principais: AN, BN, TCA, TARE, pica e transtorno de ruminação (no DSM-5), ou transtorno de regurgitação-ruminação (na CID-11).[1,2] Por fim, foram reservadas duas categorias para as condições clínicas que, apesar da definição das seis categorias descritas, ainda não são adequadas a nenhuma delas: outro transtorno alimentar especificado (OTAE) e transtorno alimentar não especificado (TANE), no DSM-5,[1] e OTAE, na CID-11.[2] A seguir, apresentaremos as principais características diagnósticas e clínicas das categorias atuais.

ANOREXIA NERVOSA

Os critérios diagnósticos da AN evoluíram significativamente desde suas primeiras descrições clínicas no final do século XIX, porém algumas características essenciais permaneceram ao longo do tempo, sendo consideradas o núcleo conceitual desse TA.[1,6] São elas:

- **Baixo peso:** pacientes com AN apresentam restrição da ingestão calórica, que resulta em peso corporal consideravelmente baixo (inferior ao peso mínimo considerado normal ou esperado para suas características pessoais, como sexo, idade, estágio do desenvolvimento, história de peso e estado de saúde). O julgamento clínico do que é baixo peso deve ser exercido a cada caso considerando-se o histórico de peso do indivíduo e parâmetros de *status* nutricional para sexo e estatura amplamente baseados em referências.[7] Um parâmetro comumente utilizado para nortear a definição de baixo peso acha-se baseado no índice de massa corporal (IMC) < 18,5 kg/m^2 (em adultos) e no indicador IMC/idade < 5º percentil (em crianças e adolescentes), mas tal referencial não deve ser interpretado de forma específica, apenas como diretriz geral de baixo peso corporal.[1,3,4] Ressalta-se que o IMC sofre impacto de diversos aspectos constitucionais (p. ex., altura, sexo, massa muscular, trajetória individual do desenvolvimento pôndero-estatural) e tem, portanto, limitações em seu uso como parâmetro exato do estado nutricional. Podem-se acrescentar também para a avaliação as condições em que há rápida perda de peso (mais de 20% do peso corporal em até 6 meses) ou falha em acompanhar a trajetória de desenvolvimento pôndero-estatural esperada para idade e sexo em crianças e adolescentes.[1,2]

- **Medo de ganhar peso:** um medo intenso de ganhar peso e/ou ficar gordo é considerado aspecto central na psicopatologia de pessoas com AN e acha-se associado ao padrão recorrente de comportamentos alimentares disfuncionais voltados para a perda de peso e/ou manutenção de um peso inadequadamente baixo. É comum observarmos distorção da imagem corporal, ou seja, os pacientes não reconhecem seu tamanho corporal de modo proporcional ao seu *status* nutricional e se sentem gordos apesar do considerável baixo peso. Apesar de intrigante, a perturbação na percepção corporal é um fenômeno de origem ainda pouco esclarecida, mas que contribui para a insatisfação com o corpo e o medo de ganhar peso. Não raramente se apresenta como interpretação errônea da forma corporal tão bizarra que se assemelha a um sintoma de ordem psicótica.[1,2]
- **Preocupação excessiva com peso e forma corporal:** percebe-se que o papel do peso e da forma corporal é sobrevalorizado no julgamento que os pacientes fazem sobre si mesmos (autoavaliação). Isso pode ser expressado diretamente pelo paciente ou percebido e relatado por familiares, como comportamentos repetidos de pesagem e checagem do corpo, busca constante por informações nutricionais dos alimentos e por métodos para emagrecimento ou, ainda, evitação de espelhos e de roupas que evidenciem a forma corporal.[1,2]

Pacientes com AN apresentam alguns aspectos clínicos típicos, caracterizados principalmente por comportamentos alimentares alterados, como restrição alimentar (diminuição da quantidade e variedade de alimentos, longos períodos de jejum, evitação de alimentos com alto valor energético e/ou quantidade de gordura), rituais pouco habituais nas refeições (separação de alimentos no prato, diminuição da velocidade de ingestão nas refeições, contagem minuciosa de calorias e/ou gramas da dieta), exagerada desconfiança em relação ao modo de preparação dos alimentos, incômodo com a presença de outras pessoas, comer escondido ou mesmo esconder ou cuspir comida. Além disso, observam-se normalmente atitudes de intenso desconforto provocadas pela insatisfação corporal, como pesagem e checagem corporal repetitivas, uso de vestimentas largas para esconder o corpo, disfarces para esconder os sintomas alimentares e até isolamento social.

De acordo com as classificações atuais, a AN apresenta especificadores referentes aos tipos de comportamentos utilizados para alcançar e manter o baixo peso e à gravidade da doença, devido ao risco aumentado de morbidade e mortalidade em condições de peso muito baixo. Tais comportamentos permitem a classificação da AN em tipo restritivo e tipo compulsão alimentar purgativa (**Tab. 2.1**) e devem estar presentes há pelo menos três meses do momento da avaliação (DSM-5).[1,2] Quanto ao critério de gravidade

■ **Tabela 2.1**
Critérios diagnósticos (DSM-5) e características essenciais (CID-11) de anorexia nervosa, bulimia nervosa, transtorno de compulsão alimentar e transtorno alimentar restritivo/evitativo

	Critérios diagnósticos (DSM-5)	Características essenciais (CID-11)
Anorexia nervosa		
Baixo peso (abaixo do esperado para idade, sexo e altura)	Sim	Diretriz geral*: IMC < 18,5 kg/m^2 (adultos); percentil de IMC < 5 (crianças/adolescentes)
Restrição alimentar e/ou comportamentos para reduzir peso	Sim	Sim
Medo intenso de ganhar peso e/ou distúrbio da percepção corporal	Sim**	Sim**
Preocupação excessiva/sobrevalorização de peso e forma	Sim	Sim
Subtipos	**Restritivo:** restrição alimentar, jejuns, exercícios exagerados **Compulsão alimentar purgativo:** episódios de compulsão alimentar e/ou métodos purgativos (p. ex., laxantes, diuréticos, enemas), drogas que aumentam o metabolismo (hormônio tireoidiano, anfetaminas) ou mecanismos que impedem a absorção	**Restritivo:** restrição alimentar, jejuns, exercícios exagerados **Compulsão alimentar purgativo:** episódios de compulsão alimentar e/ou métodos purgativos (p. ex., laxantes, diuréticos, enemas), drogas que aumentam o metabolismo (hormônio tireoidiano, anfetaminas) ou mecanismos que impedem a absorção
Critérios de remissão	**Parcial:** recuperação de peso, porém mantém outros sintomas **Completa:** todos os critérios remitiram por período sustentado	**AN em remissão:** manutenção de peso normal, sem comportamentos para perda de peso por tempo sustentado e sem tratamento

(Continua)

■ Tabela 2.1
Critérios diagnósticos (DSM-5) e características essenciais (CID-11) de anorexia nervosa, bulimia nervosa, transtorno de compulsão alimentar e transtorno alimentar restritivo/evitativo *(Continuação)*

	Critérios diagnósticos (DSM-5)	Características essenciais (CID-11)
Anorexia nervosa		
Critérios de gravidade (relacionados ao peso)***	IMC (adultos): **leve** (> 17 kg/m^2) **moderado** (16-16,99 kg/m^2) **grave** (15-15,99 kg/m^2) **extremo** (< 15 kg/m^2) Percentis do IMC (crianças e adolescentes)	**Peso "significantemente baixo":** IMC ≥ 14kg/m^2 em adultos; entre o percentil 5 e 0,3 em crianças e adolescentes **Peso "perigosamente baixo":** IMC < 14kg/m^2 ou inferior ao percentil 0,3 em crianças e adolescentes **AN "em recuperação":** peso normal para o esperado, porém mantendo comportamentos voltados para perda de peso
Bulimia nervosa		
Episódios recorrentes de compulsão alimentar	Sim (objetivos)	Sim (objetivos e/ou subjetivos)
Comportamentos compensatórios para prevenir ganho de peso	Sim	Sim
Frequência dos episódios de compulsão alimentar e dos mecanismos compensatórios	Média mínima de 1 vez por semana nos últimos 3 meses	Média mínima de 1 vez por semana no último mês
Preocupação excessiva/ sobrevalorização de peso e forma	Sim	Sim

(Continua)

■ **Tabela 2.1**
Critérios diagnósticos (DSM-5) e características essenciais (CID-11) de anorexia nervosa, bulimia nervosa, transtorno de compulsão alimentar e transtorno alimentar restritivo/evitativo *(Continuação)*

	Critérios diagnósticos (DSM-5)	Características essenciais (CID-11)
Bulimia nervosa		
Sofrimento/angústia marcante relativo à compulsão/purgação	Não é critério	Sim, ou prejuízo importante em áreas de funcionamento geral
Critérios de remissão	**Parcial:** alguns critérios remitiram por período sustentado **Completa:** todos os critérios remitiram por período sustentado	Ausentes
Critérios de gravidade	Frequência dos comportamentos compensatórios: **leve** (1-3 episódios/semana); **moderado** (4-7 episódios/semana); **grave** (8-13 episódios/semana); **extremo** (≥ 14 episódios/semana).	Ausentes
Transtorno de compulsão alimentar		
Episódios recorrentes de compulsão alimentar	Sim (objetivos)	Sim (objetivos e/ou subjetivos)
Indicadores comportamentais associados à perda de controle	Sim (mínimo 3 dos 5 itens: comer rápido, comer até ficar empanturrado, comer sem fome, comer escondido, sentir-se deprimido ou culpado)	Não é característica essencial; indicadores do DSM-5 citados como características adicionais que podem estar presentes
Sofrimento/angústia marcante relativo à compulsão alimentar	Sim	Sim

(Continua)

■ Tabela 2.1
Critérios diagnósticos (DSM-5) e características essenciais (CID-11) de anorexia nervosa, bulimia nervosa, transtorno de compulsão alimentar e transtorno alimentar restritivo/evitativo *(Continuação)*

	Critérios diagnósticos (DSM-5)	Características essenciais (CID-11)
Transtorno de compulsão alimentar		
Frequência dos episódios de compulsão alimentar	Média mínima de 1 vez por semana nos últimos 3 meses	Média mínima de 1 vez por semana nos últimos 3 meses
Critérios de remissão	**Parcial:** compulsão alimentar ocorre em frequência inferior a 1 episódio por semana por período sustentado **Completa:** todos os critérios remitiram por período sustentado	Ausentes
Critérios de gravidade	Frequência dos episódios de compulsão alimentar: **leve** (1-3 episódios/semana); **moderado** (4-7 episódios/semana); **grave** (8-13 episódios/semana); **extremo** (≥ 14 episódios/semana).	Ausentes
Transtorno alimentar restritivo/evitativo		
Restrição ou evitação de alimentos por razões variadas levando a peso baixo, prejuízo nutricional ou do funcionamento psicossocial	Sim	Sim
Preocupação com peso e forma corporal	Não	Não
Secundário a doença física, psiquiátrica, prática cultural ou falta de alimentos	Não	Não

(Continua)

■ **Tabela 2.1**
Critérios diagnósticos (DSM-5) e características essenciais (CID-11) de anorexia nervosa, bulimia nervosa, transtorno de compulsão alimentar e transtorno alimentar restritivo/evitativo (*Continuação*)

	Critérios diagnósticos (DSM-5)	Características essenciais (CID-11)
Transtorno alimentar restritivo/evitativo		
Critérios de remissão	Critérios remitiram por período sustentado	Ausentes

* Diretriz geral: IMC até 18,5 kg/m² tem sido considerado limite inferior de peso normal pela Organização Mundial da Saúde (OMS), mas o julgamento clínico da história de peso e do desenvolvimento individual é soberano na definição de baixo peso, em especial o uso do percentil 5% para crianças. **Pacientes podem não declarar medo de engordar, mas apresentar comportamentos voltados para a perda de peso informados por colaterais; manifestações culturais diversas também podem não envolver a fobia de peso como motivação para a expressão de preocupação com o corpo (AN sem fobia de peso). *** Critérios de gravidade na AN ligados a baixo peso: diretrizes gerais não são recomendações gerais, não estritas, sendo que outros elementos da história de peso e gravidade clínica geral devem ser considerados para avaliação do risco clínico.
Fonte: American Psychiatric Association;[1] World Health Organization.[2]

adotado, discute-se o acentuado enfoque dado ao peso como único parâmetro, sem se considerar outras questões relevantes, tais como outros sintomas clínicos, grau de prejuízo da funcionalidade e necessidade de supervisão.[8,9] Os sinais e sintomas físicos na AN variam de acordo com a duração da doença, o grau de desnutrição atual ou mesmo a utilização de métodos purgativos. Entre eles, ressaltamos: cansaço, tontura, síncope, edema, constipação, lanugo, extremidades frias, amenorreia, arritmia cardíaca, fraturas patológicas e outros.[10] Cabe destacar que a amenorreia, concebida como critério essencial em classificações prévias, é um aspecto comumente encontrado, geralmente decorrente das alterações hormonais resultantes da desnutrição. No entanto, a ausência de correspondente no sexo masculino, em crianças e pré-púberes e em mulheres em uso de contraceptivos ou menopausadas levou à exclusão desse critério.[4,6]

Do ponto de vista psicológico, ressaltamos fatores comumente presentes nos pacientes com AN e que também estão relacionados com o curso e o desenvolvimento da doença: traços de personalidade (rigidez cognitiva e perfeccionismo); inabilidade interpessoal; dificuldades na regulação dos afetos e emoções que comprometem a autoestima e a relação com o próprio corpo; insegurança e vulnerabilidade aos estressores ambientais sociais e culturais (crítica dos familiares/colegas, *bullying*, ideal de magreza, exposição intensa da aparência nas mídias sociais).[11] Também se destaca o papel do "controle" nesses pacientes. Para alguns autores, controle sobre a alimentação e a manipulação da fome são uma metáfora da busca pelo controle sobre a própria vida – por sofrerem déficit de autonomia e noção de identidade –, representando tais comportamentos uma forma de resistência às pressões externas e uma garantia de poder perante a ausência de domínio sobre as demais áreas da vida.[12]

Antes considerada uma doença de meninas jovens ocidentais, a AN tem sofrido mudanças em suas manifestações com o avanço da globalização e a expansão das influências culturais ocidentais. Observa-se o aumento na prevalência de AN entre homens, crianças e adultos e em países da Ásia, da África e da América Latina. Essa maior diversidade implica variações na apresentação clínica, como preocupação com imagem corporal menos perceptível nas crianças, complicações médicas mais intensas em adultos, ausência de referência à fobia de peso em grupos culturais nos quais as justificativas para perda de peso são atribuídas a algum desconforto gastrintestinal ou a motivos religiosos/culturais – razão pela qual a AN nas novas classificações não exige tal sintoma, como forma de atender à diversidade de expressões culturais de preocupação com o corpo.[1]

Entre os possíveis diagnósticos diferenciais da AN, destacamos as doenças físicas que cursam com intensa perda de peso, transtornos psiquiátricos que cursam com perda de apetite ou recusa alimentar ou outros TAs, particularmente a BN e o TARE. O baixo peso também não deve decorrer da indisponibilidade de alimentos.

BULIMIA NERVOSA

Desde 1979, quando o psiquiatra inglês Gerald Russell descreveu pela primeira vez o quadro clínico de 30 pacientes com BN, os critérios diagnósticos que a definem sofreram algumas mudanças.[1,2,13] Alguns aspectos centrais e imprescindíveis para o seu diagnóstico, no entanto, permanecem estáveis e devem estar presentes para o diagnóstico, quais sejam:

- **Episódios recorrentes de compulsão alimentar:** antes descrito como "ataques de hiperfagia" (CID-10), a definição de um episódio de compulsão alimentar "objetivo" no DSM-5 envolve a ingestão de uma quantidade definitivamente grande de alimentos em um curto período (até 2 horas), acompanhada de sensação subjetiva de perda de controle sobre o comer durante o episódio. Fairburn[14] sugere que a quantidade ingerida precisa ser inequivocamente grande e levar em conta o que pessoas do mesmo sexo, faixa etária e em circunstâncias semelhantes comeriam, considerando apenas o que a pessoa reporta como a compulsão alimentar, e não o que foi ingerido durante o dia inteiro. Tem-se considerado como fenômeno central do episódio de compulsão alimentar o aspecto "perda de controle" sobre o comer, em que a pessoa é compelida a comer, ou seja, não consegue parar de comer uma vez que começou, além de não controlar o que ou o quanto ingere. Para o diagnóstico, esses episódios devem ser recorrentes, sendo que o DSM-5 recomenda a frequência média mínima de uma vez por semana por pelo menos três meses (a CID-11 considera a duração de um mês como suficiente).

- **Comportamentos compensatórios inadequados e recorrentes:** visando ao controle de peso, pacientes com BN adotam comportamentos compensatórios após os episódios de compulsão alimentar. A forma de compensação mais comum é o vômito autoinduzido, mas pode ocorrer também uso inadequado de laxantes, diuréticos, enemas ou outras medicações que induzem a purgação (p. ex., xarope de ipeca) ou que impedem a absorção normal de nutrientes como a glicose (omissão de insulina no caso de diabéticos), além de jejuns prolongados e exercícios exagerados (concebidos como métodos compensatórios não purgativos). Quanto à frequência e duração, o DSM-5 preconiza a média mínima de uma vez por semana, por no mínimo três meses.
- **Preocupação excessiva com peso e forma corporal:** pacientes com BN também apresentam preocupação acentuada e uma forma particular de lidar com seu peso e forma corporal. Caracteristicamente, há uma vivência muito intensa desses componentes na autoavaliação, levando a insatisfação corporal profunda e constante, que acaba prejudicando os demais campos da vida – pessoal, social, educacional e ocupacional.[1,14]

Apesar de o DSM-5 considerar apenas os episódios objetivos de compulsão alimentar para o diagnóstico de BN, a CID-11 enfatiza o aspecto "perda de controle sobre o comer" nos episódios de compulsão alimentar, levando ao reconhecimento dos episódios "subjetivos" de compulsão alimentar (nos quais a quantidade ingerida pode ser normal ou até mesmo pequena, embora percebida pelo indivíduo como grande).[2,3] Evidências sugerem que pacientes com episódios subjetivos de compulsão alimentar e comportamentos compensatórios têm a mesma gravidade clínica que pacientes com episódios objetivos, apoiando, portanto, a inclusão dos episódios subjetivos como critério diagnóstico de BN (independentemente da presença de episódios objetivos na história do paciente).[15]

A redução na frequência mínima de episódios de compulsão alimentar que ocorreu na revisão do DSM-IV para o DSM-5, de dois para um episódio por semana, pautou-se na observação de que não havia distinção na gravidade clínica entre as frequências. Outra mudança no DSM-5 foi a extinção dos subtipos de BN (purgativo e não purgativo), por ausência de estudos que comprovassem a validade clínica dessa divisão.[16] Ainda, em relação à duração, a CID-11 também é mais conservadora do que o DSM-5, pois recomenda a presença de sintomas por pelo menos um mês (e não três) para o diagnóstico, buscando a identificação precoce dos casos e a promoção de melhor prognóstico (reduzir a evolução para cronicidade). Como informação adicional, o DSM-5 define também os especificadores de remissão e de gravidade para a BN (ver Tab. 2.1).

Uma questão importante é a evolução do peso das pessoas com BN, que costuma oscilar no curso da doença, estando geralmente dentro da faixa normal no início do quadro, com tendência ao sobrepeso com o prolongamento do transtorno, de modo que o diagnóstico de BN também deve ser considerado em pessoas acima do peso.[1] Também destacamos algumas complicações médicas que podem ocorrer ao longo da doença: distúrbios hidreletrolíticos, epistaxes, hemorragia conjuntival, queilite, sinal de Russell (calos em mãos secundários à frequente indução de vômitos), cáries, erosão do esmalte dentário, sialoadenose (levando à fácies em "lua cheia"), rouquidão, epigastralgia, arritmias e convulsão.[17] No entanto, apesar dos riscos, como os comportamentos bulímicos e purgativos normalmente são escondidos pelos pacientes com BN, esse transtorno costuma evoluir ao longo de anos sem tratamento, o que também aumenta suas chances de cronificação.

O diagnóstico diferencial da BN precisa ser feito com outras patologias que cursam com hiperfagia, como síndromes genéticas (p. ex., Kleine-Levin, Prader-Willi) e depressão atípica, e com outros TAs com os quais compartilha sintomas (AN e TCA).

TRANSTORNO DE COMPULSÃO ALIMENTAR

Em 1959, Stunkard[18] descreveu pela primeira vez um episódio de compulsão alimentar relatado por um homem com obesidade. Em 1994, o TCA foi inserido no apêndice B do DSM-IV como uma categoria diagnóstica a ser mais bem investigada. Após ampla investigação científica, duas décadas depois, o TCA foi oficialmente reconhecido como um TA distinto e incluído como nova categoria diagnóstica nas classificações DSM-5 e CID-11.[1,2]

- **Episódios recorrentes de compulsão alimentar:** como na BN, o aspecto central e essencial para o diagnóstico de TCA é a presença de episódios de compulsão alimentar recorrentes, manifestando-se com uma frequência e duração de pelo menos uma vez por semana nos últimos três meses.[1,2] Além desse aspecto central no diagnóstico, observa-se a presença de outras características essenciais, listadas a seguir.
- **Indicadores comportamentais de perda de controle:** cinco itens (ver Tab. 2.1) foram descritos no DSM-5 para auxiliar na identificação da perda de controle relacionada aos episódios de compulsão alimentar no TCA. De modo geral, esses indicadores demonstraram validade em sua associação com os episódios de compulsão alimentar.[19]
- **Sofrimento/angústia marcante:** esse aspecto está diretamente relacionado ao padrão alimentar de compulsão alimentar e frequentemente tem impacto importante em diversas áreas do funcionamento (p. ex., pessoal, social, ocupacional, etc.).[1,2]
- **Ausência de mecanismos compensatórios:** no TCA não se observa a presença de métodos purgativos ou diretamente voltados para evitar o ganho de peso decorrente dos episódios de compulsão alimentar.

O padrão alimentar no TCA é irregular. Muitas vezes uma rotina com café da manhã, almoço e jantar não é seguida. Outros comportamentos também costumam ser observados, como a ingestão excessiva não associada à perda de controle (*overeating*) e o beliscar, hábitos que, no relato do paciente, muitas vezes se confundem com o episódio de compulsão alimentar. Os episódios de compulsão alimentar, por sua vez, quando ocorrem, podem levar a uma ingestão maior ou a comer de modo distinto da rotina habitual do indivíduo em virtude da perda de controle.[2] Indivíduos com TCA comparados àqueles sem TAs comem mais se entenderem que aquela porção não representa uma compulsão alimentar, diferentemente dos indivíduos com BN, que comem menos (maior restrição alimentar) do que pessoas sem TAs.[20] A exemplo, pessoas com TCA tendem a comer mais lanches, enquanto pessoas com BN pulam mais as refeições.[21]

Algumas questões diagnósticas e clínicas permanecem no TCA e merecem mais exploração. Entre elas, citamos a questão da preocupação excessiva com o peso e a forma corporal se manifestar em pessoas com TCA e a associação do TCA com a obesidade. Com relação à preocupação excessiva com peso e forma corporal, apesar de não representar um critério diagnóstico para TCA, pesquisadores acreditam que tal aspecto pode ser tão importante em um subgrupo de pessoas com esse diagnóstico quanto em pessoas com BN e bem maior do que em pessoas com sobrepeso, mas sem TAs, demonstrando maior gravidade desse subgrupo de TCA e representando uma característica que ajuda a distinguir obesos com e sem TCA, ao mesmo tempo que aproxima o diagnóstico de TCA da AN e da BN.[22]

Apesar de o TCA ser distinto da obesidade, há uma estreita e marcante associação entre ambos. O peso não é condição clínica essencial para o diagnóstico de TCA, e sim uma consequência comum de indivíduos que sofrem desse transtorno.[3] Indivíduos obesos que referem ingestão excessiva, mas não experimentam a sensação da perda de controle associada, não devem receber o diagnóstico de TCA.[3] Ao se comparar indivíduos obesos com e sem TCA e indivíduos não obesos com e sem TCA, o grupo de obesos com TCA é o que demonstra maior prejuízo em relação à qualidade de vida física e mental.[23]

Como informação adicional, o DSM-5 define especificadores de remissão e de gravidade para o TCA semelhantes aos da BN (ver Tab. 2.1). A relação entre a maior frequência de episódios (maior gravidade) e maior preocupação com comida, peso e forma é provável e acha-se em estudo.[24]

Por último, o TCA distingue-se da BN e da AN do tipo compulsão alimentar purgação, tendo em vista que nestes últimos se observa o engajamento em mecanismos compensatórios após os episódios de compulsão alimentar.

TRANSTORNO ALIMENTAR RESTRITIVO/EVITATIVO

A categoria intitulada TARE foi estabelecida nas atuais classificações de TAs como nova entidade nosológica (ver Tab. 2.1), tendo-se desenvolvido, inicialmente, a partir da observação de crianças que apresentavam sintomas alimentares de evitação ou restrição, seguidos por evolução e desfechos semelhantes. Referia-se às dificuldades no processo de alimentação em crianças, as quais evoluíam com falha no ganho de peso ou mesmo perda de peso. Observava-se também que indivíduos mais velhos que também manifestavam restrição ou evitação de alimentos ao longo do desenvolvimento, mas não se enquadravam nas categorias de AN ou BN por não apresentarem preocupações com peso e forma, eram com frequência classificados em categorias menos definidas, como "AN atípica", "transtorno da alimentação sem outra especificação" (DSM-IV) ou TANE (CID-10).

Atualmente, o diagnóstico de TARE é apoiado pela literatura do campo de transtornos alimentares como entidade independente e consistente, ainda que caracterizado por heterogeneidade e por mecanismos fisiopatológicos desconhecidos.[25,26] Os aspectos psicopatológicos do TARE se alinham nas classificações atuais DSM-5 e CID-11, que definem as seguintes características comuns:

- **Presença de comportamentos alimentares de restrição e/ou evitação graves:** tais comportamentos levam a comprometimento físico e/ou a condição de estresse psicossocial. Os indivíduos acometidos pela patologia apresentam história de lutar contra a comida, bem como refeições difíceis e com alto nível de estresse para o paciente e família. Apresentam baixo peso, prejuízo no crescimento, comprometimento clínico e deficiência de micronutrientes e podem necessitar de suplementação alimentar ou alimentação via sonda enteral para manter o estado nutricional saudável.
- **Ausência de preocupação com imagem corporal:** ausência de medo de ganhar peso ou de busca por magreza.
- **Não pode haver uma condição médica ou psiquiátrica que justifique o prejuízo no comportamento alimentar:** no entanto, o diagnóstico deve ser dado, ainda que de forma concomitante, quando a gravidade do comportamento alimentar causar prejuízo ao paciente e demandar tratamento especializado.
- **Não decorre de indisponibilidade de alimento ou de uma prática culturalmente aceita:** a característica central do TARE foi estruturada a partir da descrição de apresentações clínicas conduzidas pelo grupo de Great Ormond Street.[27,28] Estas permitiram a identificação de três eixos principais[28,29] que contribuíram para a elaboração da base de diagnóstico de TARE, apresentadas a seguir.
- **Restrição alimentar baseada em pouco interesse em comer (comedores restritivos):** são indivíduos que nunca ingeriram uma quantidade grande de comida e nunca expressam interesse em comer ou em experimentar alimentos novos. Eles geralmente são magros e pequenos, mas dentro da normalidade. No entanto, quando essas crianças crescem e estão perto do início da puberdade, ocorre maior demanda energética, e elas apresentam dificuldades em garantir o aporte nutricional necessário. Não apresentam mudanças no padrão alimentar, não desejam perder peso e aceitam com facilidade o uso de suplementos.
- **Evitação baseada em aversão ou medo de comer (fobia levando a evitação de comida):** na literatura encontramos outras denominações para se referir a esse grupo de manifestações, como "disfagia funcional" e "fobia alimentar". O quadro geralmente se inicia com recusa de alimentos sólidos após episódio de estresse decorrente de engasgo com alimento, sufocamento ou, ainda, crise de diarreia e/ou vômitos (p. ex., intoxicação alimentar). A criança evolui com aversão a alimentos e medo de se asfixiar ou de os sintomas de diarreia e vômitos se repetirem em situações públicas. Frequentemente surge no início da infância e evolui com comportamento alimentar aversivo e medo em relação a todos os tipos de alimentos. Pode haver alimentos específicos, ou grupo de alimentos, que os pacientes

associam a maior ansiedade e aversão, com frequência determinado pela textura, sendo que gradativamente eles ampliam o repertório de evitação para quase todos os alimentos. A história de investigação laboratorial e de imagem do aparelho gastrintestinal também pode ter efeito traumático para o indivíduo. Crianças com disfagia e fobias específicas, como medo de vomitar ou de ter episódio de diarreia, sentem-se irracionalmente angustiadas e assustadas diante das refeições, mas não apresentam nenhum tipo de preocupação com peso ou forma do corpo. Os pacientes costumam apresentar gravidade variável, e muitos atingem comprometimento físico importante. Muitas vezes são confundidos com o diagnóstico de AN, pois resistem às alimentações e evoluem com prejuízo grave do estado nutricional.

- **Evitação baseada nos aspectos sensoriais (comedores seletivos):** ocorre evitação de determinados alimentos e diminuição das quantidades em decorrência da percepção desconfortável e aversiva de aspectos sensoriais do alimento. Os indivíduos são extremamente sensíveis a características do alimento, como cheiro, sabor, textura, aparência e temperatura. Problemas alimentares apresentados por esses indivíduos têm sido descritos na literatura como comer seletivo, neofobia alimentar, *choosy eating* e *picky eating*. A sensibilidade alimentar está presente em todas as faixas etárias, e é muito difícil para esses indivíduos aceitar a introdução de alimentos novos. Sintomas de ansiedade do paciente e o ambiente familiar influenciam a gravidade da psicopatologia. A aversão sensorial aos alimentos está presente em indivíduos com transtorno do espectro autista (TEA), ou sem. Os pacientes apresentam frequentemente deficiência nutricional, mas podem cursar com peso normal, uma vez que aceitam os seus alimentos preferidos.
- **Outras apresentações:** a sintomatologia de restrição e recusa alimentar pode ocorrer diante de instabilidade emocional e situações graves de estresse. A síndrome de recusa pervasiva[28] expressa as mudanças de comportamento alimentar associadas a eventos traumáticos e caracteriza-se por recusa de forma súbita, podendo se associar ao mutismo e à paralisia funcional.[30] Também foi descrito o "transtorno da evitação alimentar emocional", referindo-se a crianças mais velhas que apresentam desinteresse pela comida concomitantemente a sintomas ansiosos e manias alimentares. Essas apresentações clínicas não ocorrem em pessoas com preocupação de imagem corporal ou que visem ao baixo peso corporal.

As diversas denominações encontradas na literatura para se referir a problemas alimentares (p. ex., dificuldades alimentares, seletividade alimentar, anorexia infantil, *picky eating disorders*, neofobia alimentar) nem sempre apresentam gravidade suficiente ou foram pautadas em critérios atuais de classificação (DSM-5 e CID-11), mas ainda assim são relevantes para a história de desenvolvimento do indivíduo e podem representar risco para TAs mais graves e para outros transtornos psiquiátricos.[31,32]

Desde a introdução do TARE como nova categoria diagnóstica de TAs, vários artigos foram publicados, permitindo o reconhecimento de sua importância e ressaltando a falta de conhecimento sobre essa condição clínica. Trata-se de um primeiro passo no sentido de melhorar a coerência do diagnóstico e ampliar a compreensão sobre um grupo de pacientes que estava à margem de ser identificado e tratado adequadamente. Um estudo recente de revisão sistemática[26] que avaliou a natureza e a extensão da literatura relacionada ao escopo do diagnóstico do TARE trouxe a informação de que os critérios atuais são claros e permitem, de fato, a distinção desses pacientes daqueles com AN. No entanto, os pacientes podem ter mais de uma forma de manifestação clínica simultaneamente. O uso de instrumentos padronizados de avaliação pode ajudar a descrever as características da sintomatologia e melhorar a confiabilidade do diagnóstico. No entanto, a principal dificuldade encontrada se refere ao grupo de pacientes que apresenta comorbidades clínicas e psiquiátricas que podem, por elas mesmas, produzir restrição alimentar e atitudes seletivas com relação ao alimento. Pacientes com transtorno de ansiedade, transtorno do humor, TEA e com problemas gastrintestinais podem apresentar problemas alimentares decorrentes do transtorno/doença de base.

PICA

A pica é um transtorno que se caracteriza essencialmente pela ingestão de substâncias não nutritivas. Foi descrita em todas as fases do desenvolvimento, mas parece ser mais frequente em crianças pequenas e adultos.[33] A fissura e a ingestão intencional de substâncias como cimento, terra (geofagia) ou madeira são comuns entre crianças pequenas e em adultos com pica. Descreve-se, em crianças, a ingestão de pedaços de lápis, pedaços de bonecos de plástico, papel higiênico e pedaços de mantas e outras roupas. Esses pacientes podem se apresentar em unidades clínicas ou cirúrgicas de tratamento por obstruções e perfurações intestinais, assim como podem apresentar infecções por protozoários ou bactérias, decorrentes de ingestão de alimentos contaminados ou inapropriados.

A associação entre pica e anemia tem sido relatada entre gestantes. Inclui a presença de comportamentos de ingerir gelo, giz e amidos (amilofagia) e se associa à deficiência de ferro ou zinco.[34] Discute-se se alguns alimentos *diet* (p. ex., adoçante), arroz cru ou macarrão cru deveriam estar incluídos como alimentos não nutritivos no diagnóstico de pica.

Ainda, a ingestão de substâncias não orgânicas na pica não deve estar relacionada a práticas culturais ou religiosas. Por fim, a pica está associada, frequentemente, a morbidades psiquiátricas, como dificuldades intelectuais e ansiedade de separação, e pode ser diagnosticada concomitantemente a esses quadros, assim como a outros TAs.

TRANSTORNO DE RUMINAÇÃO

Anteriormente descrito em seções ou categorias de transtorno de alimentação da infância e do início da infância (DSM-IV, CID-10), o transtorno de ruminação (TR) foi incluído como categoria de TAs nos manuais vigentes, sendo chamado de transtorno de regurgitação/ruminação na CID-11.

O TR pode ocorrer em todas as idades, sendo frequentemente descrito em crianças mais velhas e em adultos.[35] Caracteriza-se pela presença de repetidos episódios de regurgitação do alimento durante ou logo após as refeições. Ao regurgitarem (trazerem o alimento para a boca novamente), os indivíduos podem mastigar o alimento novamente e voltar a engoli-lo (ruminação) em seguida, ou deliberadamente o cospem. Os pacientes descrevem a sensação de contração no abdome que precede a regurgitação, como um impulso premonitório. A regurgitação alivia o impulso e a contração do abdome.[35] Descreve-se um caráter voluntário do comportamento, pois o indivíduo com TR pode contrair a língua ou o abdome voluntariamente, ou tossir para induzir a regurgitação, demonstrando facilidade em regurgitar, e parece sentir prazer com o comportamento, ou alívio de ansiedade. Descrita como reflexo ou hábito desenvolvido com a presença da comida, alguns pacientes relatam que a contração abdominal é precedida por estresse, história de TA ou um problema médico (p. ex., infecção respiratória, gastrenterite). Referem evitar alimentos que acreditam associar-se com a regurgitação, assim como também evitam situações de estresse, ainda que não ocorra nenhum alívio da manifestação dos sintomas alimentares. Os sintomas causam sentimentos de vergonha, razão pela qual procuram disfarçá-los e mantê-los em segredo, por não serem socialmente aceitos. O quadro deve se manifestar por pelo menos um mês (DSM-5) para o diagnóstico, ou por período prolongado, como várias semanas (CID-11), mas, em geral, o comportamento se manifesta várias vezes ao dia, e o TR pode ter curso episódico ou crônico.

Pacientes com TR também descrevem preocupação com forma e peso corporal, sensação de prazer após regurgitar e alívio de sintomas de ansiedade. Há associação de sintomas ligados ao TR em pacientes com BN que apresentam história de vômitos autoinduzidos,[36] mas o diagnóstico de TR não deve ser dado concomitantemente ao de BN, AN ou TCA.

Os sintomas podem estar associados à presença de complicações médicas (gastrintestinais, como disfunção pilórica e refluxo, distúrbios hidreletrolíticos e odontológicos) e de comprometimento no funcionamento psicossocial.[1]

OUTRO TRANSTORNO ALIMENTAR ESPECIFICADO

Esta categoria inclui as condições clínicas em que se observa a manifestação de comportamentos alimentares anormais que são causa de sofrimento clinicamente significativo e/ou prejuízo funcional nas suas várias esferas (pessoal, familiar, social, educacional, ocupacional, etc.), podendo, inclusive, causar dano físico, mas que não preenchem todos os critérios diagnósticos dos TAs descritos nas classificações. A CID-11 ressalta que tais patologias não são mais bem explicadas por outro transtorno mental ou do desenvolvimento ou condição médica que altera a alimentação, assim como não devem corresponder a comportamentos alimentares apropriados para o estágio de desenvolvimento nem representar padrão normal para a cultura do indivíduo. São exemplos as condições a seguir:

- Anorexia nervosa atípica: os critérios para AN estão presentes, mas o peso se encontra na faixa normal ou mesmo acima da normalidade.
- Bulimia nervosa atípica: apresentação semelhante à da BN, mas os episódios de compulsão alimentar e purgação ocorrem em uma frequência e/ou duração abaixo do critério mínimo recomendado.
- Transtorno de compulsão alimentar atípico: características similares às do TCA, porém com baixa frequência e/ou duração limitada.
- Transtorno purgativo: definido pela presença de comportamento recorrente de purgação (para influenciar peso e/ou forma corporal) na ausência de episódios de compulsão alimentar.
- Síndrome do comer noturno: caracterizada pela ingestão recorrente durante a noite, após despertar, ou pelo consumo excessivo de alimentos depois de uma refeição noturna. Nesses episódios, a consciência e a posterior recordação estão preservadas.

CONSIDERAÇÕES FINAIS

As atualizações dos manuais diagnósticos (CID-11 e DSM-5) mostraram-se exitosas na tarefa de reclassificação das patologias alimentares, anteriormente tratadas de forma empírica e inconsistente. As mudanças parecem permitir avanços na utilidade clínica, acurácia e consistência das categorias diagnósticas, mas muitas limitações e desafios permanecem quanto à definição dos TAs.[3,4] A introdução das novas categorias diagnósticas, TCA e TARE, assim como a ampliação das categorias de AN e BN preexistentes, possibilitam a redução do uso de categorias inespecíficas, atípicas ou subclínicas de TAs,[3,37] e a construção de um capítulo único de TAs fortalece a percepção de que as manifestações de TAs ocorrem ao longo do espectro de faixas etárias e se acham interconectadas.

Em resumo, a ampliação da categoria AN na CID-11 e no DSM-5 se deu por meio da exclusão da amenorreia dos critérios essenciais e de mudanças nas diretrizes que descrevem critérios de baixo peso e fobia de peso, tornando-os mais abrangentes e favorecendo a liberdade do julgamento clínico na definição de caso.[3,4] Com relação à BN e ao TCA, a redução na frequência mínima de episódios de compulsão alimentar recomendada (DSM-5) e a inclusão dos episódios de compulsão alimentar subjetivos (CID-11) como suficientes para o diagnóstico também favorecem a reclassificação de manifestações subclínicas, mas com repercussões clínicas significativas, em categoria específica. A introdução do TCA tem grande impacto para a nosologia da área, pois permite reconhecer e instituir tratamento adequado e precoce para o transtorno de maior prevalência entre os TAs, frequentemente associado à obesidade e com forte impacto na saúde e na qualidade de vida dos afetados quando se manifesta no longo prazo. No entanto, faz-se necessário o treinamento de equipes de saúde para seu reconhecimento e distinção de quadros de BN ou de comer em excesso observados em indivíduos sem

TAs (com ou sem obesidade).[1,2] A inclusão do TARE nas classificações atuais permitiu a redução da classificação em categorias inespecíficas os casos em que a restrição e/ou evitação alimentar impactam a condição nutricional e/ou o funcionamento psicossocial, mas não decorrem de preocupações com peso e forma corporal.[3] A pica e o TR não sofreram modificações significantes em suas descrições, mas ainda necessitam de melhorias em sua conceitualização.

Observa-se forte alinhamento das atuais classificações, mas algumas divergências permanecem e podem ter impacto na identificação de caso e na distribuição dos TAs, particularmente: 1) diferenças na concepção de BN e TCA em virtude da inclusão dos episódios de compulsão alimentar subjetivos pela CID-11 (sem exigência de episódios objetivos), mas não pelo DSM-5; e 2) dificuldades na definição de "baixo peso" na AN. Aspectos que devem ser alvo de futuras investigações na área envolvem a maior validação e verificação da utilidade clínica dos especificadores de gravidade dos transtornos para informar sobre o prognóstico e o manejo clínico, apesar de já contarem com algum suporte na literatura.[4,24] Com relação às novas categorias, o papel da preocupação com peso e forma no TCA, aspecto que une esse transtorno à AN e à BN, deve ser avaliado para potencial inclusão como critério diagnóstico, como subtipo ou como marcador de gravidade no TCA ou, ainda, como marcador de gravidade de psicopatologia transdiagnóstica.[4,24] Ainda, a compreensão e a possível reclassificação do TARE de acordo com os subtipos de apresentações clínicas também parecem ser o futuro campo de investigação, promovendo a elaboração de práticas de intervenção mais específicas e assertivas para cada indivíduo acometido.[25,38,39]

Por fim, espera-se que a nova classificação de TAs motive mais investigações em transtornos pouco explorados, como a pica e o TR, assim como de quadros na categoria OTAE, entre eles o transtorno de purgação, a síndrome do comer noturno e a ortorexia nervosa.

REFERÊNCIAS

1. American Psychiatric Association. Manual diagnóstico e estatístico de transtornos mentais: DSM-5. 5. ed. Porto Alegre: Artmed; 2014.
2. World Health Organization. ICD-11 clinical descriptions and diagnostic guidelines for mental and behavioural disorders. Geneva: WHO; 2018.
3. Claudino AM, Pike KM, Hay P, Keeley JW, Evans SC, Rebello TJ, et al. The classification of feeding and eating disorders in the ICD-11: results of a field study comparing proposed ICD-11 guidelines with existing ICD-10 guidelines. BMC Med. 2019;17(1):93.
4. Walsh BT. Diagnostic categories for eating disorders: current status and what lies ahead. Psychiatr Clin North Am. 2019;42(1):1-10.
5. Wilfley DE, Bishop ME, Wilson GT, Agras WS. Classification of eating disorders: toward DSM-V. Int J Eat Disord. 2007;40 Suppl:S123-9.
6. Uher R, Rutter M. Classification of feeding and eating disorders: review of evidence and proposals for ICD-11. World Psychiatry. 2012;11(2):80-92.
7. World Health Organization. Child growth standards. Geneva: WHO; 2006.

8. Reas DL, Rø Ø. Investigating the DSM-5 severity specifiers based on thinness for adults with anorexia nervosa. Int J Eat Disord. 2017;50(8):990-4.
9. Machado PP, Grilo CM, Crosby RD. Evaluation of the DSM-5 severity indicator for anorexia nervosa. Eur Eat Disord Rev. 2017;25(3):221-3.
10. Treasure J, Duarte TA, Schmidt U. Eating disorders. Lancet. 2020;395(10227):899-911.
11. Serpell L, Troop N. Psychological factors. In: Treasure J, Shmidt U, Van Furth E. The handbook of eating disorders. West Sussex: Wiley; 2003.
12. Bruch H. Anorexia nervosa: therapy and theory. Am J Psychiatry. 1982;139(12):1531-8.
13. Russell G. Bulimia nervosa: an ominous variant of anorexia nervosa. Psychol Med. 1979;9(3):429-48.
14. Fairburn CG. Cognitive behavior therapy and eating disorders. New York: The Guilford; 2008.
15. Watson HJ, Fursland A, Bulik CM, Nathan P. Subjective binge eating with compensatory behaviors: a variant presentation of bulimia nervosa. Int J Eat Disord. 2013;46(2):119-26.
16. Wilfley DE, Bishop ME, Wilson GT, Agras WS. Classification of eating disorders: toward DSM-V. Int J Eat Disord. 2007;40 Suppl:S123-9.
17. Castillo M, Weiselberg E. Bulimia nervosa/purging disorder. Curr Probl Pediatr Adolesc Health Care. 2017;47(4):85-94.
18. Stunkard AJ. Eating patterns and obesity. Psychiatr Q. 1959;33:284-95.
19. Goldschmidt AB, Crosby RD, Cao L, Wonderlich SA, Mitchell JE, Engel SG, et al. A preliminary study of momentary, naturalistic indicators of binge-eating episodes in adults with obesity. Int J Eat Disord. 2018;51(1):87-91.
20. Kornstein SG, Kunovac JL, Herman BK, Culpepper L. Recognizing binge-eating disorder in the clinical setting: a review of the literature. Prim Care Companion CNS Disord. 2016;18(3):10.4088/PCC.15r01905.
21. Masheb RM, Grilo CM, White MA. An examination of eating patterns in community women with bulimia nervosa and binge eating disorder. Int J Eat Disord. 2011;44(7):618-24.
22. Grilo CM, Masheb RM, White MA. Significance of overvaluation of shape/weight in binge-eating disorder: comparative study with overweight and bulimia nervosa. Obesity (Silver Spring). 2010;18(3):499-504.
23. Perez M, Warren CS. The relationship between quality of life, binge-eating disorder, and obesity status in an ethnically diverse sample. Obesity (Silver Spring). 2012;20(4):879-85.
24. Gianini L, Roberto CA, Attia E, Walsh BT, Thomas JJ, Eddy KT, et al. Mild, moderate, meaningful? Examining the psychological and functioning correlates of DSM-5 eating disorder severity specifiers. Int J Eat Disord. 2017;50(8):906-16.
25. Bourne L, Bryant-Waugh R, Cook J, Mandy W. Avoidant/restrictive food intake disorder: a systematic scoping review of the current literature. Psychiatry Res. 2020;288:112961.
26. Strand M, von Hausswolff-Juhlin Y, Welch E. A systematic scoping review of diagnostic validity in avoidant/restrictive food intake disorder. Int J Eat Disord. 2019;52(4):331-60.
27. Lask B, Bryant-Waugh R. Early-onset anorexia nervosa and related eating disorders. J Child Psychol Psychiat. 1992;33(1):281-300.
28. Watkins B, Lask B. Eating disorders in school-aged children. Child Adolesc Psychiatr Clin N Am. 2002;11(2):185-99.
29. Chatoor I. Feeding disorders in infants and toddlers: diagnosis and treatment. Child Adolesc Psychiatr Clin N Am. 2002;11(2):163-83.
30. Higgs JF, Goodyer IM, Birch J. Anorexia nervosa and food avoidance emotional disorder. Arch Dis Child. 1989;64(3):346-51.
31. Herle M, Stavola B, Hübel C, Abdulkadir M, Ferreira DS, Loos RJF, et al. A longitudinal study of eating behaviours in childhood and later eating disorder behaviours and diagnoses. Br J Psychiatry. 2020;216(2):113-9.
32. Thornton LM, Trace SE, Brownley KA, Ålgars M, Mazzeo SE, Bergin JE, et al. A comparison of personality, life events, comorbidity, and health in monozygotic twins discordant for anorexia nervosa. Twin Res Hum Genet. 2017;20(4):310-8.
33. Young SL. Craving earth: understanding pica. New York: Columbia University; 2011.

34. Lumish RA, Young SL, Lee S, Cooper E, Pressman E, Guillet R, et al. Gestational iron deficiency is associated with pica behaviors in adolescents. J Nutr. 2014;144(10):1533-9.

35. Murray HB, Juarascio AS, Di Lorenzo C, Drossman DA, Thomas JJ. Diagnosis and treatment of Rumination syndrome: a critical review. Am J Gastroenterol. 2019;114(4):562-78.

36. Eckern M, Stevens W, Mitchell J. The relationship between rumination and eating disorders. Int J Eat Disord. 1999;26(4):414-9.

37. Vo M, Accurso EC, Goldschmidt AB, Le Grange D. The Impact of DSM-5 on eating disorder diagnoses. Int J Eat Disord. 2017;50(5):578-81.

38. Eddy KT, Harshman SG, Beecker KR. Radcliffe ARFID workgroup: commentary on diagnosis, multidisciplinary assessment and treatment, and directors for the field. Int J Eat Disord. 2017;5(4):56.

39. Norris ML, Spettigue WJ, Katzman DK. Update on eating disorders: current perspectives on avoidant/restrictive food intake disorder in children and youth. Neuropsychiatr Dis Treat. 2016;12:213-8.

3 EPIDEMIOLOGIA DOS TRANSTORNOS ALIMENTARES

Maria Angélica Nunes

A epidemiologia dos transtornos alimentares (TAs) permanece um tópico impreciso e complexo, apesar de algumas mudanças nos critérios diagnósticos, na variabilidade *crosscultural* e nas taxas de incidência com o passar dos anos. Sabemos que estudos epidemiológicos de estimativas populacionais continuarão sendo influenciados pelos sistemas classificatórios vigentes.

Este capítulo proporcionará um panorama da epidemiologia dos principais TAs: anorexia nervosa (AN), bulimia nervosa (BN) e transtorno de compulsão alimentar (TCA).

Na 5ª edição do *Manual diagnóstico e estatístico de transtornos mentais* (DSM-5),[1] da American Psychiatric Association, além dos diagnósticos de AN, BN e TCA, outros diagnósticos foram incluídos, como pica, transtorno de ruminação e transtorno alimentar restritivo/evitativo (TARE). Entretanto, quase inexistem dados epidemiológicos sobre a ocorrência dessas três últimas condições clínicas. Provavelmente o mais comum entre eles seja o TARE, um novo transtorno, redefinido a partir de uma rara condição denominada "transtorno da alimentação da infância ou da primeira infância" no DSM-IV. Os dados epidemiológicos da pica e do transtorno de ruminação são raríssimos e geralmente descritos em indivíduos com déficit intelectual.

Os estudos epidemiológicos apresentam alguns problemas metodológicos na área dos TAs, como a seleção da população e a identificação de casos. São problemas específicos dos TAs: a baixa prevalência na população em geral, a tendência dos indivíduos de ocultar a doença e a falta de procura por profissionais qualificados para tratá-los, tornando necessário estudar muitos indivíduos da população para obter resultados confiáveis. Assim, o tempo e o custo operacional dos estudos são muito elevados. Diversas estratégias são empregadas para contornar o problema, em particular a utilização de dados oriundos de relatos de casos, prontuários hospitalares e pesquisa em populações específicas.

Entretanto, toda pesquisa que utiliza dados secundários é passível de limitações. Os dados obtidos por meio de registro de casos geralmente representam aqueles detectados, na sua maioria, em regime hospitalar e, algumas vezes, em tratamento ambulatorial. Os casos tratados representam apenas a minoria de todos os casos. Resultados obtidos em registros de casos e prontuários de hospitais são de valor muito maior no planejamento do tratamento do que na geração de hipóteses sobre a etiologia da doença, uma vez que não há acesso direto aos indivíduos e que a informação adicional disponível é geralmente limitada e apenas de natureza demográfica.

Na pesquisa epidemiológica em TAs, os estudos de prevalência sobrepõem-se aos estudos de incidência. Os estudos de prevalência são frequentemente conduzidos em populações consideradas de risco para o desenvolvimento de TAs: adolescentes e estudantes universitárias femininas. Nos dias atuais, pesquisas realizadas em duas etapas são as mais adequadas para a identificação dos casos. Inicialmente, uma grande amostra é investigada, com a finalidade de selecionar, por um instrumento de rastreamento, os indivíduos considerados de risco (primeira etapa). Após, por meio de uma entrevista diagnóstica, são identificados os casos na população considerada de risco e em uma amostra randomicamente selecionada de indivíduos que não são de risco (segunda etapa). Ainda assim, tais estudos revelam problemas metodológicos, como baixas taxas de respostas, instrumentos que apresentam baixos coeficientes de sensibilidade e especificidade e o tamanho restrito da amostra dos grupos entrevistados, particularmente daqueles sem risco.

Pesquisas em populações específicas selecionam previamente determinado segmento da população como sendo "de risco" – por exemplo, estudantes universitárias, atletas ou uma coorte de uma faixa etária em particular. Eles apresentam validade externa questionável, já que os resultados são específicos daquela população. No entanto, apesar dessas limitações, os estudos de populações específicas e em duas etapas apresentam o potencial de originar informações relevantes de etiologia, porque existe acesso direto aos indivíduos, e a disponibilidade de informações adicionais não está restrita ao uso de dados secundários.

Também os estudos de incidência dependem da metodologia, do tipo de população e dos critérios diagnósticos utilizados. É impossível rastrear uma amostra de tamanho adequado, por exemplo, 100 mil indivíduos, por muitos anos. Assim, a maioria das taxas de incidência é baseada em casos detectados em prontuários de hospitais e casos registrados em hospitais e ambulatórios que atendem transtornos mentais.

OCORRÊNCIA DE TAS EM CULTURAS OCIDENTAIS *VERSUS* CULTURAS NÃO OCIDENTAIS

Historicamente, os TAs afetavam sobretudo adolescentes brancos ou mulheres adultas jovens na Europa Ocidental industrializada, de alta renda, e na América do Norte. No entanto, mais recentemente, os TAs são cada vez mais documentados em diversos países e culturas.

Nos dias atuais, parece haver uma mudança no panorama da cultura e dos TAs: estabilização da incidência de AN e possivelmente menores taxas de incidência de BN em grupos brancos da América do Norte e do norte da Europa; taxas crescentes de TAs na Ásia; aumento das taxas de TAs na região árabe; e taxas crescentes de compulsão alimentar e BN em grupos minoritários hispânicos e negros na América do Norte. Em anos anteriores, um artigo de revisão mostrou que os TAs ocorriam mais frequentemente em mulheres jovens de culturas ocidentais. Hoje, é reconhecido que ocorrem também em mulheres mais velhas, em homens e em indivíduos de culturas não ocidentais.[2] Em 2014, Pike e colaboradores relataram aumento de TAs em países árabes e asiáticos, em virtude do aumento da industrialização, da urbanização e da globalização.[3]

Em 2016, foi publicada a primeira revisão sistemática com metanálise sobre a prevalência dos TAs na América Latina. Os resultados mostram que a AN é rara, sendo que a BN e principalmente o TCA são transtornos mentais mais comuns. As taxas de prevalência encontradas na América do Sul são semelhantes às taxas encontradas entre hispânicos/latinos nos Estados Unidos.[4]

Também em 2016 foi publicada a primeira revisão sistemática com metanálise sobre a epidemiologia dos TAs na África. Apenas quatro estudos oferecem informações sobre a epidemiologia dos TAs durante o período de duas décadas. Destes, apenas três examinam a prevalência de BN e TAs não especificados, que no DSM-IV incluíam o TCA. Nenhum caso de AN foi detectado nos estudos epidemiológicos na África. A partir do DSM-5, provavelmente alguns indivíduos preencheriam os critérios diagnósticos de AN.[5]

Variações fenomenológicas em cada um dos locais referidos na apresentação dos TAs conferem um desafio no diagnóstico e na detecção que pode resultar em subestimativas de prevalência. Em países não ocidentais, a maioria dos estudos epidemiológicos que focam na ocorrência de doenças mostra que diferenças nas taxas podem ao menos ser explicadas por diferenças socioculturais.[6] Perez e colaboradores acentuam que diferenças culturais (padrões de beleza, conflito de gêneros e conflitos familiares) precisam ser incorporadas aos planos de tratamento de TAs.[7]

Em 2013, houve a inclusão dos TAs no estudo da Organização Mundial da Saúde (OMS) denominado Global Burden of Diseases.[8] De acordo com Erskine e colaboradores, este parece ser o momento divisor de águas, quando a AN e a BN ocuparam a 12ª posição das maiores causas de anos de vida ajustados por incapacidades (DALYs – *disability-adjusted life years*) em mulheres de 15 a 19 anos em países de alta renda, responsáveis por 2,2% de todos os DALYs. Embora globalmente a posição não tenha mudado entre 1990 e 2013, a partir de 2013 houve uma mudança significativa da 58ª posição, em 1990, para a 46ª posição em países de baixa e média rendas.

Nesses países, esse acréscimo pode ser atribuído ao aumento na prevenção e no tratamento das doenças comunicáveis, possibilitando o aumento de uma proporção de peso atribuído aos TAs, embora na ausência de uma tendência temporal em números absolutos. Em virtude do tamanho de suas populações, países como a China e a Índia devem ser responsáveis, junto com os Estados Unidos, pelas maiores contribuições no aumento do total de DALYs causados pelos TAs. Assim, é reconhecido que os TAs ocorrem globalmente e que mostram associação com o expressivo aumento de doenças na Ásia.[9]

ESTUDOS DE PREVALÊNCIA E ESTUDOS DE INCIDÊNCIA

A mudança dos critérios diagnósticos no DSM-5 ampliou o nível de detecção de caso clínico para AN e BN. Especificamente, a remoção do critério diagnóstico de amenorreia na AN e o limiar reduzido para compulsão e frequência de purgação para uma média de uma vez por semana para BN resultarão em taxas aumentadas de TAs. Um aspecto adicional é que a maioria dos estudos que medem a ocorrência dos TAs trata-se de estudos de prevalência. Os estudos de incidência em TAs são raros.

Em 2017, o estudo Collaborative Psychiatric Epidemiology Surveys, realizado nos Estados Unidos, cuja amostra foi constituída por 12.337 adultos, encontrou prevalência de 2,2% de TAs em homens e de 4,93% em mulheres. Os TAs foram mais prevalentes em indivíduos com peso mais elevado. O TCA foi mais prevalente em indivíduos de ambos os sexos com obesidade tanto na prevalência pontual como ao longo da vida. Entre os indivíduos de ambos os sexos com obesidade, a prevalência foi maior naqueles com obesidade de grau III.[10]

Em 2018, o estudo realizado por Udo e Grilo descreveu estimativas de prevalência de AN, BN e TCA ao longo da vida de 0,80% (desvio padrão [DP] 0,07%), 0,28% (DP 0,03%) e 0,85% (DP 0,05%), respectivamente. As estimativas de prevalência de 12 meses para AN, BN e TCA foram de 0,05% (DP 0,02%), 0,14% (DP 0,02%) e 0,44% (DP 0,04%), respectivamente. As chances de diagnósticos de todos os três TAs ao longo da vida e em 12 meses foram significativamente maiores para as mulheres do que para os homens após o ajuste para idade, raça e/ou etnia, educação e renda.

Os riscos relativos ajustados (RRAs) do diagnóstico de AN ao longo da vida foram significativamente menores para população afro-americana do que para brancos. Para o diagnóstico de BN ao longo da vida e em 12 meses, não diferiram significativamente por raça e/ou etnia. Já para o diagnóstico de TCA ao longo da vida, mas não em 12 meses, foram significativamente menores para entrevistados negros não hispânicos em relação aos entrevistados brancos não hispânicos. Os riscos relativos de TCA para entrevistados brancos hispânicos e não hispânicos não diferiram significativamente. A AN, a BN e o TCA foram caracterizados por diferenças significativas na idade de início, na persistência e duração dos episódios e nas taxas de obesidade e comprometimento psicossocial atuais.[11]

O único estudo que investigou os diagnósticos de TCA e BN em uma amostra representativa de base populacional foi o Projeto Mundial de Saúde Mental da Organização Mundial da Saúde (OMS), que incluiu uma amostra brasileira de São Paulo – a Mega City Health Survey de São Paulo. Foram avaliados 2.942 indivíduos por meio da Composite International Diagnostic Interview (CIDI). Os resultados apontaram prevalência ao longo da vida de 4,7% e 2,0% e estimativa em 12 meses de 1,8% e 0,9% para TCAP e BN do DSM-IV, respectivamente, na cidade de São Paulo.[12]

Na Ásia, na América Latina e na África existem apenas estudos de prevalência, sendo que os resultados apontam baixa prevalência de AN na África, na América Latina e entre hispânicos que habitam os Estados Unidos comparado com taxas de países ocidentais e também de países como China e Japão. Também sabemos que os hispânicos/latinos nos Estados Unidos apresentam menor preocupação com peso e fazem menos dieta e exercícios extenuantes.[13]

Na África, apesar de índices de massa corporal (IMC) maiores (29 kg/m²), as mulheres não se sentem infelizes e sequer pensam em perder peso.[5] No Brasil, um estudo de base populacional realizado em 2006 encontrou prevalência de 6,2% de TA em mulheres jovens de 13 a 29 anos.[14] Houve outros estudos de prevalência de comportamentos alimentares inadequados, que utilizaram amostras de populações específicas, estudantes universitárias e adolescentes.[15-17] Uma recente metanálise de estudos sobre sintomas de TAs no Brasil, que utilizaram o teste Eating Attitudes Test (EAT-26) com ponto de corte de 20 (n = 5), encontrou 14,9% (intervalo de confiança 95% [IC 95%] 12,8-17,2%) de testes positivos, enquanto aqueles com ponto de corte de 21 (n = 9) encontraram 13,3% (IC 95% 11,3-15,6%).[18]

Também recentemente, um estudo de base populacional projetado para medir a ocorrência de TCA, BN e episódios de compulsão alimentar recorrentes realizado na cidade do Rio de Janeiro encontrou prevalência de 1,4% para TCA, 0,7% para BN e 6,2% para episódios de compulsão alimentar recorrentes.[19]

Apesar de que ainda existam poucos dados epidemiológicos representativos na Ásia e de populações de ilhas do Pacífico, evidências disponíveis mostram que os TAs e comportamentos e atitudes alimentares inadequados são prevalentes nessas regiões. Embora pareça haver "aumento dos TAs na Ásia" de forma ampla, a história dos TAs na Ásia é uma compilação de muitas histórias menores e distintas.[20]

Em países asiáticos, os primeiros relatos de TAs surgiram quando o crescimento e o ritmo de desenvolvimento de um país foram maiores, com aceleração dos processos de industrialização, urbanização e modernização. Assim, a experiência asiática ajuda a solidificar o vínculo paradigmático entre uma "cultura em transição" em termos de desenvolvimento econômico e industrialização e o surgimento de TAs.[21]

No Japão, apenas na década de 1970 apareceram os primeiros relatos de TAs,[22] e pouco tempo depois eles foram documentados em outros países asiáticos de rápida industrialização, como Hong Kong,[23] Malásia[24] e Coreia do Sul.[25] Enquanto isso, os países asiáticos menos desenvolvidos economicamente, incluindo China, Taiwan, Tailândia e outras áreas do Sudeste Asiático, não relataram casos de TAs até o final da década de 1990 e a primeira década do século XXI, quando suas sociedades também sofreram a industrialização e a globalização.[26]

Resultados de estudos longitudinais sugerem que a prevalência de TAs aumentou na China e no Japão e que regiões com o maior percentual global anual de acréscimo em DALYs por 100 mil habitantes incluem a Ásia. Nos últimos anos, entretanto, resultados obtidos sugerem que a incidência e a prevalência de TAs no Japão se estabilizaram desde então, assim como em muitos países ocidentais.[27] Até o século XX, havia menos estudos de populações masculinas. Entre os homens, a prevalência de AN ao longo da vida é de 0,2 a 0,3%, de BN, de 0,1 a 0,5%, e de TCA, de 1,1 a 3,1%. Homens com TAs apresentam escores mais baixos que as mulheres em medidas de comportamento alimentar inadequado, porém nenhuma diferença entre os sexos aparece nos sintomas-chave, como compulsão alimentar, vômitos autoprovocados e abuso de laxantes. Também foi observado que gêmeos ou trigêmeos e que a presença de baixo peso ao nascer predizem AN em homens. Outro resultado encontrado refere-se ao baixo IMC na admissão ao tratamento e à idade mais avançada nos pacientes masculinos com AN.[28]

Mais estudos recentes publicados na Europa apontam que a AN pode ter-se tornado mais frequente ao longo dos tempos. É possível que isso decorra de mudanças nos critérios diagnósticos. Um estudo realizado na Holanda por Keski-Rahkonen e Mustelin mostrou que a taxa de incidência de AN permaneceu estável,[29] enquanto um estudo de Smink e colaboradores apontou que a incidência de BN decresceu em um período de três décadas.[30]

Atualmente, na Europa, o foco dos estudos epidemiológicos é no curso e nos fatores de risco, incluindo vulnerabilidade genética, sendo outros importantes parâmetros a recuperação e a mortalidade. Um estudo de base populacional realizado na Finlândia estimou que 88% das mulheres jovens que tiveram AN apresentaram peso adequado aos 30 anos.[31]

A mortalidade decorrente dos TAs é alta, especialmente da AN. Fitcher e Quadflieg mostraram taxas de mortalidade de 5,3% para AN, 1,4% para BN e 1,5% para TCA.[32]

A **Tabela 3.1** apresenta a prevalência de AN, BN e TCA entre mulheres jovens de diferentes regiões e culturas.

■ Tabela 3.1
Prevalência de AN, BN e TCA entre mulheres jovens de diferentes regiões e culturas

	AN	BN	TCA
Europa	1-4%	1-4%	1-4%
Estados Unidos	0,9%	0,6%	0,85%
China	1,05%	2,98%	3,58%
Japão	0,43%	2,32%	3,32%
África	< 0,01%	0,87%	4,45%
América Latina	0,1%	1,16%	3,53%
Brasil+	-	0,7%	1,4%
Hispânicos/latinos EUA	0,08%	1,61%	1,92%

+ resultados ainda não publicados.

ANOREXIA NERVOSA

É considerada o protótipo de um TA, embora de ocorrência mais rara na população em geral. Embora tenha sido incluída no DSM-I em 1952, a maioria dos estudos epidemiológicos sobre a AN foi conduzido após a sua inclusão no DSM-III, em 1980.

INCIDÊNCIA

Poucos estudos examinaram a incidência de AN na população em geral. Embora diferentes estratégias tenham sido usadas, os resultados sugerem acréscimo na incidência de AN em serviços de saúde mental entre os anos de 1930 e 1970. Também parece que a incidência de AN entre os países do norte da Europa aumentou até a década de 1970-78, período após o qual a incidência de AN parece ter-se estabilizado.[33-35] Entretanto, nos últimos anos, as taxas de incidência de AN entre meninas de 15 a 19 anos aumentaram. Essa faixa etária representa um segmento da população particularmente vulnerável ao desenvolvimento de TAs, como fica evidente pelo fato de aproximadamente 40% de todos os casos de AN serem identificados pela primeira vez em indivíduos entre 15 e 19 anos de idade.[33]

Ainda não está claro se esse aumento pode ser atribuído à crescente conscientização da existência dos TAs entre pais, professores, médicos e treinadores, o que poderia resultar na detecção precoce de casos de AN, ou, inversamente, se esse aumento reflete uma idade mais precoce de início de TAs entre mulheres jovens nos países ocidentais.[34]

Desde os anos de 1970 até os dias atuais, a incidência de AN na Holanda mantém-se estável, ao redor de 5 casos por 100 mil habitantes/ano. A incidência se manteve estável na população em geral na década de 1990 comparada à década de 1980, embora tenha aumentado entre adolescentes.[36] Também foi detectada diminuição na taxa de mortalidade, provavelmente devido ao maior reconhecimento do diagnóstico e à existência de assistência especializada. Da mesma forma, embora seja uma doença crônica, a média de duração na população em geral é menor que a previamente obtida: 1,7 ano nos Estados Unidos. Também a longo prazo as taxas são melhores que no passado: média de 5 anos. A AN parece ser mais incidente entre homens do que anteriormente publicado, sendo esse grupo menos diagnosticado e com menor acesso a tratamento em comparação ao das mulheres.[28]

Recentemente, foi publicada uma revisão sistemática e metanálise da incidência de AN. A taxa de incidência variou de 0,5 a 318,0 casos por 100 mil mulheres/ano. A incidência em estudos cuja amostra foi constituída do registro de casos em serviços ambulatoriais de saúde (SAS) foi maior do que aquela cuja amostra foi baseada em registros de internações hospitalares (IH) (8,8 IC 95% 7,83-9,80 vs. 5,0 IC 95% 4,87-5,05). Em mulheres jovens, a incidência de AN em SAS foi maior do que em IH (63,7 IC 95% 61,21-66,12 vs. 8,1 IC 95% 7,60-8,53).[37]

PREVALÊNCIA

Os estudos de prevalência da AN são mais frequentes em grupos considerados de risco, como mulheres jovens. Na Europa, a taxa de prevalência de AN ao longo da vida varia de 1 a 4%, e nos Estados Unidos, é de 0,9%. A taxa de proporção entre mulheres e homens é de 10:4. Hoek refere que na Holanda praticamente 40% dos casos de AN em geral são detectados por clínicos e que a maioria dos pacientes é encaminhada para serviços especializados em TAs.[33]

BULIMIA NERVOSA

Em 1980, foram incluídos os critérios diagnósticos da BN no DSM-III. O pico de ocorrência teve início na década de 1990, sendo considerada uma quase "epidemia" nos países ocidentais.

PREVALÊNCIA

Estudos recentes que usaram critérios mais estritos e métodos de coleta de dados mais sofisticados apontam na Europa taxa de prevalência entre 1 e 2% em mulheres jovens,[28] enquanto nos Estados Unidos a prevalência é de 0,28%.[11] A BN pode ter-se tornado menos comum na última década em indivíduos da cor branca, porém um estudo de 2011 que avaliou a prevalência de BN entre diferentes grupos étnicos nos Estados Unidos determinou que ela era mais comum entre afro-americanos e latinos em comparação com seus homólogos não latinos brancos, com taxas de prevalência ao longo da vida variando de 0,51% entre brancos não latinos a 2,0% entre latinos.[38] No entanto, devemos destacar dois cuidados a esse respeito. Em primeiro lugar, muitos dos dados que sustentam essa hipótese de declínio na incidência de BN são limitados a estudos envolvendo populações de estudantes do sexo feminino nos Estados Unidos, e, portanto, precisamos considerar que outras tendências podem estar ocorrendo em outros segmentos da população.[19]

A prevalência é mais baixa em adolescentes e mulheres jovens, com o início dos sintomas ocorrendo mais tardiamente que na AN. A frequência entre o sexo masculino também é mais elevada do que previamente estabelecido. A taxa de mortalidade é de 1,6%.[33] Também se reconhece haver mais dificuldade em estabelecer o diagnóstico em redes de atenção básica, visto que os sintomas não são revelados pelos pacientes. Assim, a procura de assistência especializada geralmente leva muito tempo após o início dos sintomas, dificultando o manejo e tornando o curso crônico. As taxas de incidência em base populacional sugerem que houve diminuição na apresentação de BN na atenção primária em vários países.[33]

TRANSTORNO DE COMPULSÃO ALIMENTAR

É considerado o TA de maior prevalência na população em geral, com prevalência pontual estimada de 0,6 a 3,6%.

PREVALÊNCIA

Na Europa, a prevalência pontual estimada é de 1 a 4%, em mulheres. Nos Estados Unidos, a prevalência ao longo da vida atinge cerca de 0,85%.[11] Um estudo realizado no Reino Unido evidenciou taxas de prevalência pontual para TCA de 0,62% (apenas mulheres) a 3,6% (homens e mulheres combinados).[39]

O TCA apresenta um perfil sociodemográfico distinto, quando comparado com AN e BN, incluindo uma razão de gênero mais equilibrada, taxas mais altas de obesidade, idade de início tardia e maior duração de sintomas de TA.[40] Entre homens e mulheres, a taxa é bem menos assimétrica no TCA do que na BN. Esse transtorno é prevalente tanto entre mulheres de minorias raciais e étnicas quanto em mulheres brancas e é mais prevalente em indivíduos que buscam tratamento para emagrecer do que na população em geral. Embora tradicionalmente associado com obesidade, parece estar fortemente ligado à agregação familiar, independentemente da obesidade.[2] Em outra amostra representativa da comunidade de 6.041 adolescentes e adultos australianos, a prevalência pontual de TCA (DSM-5) foi de 5,6%. Além disso, TCA de baixa frequência e/ou duração limitada apresentou taxa de prevalência de 6,9%.[41]

Estudos longitudinais sugerem um pico de início de TCA no início da adolescência, além de um pico no início da idade adulta. Por exemplo, Udo e Grilo encontraram chances de 2 a 3 vezes maiores de mulheres serem afetadas por TCA do que homens, chances mais de 2 vezes maiores de obesidade, média de início de 24,5 anos e duração média de sintomas de TA de 15,9 anos.[11]

CONSIDERAÇÕES FINAIS

Atualmente se considera que os TAs ocorrem em mulheres mais velhas, pessoas em países não ocidentais, pessoas obesas e em homens, e não apenas no grupo de mulheres jovens de alto risco. É importante que esses grupos minoritários com TAs também sejam detectados e devidamente tratados. As características clínicas dos comportamentos alimentares inadequados nesses grupos costumam ser um pouco diferentes dos TAs prototípicos de mulheres jovens com AN.

Nos dias atuais, outro aspecto que deve ser considerado é a inclusão do TCA e de episódios recorrentes de compulsão alimentar no Global Burden of Disease (GBD), em virtude de altas taxas de ocorrência na população em geral e prováveis consequências nas estimativas de maiores causas de DALYs.

Na medida em que as taxas de detecção de TAs são baixas, mesmo entre mulheres jovens com TA, ainda constitui um desafio medir sua ocorrência em nosso meio.

REFERÊNCIAS

1. American Psychiatric Association. Manual diagnóstico e estatístico de transtornos mentais: DSM-5. 5. ed. Porto Alegre: Artmed; 2014.
2. Hoek HW. Review of the worldwide epidemiology of eating disorders. Curr Opin Psychiatry. 2016;29(6):336-9.
3. Pike KM, Hoek HW, Dunne PE. Cultural trends and eating disorders. Curr Opin Psychiatry. 2014;27(6):436-42.
4. Kolar DR, Rodriguez DL, Chams MM, Hoek HW. Epidemiology of eating disorders in Latin America: a systematic review and meta-analysis. Curr Opin Psychiatry. 2016;29(6):363-71.
5. van Hoeken D, Burns JK, Hoek HW. Epidemiology of eating disorders in Africa. Curr Opin Psychiatry. 2016;29(6):372-7.
6. Thomas JJ, Lee S, Becker AE. Updates in the epidemiology of eating disorders in Asia and the Pacific. Curr Opin Psychiatry. 2016;29(6):354-62.
7. Perez M, Ohrt TK, Hoek HW. Prevalence and treatment of eating disorders among Hispanics/Latino Americans in the United States. Curr Opin Psychiatry. 2016;29(6):378-82.
8. Herricks JR, Hotez PJ, Wanga V, Coffeng LE, Haagsma JA, Basáñez MG, et al. The global burden of disease study 2013: What does it mean for the NTDs? PLoS Negl Trop Dis. 2017;11(8):e0005424.
9. Erskine HE, Whiteford HA, Pike KM. The global burden of eating disorders. Curr Opin Psychiatry. 2016;29(6):346-53.
10. Duncan AE, Ziobrowski HN, Nicol G. The prevalence of past 12-month and lifetime DSM-IV eating disorders by bmi category in us men and women. Eur Eat Disorder. 2017;25(3):165-71.
11. Udo T, Grilo CM. Prevalence and correlates of DSM-5-defined eating disorders in a nationally representative sample of U.S. adults. Biol Psychiatry. 2018;84(5):345-54.
12. Kessler RC, Berglund PA, Chiu WT, Deitz AC, Hudson JI, Shahly V, et al. The prevalence and correlates of binge eating disorder in the World Health Organization World Mental Health Surveys. Biol Psychiatry. 2013;73(9):904-14.
13. Perez M, Ohrt TK, Hoek HW. Prevalence and treatment of eating disorders among Hispanics/Latino Americans in the United States. Curr Opin Psychiatry. 2016;29(6):378-82.
14. Nunes MA, Olinto MT, Camey S, Morgan C, de Jesus Mari J. Abnormal eating behaviors in adolescent and young adult women from southern Brazil: reassessment after four years. Soc Psychiatry Psychiatr Epidemiol. 2006;41(12):951-6.
15. Gonçalves TD, Barbosa MP, Rosa LCL, Rodrigues AM. Comportamento anoréxico e percepção corporal em universitárias. J Bras Psiquiatr. 2008;57(3):166-70.
16. Ximenes R, Couto G, Sougey E. Eating disorders in adolescents and their repercussions in oral health. Int J Eat Disord. 2010;43(1):59-64.
17. Pinheiro AP, Nunes MA, Barbieri NB, Vigo Á, Aquino EL, Barreto S, et al. Association of binge eating behavior and psychiatric comorbidity in ELSA-Brasil study: results from baseline data. Eat Behav. 2016;23:145-9.
18. Trindade AP, Appolinario JC, Mattos P, Treasure J, Nazar BP. Eating disorder symptoms in Brazilian university students: a systematic review and meta-analysis. Braz J Psychiatry. 2019;41(2):179-87.
19. Appolinario JC, Sichieri R, Lopes CS, da Veiga GV, Freitas S, Nunes MAA, et al. Correlates and impact of DSM-5 binge eating disorder, bulimia nervosa and recurrent binge eating: a representative population survey in a middle-income country. Submetido 2021.
20. Pike KM. Classification, culture, and complexity: a global look at the diagnosis of eating disorders: commentary on Wildes and Marcus: incorporating dimensions into the classification of eating disorders. Int J Eat Disord. 2013;46(5):408-11.
21. Becker AE, Fay KE, Agnew-Blais J, Khan AN, Striegel-Moore RH, Gilman SE. Social network media exposure and adolescent eating pathology in Fiji. Br J Psychiatry. 2011;198(1):43-50.
22. Pike KM, Yamamiya Y, Konishi H. Eating disorders in Japan: cultural context, clinical features, and future directions. In: Streigel-Moore RH, Wonderlich SA, Walsh BT, Mitchell J, editors. Developing an evidence-based classification of eating disorders: scientific findings for DSM-5. Arlington: APA; 2011.

23. Lee S, Ng KL, Kwok K, Fung C. The changing profile of eating disorders at a tertiary psychiatric clinic in Hong Kong (1987-2007). Int J Eat Disord. 2010;43(4):307-14.
24. Gan WY, Mohd Nasir MT, Zalilah MS, Hazizi AS. Direct and indirect effects of sociocultural influences on disordered eating among Malaysian male and female university students. A mediation analysis of psychological distress. Appetite. 2011;56(3):778-83.
25. Qian J, Hu Q, Wan Y, Li T, Wu M, Ren Z, et al. Prevalence of eating disorders in the general population: a systematic review. Shanghai Arch Psychiatry. 2013;25(4):212-23.
26. Pike KM, Dunne PE, Grant AX. The prevalence and incidence of eating disorders in Asian societies. In: Levine M, Smolak L, editors. The Wiley- Blackwell handbook of eating disorders. New York: Wiley-Blackwell; 2013.
27. Pike KM, Yamamiya Y, Konishi H. Eating disorders in Japan: cultural context, clinical features, and future directions. In: Streigel-Moore RH, Wonderlich SA, Walsh BT, Mitchell J, editors. Developing an evidence-based classification of eating disorders: scientific findings for DSM-5. Arlington: APA; 2011.
28. Raevuori A, Keski-Rahkonen A, Hoek HW. A review of eating disorders in males. Curr Opin Psychiatry. 2014;27(6):426-30.
29. Keski-Rahkonen A, Mustelin L. Epidemiology of eating disorders in Europe: prevalence, incidence, comorbidity, course, consequences, and risk factors. Curr Opin Psychiatry. 2016;29(6):340-5.
30. Smink FR, van Hoeken D, Donker GA, Susser ES, Oldehinkel AJ, Hoek HW. Three decades of eating disorders in Dutch primary care: decreasing incidence of bulimia nervosa but not of anorexia nervosa. Psychol Med. 2016;46(6):1189-96.
31. Mustelin L, Raevuori A, Bulik CM, Rissanen A, Hoek HW, Kaprio J, et al. Long-term outcome in anorexia nervosa in the community. Int J Eat Disord. 2015;48(7):851-9.
32. Fichter MM, Quadflieg N. Mortality in eating disorders - results of a large prospective clinical longitudinal study. Int J Eat Disord. 2016;49(4):391-401.
33. Hoek HW. Incidence, prevalence and mortality of anorexia nervosa and other eating disorders. Curr Opin Psychiatry. 2006;19(4):389-94.
34. Roux H, Chapelon E, Godart N. Epidemiology of anorexia nervosa: a review. Encephale. 2013;39(2):85-93.
35. Reas DL, Rø Ø. Time trends in healthcare-detected incidence of anorexia nervosa and bulimia nervosa in the Norwegian National Patient Register (2010-2016). Int J Eat Disord. 2018;51(10):1144-52.
36. Smink FR, van Hoeken D, Hoek HW. Epidemiology of eating disorders: incidence, prevalence and mortality rates. Curr Psychiatry Rep. 2012;14(4):406-14.
37. Martínez-González L, Fernández-Villa T, Molina AJ, Delgado-Rodríguez M, Martín V. Incidence of anorexia nervosa in women: a systematic review and meta-analysis. Int J Environ Res Public Health. 2020;17(11):3824.
38. Marques L, Alegria M, Becker AE, Chen CN, Fang A, Chosak A, et al. Comparative prevalence, correlates of impairment, and service utilization for eating disorders across US ethnic groups: implications for reducing ethnic disparities in health care access for eating disorders. Int J Eat Disord. 2011;44(5):412-20.
39. Solmi F, Hotopf M, Hatch SL, Treasure J, Micali N. Eating disorders in a multi-ethnic inner-city UK sample: prevalence, comorbidity and service use. Soc Psychiatry Psychiatr Epidemiol. 2016;51(3):369-81.
40. Lindvall Dahlgren C, Wisting L, Rø Ø. Feeding and eating disorders in the DSM-5 era: a systematic review of prevalence rates in non-clinical male and female samples. J Eat Disord. 2017;5:56.
41. Hay P, Girosi F, Mond J. Prevalence and sociodemographic correlates of DSM-5 eating disorders in the Australian population. J Eat Disord. 2015;3:19.

4 INSTRUMENTOS PARA A AVALIAÇÃO DOS TRANSTORNOS ALIMENTARES

Silvia Freitas

Os instrumentos para a avaliação dos transtornos mentais tiveram grande impulso na década de 1960 com o desenvolvimento dos psicofármacos e os estudos de intervenção que passaram a demandar a mensuração de mudanças na sintomatologia, incorporando de vez a psicometria na prática clínica.[1] Entretanto, a importância de uma avaliação acurada e confiável vai muito além, estendendo-se a uma ampla variedade de contextos, da rotina clínica aos estudos epidemiológicos. Essa informação instrumental permite estabelecer diagnósticos precisos e complementa as decisões do planejamento terapêutico, além de fornecer dados objetivos da resposta ao tratamento e ao longo do tempo, facilitando a aliança terapêutica e fortalecendo a adesão ao tratamento. Além disso, é determinante para avalizar os resultados das pesquisas clínicas e epidemiológicas que instrumentarão as proposições de políticas públicas de saúde.

Neste capítulo, serão apresentados instrumentos amplamente utilizados na prática clínica e na pesquisa em transtornos alimentares (TAs), muitos dos quais já traduzidos e adaptados para o nosso idioma. Os instrumentos descritos, os questionários, as escalas e as entrevistas abrangem a avaliação da psicopatologia alimentar, dos aspectos comportamentais e do prejuízo psicossocial nos TAs. Em 2013, com a revisão do *Manual diagnóstico e estatístico de transtornos mentais* (DSM-5),[2] diagnósticos que integravam a categoria de transtornos alimentares na primeira infância foram alocados no capítulo de transtornos alimentares, e, assim, algumas ferramentas para pica, transtorno de ruminação (TR) e transtorno alimentar restritivo/evitativo (TARE) também serão mencionadas. As alterações da imagem corporal e a frequente ocorrência de sintomas psicopatológicos gerais (multi-impulsividade, sintomas de ansiedade, depressão, etc.) não prescindem de uma adequada avaliação, mas não fazem parte do escopo deste capítulo, e os leitores interessados nesses instrumentos podem encontrar extenso material acerca destes em outras publicações específicas.[1]

Grande parte dos instrumentos que utilizamos para a avaliação dos TAs foi desenvolvida nas décadas de 1980 e 1990, acompanhando o reconhecimento e a inclusão ou modificação dos critérios diagnósticos dos TAs nas várias edições dos manuais de classificação dos transtornos mentais (**Quadro 4.1**).

Ao longo do tempo, o crescente interesse clínico e em pesquisa no campo dos TAs, dada a prevalência e a gravidade desses transtornos, estimulou a construção de novas ferramentas, algumas mais recentes disponibilizadas no formato *on-line*, um formato que permite alcançar maior número de pessoas a um custo relativamente mais baixo e que pode ser acessado de qualquer lugar, a qualquer tempo. Entretanto, Forbush e colaboradores[3] ressaltam a necessidade de maior adesão aos métodos recomendados para o desenvolvimento e a testagem de alguns instrumentos nessa modalidade e a necessidade de estudos de validação além dos estudos originais. Na era da expansão dos serviços médicos disponibilizados via internet, pesquisadores recomendam que as propriedades psicométricas de um instrumento utilizado em formas diferentes de administração sejam avaliadas e não assumidas como adequadas.[4]

Vários aspectos precisam ser considerados na escolha de um instrumento de aferição e estão relacionados: 1) ao próprio instrumento – suas propriedades psicométricas; 2) ao fenômeno investigado – o construto e os critérios avaliados estão contemplados no instrumento?; 3) às características da população-alvo – faixa etária, sentimentos envolvidos no enfrentamento à doença (culpa, negação) que podem influenciar as respostas a alguns itens dos instrumentos e, consequentemente, o escore final; e 4) à finalidade da investigação – rastreamento, diagnóstico, estudo epidemiológico, estudo clínico? Em resumo: o que queremos avaliar em que população?

MÉTODOS DE AVALIAÇÃO

Os métodos de aferição mais utilizados concentram-se nos questionários autoaplicáveis e nas entrevistas clínicas estruturadas ou semiestruturadas, ambos com vantagens e desvantagens inerentes aos seus formatos. Com o desenvolvimento tecnológico e sua

■ Quadro 4.1
Inclusão dos transtornos alimentares nas edições do *Manual diagnóstico e estatístico de transtornos mentais* (DSM)[2]

- Década de 1970 critérios padronizados para anorexia nervosa
- 1980 - DSM-III Anorexia nervosa e bulimia
- 1983 - DSM III-R Bulimia nervosa (inclusão de mecanismos compensatórios)
- 1994 - DSM-IV Critérios provisórios do transtorno de compulsão alimentar (TCA)
- 2000 - DSM-IV-TR
- 2013 - DSM-5 Diagnóstico formal do TCA + pica + transtorno de ruminação + Transtorno alimentar restritivo/evitativo

popularização, outro método – Ecological Momentary Assessment (EMA) – vem ganhando espaço nas pesquisas, suprindo algumas limitações dos métodos tradicionais.

ENTREVISTAS ESTRUTURADAS OU SEMIESTRUTURADAS

As entrevistas estruturadas ou semiestruturadas são consideradas o padrão-ouro para o diagnóstico dos TAs. Elas fornecem informações detalhadas acerca dos sintomas, porém exigem treinamento, habilidade e conhecimento clínico por parte dos entrevistadores. Especialmente por serem longas e aprofundarem a investigação de sintomas complexos e envolvidos em sentimentos de vergonha, culpa, negação, dissimulação, uma atitude genuinamente empática, sem julgamento ou expressões de perplexidade, é necessária por parte do entrevistador, para que o entrevistado se sinta acolhido, reconheça a expertise do profissional e possa expressar verdadeiramente todo o seu sofrimento. As entrevistas estruturadas ou semiestruturadas apresentam vantagens e desvantagens comparadas aos questionários autoaplicáveis, como mostra o **Quadro 4.2**.

As entrevistas estruturadas ou semiestruturadas mais utilizadas são a Entrevista Clínica Estruturada para os Transtornos do DSM (SCID), atualizada em 2015 para os critérios diagnósticos do DSM-5 (SCID-5),[5] e o Exame dos Transtornos Alimentares (EDE), atualmente na versão 17.0D.[6] Mais recentemente, foi desenvolvida a Eating Disorder Assessment for DSM-5 (EDA-5),[7] incluindo pica, TR e TARE e adaptada para uso em dispositivos móveis.

ENTREVISTA CLÍNICA ESTRUTURADA PARA OS TRANSTORNOS DO DSM

A SCID é uma entrevista psiquiátrica estruturada e geral, abarcando todos os transtornos mentais incluídos no DSM – ambos organizados e publicados pela American Psychiatric Association (APA). A SCID-5,[5] última revisão do instrumento, pode ser aplicada, após treinamento, por psiquiatra ou outro profissional de saúde mental familiarizado com a classificação e com os critérios diagnósticos do DSM-5. Ela foi dividida em três versões

Quadro 4.2
Vantagens e desvantagens das entrevistas estruturadas ou semiestruturadas

Vantagens	Desvantagens
▪ São menos sensíveis ao nível educacional. ▪ Esclarecem questões duvidosas. ▪ Definem mais precisamente os termos utilizados.	▪ Necessitam de entrevistadores treinados. ▪ Consomem mais tempo. ▪ São mais dispendiosas.

separadas: a Versão Clínica (SCID-5-CV), a Versão de Pesquisa (SCID-5-RV) e uma versão para Ensaios Clínicos (SCID-5-CT).

A SCID-5-RV é a versão mais abrangente e a que contém os diagnósticos dos TAs. O módulo para TAs abrange os critérios diagnósticos de anorexia nervosa (AN), bulimia nervosa (BN), transtorno de compulsão alimentar (TCA) e alguns diagnósticos contidos em outros transtornos alimentares especificados (OTAE). Os critérios diagnósticos de TARE foram incluídos em um módulo opcional. Os módulos diagnósticos da SCID-5-RV são disponibilizados apenas eletronicamente, na forma de 18 arquivos em PDF que podem ser impressos ou de 18 documentos de texto Microsoft (MS) Word.*

A tradução das versões da SCID-5 no Brasil foi realizada pelo grupo de pesquisadores do Departamento de Neurociências e Ciências do Comportamento da Faculdade de Medicina de Ribeirão Preto da Universidade de São Paulo, sob a liderança dos doutores Flávia de L. Osório, José Alexandre de S. Crippa e João Paulo M. de Sousa, com a autorização da APA.[8]

As propriedades psicométricas da SCID-5-CV, aplicada por entrevistas face a face e por telefone, conduzidas no Brasil, confirmaram sua validade clínica (de acordo com a entrevista clínica, variou de 73 a 97%) e demonstraram excelente confiabilidade ($k > 0{,}70$) e alta especificidade para a maioria dos diagnósticos.[9]

FORÇAS E LIMITAÇÕES

As forças da SCID-5 incluem: 1) geração dos diagnósticos dos TAs com base nos critérios do DSM-5; 2) o apoio empírico de sua validade e confiabilidade com base nas versões anteriores (dados adicionais são necessários para a SCID-5); e 3) a aferição dos níveis de gravidade de acordo com o DSM-5. Entre suas limitações, destacam-se: 1) a exclusão de pica e TR; 2) a avaliação de TARE em módulo opcional, limitando a coleta de dados de uma nova categoria diagnóstica; e 3) não ser de domínio público.[10]

A SCID-I/P – Patient Edition[11] foi amplamente utilizada no Brasil como padrão-ouro para os diagnósticos dos TAs contidos no DSM-IV e no DSM-IV-TR e, com algumas alterações que atendam aos critérios de AN, BN e TCA do DSM-5,[2] continua uma opção recomendável, até que estudos brasileiros em TAs com a mais recente versão estejam publicados. Em estudos de confiabilidade teste-reteste e interavaliadores, apresentou resultados de bom a excelente para os diagnósticos de TAs.[10]

EXAME DOS TRANSTORNOS ALIMENTARES (EDE 17.0D)

O EDE foi o primeiro instrumento estruturado para avaliar a psicopatologia específica dos TAs. O EDE 17.0D[6] é a última versão atualizada para atender aos critérios diagnósticos de AN, BN e TCA no DSM-5, mas não contempla os diagnósticos de pica, TR e TARE. A entrevista é considerada o padrão-ouro para o diagnóstico dos TAs e requer treinamento

* Informações sobre a SCID-5, incluindo traduções disponíveis, versões assistidas por computador e materiais de treinamento, podem ser obtidas no *site* www.scid5.org, e os módulos da SCID-5-RV podem ser comprados pelo *site* da APA.

especializado para sua aplicação. Ela apresenta uma janela de avaliação de 28 dias que se estende para três meses nas questões diagnósticas e gera pontuação para quatro subescalas: restrição, preocupação com a alimentação, preocupação com o peso e preocupação com a forma. A média da pontuação das subescalas produz o escore total. O EDE também avalia aspectos comportamentais, como as três formas de comer em excesso (episódios objetivo e subjetivo de compulsão alimentar e episódio de comer em excesso), baseadas na quantidade de comida ingerida e no grau da perda de controle sobre o comer. A tradução e a validação do EDE 17-0D no Brasil foram realizadas por pesquisadores do GOTA-RJ* e do PROATA-SP** sob a liderança dos doutores Silvia Regina de Freitas, Angélica de Medeiros Claudino e José Carlos Appolinario (em processo de submissão).

FORÇAS E LIMITAÇÕES

Entre os pontos fortes do EDE 17.0D, podemos destacar: 1) assegura a identificação de sintomas subclínicos pelo fluxo de administração da entrevista que não permite pular questões – todas precisam ser respondidas, independentemente da resposta prévia; 2) contém itens que permitem o reconhecimento de alguns diagnósticos do DSM-5 incluídos em OTAE, como transtorno de purgação, BN e TCA subclínicos; 3) fornece medidas consistentes de resposta clínica, mesmo em curto período de tempo (quatro semanas); 4) pode ser usado dimensionalmente e categoricamente; 5) coleta dados qualitativos e quantitativos e informação detalhada de sintomas cognitivos dos TAs; e 6) é de domínio público. Quanto às limitações, podemos citar: 1) a falta de apoio empírico à estrutura fatorial proposta; 2) a redação redundante e complexa de algumas questões; 3) limitado e dispendioso acesso ao treinamento especializado; 4) a falta de itens para a avaliação de pica, TR e TARE; e 5) o tempo necessário para conduzir a entrevista (1 hora ou mais), o que a torna onerosa e cansativa para avaliador e respondente. As questões referentes ao extenso treinamento e ao tempo de administração tornam o EDE uma entrevista mais utilizada nos centros especializados em TAs.[10]

EATING DISORDER ASSESSMENT FOR DSM-5

A EDA-5[7] é uma entrevista semiestruturada, breve, que foi desenvolvida para avaliar, especificamente, todos os critérios diagnósticos de TAs do DSM-5. Não avalia aspectos psicopatológicos relacionados aos TAs. Nesse sentido, difere muito do EDE e difere também da SCID-5 pela amplitude de seu alcance diagnóstico, incluindo pica, TR, TARE, outro transtorno alimentar não especificado (OTANE), todos os diagnósticos incluídos em OTAE, além dos diagnósticos "clássicos" e da identificação de compulsão alimentar objetiva e subjetiva. A entrevista escrita foi modificada para uma versão digital para computador e dispositivos móveis e está disponibilizada sem custos no

---

* Grupo de Obesidade e Transtornos Alimentares (GOTA-RJ) do Instituto Estadual de Diabetes e Endocrinologia (IEDE) e do Instituto de Psiquiatria da UFRJ (IPUB).

** Programa de Orientação e Assistência aos Pacientes com Transtornos Alimentares – UNIFESP – SP.

site www.eda5.org. O tempo de aplicação fica em torno de 20 minutos, dependendo do número de questões a serem respondidas – o fluxo da entrevista permite selecionar ("pular") subsequentes questões com base nas respostas já obtidas. A validade e a confiabilidade teste-reteste da EDA-5, escrita e digital, foram evidenciadas em estudos comparativos com questões do EDE e com entrevista clínica.[12,13] Em um dos estudos, o acordo entre a EDA-5 digital e a entrevista clínica alcançou k = 0,94 para o diagnóstico de TCA.[12] As propriedades psicométricas para pica, TR e TARE são desconhecidas. Ainda são necessários estudos em populações étnicas diversas, em homens e em faixas etárias abaixo de 16 anos.

FORÇAS E LIMITAÇÕES

Entre suas vantagens, estão: 1) fornece uma avaliação estendida a todos os diagnósticos de TAs do DSM-5; 2) necessita de treinamento básico; 3) requer tempo de administração em torno de 20 a 30 minutos; e 4) está disponível para computador e dispositivos móveis, aumentando a portabilidade e a facilidade para o seu uso, reduzindo custos. Limitações: 1) não abrange aspectos psicopatológicos além daqueles contidos nos critérios diagnósticos dos TAs no DSM-5; 2) fornece principalmente dados categóricos; e 3) o formato que utiliza o recurso de "pular" questões, especialmente no início da entrevista, pode prejudicar o acesso a informação clinicamente importante e subestimar a prevalência e a gravidade de sintomas, especialmente na avaliação de TAs, na medida em que os pacientes podem negar e minimizar sintomas.[13]

QUESTIONÁRIOS AUTOAPLICÁVEIS

Os questionários autoaplicáveis, assim como as entrevistas, também apresentam vantagens e desvantagens, como indica o **Quadro 4.3**.

De acordo com o construto que abrangem, podem-se classificar os questionários autoaplicáveis em multidimensionais ou específicos.

INSTRUMENTOS MULTIDIMENSIONAIS

Esses questionários avaliam comportamentos e aspectos psicopatológicos transdiagnósticos, isto é, aqueles que são comuns em vários TAs. Serão apresentados três instrumentos com propriedades psicométricas avaliadas em várias populações[14-16] e dois já traduzidos para o nosso idioma.

EATING DISORDER EXAMINATION QUESTIONNAIRE (EDE-Q)

O EDE-Q é a versão questionário do EDE entrevista. Ele foi desenvolvido para avaliar e descrever a psicopatologia específica dos TAs, incluindo gravidade e aspectos comportamentais. A versão mais recente[17] é composta por 28 itens, abrange o período dos 28

Quadro 4.3
Vantagens e desvantagens dos questionários autoaplicáveis

Vantagens	Desvantagens
▪ São fáceis de administrar. ▪ Não necessitam de entrevistadores. ▪ São eficientes e econômicos. ▪ Facilitam a abordagem de temas sensíveis – compulsão alimentar (CA). ▪ Facilitam a avaliação ao longo do tratamento. ▪ São úteis em estudos populacionais.	▪ Demandam certo nível educacional. ▪ Tendem a superestimar a frequência e a gravidade da CA. ▪ A interpretação de escores limita a abrangência da complexidade do construto.

dias anteriores ao preenchimento e contém quatro subescalas: restrição, preocupação com a alimentação, preocupação com o peso e preocupação com a forma. Seis itens aferem a frequência de episódio objetivo de compulsão alimentar, do uso de laxativos, de vômito autoinduzido e de exercício excessivo e não contribuem para o escore do instrumento. Os itens são pontuados em uma escala Likert de 7 pontos (de 0 a 6), e o escore de cada subescala é a média da pontuação de seus itens. O escore global é dado pela média dos escores das quatro subescalas. O EDE-28 foi traduzido e adaptado para o português do Brasil e está em processo de validação.[18]

Estudos populacionais e clínicos que investigaram as propriedades psicométricas do EDE-Q demonstraram excelente consistência interna e confiabilidade teste-reteste, bem como forte validade convergente com o EDE entrevista.[16,19] Entretanto, estudos que avaliaram a estrutura fatorial do questionário não apoiam o modelo proposto das quatro subescalas.[16] Esse fato, associado ao tamanho do questionário, considerado longo para uso na rotina clínica por alguns pesquisadores, motivou o desenvolvimento de várias formas encurtadas do questionário (7, 8, 12 e 18 itens). Estudos que utilizaram análise fatorial apontam para a adequação das versões menores do instrumento.[16,20]

EATING DISORDER INVENTORY (EDI-3)

O EDI-3,[21] terceira versão do EDI, é um instrumento amplamente utilizado para avaliar aspectos comportamentais e cognitivos subjacentes à AN, à BN e ao TCA. O questionário é composto de 12 escalas, em um total de 91 itens, que avaliam seis domínios: risco para TA, ineficácia, problemas interpessoais, problemas afetivos, controle excessivo e desajuste psicológico. Os escores das escalas podem ser usados separadamente ou somados para dar um escore global. O EDI-3 está traduzido e adaptado para o português do Brasil e em processo de validação.[22]

De modo geral, o instrumento apresenta boas propriedades psicométricas: confiabilidade teste-reteste variando de boa a excelente quando reaplicado em intervalo de 1 a 3 semanas (com exceção das escalas medo da maturidade e bulimia). As três escalas específicas para TAs evidenciaram alta consistência interna, e estudos forneceram evidências para a validade de critério, com indivíduos no grupo de TAs pontuando significativamente mais alto em todas as escalas quando comparados aos do grupo-controle.[16]

EATING PATHOLOGY SYMPTOMS INVENTORY (EPSI)

O EPSI[23] foi desenvolvido para avaliar a psicopatologia dos TAs de forma abrangente no que se refere aos construtos, às populações (homens, mulheres, adolescentes acima de 14 anos e adultos), a uma variedade de contextos (população clínica, não clínica, estudantes) e ao espectro de peso. O instrumento contém oito escalas – insatisfação corporal, compulsão alimentar, restrição cognitiva, purgação, exercício excessivo, restrição objetiva, ganho muscular e atitudes negativas relacionadas à obesidade. As escalas podem ser usadas separadamente ou em sua totalidade. O EPSI inclui itens pouco avaliados nos questionários gerais de TAs, como a dismorfia muscular e a crença de que os músculos são muito pequenos, o que pode ser relevante na avaliação de homens. Outro aspecto importante é a inserção de duas escalas separadas para avaliar restrição cognitiva (empenho nas tentativas de reduzir a ingestão calórica) e restrição dietética (evitação bem-sucedida de ingestão calórica), o que permite capturar sintomas de indivíduos que podem ter alta restrição dietética, mas baixa restrição cognitiva, como aqueles com TARE. O EPSI apresenta consistência interna de boa a excelente em uma variedade de populações, com coeficiente α de Cronbach variando de 0,84 a 0,89 – com exceção da escala de ganho muscular em amostra de mulheres (α de Cronbach de 0,37 a 0,54). Reaplicadas em um período de duas semanas, as escalas apresentaram estabilidade no tempo, com valores de confiabilidade teste-reteste acima de 0,70. Dois estudos evidenciaram excelente validade discriminativa com instrumentos que avaliam depressão e ansiedade, bem como validade convergente com as escalas do EDI-3, do Body Shape Questionnaire e do EDE-Q, com exceção para a escala de ganho muscular em mulheres.[23,24] O EPSI é de domínio público e está validado nos formatos impresso e *on-line* para uso clínico e de pesquisa, uso não comercial.*

INSTRUMENTOS SINTOMA-ESPECÍFICOS

A escolha do instrumento mais adequado ao objetivo de um estudo se tornou tão relevante na área da saúde em geral que grupos de pesquisadores padronizaram critérios para a avaliação da qualidade dos instrumentos. O estudo Consensus-based Standards for the selection of health Measurement INnstruments (COSMIN), por exemplo, oferece um *check-list* que pode ser usado para selecionar um instrumento, revisar um artigo, desenhar ou relatar um estudo.[25] Em TAs, uma revisão sistemática[14] avaliou as propriedades psicométricas de questionários autoaplicáveis para CA, utilizando os

---

* Uma cópia pode ser obtida no *site* https://psych.ku.edu/kelsie-t-forbush e também está contida no aplicativo Recovery Record, Inc.

critérios padronizados para avaliação de instrumentos. Os autores concluíram que, dos 29 instrumentos avaliados em 72 estudos, nenhum atingiu a pontuação máxima, mas nem sempre isso se deveu à pouca qualidade do instrumento, e sim à falta de estudos avaliando tais instrumentos. Entre os mais bem pontuados, encontram-se o Bulimic Investigatory Test of Edimburgh e a Binge Eating Scale.

BINGE EATING SCALE (BES) (ESCALA DE COMPULSÃO ALIMENTAR – ECA)

A BES[26] foi desenvolvida para avaliar a gravidade de aspectos comportamentais e cognitivos da CA em indivíduos obesos. Tem sido amplamente utilizada em estudos com amostras clínica e populacional, em adultos e adolescentes, no rastreamento do TCA, na avaliação pré-operatória de candidatos à cirurgia bariátrica, na identificação de episódios de CA em pacientes diabéticos, como parâmetro de desfecho de tratamento em ensaios clínicos e na avaliação de aspectos biológicos da CA.[27,28] A escala inclui 16 itens afirmativos, e cada um deles permite uma opção de resposta pontuada em uma escala Likert de 0 a 3 (0 = ausência de sintomas e 3 = sintoma grave). A soma dos itens fornece um escore global de CA, classificado em três níveis de gravidade: ≤ 17, ausência de CA; 18 a 26, CA moderada; e ≥ 27, CA grave. O ponto de corte 17 é recomendado para o rastreamento do TCA em vários estudos, incluindo a validação em população brasileira da ECA.[27] Esse estudo, que utilizou a SCID-I/P como padrão-ouro para o diagnóstico do TCA, replicou as adequadas propriedades de validade e confiabilidade da escala (sensibilidade de 98%; consistência interna – α de Cronbach = 0,89; e confiabilidade teste-reteste substancial, segundo Landis e Koch, k = 0,66).

BULIMIC INVESTIGATORY TEST OF EDINBURGH (BITE)

O BITE[29] foi desenvolvido para identificar e avaliar aspectos cognitivos e comportamentais da CA relacionada à BN. Desde então, tem sido utilizado em pesquisas epidemiológicas e clínicas, em muitos países, para rastrear CA e avaliar a resposta ao tratamento. O instrumento, de fácil leitura e compreensão, é composto por 33 itens, 30 dos quais exploram a presença de sintomas de BN, e 3, a gravidade dos sintomas, definida pela frequência da CA e dos comportamentos compensatórios. Esses dois escores podem ser adicionados para produzir um escore total. Interpretação da pontuação: 1) Escala de sintomas: < 10, dentro dos limites da normalidade; entre 10 e 19, padrão alimentar não habitual, necessitando de avaliação por entrevista clínica; ≥ 20, padrão alimentar muito alterado e presença de CA. 2) Escala de gravidade: ≥ 5, presença de sintomas clinicamente significativos; ≥ 10, elevado grau de gravidade. Uma alta pontuação apenas na escala de gravidade pode identificar a presença de vômitos ou abuso de laxativos na ausência de CA. No ponto de corte 10, pode ser utilizado para o rastreamento do TCA, seguido de uma entrevista diagnóstica para todos os casos positivos. O BITE foi traduzido e validado na população brasileira em versões para adultos[30] e adolescentes,[31] esta com um formato também *on-line*, em processo de submissão. A escala em sua versão original apresentou forte consistência interna para a escala de sintoma, α de Cronbach = 0,96. O valor mais baixo obtido na escala de gravidade (α = 0,62) deve-se, provavelmente, ao pequeno número de itens.

QUESTIONNAIRE ON EATING AND WEIGHT PATTERNS-5 (QEWP-5) (QUESTIONÁRIO SOBRE PADRÕES DE ALIMENTAÇÃO E PESO-5)

O QEWP-5[32] é a versão mais atualizada do QEWP, instrumento desenvolvido em 1992 para rastreamento do TCA nos estudos que propuseram os seus critérios provisórios. O reconhecimento formal do TCA no DSM-5 trouxe a necessidade de uma nova revisão do instrumento, com modificações importantes no conteúdo das questões, eliminação de questões não relacionadas aos critérios diagnósticos, inclusão de episódio subjetivo de CA e revisão dos escores. Com tantas alterações, uma nova tradução para o português do Brasil foi realizada (a anterior datava de 2005), seguida da avaliação de suas propriedades psicométricas.[33,34] O QEWP-5 fornece, de forma dicotômica, os possíveis diagnósticos de TCA e BN e contém 26 questões que abrangem história do peso, CA objetiva e subjetiva com duração, frequência e sofrimento relacionado aos episódios, mecanismos compensatórios, sobrevaloração do peso e da forma. A confiabilidade teste-reteste da versão brasileira do QEWP-5 foi avaliada em estudo com estudantes brasileiros de nutrição e psicologia e considerada, segundo os parâmetros propostos por Landis e Koch, moderadamente estável (k = 0,48) para avaliar TCA e substancialmente estável (k = 0,71) para o rastreamento de BN entre alunos universitários.[34] Há uma versão para adolescentes (QEWP-A) traduzida para o português do Brasil.[35]

EATING ATTITUDES TEST-26 (EAT-26)

O EAT-40 foi desenvolvido em 1979 para atender à necessidade de melhorar a identificação precoce da AN na população em geral. Em 1982, Garner e colaboradores[36] elaboraram uma versão menor, com 26 itens, abrangendo três dimensões: 1) dieta – reflete a recusa patológica a alimentos gordurosos e a preocupação em ganhar peso; 2) bulimia e preocupação com os alimentos – refere-se a episódios de ingestão excessiva de alimentos, seguidos de vômitos e outros comportamentos para evitar o ganho de peso; 3) controle oral – relacionado ao autocontrole sobre o comer e à percepção da pressão de terceiros para ganhar peso. Cada item oferece seis opções de resposta que admitem pontuação de 0 a 3 (nunca, quase nunca e poucas vezes = 0; às vezes = 1; muitas vezes = 2; e sempre = 3). A questão 25 é pontuada na ordem invertida. Uma pontuação total ≥ 21 indica padrão alimentar alterado e um provável caso.

O EAT é amplamente utilizado para o rastreamento de AN e BN em estudos clínicos e populacionais e em grupos etários e étnicos diversos. Tendo sido o primeiro instrumento desenvolvido para TA, e considerando-se as várias mudanças nos critérios diagnósticos ao longo do tempo, um estudo avaliou, em uma amostra de mulheres universitárias, a validade do EAT-26 segundo os critérios de TA do DSM-IV.[37] Os autores concluíram que o EAT identifica indivíduos com e sem TA segundo o DSM-IV (acurácia de 90% para o EAT-26 e de 91% para o EAT-40) e pode ser usado como uma medida geral de rastreamento para TA em amostras não clínicas. O EAT-26 é um instrumento de domínio público e está traduzido e validado em população brasileira.[38,39]

THREE FACTOR EATING QUESTIONNAIRE (TFEQ)

O TFEQ foi desenvolvido para avaliar a influência de fatores cognitivos, emocionais e externos sobre o comportamento alimentar dos indivíduos obesos. Essa primeira versão com 51 itens foi posteriormente revisada para melhor atender à sua estrutura fatorial, originando o TFEQ-R21.[40] O instrumento manteve as três escalas originais: 1) restrição cognitiva; 2) alimentação emocional; e 3) descontrole alimentar. Os itens de 1 a 20 valem de 1 a 4 pontos, com os itens de 1 a 16 pontuados na ordem inversa (4, 3, 2, 1). O item 21, com oito opções de resposta, segue esta pontuação: 1 ou 2 = 1; 3 ou 4 = 2; 5 ou 6 = 3; e 7 ou 8 = 4. Pontuações mais altas indicam maior comprometimento nos domínios avaliados. Embora desenvolvido para avaliar comportamento alimentar em indivíduos obesos, mostrou-se válido em estudos na população em geral e com indivíduos eutróficos. O TFEQ-R21 foi traduzido, adaptado para o português do Brasil e validado em uma amostra de mulheres trabalhadoras de uma unidade hospitalar, apresentando forte evidência de consistência interna (α de Cronbach = 0,85).[41]

- Escala de descontrole emocional – itens: 3, 6, 8, 9, 12, 13, 15, 19, 20.
- Escala de restrição cognitiva – itens: 1, 5, 11, 17, 18, 21.
- Escala de alimentação emocional – itens: 2, 4, 7, 10, 14, 16.

QUESTIONÁRIOS BREVES PARA RASTREAMENTO

Nos estudos de rastreamento, cuja relevância em TAs está descrita no **Quadro 4.4**, os questionários autoaplicáveis descritos anteriormente também podem ser utilizados; entretanto, para alguns estudos, a brevidade do instrumento pode ser determinante, reduzindo custos e dificuldades para o participante e o profissional.

SICK, CONTROL, ONE STONE, FAT, FOOD (SCOFF)

O SCOFF[42] é um breve instrumento (5 itens) desenvolvido para detectar casos de TAs na atenção primária. Cada item admite as respostas "sim" ou "não", sendo conferido 1 ponto para cada resposta "sim". Um escore ≥ 2 indica provável diagnóstico de AN ou BN. No estudo original, com 116 pacientes com TAs e 96 controles, o instrumento apresentou excelentes propriedades psicométricas (sensibilidade 100%, especificidade 87,5% e valor preditivo positivo [VPP] 90,6%). A maioria dos estudos que avaliaram o instrumento foi conduzida em amostras de indivíduos em risco para TAs, contexto

■ **Quadro 4.4**
Aspectos relevantes para os estudos de rastreamento em TA

- TAs são doenças graves.
- AN > taxa de mortalidade entre os transtornos mentais.
- Casos subclínicos são preditores de TAs.
- Cursam com comorbidades clínicas, psiquiátricas e baixa qualidade de vida.
- Recuperação > com intervenção precoce.
- Maior utilização de serviços de saúde comparados aos seus pares.
- Falta de profissionais qualificados para o diagnóstico.
- Apenas um terço recebe diagnóstico e tratamento.
- Ausência de políticas públicas de saúde para essa população.
- Necessidade de dados de prevalência para mudar essa realidade.

em que seu desempenho é altamente robusto, havendo, entretanto, questionamentos sobre seu desempenho na população em geral. Uma recente metanálise[43] com 25 estudos de validação em diversos contextos e populações confirmou sua validade como uma ferramenta de rastreamento simples e útil para mulheres jovens em risco de AN ou BN. Há duas versões traduzidas no Brasil,[18,44] que diferem basicamente na adaptação da expressão *one stone* no item 3 (*Have you recently lost "one" stone in a 3-month period?*), considerada, no primeiro estudo, 6 kg, e no segundo, 5 kg. O SCOOF-BR[44] foi validado atendendo aos critérios do DSM-5 para AN, BN e TCA em uma amostra de adultos universitários de 18 a 32 anos. Os autores concluíram que, nessa população, ele apresenta satisfatória acurácia e confiabilidade (sensibilidade 80%, especificidade 71,5%, acurácia 72,3% e coeficiente de correlação intraclasse = 0,73).

SCREEN FOR DISORDERED EATING (SDE)

O SDE[45] é composto por 5 itens e foi desenvolvido para uso em atenção primária com o objetivo de adicionar o rastreamento de TCA aos tradicionais diagnósticos de TA. A pontuação total varia de 0 a 5, com ponto de corte ≥ 2 indicando provável caso. No estudo original, conduzido com 407 mulheres veteranas americanas, o SDE foi comparado ao SCOFF e ao Eating Disorder Screen for Primary Care (EDS-PC) e classificou corretamente 87,2% dos casos de TCA, todos os casos de BN e AN e 90,5% de qualquer TA, com valores de sensibilidade acima do SCOFF para todos os diagnósticos, mas, acima do EDS-PC, apenas para AN.

EATING DISORDER SCREEN FOR PRIMARY CARE (EDS-PC OU ESP)

O ESP[46] foi desenvolvido como uma ferramenta de rastreamento breve com 5 questões e ponto de corte ≥ 2. O estudo original foi conduzido em amostra com 233 participantes, e os autores relataram valores de sensibilidade e especificidade de 100% e 71% comparado ao SCOFF, cujos valores foram 78% e 88%, respectivamente, para todos os diagnósticos rastreados: AN, BN e TCA.

INSTRUMENTO ESPECÍFICO PARA AVALIAÇÃO DE PREJUÍZO FUNCIONAL

CLINICAL IMPAIRMENT ASSESSMENT QUESTIONNAIRE (CIA)

O CIA[47] foi desenvolvido para avaliar prejuízo psicossocial relacionado aos TAs e suplementar as informações do EDE-Q. Deve ser respondido logo após a aplicação do EDE-Q ou de outra medida de avaliação atual da psicopatologia dos TAs. Contém 16 itens em três subescalas (prejuízo pessoal, cognitivo e social), que examinam, nas últimas quatro semanas, prejuízos em domínios tipicamente comprometidos nos indivíduos com TAs (humor, autopercepção, funcionamento cognitivo, funcionamento interpessoal e desempenho no trabalho). A pontuação é feita em uma escala de 4 pontos, cuja soma fornece um escore global (de 0 a 48) e um escore para cada subescala. Pontuações mais altas indicam maior prejuízo. O estudo original, em uma amostra de pacientes adultos com AN, BN e transtorno alimentar não especificado (TANE) e com índice de massa corporal entre 16 e 39,9 kg/m^2, apresentou excelente consistência interna, α de Cronbach = 0,97, aceitável confiabilidade teste-reteste e coeficiente de correlação intraclasse = 0,86. O escore global e o das subescalas se correlacionaram positivamente com o EDE-Q, r = 0,89; 0,87; 0,85; e 0,80, respectivamente. Um estudo[48] conduzido na Noruega com 667 pacientes com AN (25%), BN (35%) e TANE (40%), ao investigar a contribuição dos sintomas de TAs, revelou que 47% do prejuízo vivenciado pelos pacientes foi diretamente atribuível à psicopatologia dos TAs. Há uma versão traduzida para o português[18] cuja validação está em curso.

AVALIAÇÃO DOS DIAGNÓSTICOS DE PICA, TRANSTORNO DE RUMINAÇÃO E TRANSTORNO EVITATIVO/RESTRITIVO

Os três instrumentos a seguir foram selecionados considerando-se suas indicações por um painel de especialistas em TARE.[49]

PICA, ARFID, AND RUMINATION DISORDER INTERVIEW (PARDI)

A PARDI[50] é uma extensa entrevista clínica semiestruturada desenvolvida para avaliar a presença e a gravidade de pica, TR e TARE. O tempo de aplicação fica em torno de 40 minutos. A entrevista inclui uma seção de rastreamento, uma introdução e itens de diagnóstico e gravidade. O rastreamento se destina a excluir outros TAs, e a introdução inclui perguntas sobre crescimento, desenvolvimento, padrão alimentar e condições de saúde física e mental, objetivando o diagnóstico diferencial. Os itens restantes informam sobre os critérios diagnósticos segundo o DSM-5 e fornecem os níveis de gravidade. A maioria dos itens é pontuada em uma escala Likert de 7 pontos (de 0 = sem sintomas a 6 = sintoma grave). Há, ainda, itens com resposta categórica – "sim" ou "não" – e outros com resposta qualitativa. A PARDI tem quatro versões baseadas na faixa etária: 1) pais/cuidadores – para crianças de 2 e 3 anos; 2) pais/cuidadores – para crianças de

4 a 7 anos; 3) crianças de 8 a 13 anos; e 4) jovens ou adultos, com 14 anos ou mais. O treinamento é recomendado para maximizar a confiabilidade. O estudo piloto,[50] que recrutou participantes de 10 a 22 anos com TARE (n = 39), com sintomas clinicamente significativos de evitação ou restrição alimentar sem TARE (n = 8) e controles (n = 10), revelou boa consistência interna (acima de 0,77 para todas as subescalas) e moderada confiabilidade entre avaliadores, k = 0,75. Indivíduos com TARE apresentaram escores significativamente mais altos nas subescalas e no nível de gravidade comparados aos controles. O instrumento é de domínio público.

NINE ITEM AVOIDANT/RESTRICTIVE FOOD INTAKE DISORDER SCREEN (NIAS)

O NIAS[51] foi desenvolvido para avaliação da restrição alimentar relacionada aos três padrões alimentares associados ao TARE e descritos no DSM-5 (alimentação seletiva, pouco apetite/falta de interesse para comer, medo de consequências negativas ao comer). Os 9 itens são pontuados em uma escala de 0 a 5 ("discordo fortemente" a "concordo fortemente"). As subescalas, com 3 itens cada uma, podem ser utilizadas separadamente. O estudo original, em uma amostra não clínica de 1.271 adultos (18 a 65 anos), evidenciou alta consistência interna e validade convergente e discriminante. A validade em outros grupos etários e em população clínica ainda precisa ser estabelecida.

THE EATING DISTURBANCES IN YOUTH-QUESTIONNAIRE (EDY-Q)

O EDY-Q[52] foi desenvolvido para avaliar padrões alimentares restritivos de início precoce em amostras não clínicas. O instrumento contém 14 itens: 2 que avaliam pica e TR e 12 itens que avaliam TARE – entre estes, 2 itens cobrem preocupação com o peso e a forma e excluem outros TAs que cursam com esses sintomas. Estudos em crianças de 8 a 13 anos forneceram evidência para sua estrutura fatorial e validades convergente e divergente. Um estudo recente[53] de base populacional aferiu seu desempenho em 2.424 adultos na Alemanha e confirmou sua validade divergente, entretanto mais estudos avaliando suas propriedades psicométricas são necessários.

ECOLOGICAL MOMENTARY ASSESSMENT (EMA)

O terceiro e último método de aferição descrito neste capítulo, a EMA,[54] representa uma abordagem para coleta de informações em tempo real, por dispositivos móveis, visando a aumentar a validade dos dados e compreender fatores que podem promover e manter os TAs. Além de reduzir o viés de memória, presente nas avaliações retrospectivas, tem a vantagem da coleta no ambiente natural, evitando a artificialidade dos estudos conduzidos em laboratório. A coleta de variáveis clínicas repetida em horas, dias ou semanas permite investigar a relação entre vários fatores psicológicos ou ambientais e comportamentos objetivos, sinalizando a ordem temporal dos eventos. Uma metanálise[55] mostrou que estados emocionais podem funcionar como fator de risco imediato para CA e comportamentos compensatórios. Esses resultados trazem informação relevante para o estudo de novos modelos de intervenção (Ecological Momentary Intervention – EMI) que sejam clinicamente eficazes para interromper a tomada de decisão influenciada pela carga afetiva momentânea. Uma recente revisão sobre o tema identificou três áreas de aplicação do método em TAs: análise funcional dos sintomas de TAs, preditores de sintomas e integração de dados biológicos e neurocognitivos com EMA.[56]

CONSIDERAÇÕES FINAIS

A necessária atualização do estado da arte em TAs após a publicação do DSM-5 em 2013, e da versão brasileira em 2015, e o desenvolvimento de novas tecnologias aplicadas à saúde impulsionaram os esforços para a atualização deste livro e desvendaram um cenário animador em relação às ferramentas para a avaliação dos TAs. Ao longo dos anos, vários instrumentos têm sido desenvolvidos, e outros tantos foram acrescentados ao rol das nossas traduções e validações. Mesmo cientes da dificuldade para encontrar o equilíbrio entre maximizar a informação e otimizar custos e benefícios, especialmente em momentos de grande dificuldade socioeconômica, novos pesquisadores brasileiros despontam nessa área, ampliando o conhecimento acerca dos TAs no Brasil.

REFERÊNCIAS

1. Gorenstein C, Wang Y-P, Hungerbühler I, organizadores. Instrumentos de avaliação em saúde mental. Porto Alegre: Artmed; 2016.
2. American Psychiatric Association. Manual diagnóstico e estatístico de transtornos mentais: DSM-5. 5. ed. Porto Alegre: Artmed; 2014.
3. Forbush KT, Gould SR, Chapa DAN, Bohrer BK, Hagan KE, Clark KE, et al. New horizons in measurement: a review of novel and innovative approaches to eating-disorder assessment. Curr Psychiatry Rep. 2017;19(10):76.
4. Alfonsson S, Maathz P, Hursti T. Interformat reliability of digital psychiatric self-report questionnaires: a systematic review. J Med Internet Res. 2014;16(12):e268.
5. First MB, Williams JBW, Karg RS, Spitzer RL. Structured clinical interview for DSM-5 disorders, clinician version (SCID-5-CV). Washington: American Psychiatric Association; 2015.
6. Fairburn CG, Cooper Z, O'Connor M. Eating disorder examination. 17th ed. Oxford: Credo; 2014.
7. Sysko R, Glasofer DR, Hildebrandt T, Klimek P, Mitchell JE, Berg KC, et al. The eating disorder assessment for DSM-5 (EDA-5): Development and validation of a structured interview for feeding and eating disorders. Int J Eat Disord. 2015;48(5):452-63.
8. First MB, Williams JBW, Karg RS, Spitzer RL. Structured clinical interview for dsm-5 disorders: clinician version (SCID-5-CV). Washington: American Psychiatric Association; 2017.
9. Osório FL, Loureiro SR, Hallak JEC, Machado-de-Sousa JP, Ushirohira JM, Baes CVW, et al. Clinical validity and intrarater and test-retest reliability of the Structured Clinical Interview for DSM-5 - Clinician Version (SCID-5-CV). Psychiatry Clin Neurosci. 2019;73(12):754-60.

10. Thomas JJ, Roberto CA, Berg KC. Assessment measures, then and now: a look back at seminal measures and a look forward to the brave new world. In: Walsh BT, Attia E, Glasofer DR, Sysko R, editors. Handbook of assessment and treatment of eating disorders. Arlingston: American Psychiatric Association; 2016.
11. First MB, Spitzer RL, Gibbon M, Williams JBW. Structured clinical interview for DSM-IV axis disorders, patient edition (SCID-I/P). New York: New York State Psychiatric Institute; 1995.
12. Dahlgren CL, Walsh BT, Vrabel K, Siegwarth C, Rø Ø. Eating disorder diagnostics in the digital era: validation of the Norwegian version of the eating disorder assessment for DSM-5 (EDA-5). J Eat Disord. 2020;8:30.
13. Glasofer DR, Sysko R, Walsh BT. Use of the eating disorder assessment for DSM-5. In: Walsh BT, Attia E, Glasofer DR, Sysko R, editors. Handbook of assessment and treatment of eating disorders. Arlingston: American Psychiatric Association; 2016.
14. Burton AL, Abbott MJ, Modini M, Touyz S. Psychometric evaluation of self-report measures of binge-eating symptoms and related psychopathology: A systematic review of the literature. Int J Eat Disord. 2016;49(2):123-40.
15. Forbush T, Berg KC. Self-report assessment of eating pathology. In: Walsh BT, Attia E, Glasofer DR, Sysko R, editors. Handbook of assessment and treatment of eating disorders. Arlingston: American Psychiatric Association; 2016.
16. Túry F, Güleç H, Kohls E. Assessment methods for eating disorders and body image disorders. J Psychosom Res. 2010;69(6):601-11.
17. Fairburn CG, Beglin SJ. Eating disorder examination questionnaire. In: Fairburn CG, editor. Cognitive behavior therapy and eating disorders. New York: Guilford; 2008.
18. Moser CM, Terra L, Behenck ADS, Brunstein MG, Hauck S. Cross-cultural adaptation and translation into Brazilian portuguese of the instruments sick control one stone fat food questionnaire (SCOFF), eating disorder examination questionnaire (EDE-Q) and clinical impairment assessment questionnaire (CIA). Trends Psychiatry Psychother. 2020;42(3):267-71.
19. Berg KC, Peterson CB, Frazier P, Crow SJ. Psychometric evaluation of the eating disorder examination and eating disorder examination-questionnaire: a systematic review of the literature. Int J Eat Disord. 2012;45(3):428-38.
20. Tobin LN, Lacroix E, von Ranson KM. Evaluating an abbreviated three-factor version of the eating disorder examination questionnaire in three samples. Eat Behav. 2019;32:18-22.
21. Garner DM. The eating disorder inventory-3 professional manual. Tampa: Psychological Assessment Resources; 2004.
22. Penha MM. Adaptação brasileira do eating disorder inventory-3 (EDI-3) e evidencias iniciais de validade e fidedignidade [dissertação]. Brasília: Universidade de Brasília; 2019.
23. Forbush KT, Wildes JE, Pollack LO, Dunbar D, Luo J, Patterson K, et al. Development and validation of the eating pathology symptoms inventory (EPSI). Psychol Assess. 2013;25(3):859-78.
24. Coniglio KA, Becker KR, Tabri N, Keshishian AC, Miller JD, Eddy KT, et al. Factorial integrity and validation of the eating pathology symptoms inventory (EPSI). Eat Behav. 2018;31:1-7.
25. Mokkink LB, Terwee CB, Patrick DL, Alonso J, Stratford PW, Knol DL, et al. The COSMIN checklist for assessing the methodological quality of studies on measurement properties of health status measurement instruments: an international Delphi study. Qual Life Res. 2010;19(4):539-49.
26. Gormally J, Black S, Daston S, Rardin D. The assessment of binge eating severity among obese persons. Addict Behav. 1982;7(1):47-55.
27. Freitas SR, Lopes CS, Appolinario JC, Coutinho W. The assessment of binge eating disorder in obese women: a comparison of the binge eating scale with the structured clinical interview for the DSM-IV. Eat Behav. 2006;7(3):282-9.
28. Papelbaum M, de Oliveira Moreira R, Coutinho WF, Kupfer R, Freitas S, Raggio Luz R, et al. Does binge-eating matter for glycemic control in type 2 diabetes patients? J Eat Disord. 2019;7:30.
29. Henderson M, Freeman CP. A self-rating scale for bulimia. The 'BITE'. Br J Psychiatry. 1987;150:18-24.
30. Cordás TA, Hochgraf PB. BITE: instrumento para avaliação de bulimia nervosa, versão para o português. J Bras Psiquiatr. 1993;42(3):141-4.
31. Ximenes RCC, Colares V, Bertulino T, Couto GBL, Sougey EB. Versão brasileira do "BITE" para uso em adolescentes. Arq Bras Psicol. 2011;63(1):52-63.

32. Yanovski SZ, Marcus MD, Wadden TA, Walsh BT. The questionnaire on eating and weight patterns-5: an updated screening instrument for binge eating disorder. Int J Eat Disord. 2015;48(3):259-61.

33. Moraes CEF, Mourilhe C, Freitas SR, Veiga GVD, Marcus MD, Appolinário JC. Cross-cultural adaptation of the Brazilian version of the Questionnaire on Eating and Weight Patterns-5 (QEWP-5). Trends Psychiatry Psychother. 2020;42(1):39-47.

34. Moraes CEF, Appolinário JC, Mourilhe C, de Freitas SR, da Veiga GV. Reliability of the Brazilian version of the questionnaire on eating and weight patterns-5 (QEWP-5). Eat Weight Disord. 2021 Jan 21.

35. Siqueira TF, Colares V, Ximenes R. Questionário sobre padrões de peso e alimentação para adolescentes (QEWP-A): Avaliação transcultural e adaptação para o Português. Adolesc Saúde. 2015;12(2):29-41.

36. Garner DM, Olmsted MP, Bohr Y, Garfinkel PE. The eating attitudes test: psychometric features and clinical correlates. Psychol Med. 1982;12(4):871-8.

37. Mintz LB, O'Halloran MS. The eating attitudes test: validation with DSM-IV eating disorder criteria. J Pers Assess. 2000;74(3):489-503.

38. Nunes MA, Bagatini LF, Abuchaim AL, Kunz A, Ramos D, Silva JÁ, et al. Distúrbios da conduta alimentar: considerações sobre o teste de atitudes alimentares (EAT). Rev ABP-APAL. 1994;16(1):7-10.

39. Bighetti F, Santos CB, Santos JE, Ribeiro RPP. Tradução e validação do Eating attitudes test em adolescentes do sexo feminino de Ribeirão Preto-SP. J Bras Psiquiatr. 2004;53(6)339-46.

40. Tholin S, Rasmussen F, Tynelius P, Karlsson J. Genetic and environmental influences on eating behavior: the Swedish Young Male Twins Study. Am J Clin Nutr. 2005;81(3):564-9.

41. Natacci LC, Ferreira Júnior M. The three factor eating questionnaire - R21: tradução para o português e aplicação em mulheres brasileiras. Rev Nutr. 2011;24(3):383-94.

42. Morgan JF, Reid F, Lacey JH. The SCOFF questionnaire: assessment of a new screening tool for eating disorders. BMJ. 1999;319(7223):1467-8.

43. Kutz AM, Marsh AG, Gunderson CG, Maguen S, Masheb RM. Eating disorder screening: a systematic review and meta-analysis of diagnostic test characteristics of the SCOFF. J Gen Intern Med. 2020;35(3):885-93.

44. Teixeira AA, Roque MA, de Freitas AA, Dos Santos NF, Garcia FM, Khoury JM, et al. The Brazilian version of the SCOFF questionnaire to screen eating disorders in young adults: cultural adaptation and validation study in a university population. Braz J Psychiatry. 2021:S1516-44462021005007201.

45. Maguen S, Hebenstreit C, Li Y, Dinh JV, Donalson R, Dalton S, et al. Screen for disordered eating: improving the accuracy of eating disorder screening in primary care. Gen Hosp Psychiatry. 2018;50:20-5.

46. Cotton MA, Ball C, Robinson P. Four simple questions can help screen for eating disorders. J Gen Intern Med. 2003;18(1):53-6.

47. Bohn K, Doll HA, Cooper Z, O'Connor M, Palmer RL, Fairburn CG. The measurement of impairment due to eating disorder psychopathology. Behav Res Ther. 2008;46(10):1105-10.

48. Dahlgren CL, Stedal K, Rø Ø. Eating disorder examination questionnaire (EDE-Q) and clinical impairment assessment (CIA): clinical norms and functional impairment in male and female adults with eating disorders. Nord J Psychiatry. 2017;71(4):256-61.

49. Eddy KT, Harshman SG, Becker KR, Bern E, Bryant-Waugh R, Hilbert A, et al. Radcliffe ARFID workgroup: toward operationalization of research diagnostic criteria and directions for the field. Int J Eat Disord. 2019;52(4):361-6.

50. Bryant-Waugh R, Micali N, Cooke L, Lawson EA, Eddy KT, Thomas JJ. Development of the Pica, ARFID, and Rumination Disorder Interview, a multi-informant, semi-structured interview of feeding disorders across the lifespan: A pilot study for ages 10-22. Int J Eat Disord. 2019;52(4):378-87.

51. Zickgraf HF, Ellis JM. Initial validation of the Nine Item Avoidant/Restrictive Food Intake disorder screen (NIAS): A measure of three restrictive eating patterns. Appetite. 2018;123:32-42.

52. van Dyck Z, Bellwald L, Kurz S, Dremmel D, Munsch S, Hilbert A. Essprobleme im Kindesalter: screening in der allgemeinen Bev€olkerung. Z Gesundheitspsychol. 2013;21:91-100.

53. Hilbert A, Zenger M, Eichler J, Brähler E. Psychometric evaluation of the eating disorders in youth-questionnaire when used in adults: prevalence estimates for symptoms of avoidant/restrictive food intake disorder and population norms. Int J Eat Disord. 2020;54(3):399-408.

54. Stone AA, Shiffman S. Ecological momentary assessment (EMA) in behavioral medicine. Ann Behav Med. 1994;16(3):199-202.

55. Haedt-Matt AA, Keel PK. Revisiting the affect regulation model of binge eating: a meta-analysis of studies using ecological momentary assessment. Psychol Bull. 2011;137(4):660-81.

56. Schaefer LM, Engel SG, Wonderlich SA. Ecological momentary assessment in eating disorders research: recent findings and promising new directions. Curr Opin Psychiatry. 2020;33(6):528-33.

5 ETIOLOGIA DOS TRANSTORNOS ALIMENTARES

Nara Mendes Estella
Mara Fernandes Maranhão

Os transtornos alimentares (TAs) são condições clínicas complexas, a respeito das quais o conhecimento científico adquirido nos últimos anos permitiu o desenvolvimento e a atualização de modelos etiológicos. Em geral, os trabalhos preliminares e em progresso sugerem que divergências fundamentais de mecanismos etiológicos separam os TAs em dois grupos: o primeiro, do espectro restritivo, por exemplo, anorexia nervosa (AN); e o segundo, do espectro compulsivo, como o transtorno de compulsão alimentar (TCA). Apesar das divergências etiológicas sugeridas, os modelos são semelhantes por compartilharem aspectos multifatoriais similares. Esses aspectos podem ser amplamente separados em três categorias: biológicos, psicológicos e socioculturais. Tais fatores das diferentes categorias podem estar interligados e contribuir coletivamente para o desenvolvimento dos TAs, embora o conhecimento sobre a interação e a importância relativa destes ainda seja limitado.

Este capítulo apresenta, de forma geral, alguns dos componentes desses fatores e, quando possível, como eles são interpretados em modelos etiológicos. Devido ao maior número de pesquisas disponíveis, enfatizamos os três TAs mais conhecidos: a AN, a bulimia nervosa (BN) e o TCA. Dessa maneira, o capítulo contribui para o conhecimento atual básico sobre a complexidade etiológica dos TAs de forma concisa, porém ampla. Por fim, será abordada a relevância do conhecimento etiológico na prática clínica.

FATORES BIOLÓGICOS

GENÉTICA E EPIGENÉTICA

De uma perspectiva histórica, os estudos genéticos começaram pelos estudos familiares e estudos com gêmeos. Com o advento da genômica, as ferramentas de genética molecular possibilitaram a caracterização do genoma, a localização e a identificação de genes e a identificação e caracterização de variantes genéticas. Posteriormente, o conceito de epigenoma representou não só uma oportunidade para alargar o espectro das possíveis causas dos TAs como também um desafio para a compreensão dos mecanismos moleculares subjacentes a esse grupo de doenças complexas.[1,2]

Estimativas de hereditariedade são moderadas e altas para TA: de 25 a 75% para AN, de 30 a 80% para BN[3] e de 40 a 55% para TCA.[4] Apesar disso, são limitados os achados de associações robustas de genes candidatos e TAs,[5] bem como os estudos de associação ampla de genoma (*genome-wide association*, ou GWAS)[6] e de sequência genômica (ou *whole-exome genome sequencing*).[7,8]

NEUROBIOLOGIA

Apesar do crescimento exponencial de estudos focados nos fatores neurobiológicos dos TAs, os achados ainda são limitados e considerados preliminares, dada a complexidade do sistema neural e dos distúrbios da alimentação. Os estudos neurobiológicos buscam somar novos conhecimentos aos achados anteriores, incorporando o conhecimento de abordagens variadas, tais como psicológicas e sociais.

Apesar das complexidades do sistema neural, já está estabelecido que o cérebro guia o comportamento, inclusive o comportamento alimentar. Estudos mostram que alguns componentes do sistema alimentar homeostático e hedônico estão alterados nos TAs. De forma geral, o processo da regulação do apetite é explicado essencialmente por meio de uma relação entre sistemas ou mecanismos homeostáticos e hedônicos. Os mecanismos homeostáticos são mediados pela necessidade biológica de manter as reservas energéticas do corpo, aumentando a motivação para a ingestão de alimentos. Os mecanismos hedônicos são mediados pela recompensa alimentar e aumentam o desejo de consumir alimentos de elevada palatabilidade. O funcionamento conjunto desses mecanismos resulta em equilíbrio entre a ingestão de alimentos por necessidade e a sua ingestão para satisfazer o prazer. O sistema alimentar homeostático é regulado por diversos neurotransmissores e hormônios, tais como cortisol, grelina, leptina e peptídeo YY, havendo pesquisas que sugerem que estes têm seu funcionamento alterado na AN,[9] na BN[10] e no TCA.[11] Pesquisas mais recentes mostram que essas alterações podem estar associadas a mudanças nos circuitos de recompensa e do controle inibitório,[12] identificadas nos TAs de espectro restritivo e compulsivo. Alguns estudos de revisão sugerem a influência da leptina e da grelina no circuito de recompensa como mecanismo possível nos TAs,[13] enquanto outros estudos descrevem os efeitos da interação entre o sistema dopaminérgico e a insulina, peptídeo YY e cortisol em AN e BN.[14]

Existem propostas variadas dos possíveis mecanismos em que alterações hormonais e de neurotransmissores impactam o sistema de recompensa nos TAs. Em resumo, as alterações hormonais e/ou neuroquímicas, por diversos mecanismos, estimulam ou diminuem a resposta dopaminérgica, gerando impacto sobre o comportamento alimentar.[13,14] Acredita-se que, dentro do espectro restritivo, pessoas com AN tenham a capacidade de atrasar respostas que geram recompensa.[15,16] Ainda em AN, alterações no eixo hipotálamo-adrenal-hipofisário reduzem o apetite e a motivação para comer.[17] Mais recentemente, levando em consideração as alterações hormonais e neuroquímicas descritas e outros fatores, um modelo etiológico centrado no sistema de recompensa foi proposto para a AN.[18] Em resumo, o modelo propõe que a alteração no sistema estriatal dopaminérgico e o efeito sobre o processamento de recompensas, aprendizado de comportamentos patológicos e, consequentemente, a formação de hábitos patológicos, causam e mantêm o TA.[18] O modelo proposto reconhece que pessoas com AN do tipo restritivo podem se apresentar com habilidade exacerbada de controle inibitório, mas que essa habilidade é baseada no aumento de respostas que geram recompensas a partir dos comportamentos anorexígenos ou gatilhos que remetem a sinais anorexígenos. Em resumo, modelos etiológicos de AN centrados no sistema de recompensa propõem que a AN surge quando as respostas aos estímulos de recompensa são reduzidas (p. ex., o alimento não é interpretado como recompensa ou como prazeroso) e o valor atribuído à privação alimentar é anormal (p. ex., quando a fome se torna recompensadora e o alimento se torna repulsivo).[19]

No caso da BN, alterações hormonais e neuroquímicas (p. ex., insulina, peptídeo YY, grelina) também são identificadas[14] e, consequentemente, impactam o sistema dopaminérgico.[20,21] Porém, diferentemente de pessoas com AN, na BN existe um déficit no controle inibitório, gerando, então, um comportamento alimentar errático. Nessa proposta, que abrange o desequilíbrio do sistema de recompensa e do controle inibitório, pessoas com BN são hiper-responsivas aos estímulos alimentares (têm elevada expectativa de recompensa com a alimentação), ao mesmo tempo que têm *déficits* no controle inibitório e são hiporresponsivas à ingestão alimentar (a experiência real de recompensa experimentada com a ingesta alimentar é atenuada), dificultando a regulação do comportamento alimentar.[22,23]

Entre os TAs, o TCA foi adicionado como um diagnóstico individual oficial apenas na última versão do *Manual diagnóstico e estatístico de transtornos mentais* (DSM-5),[24] o que explica ao menos parcialmente o menor número de pesquisas existentes com foco exclusivo no TCA. Apesar de a obesidade não ser critério para o diagnóstico de TCA, ela é uma condição prevalente nesse grupo,[25] e, por isso, o conhecimento de alterações neuroquímicas e hormonais adquirido por meio de pesquisas em obesidade pode contribuir para a compreensão atual do TCA. Nesse sentido, há indícios de que, em indivíduos obesos, como também na AN e na BN, diversos neurotransmissores e hormônios, como peptídeo YY, cortisol, leptina e grelina, encontram-se alterados.[26-28] Resultados preliminares sugerem alterações similares no TCA.[11,27,29]

Como ocorre em outros TAs do espectro compulsivo, sugere-se que as alterações hormonais e neuroquímicas influenciam o funcionamento alimentar. A teoria de restrição alimentar[30] descreve uma das maneiras como essa influência se dá: a restrição alimentar promove a compulsão alimentar, que, por sua vez, aumenta o comportamento restritivo e, subsequentemente, os episódios de compulsão alimentar, formando-se um círculo vicioso.[31] Apesar de a literatura ser escassa sobre a associação das alterações neuroquímicas, hormonais e a influência desses fatores sobre o sistema de recompensa, estão sendo propostos modelos etiológicos de alteração no processo de recompensa, tomada de decisão e sensibilidade a estímulos de recompensa.[32,33]

NEUROCOGNIÇÃO

As pesquisas que empregam técnicas de neuroimagem têm contribuído de forma significativa para um melhor entendimento sobre a etiologia dos TAs. O método permite o estudo de possíveis alterações estruturais e funcionais das regiões implicadas no sistema de recompensa, no controle inibitório e na tomada de decisão, como o hipotálamo, o córtex pré-frontal, o *nucleus accumbens*, o pálido ventral, etc. Apesar de não ser este o foco do capítulo, os modelos etiológicos que se apoiam predominantemente nos fatores neurobiológicos estão fortemente embasados nos achados de neuroimagem.

Em AN, um estudo recente de revisão com foco em achados de neuroimagem, com participantes entre 10 e 24 anos, identificou reduções globais e regionais no volume cerebral da massa cinzenta e alterações na microestrutura da massa branca.[34] As regiões mais afetadas foram os hipocampos, a amígdala, a ínsula, os tálamos, o córtex pré-frontal, parietal e temporal e vários tratos de massa branca, como a *corona radiata* e o fascículo superior. Esse estudo de revisão também destacou alterações em redes neurais associadas às funções executivas e de saliência. As alterações, porém, mostram-se parcialmente ou totalmente reversíveis com a restauração do peso corporal. Foi identificado aumento de conectividade entre a região dorsal anterior e posterior do giro do cíngulo.[35,36] Estudos que empregaram o método de conectividade funcional em repouso identificaram maior conectividade entre o estriado ventral e o córtex frontal,[37] implicado no processo de recompensa e tomada de decisão. Para uma leitura focada nos achados de neurobiológicos em AN, sugere-se a revisão narrativa de Steinglass.[23] Um modelo etiológico para AN que é importante e incorpora achados de neuroimagem dentro de um enquadramento predominante biológico é o centrado no sistema de recompensa, já mencionado anteriormente.[18] Alinhados com os achados de alterações em regiões neurais envolvidas no funcionamento de funções executivas (córtex pré-frontal) e de recompensa (estriado ventral), os autores conceituam a etiologia da AN e descrevem os mecanismos neurobiológicos subjacentes. Como explicado anteriormente, a proposta sugere que a questão central da AN compreende a presença de respostas reduzidas ante a recompensa alimentar e o aumento de responsividade aos estímulos e comportamentos anoréxicos, que por fim se torna habitual.[18]

A literatura de estudos com neuroimagem em BN é reduzida, porém um estudo recente de revisão destacou alguns dos achados principais.[38] Em BN, foi identificado aumento de volume de massa cinzenta,[39] mas também redução de massa cinzenta na região temporoparietal,[40] um achado interpretado pelos autores como consequência de redução de substância branca na região. A frequência de episódios de compulsão e purgação parece estar associada à redução do volume e da espessura cortical[41,42] em áreas como o caudado e o putame, estruturas importantes no processo de tomada de decisão, formação de hábitos e avaliação do valor agregado à recompensa. Além disso, alterações na microestrutura de diversos tratos localizados em várias regiões cerebrais, inclusive no córtex orbitofrontal, na ínsula, no estriado e nos hipotálamos, foram identificadas e mostraram reduções anisotrópicas.[43,44] Porém, também foi identificado aumento de conectividade entre o cíngulo dorsal e o córtex orbitofrontal em BN.[45] Em geral, os estudos mais recentes de revisão com foco em neuroimagem[38,46] em BN chegam a conclusões alinhadas e relatam que as alterações neurais se destacam nas regiões do córtex pré-frontal e temporal e que estão associadas ao sistema de recompensa e autorregulação. Com base nos achados de alterações neurais, um modelo provisório etiológico foi proposto para BN.[46] A proposta está centrada nas alterações do córtex pré-frontal e nas ligações com o córtex visual, o giro pré-central e a ínsula, sugerindo que essas áreas estão inadequadamente ativadas durante o processamento de estímulos alimentares e imagens corporais.

O número de estudos que avaliam os circuitos neurais possivelmente associados ao TCA é ainda menor. Os sistemas de recompensa, controle inibitório e tomada de decisão têm papel importante na etiologia neurocognitiva do TCA.[47] Estudos preliminares identificaram volume maior de massa cinzenta no cíngulo anterior e no córtex orbitomedial no grupo de pessoas com TCA quando comparado ao grupo-controle de pessoas com peso normal sem TA.[49] Estudos que empregam ressonância magnética funcional mostraram que, em resposta a paradigmas avaliando recompensa, pessoas com TCA têm atividade reduzida no córtex ventral medial.[50,51] Além disso, em resposta a paradigmas de saliência alimentar, um estudo identificou que pacientes com TCA apresentaram maior atividade na região do córtex orbitofrontal em comparação com o grupo-controle;[52] essas regiões estão envolvidas nos processos de atribuir valor à recompensa e de sensibilidade a recompensas. Alterações no córtex pré-frontal e em regiões temporais também foram identificadas em TCA em estudos avaliando o construto de controle inibitório (sem saliência alimentar), que também mostraram menor atividade nessas regiões cerebrais em indivíduos com TCA em comparação aos controles;[53] novamente, as regiões identificadas estão associadas ao sistema de recompensa e autorregulação. Apesar de o maior número de estudos avaliar o funcionamento neural, um estudo avaliou a organização cerebral microestrutural da massa branca e identificou alterações nos tratos frontotemporais e límbicos em TCA,[54] os quais também demonstram participação em processos de recompensa e autorregulação. Os achados de neurocognição e neuroimagem sugerem que no TCA estão presentes alterações corticoestriatais associadas a regulação de motivação, tomada de decisão e controle inibitório semelhantes às encontradas em transtornos psiquiátricos do espectro impulsivo e compulsivo.[47]

Devido à precocidade da natureza desses estudos, à variabilidade dos métodos e ao limite de reprodução de achados, não se espera que as conclusões desses estudos sejam robustas. Ainda assim, modelos etiológicos têm incorporado achados de estudos com técnicas de neuroimagem e sugerem mecanismos aplicáveis ao desenvolvimento e à manutenção dos TAs.

FATORES SOCIOAMBIENTAIS

O ambiente e os fatores culturais têm o potencial de exercer influência sobre a cognição, a emoção e o comportamento do indivíduo. No caso dos TAs, o papel que esses fatores exercem sobre o desenvolvimento dessas patologias pode ser muito relevante. Inicialmente, modelos etiológicos socioambientais, principalmente para a AN, apontavam para problemas relacionados à dinâmica familiar. Acreditava-se que a AN surgia como uma defesa contra desejos sexuais[55] ou como oposição, centrada na mãe, ao desenvolvimento normal feminino ou, ainda, como a busca de controle e independência psicológica.[56]

Atualmente, entende-se que os TAs não são explicados apenas pelos aspectos externos socioculturais, embora alguns aspectos socioambientais possam contribuir para sua deflagração e manutenção. Em especial, a cultura ocidental promove e sustenta que o corpo ideal deve ser magro. Pesquisas mostram que a exposição de corpos "ideais" pelas mídias esteja associada à maior insatisfação corporal e à depressão.[57] Adicionalmente, entende-se que a alta expectativa da família e dos pares possa contribuir para a internalização do corpo "ideal" e para a insatisfação com o corpo.[58]

FATORES PSICOLÓGICOS

Fatores psicológicos são individuais e incluem, entre os principais, processos de aprendizagem, percepção, memória, motivação e aspectos emocionais. "Processos", nesse contexto, devem ser entendidos como uma ação contínua em relação ao indivíduo e que pode influenciar estados mentais.

Alguns traços de personalidade, como o perfeccionismo,[59] podem estar associados à busca de controle, sendo incorporados em modelos etiológicos multifatoriais. Por exemplo, a necessidade de controle pode estar associada à valorização exacerbada do peso e da forma corporal, que leva também à restrição alimentar;[60] o controle exagerado e o foco no peso podem surgir também como mecanismo (prejudicial) para regular emoções negativas,[61] aspectos estes que fazem parte do modelo transdiagnóstico[60] da terapia cognitivo-comportamental para AN, BN e TCA. O modelo de dupla via de patologia alimentar[58] também incorpora o aspecto de internalização do corpo "ideal" como contribuinte para insatisfação corporal, que, por sua vez, se torna a questão central dos TAs. O modelo propõe que o funcionamento patológico pode acontecer de duas maneiras. Em primeiro lugar, a insatisfação corporal promove comportamentos de restrição alimentar disfuncionais e, em segundo lugar, promove o estado afetivo negativo.[58] Ou seja, em busca do corpo ideal existe a restrição alimentar disfuncional, e, por não se ter o corpo ideal, surge o estado afetivo negativo. O ciclo é propagado, pois a restrição alimentar contribui fisiologicamente para o aumento (intensidade) e a duração do estado afetivo negativo, o qual é ainda mais intensificado pela experiência de fracasso do indivíduo por não sustentar a "dieta" (restrição) alimentar. O ciclo patológico é agravado pelo uso de métodos disfuncionais na tentativa de regular o estado negativo, gerando episódios de compulsão alimentar e uso de métodos compensatórios (vômito autoinduzido, uso de laxantes, exercícios físicos compulsivos). Modelos etiológicos centrados na disfunção do regulamento emocional foram propostos.[62,63]

Em geral, o impacto do corpo "ideal" promovido culturalmente, a vulnerabilidade genética, os aspectos de personalidade e a dificuldade de regular emoções são fatores individuais psicológicos importantes na etiologia dos TAs e incorporados de formas diferentes em modelos etiológicos multifatoriais e/ou transdiagnósticos.[18,22,46,58,60]

CONSIDERAÇÕES FINAIS

O desenvolvimento tecnológico dos últimos anos contribuiu para o uso de novas ferramentas no estudo dos TAs. Modelos preliminares que incorporaram diversos domínios etiológicos foram propostos e incluíram desde fatores há muito tempo estudados (como os psicológicos) até aqueles mais recentemente considerados graças ao uso de tecnologias atuais, como os fatores biológicos.[18,22,23,46,47,58,60,63] É importante lembrar que os modelos multifatoriais são preliminares e baseados em um número pequeno de pesquisas e participantes. Além disso, a variabilidade metodológica dos estudos dificulta o estabelecimento de conclusões mais definitivas a respeito do tema. O critério de inclusão dos estudos nem sempre segue o critério de diagnóstico dos TAs; os protocolos de neuroimagem, por sua vez, abrangem diversas técnicas de captação de imagem e de análise. Há também escassez de estudos com foco em aspectos biológicos, desde o nível celular até a investigação de circuitos neurais. Além disso, a desconexão entre o conhecimento técnico, clínico e entre os campos profissionais (biólogos, psicólogos, neurologistas, nutricionistas) dificulta o uso de uma linguagem comum.

Apesar dos desafios, os TAs devem ser estudados levando em consideração sua complexa natureza e testando-se hipóteses etiológicas de forma rigorosa, adequada, metódica e objetiva.

REFERÊNCIAS

1. Mayhew AJ, Pigeyre M, Couturier J, Meyre D. An evolutionary genetic perspective of eating disorders. Neuroendocrinology. 2018;106(3):292-306.
2. Striegel-Moore RH, Rosselli F, Perrin N, DeBar L, Wilson GT, May A, et al. Gender difference in the prevalence of eating disorder symptoms. Int J Eat Disord. 2009;42(5):471-4.
3. Slof-Op 't Landt MC, van Furth EF, Meulenbelt I, Slagboom PE, Bartels M, et al. Eating disorders: from twin studies to candidate genes and beyond. Twin Res Hum Genet. 2005;8(5):467-82.
4. Thornton LM, Mazzeo SE, Bulik CM. The heritability of eating disorders: methods and current findings. Curr Top Behav Neurosci. 2011;6:141-56.
5. Yilmaz Z, Hardaway JA, Bulik CM. Genetics and epigenetics of eating disorders. Adv Genomics Genet. 2015;5:131-50.

6. Duncan L, Yilmaz Z, Gaspar H, Walters R, Goldstein J, Anttila V, et al. significant locus and metabolic genetic correlations revealed in genome-wide association study of anorexia nervosa. Am J Psychiatry. 2017;174(9):850-8.

7. Wade TD, Gordon S, Medland S, Bulik CM, Heath AC, Montgomery GW, et al. Genetic variants associated with disordered eating. Int J Eat Disord. 2013;46(6):594-608.

8. Hinney A, Volckmar AL. Genetics of eating disorders. Curr Psychiatry Rep. 2013;15(12):423.

9. Schorr M, Miller KK. The endocrine manifestations of anorexia nervosa: mechanisms and management. Nat Rev Endocrinol. 2017;13(3):174-86.

10. Baranowska B, Kochanowski J. Neuroendocrine aspects of anorexia nervosa and bulimia nervosa. Neuro Endocrinol Lett. 2018;39(3):172-8.

11. Marciello F, Monteleone AM, Cascino G, Monteleone P. Neuroendocrine correlates of binge eating. In: Frank GKW, Berner LA, editors. Binge eating: a transdiagnostic psychopathology. Heidelberg: Springer; 2020.

12. Xu Y, López M. Central regulation of energy metabolism by estrogens. Mol Metab. 2018;15:104-15.

13. Monteleone AM, Castellini G, Volpe U, Ricca V, Lelli L, Monteleone P, et al. Neuroendocrinology and brain imaging of reward in eating disorders: a possible key to the treatment of anorexia nervosa and bulimia nervosa. Prog Neuropsychopharmacol Biol Psychiatry. 2018;80(Pt B):132-42.

14. Berner LA, Brown TA, Lavender JM, Lopez E, Wierenga CE, Kaye WH. Neuroendocrinology of reward in anorexia nervosa and bulimia nervosa: beyond leptin and ghrelin. Mol Cell Endocrinol. 2019;497:110320.

15. Bartholdy S, Rennalls S, Danby H, Jacques C, Campbell IC, Schmidt U, et al. Temporal discounting and the tendency to delay gratification across the eating disorder spectrum. Eur Eat Disord Rev. 2017;25(5):344-50.

16. McClelland J, Dalton B, Kekic M, Bartholdy S, Campbell IC, Schmidt U. A systematic review of temporal discounting in eating disorders and obesity: Behavioural and neuroimaging findings. Neurosci Biobehav Rev. 2016;71:506-28.

17. Lawson EA, Holsen LM, Desanti R, Santin M, Meenaghan E, Herzog DB, et al. Increased hypothalamic-pituitary-adrenal drive is associated with decreased appetite and hypoactivation of food-motivation neurocircuitry in anorexia nervosa. Eur J Endocrinol. 2013;169(5):639-47.

18. O'Hara CB, Campbell IC, Schmidt U. A reward-centred model of anorexia nervosa: a focussed narrative review of the neurological and psychophysiological literature. Neurosci Biobehav Rev. 2015;52:131-52.

19. Keating C, Tilbrook AJ, Rossell SL, Enticott PG, Fitzgerald PB. Reward processing in anorexia nervosa. Neuropsychologia. 2012;50(5):567-75.

20. Broft A, Shingleton R, Kaufman J, Liu F, Kumar D, Slifstein M, et al. Striatal dopamine in bulimia nervosa: a PET imaging study. Int J Eat Disord. 2012;45(5):648-56.

21. Broft AI, Berner LA, Martinez D, Walsh BT. Bulimia nervosa and evidence for striatal dopamine dysregulation: a conceptual review. Physiol Behav. 2011;104(1):122-7.

22. Pearson CM, Wonderlich SA, Smith GT. A risk and maintenance model for bulimia nervosa: from impulsive action to compulsive behavior. Psychol Rev. 2015;122(3):516-35.

23. Steinglass JE, Berner LA, Attia E. Cognitive neuroscience of eating disorders. Psychiatr Clin North Am. 2019;42(1):75-91.

24. American Psychiatric Association. Manual diagnóstico e estatístico de transtornos mentais: DSM-5. 5. ed. Porto Alegre: Artmed; 2014.

25. Hudson JI, Hiripi E, Pope HG Jr, Kessler RC. The prevalence and correlates of eating disorders in the National Comorbidity Survey Replication. Biol Psychiatry. 2007;61(3):348-58.

26. Geliebter A, Hashim SA, Gluck ME. Appetite-related gut peptides, ghrelin, PYY, and GLP-1 in obese women with and without binge eating disorder (BED). Physiol Behav. 2008;94(5):696-9.

27. Geliebter A, Ochner CN, Aviram-Friedman R. Appetite-related gut peptides in obesity and binge eating disorder. Am J Lifestyle Med. 2008;2(4):305-14.

28. Misra M, Tsai PM, Mendes N, Miller KK, Klibanski A. Increased carbohydrate induced ghrelin secretion in obese vs. normal-weight adolescent girls. Obesity (Silver Spring). 2009;17(9):1689-95.

29. Geliebter A, Gluck ME, Hashim SA. Plasma ghrelin concentrations are lower in binge-eating disorder. J Nutr. 2005;135(5):1326-30.

30. Wardle J. Compulsive eating and dietary restraint. Br J Clin Psychol. 1987;26 (Pt 1):47-55.

31. Burton AL, Abbott MJ. Processes and pathways to binge eating: development of an integrated cognitive and behavioural model of binge eating. J Eat Disord. 2019;7:18.

32. Stojek MMK, MacKillop J. Relative reinforcing value of food and delayed reward discounting in obesity and disordered eating: a systematic review. Clin Psychol Rev. 2017;55:1-11.

33. Wu M, Brockmeyer T, Hartmann M, Skunde M, Herzog W, Friederich HC. Reward-related decision making in eating and weight disorders: a systematic review and meta-analysis of the evidence from neuropsychological studies. Neurosci Biobehav Rev. 2016;61:177-96.

34. Kappou K, Ntougia M, Kourtesi A, Panagouli E, Vlachopapadopoulou E, Michalacos S, et al. Neuroimaging findings in adolescents and young adults with anorexia nervosa: a systematic review. Children (Basel). 2021;8(2):137.

35. Bernardoni F, King JA, Geisler D, Stein E, Jaite C, Nätsch D, et al. Weight restoration therapy rapidly reverses cortical thinning in anorexia nervosa: a longitudinal study. Neuroimage. 2016;130:214-22.

36. von Schwanenflug N, Müller DK, King JA, Ritschel F, Bernardoni F, Mohammadi S, et al. Dynamic changes in white matter microstructure in anorexia nervosa: findings from a longitudinal study. Psychol Med. 2019;49(9):1555-64.

37. Boehm I, Geisler D, King JA, Ritschel F, Seidel M, Deza Araujo Y, et al. Increased resting state functional connectivity in the fronto-parietal and default mode network in anorexia nervosa. Front Behav Neurosci. 2014;8:346.

38. Frank GKW, Shott ME, DeGuzman MC. The neurobiology of eating disorders. Child Adolesc Psychiatr Clin N Am. 2019;28(4):629-40.

39. Amianto F, Caroppo P, D'Agata F, Spalatro A, Lavagnino L, Caglio M, et al. Brain volumetric abnormalities in patients with anorexia and bulimia nervosa: a voxel-based morphometry study. Psychiatry Res. 2013;213(3):210-6.

40. Marsh R, Stefan M, Bansal R, Hao X, Walsh BT, Peterson BS. Anatomical characteristics of the cerebral surface in bulimia nervosa. Biol Psychiatry. 2015;77(7):616-23.

41. Berner LA, Stefan M, Lee S, Wang Z, Terranova K, Attia E, et al. Altered cortical thickness and attentional deficits in adolescent girls and women with bulimia nervosa. J Psychiatry Neurosci. 2018;43(2):170070.

42. Westwater ML, Seidlitz J, Diederen KMJ, Fischer S, Thompson JC. Associations between cortical thickness, structural connectivity and severity of dimensional bulimia nervosa symptomatology. Psychiatry Res Neuroimaging. 2018;271:118-25.

43. Frank GK, Shott ME, Riederer J, Pryor TL. Altered structural and effective connectivity in anorexia and bulimia nervosa in circuits that regulate energy and reward homeostasis. Transl Psychiatry. 2016;6(11):e932.

44. Mettler LN, Shott ME, Pryor T, Yang TT, Frank GK. White matter integrity is reduced in bulimia nervosa. Int J Eat Disord. 2013;46(3):264-73.

45. Lee S, Ran Kim K, Ku J, Lee JH, Namkoong K, Jung YC. Resting-state synchrony between anterior cingulate cortex and precuneus relates to body shape concern in anorexia nervosa and bulimia nervosa. Psychiatry Res. 2014;221(1):43-8.

46. Mele G, Alfano V, Cotugno A, Longarzo M. A broad-spectrum review on multimodal neuroimaging in bulimia nervosa and binge eating disorder. Appetite. 2020;151:104712.

47. Kessler RM, Hutson PH, Herman BK, Potenza MN. The neurobiological basis of binge-eating disorder. Neurosci Biobehav Rev. 2016;63:223-38.

48. Schäfer A, Vaitl D, Schienle A. Regional grey matter volume abnormalities in bulimia nervosa and binge-eating disorder. Neuroimage. 2010;50(2):639-43.

49. Schäfer A, Vaitl D, Schienle A. Regional grey matter volume abnormalities in bulimia nervosa and binge-eating disorder. Neuroimage. 2010;50(2):639-43.

50. Balodis IM, Kober H, Worhunsky PD, White MA, Stevens MC, Pearlson GD, et al. Monetary reward processing in obese individuals with and without binge eating disorder. Biol Psychiatry. 2013;73(9):877-86.

51. Reiter AM, Heinze HJ, Schlagenhauf F, Deserno L. impaired flexible reward-based decision-making in binge eating disorder: evidence from computational modeling and functional neuroimaging. Neuropsychopharmacology. 2017;42(3):628-37.

52. Schienle A, Schäfer A, Hermann A, Vaitl D. Binge-eating disorder: reward sensitivity and brain activation to images of food. Biol Psychiatry. 2009;65(8):654-61.

53. Balodis IM, Molina ND, Kober H, Worhunsky PD, White MA, Rajita Sinha, et al. Divergent neural substrates of inhibitory control in binge eating disorder relative to other manifestations of obesity. Obesity (Silver Spring). 2013;21(2):367-77.

54. Estella NM, Sanches LG, Maranhão MF, Hoexter MQ, Schmidt U, Campbell IC, et al. Brain white matter microstructure in obese women with binge eating disorder. Eur Eat Disord Rev. 2020;28(5):525-35.

55. Freud S. The ego and the id. New York: WW Norton; 1961.

56. Bruch H. Eating disorders: obesity, anorexia nervosa, and the person within. London: Routledge & Kegan Paul; 1974.

57. Hausenblas HA, Campbell A, Menzel JE, Doughty J, Levine M, Thompson JK. Media effects of experimental presentation of the ideal physique on eating disorder symptoms: a meta-analysis of laboratory studies. Clin Psychol Rev. 2013;33(1):168-81.

58. Stice E. A prospective test of the dual-pathway model of bulimic pathology: mediating effects of dieting and negative affect. J Abnorm Psychol. 2001;110(1):124-35.

59. Bastiani AM, Rao R, Weltzin T, Kaye WH. Perfectionism in anorexia nervosa. Int J Eat Disord. 1995;17(2):147-52.

60. Fairburn CG, Cooper Z, Shafran R. Cognitive behaviour therapy for eating disorders: a "transdiagnostic" theory and treatment. Behav Res Ther. 2003;41(5):509-28.

61. Heatherton TF, Baumeister RF. Binge eating as escape from self-awareness. Psychol Bull. 1991;110(1):86-108.

62. Lavender JM, Wonderlich SA, Engel SG, Gordon KH, Kaye WH, Mitchell JE. Dimensions of emotion dysregulation in anorexia nervosa and bulimia nervosa: a conceptual review of the empirical literature. Clin Psychol Rev. 2015;40:111-22.

63. Oldershaw A, Lavender T, Sallis H, Stahl D, Schmidt U. Emotion generation and regulation in anorexia nervosa: a systematic review and meta-analysis of self-report data. Clin Psychol Rev. 2015;39:83-95.

6 IMAGEM CORPORAL E TRANSTORNOS ALIMENTARES

Gabriela Morgado O. Coelho
Mariana Ribeiro Costa Portugal

A ênfase cultural atribuída à aparência física aponta para um "padrão de beleza" que varia historicamente. Desde a mitologia grega, a beleza tem sido alvo de relevante importância, sendo disputada pelas deusas do Olimpo, de forma que a vencedora incitava o ódio nas demais.[1]

Ao longo da história, tal padrão foi sendo alterado. Entre as obras de destaque de Pierre-Auguste Renoir (1841-1919), pintor francês conhecido por celebrar a beleza e a sensualidade feminina, há quadros de mulheres com formas voluptuosas, quadris largos, quantidade abundante de tecido adiposo, atrelados, à época, a fertilidade, saúde, força e elevado *status* social. A atriz Marilyn Monroe, um dos maiores símbolos sexuais dos anos de 1950 e 1960, não cumpre o estereótipo de corpo ideal dos dias atuais. Há também muitos relatos da busca pelo corpo perfeito, mesmo com essa constante alteração de padrões.[2]

Atualmente, o sobrepeso e a obesidade estão relacionados a falta de força de vontade e não conformidade com o padrão estético imposto pela sociedade, sendo observada uma busca por estereótipos de beleza às vezes até mais significativa do que a busca pela própria satisfação amorosa, profissional ou econômica, além de uma crença de que alcançar esse padrão trará satisfação em todas as demais esferas. A ampla apreciação da imagem corporal se enquadra em um processo em que o corpo físico se apropria de um papel fundamental, deixando em segundo plano as próprias características emocionais, tornando-se primordial na construção da identidade do indivíduo.[3] Na sociedade contemporânea, o culto ao corpo e a pressão pelo baixo peso corporal em mulheres e pela muscularidade em homens colocam-nos em maior risco para o desencadeamento de transtornos alimentares (TAs).

As pesquisas sobre imagem corporal começaram no século XVI, na França, com o médico e cirurgião Ambroise Paré e tinham como foco o diagnóstico de determinada lesão perceptiva resultante da existência de um membro fantasma em indivíduos que sofreram amputação.[4] Em 1905, surgiu a definição de "esquematia", até então conhecida como a distorção do tamanho das áreas corpóreas. Esses estudos começaram a ser aprofundados na escola britânica, considerando seus aspectos neurológicos, fisiológicos e psicológicos. A expressão "esquema corporal" (*schemata*) foi proposta por um neurologista, que sustentou a teoria de que "cada indivíduo constrói um modelo ou figura de si mesmo, que constitui um padrão contra os julgamentos da postura e dos movimentos corporais". Ademais, foi proposto que "qualquer coisa que participe do movimento consciente de nossos corpos é somada ao nosso modelo corporal e torna-se parte desse *schemata*", sustentando que qualquer modificação postural pode alterar o "esquema corporal".[5]

Shaun Gallagher, professor de filosofia conhecido por seus trabalhos com cognição do corpo, cognição social e filosofia da psicopatologia, estabeleceu a diferença conceitual entre imagem corporal e esquema corporal. A primeira se refere à percepção consciente do corpo com suas funções cognitiva, afetiva, comportamental e perceptiva. Já o segundo se refere ao desempenho inconsciente do corpo na execução de funções perceptivas. Este controla automaticamente as funções e atua na comunicação não verbal com o ambiente, uma vez que integra as posturas corporais do indivíduo no espaço que ele ocupa nesse ambiente. Já que é um construto inconsciente, o esquema corporal torna-se muito difícil de ser avaliado.[6]

Durante a primeira metade do século XX, o neuropsiquiatra e psicanalista austríaco Paul Ferdinand Schilder se dedicou a estudar a imagem corporal, levando-a além de um foco paroxístico nas percepções distorcidas induzidas por danos cerebrais.[4] Ele a conceituou como a imagem tridimensional que cada indivíduo tem de si mesmo e que se encontra em constante mudança, crescimento e desenvolvimento, se autoconstruindo e destruindo a cada instante (pois, toda vez que é gerada, é reconstruída na memória).[7] A imagem corporal é determinada por um conjunto composto por pensamentos, sentimentos e sensações que são acomodados durante o percurso da vida, concedendo à história uma consistência e densidade. Assim, o esquema corporal ficou mais conhecido e estudado no campo da neurologia, enquanto a imagem corporal passou a ser mais explorada no campo da psiquiatria.

Apesar de os autores apresentarem conceitos sobre a imagem corporal que se diferenciam de forma sutil, às vezes quase imperceptível, um conceito muito usado foi estabelecido em 1996, por Howard Gardner, psicólogo cognitivo e educacional. Ele definiu a imagem corporal como a figura que o indivíduo constrói baseando-se no tamanho, no contorno e na forma do seu corpo, incluindo também os sentimentos em relação a tais dimensões. O conceito multidimensional da imagem corporal é capturado por meio de duas dimensões: atitudinal e perceptiva.[8]

DIMENSÕES DA IMAGEM CORPORAL

A imagem corporal refere-se a uma experiência psicológica multifacetada e abrange as percepções e atitudes relacionadas ao próprio corpo, incluindo pensamentos, crenças, sentimentos e comportamentos, influenciados por características biológicas e sociais, como sexo, idade, etnia, condição socioeconômica e cultural.[4]

A **dimensão perceptiva** engloba informações somatossensoriais, sua relação com o ambiente, podendo ser influenciada pela dimensão atitudinal (**Fig. 6.1**). Ocorre por meio de um processo neural e pela vivência corporal. O processo de construção dessa dimensão demonstra como o indivíduo se relaciona com o mundo e suas vivências desde suas experiências ao nascer até o final de sua vida. É a síntese viva de nossas experiências emocionais relacionando a memória inconsciente a tudo o que já foi vivi-

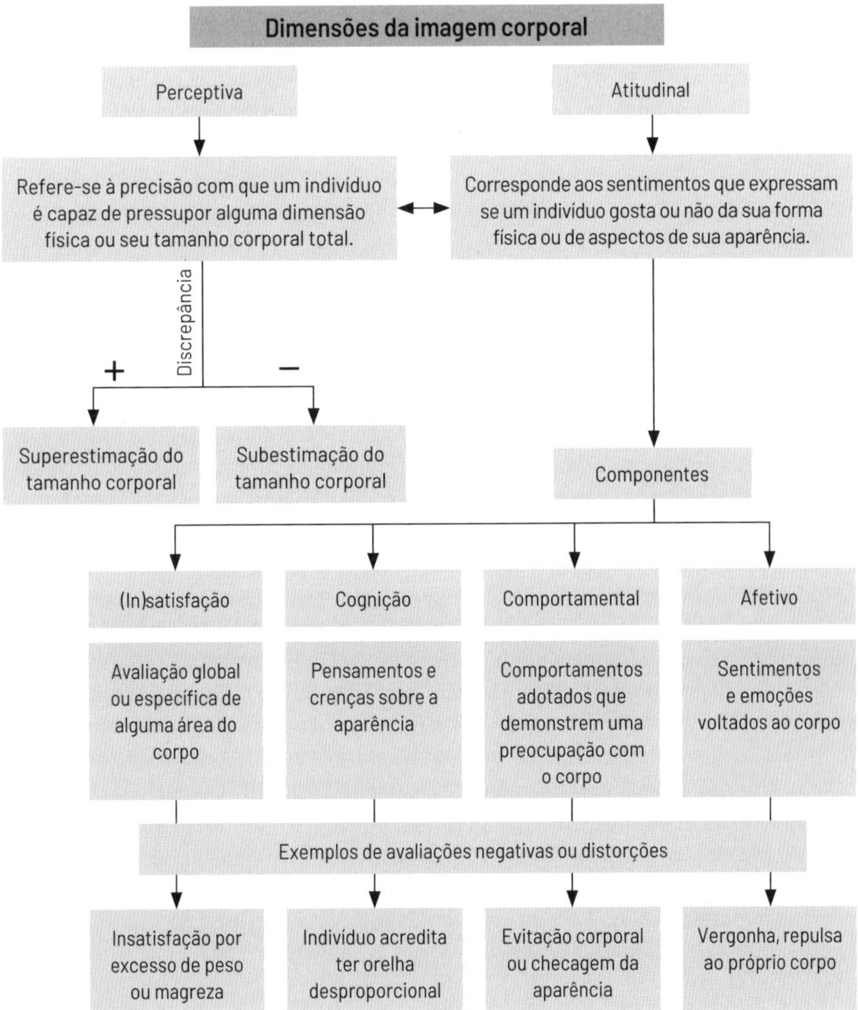

■ **Figura 6.1**
Dimensões da imagem corporal, seus componentes e distorções (proposta por Coelho para este livro).

do. O eixo dessa dimensão consiste nas representações sensório-motoras do corpo que orientam os movimentos. O córtex cerebral recebe aferências sensoriais multimodais que interagem com o sistema motor, fornecendo informações sobre os limites do corpo, sua posição e interação com os objetos e o ambiente. As áreas corticais relacionadas a essa dimensão estão localizadas especificamente no lobo parietal inferior.[9] Evidências das conexões entre o lobo parietal e essa dimensão foram observadas ao se examinar indivíduos com TAs.[10]

Diversas lesões no sistema nervoso central (acidente vascular cerebral) ou periférico (membro fantasma) e diversas doenças (como TA) podem causar alterações na imagem corporal. Termos relacionados, porém diferentes, são com frequência usados indistintamente na literatura sobre o estado de consciência em que há uma percepção da imagem corporal alterada, incluindo distorção da imagem corporal, percepção equivocada da imagem corporal, distúrbio da imagem corporal, imagem corporal negativa ou imagem corporal alterada. O problema na variação de tais termos está na confusão entre as dimensões.

A discrepância da percepção pode ocorrer porque, além da nossa capacidade de avaliar o corpo como se visto de fora, também somos capazes de percebê-lo de dentro. Essa forma interna de percepção da imagem corporal obviamente não está disponível para outros objetos físicos e nos proporciona fontes adicionais de informação, incluindo toque, propriocepção e interocepção. Apesar de a literatura de neuroimagem comportamental e funcional se concentrar sobretudo na discrepância da percepção como um conceito unissensorial relacionado ao domínio visual, esta também pode ocorrer pela combinação das representações corporais visuais e somatossensoriais, já que os processos interoceptivos básicos (as sensações geradas pelos órgãos internos) e a consciência interoceptiva podem contribuir significativamente para a formação da imagem corporal.[11]

Ademais, é possível observar diferentes manifestações de discrepâncias na percepção da imagem corporal em pacientes com anorexia nervosa (AN), incluindo consciência interoceptiva reduzida, superestimação de estímulos táteis, percepção háptica perturbada e integração alterada de informações proprioceptivas e visuais. Alguns fatores são possíveis gatilhos para ocorrência dessa discrepância, entre os quais comentários negativos relativos à aparência física ou ao tamanho corporal, comparação do próprio corpo com estereótipo corporal de perfeição, agressões físicas ou experiências abusivas.

A **dimensão atitudinal** é complexa e, como qualquer atitude (definida pelos psicólogos sociais), refere-se a modos de pensar, sentir e comportar-se em função de algum objeto ou entidade (aqui, a representação de sua aparência física). Ela apresenta quatro componentes (Fig. 6.1), e o mais estudado é o da (in)satisfação, que apresenta o maior número de ferramentas construídas para avaliá-lo e está relacionado a inúmeros desfechos em saúde.[12] A influência exercida pelos meios de comunicação no processo de formação da imagem corporal, pela forma como expõem e vangloriam estereótipos corporais, pode contribuir para a insatisfação com a imagem corporal. As imagens da forma "ideal" do corpo estiveram presentes nas mídias tradicionais (revistas de moda, televisão...) por muitos anos e hoje permeiam a vida dos indivíduos em *sites* de mídias sociais! Esse tipo de mídia tem maior potencial de internalização. Seu aspecto de publicação (sobretudo imagens fotográficas) em tempo real, personalizado (visualização, criação, edição e compartilhamento), imediato e em todos os momentos do dia enfatiza seu potencial de influência social.[13] As imagens dessas mídias são veiculadas para promover estereótipos de beleza inalcançáveis, com mulheres glamorosas, jovens, altas e magras e homens atléticos e musculosos.[14]

O componente comportamental inclui, por exemplo, a checagem repetitiva da aparência ou do peso corporal, outros comportamentos, como restringir severamente a alimentação para conquistar determinada silhueta e praticar purgação e excesso de exercício físico, ou o comportamento de evitação do corpo, que demonstra depreciação profunda deste, apontando para o componente afetivo (Fig. 6.1).

A imagem corporal pode ter seu julgamento favorável ou desfavorável para cada indivíduo. Muitas vezes, o julgamento desfavorável pode levar ou contribuir para que o indivíduo desencadeie uma série de condições, como depressão, ansiedade, baixa autoestima, vergonha ou até mesmo TA, as quais repercutem em graves prejuízos à saúde física e mental.[15] Nesse sentido, a avaliação da imagem corporal é relevante, tendo em vista as suas aplicações na saúde da população.

MÉTODOS DE AVALIAÇÃO DA IMAGEM CORPORAL

A partir dos estudos com imagem corporal, foram elaborados diversos métodos de avaliação de seus diferentes componentes. Esses métodos se traduzem em importantes técnicas ou instrumentos que podem ser utilizados na prática clínica ou na pesquisa, seja para rastreamento de alterações de interesse, seja para acompanhamento dessas situações.

Respeitar a dimensão e o componente da imagem corporal que se quer avaliar é de suma importância para a escolha da técnica ou do instrumento mais adequado a se utilizar. Ademais, outros cuidados devem ser considerados, como utilizar apenas ferramentas que tiveram sua confiabilidade e validação testadas para a amostra estudada, avaliar se há indicações para contextos clínicos com uso prévio e após determinada intervenção e levar em conta as peculiaridades dos participantes para a análise e a interpretação dos resultados, avaliando os dados por meio de testes estatísticos adequados.[16]

DIMENSÃO PERCEPTIVA

Em relação à dimensão perceptiva da imagem corporal, destacam-se técnicas como as de desenhos, em que é pedido para o participante se desenhar do jeito que se enxerga. No entanto, não há muito sucesso em sua utilização, levando em consideração que um desenho diferente da imagem corporal do indivíduo pode significar não apenas distorção de imagem corporal, mas até mesmo falta de habilidade artística. Outra técnica é a de ajuste de distorção da imagem por videocâmera ou TV-vídeo. Essa técnica consiste em utilizar uma simples modificação de uma câmera, aplicando uma tensão que tem como efeito fazer o indivíduo que esteja na visão da câmera conseguir se enxergar até 20% mais magro ou até 40% mais gordo sem que haja distorção de qualidade de imagem. Ela apresenta alta precisão, porém, como desvantagens, há o alto custo, a necessidade de equipamentos específicos e a dificuldade em transportar e instalar tais equipamentos em locais apropriados. Assemelha-se à técnica de distorção da fotografia, inicialmente usada por Gardner em pacientes com AN, que consiste em uma fotografia de *slide* padrão do indivíduo projetada em uma tela por meio de uma lente capaz de distorcer a imagem bidirecionalmente em até 20% maior ou menor. O sujeito é solicitado a ajustar a imagem distorcida na tela até que corresponda ao seu tamanho corporal percebido. Porém, também são necessários equipamentos específicos.[16]

Ainda sobre essa dimensão, outra técnica que se destaca é a do calibrador móvel (*the caliper device*). Esta consiste em uma barra horizontal apoiada em dois tripés. A barra tem duas luzes móveis, e o indivíduo deve ajustar sua figura a esse espaço. Nessa barra, existem dois marcadores (duas barras de madeira pintadas de vermelho), para que o examinador, sentado atrás do aparelho, possa manipular os marcadores movendo-os para mais perto ou para longe um do outro. A distância entre os marcadores é medida em uma escala milimétrica na barra horizontal, da qual pende uma tela branca que cobre o examinador. O equipamento está localizado a 180 cm à frente do indivíduo, de modo que, quando sentado, os marcadores estão no nível dos olhos. Pede-se que cada participante determine a melhor estimativa possível do comprimento de um objeto controle e o comprimento de várias partes de seu corpo.[16]

Porém, para essa dimensão, uma das técnicas mais reconhecidas é o teste Image Marking Procedure (IMP), conhecido como Avaliação da Dimensão Corporal, desenvolvido por Askevold[17] (psiquiatra e psicanalista estudioso dos TAs). Este é um método simples de ser executado e não é de aplicação exclusiva em indivíduos com TAs.

O IMP possibilita o cálculo do índice de percepção corporal (IPC) a partir de pontos anatômicos (alto da cabeça, ombros, cintura e quadril). O teste é capaz de identificar como o indivíduo reconhece a sua dimensão e forma corporais, calculando, por meio de porcentagem, a diferença entre as medidas percebida e real. O cálculo do IPC possibilita a classificação da percepção dimensional em: (1) adequada (não patológica), quando o sujeito se percebe dentro do limite de normalidade; (2) hipoesquematia, quando o sujeito se percebe menor do que de fato é; e (3) hiperesquematia, podendo ser classificada como distorção leve, moderada ou grave. Além disso, ele fornece um desenho do tamanho real e percebido do sujeito, o qual o ajuda na visualização e compreensão de que o corpo real tem um tamanho diferente do corpo percebido por ele.

Essa ferramenta é muito útil para que o indivíduo consiga compreender o que é a distorção da imagem corporal. Sua execução consiste em colocar a pessoa a ser avaliada em frente a uma parede, sendo orientada a se imaginar em frente a um espelho. Após ser vendado, o indivíduo é orientado a apontar na parede a projeção das áreas corporais estimuladas pelo examinador, o qual se encontra posicionado atrás do sujeito avaliado. Tal orientação acontece por meio do toque do avaliador na parte do corpo que o avaliado deverá apontar na parede ou em outra superfície lisa.

Esses pontos são identificados com etiquetas coloridas e determinam a projeção da percepção que o paciente tem de suas dimensões corporais. O paciente é, então, aproximado da parede, e suas dimensões são projetadas pelo examinador. Calcula-se, então, o índice de percepção corporal, dividindo os valores referentes à dimensão percebida pela dimensão real e multiplicando por 100. Quanto mais próximo de 100%, melhor a percepção corporal.

A aplicação da avaliação da dimensão corporal permite a elaboração do "mapa" do tamanho e forma corporais do sujeito em seu cérebro e mostra aos profissionais o corpo com o qual essa pessoa com TA precisa lidar. Isso facilita a compreensão do que leva a pessoa a não gostar do corpo que tem e das suas dificuldades na relação com a comida. O teste é simples de ser realizado e eficiente na avaliação da dimensão perceptiva, podendo ser utilizado no contexto clínico e em pesquisas.

É preciso ter a consciência de que deixar de comer pode até fazer o indivíduo emagrecer, mas não contribui para a melhora na distorção da imagem corporal de alguém com AN ou bulimia nervosa (BN). Nesse sentido, é necessário ajudar a pessoa no reconhecimento da distorção. Há tratamentos específicos de terapia de percepção corporal, os quais favorecem o reconhecimento mais preciso da dimensão real do corpo.[9]

Uma das primeiras formas de avaliação da imagem corporal desenvolvidas foram as escalas de silhuetas, que até hoje são muito utilizadas devido à rapidez na aplicação e ao baixo custo. Há pesquisadores que argumentam a favor do uso destas para avaliação da dimensão perceptiva, mas poucas são as escalas adequadas para esse fim. Uma das escalas de silhuetas mais utilizadas em âmbito internacional é a de Stunkard e colaboradores,[18] inclusive avaliando a discrepância entre imagem percebida e real. Esta já foi correlacionada com o índice de massa corporal (IMC) autorrelatado em uma amostra de 28 mil indivíduos brancos.[19] Tal escala apresenta coeficiente de correlação de Pearson de 0,67 com IMC real.

Gardner e colaboradores[20] levantaram diversos problemas relacionados ao uso das escalas de silhuetas desenvolvidas até então, sobretudo no que se refere à dimensão da percepção, entre eles: a) pequeno número de figuras da escala (em geral de 5 a 12 para cada sexo); b) restrição da quantidade de figuras efetivamente selecionadas pelos participantes como representativas de seu tamanho corporal atual dentre as possibilidades de silhuetas apresentadas pelas escalas (p. ex., os participantes majoritariamente escolhem apenas 3 das 8 possíveis figuras de silhuetas); c) uso de estatística paramétrica para a análise de dados de uma escala ordinal; d) nenhuma das regiões do corpo do desenho figural muda de tamanho na mesma taxa isso deveria ocorrer, para que pudesse se assemelhar ao que é feito com o espelho de distorção, a fotografia de distorção e técnicas de vídeo; e) não há escala intervalar entre as figuras; f) ao método de apresentação das silhuetas em sequência em uma única folha de papel; entre outras questões. Então, Gardner e colaboradores[21] desenvolveram duas escalas com o propósito de corrigir esse problema. Avaliaram que ambas tinham boa confiabilidade e validade, apresentando correlação de Pearson de 0,62 e 0,58 com o IMC real. Também analisaram a validade do método por vídeo e, apesar de admitirem que essa técnica é superior, julgaram que, para indivíduos sem esse aparato, as escalas desenvolvidas seriam métodos adequados.

Já no Brasil, Kakeshita[22] desenvolveu, adaptou e validou uma escala de silhuetas para indivíduos brasileiros buscando também sanar os problemas apontados por Gardner e colaboradores,[20] com correlação de Pearson de 0,84. Pesquisas com coeficientes de fidedignidade superiores se referem a métodos mais sofisticados, como TV-vídeo ou videodistorção, em que o coeficiente teste-reteste fica entre 0,95 e 0,99. No entanto, o aparato tecnológico e o alto custo restringem sua aplicabilidade. As escalas de Kakeshita levam em consideração o biotipo brasileiro, sexo e outras características da população. São constituídas de 15 figuras de silhuetas para os adultos e de 11 figuras para crianças, variando de acordo com o sexo. Cada figura proposta para a população adulta e idosa corresponde a um valor de IMC, que varia de 12,5 a 47,5 kg/m², com diferença constante de 2,5 kg/m² em cada figura. Com a utilização dessas escalas, o indivíduo escolhe qual é a figura que melhor o representa (silhueta percebida), e, quando coletados dados de peso e altura (que podem ser convertidos à silhueta real), também é possível avaliar se há distorção da percepção da imagem corporal.

Vale ressaltar que nenhum questionário é capaz de avaliar a forma como o sujeito reconhece seu tamanho, e, portanto, a maior parte destes se destina à dimensão atitudinal da imagem corporal.[9]

DIMENSÃO ATITUDINAL

Os principais métodos para avaliar essa dimensão são as escalas de silhuetas e os questionários, que têm a capacidade de avaliar também seus respectivos componentes, já apresentados anteriormente. A **Tabela 6.1** apresenta algumas opções para avaliações da dimensão atitudinal da imagem corporal de indivíduos de diferentes sexos e momentos biológicos, com ou sem patologias. Tais instrumentos foram ou desenvolvidos no Brasil, ou traduzidos para o português, adaptados e validados. A Tabela 6.1 apresenta o nome do instrumento, autor da versão/ano, a informação do componente avaliado, a descrição da avaliação realizada e a população-alvo.

É importante observar que a maior parte dos instrumentos encontrados avalia o componente de (in)satisfação, e o público-alvo são mulheres. Mesmo aqueles como o Body Shape Questionnaire (BSQ),[23] que foi adaptado para homens, podem ter questões muito voltadas para o público feminino. Portanto, o mais recomendado é utilizar instrumentos separados para cada sexo. Nos dias atuais, já é possível encontrar questionários e escalas desenvolvidos exclusivamente para homens e que incluem questões relacionadas à muscularidade. A avaliação também deve ser apropriada para a idade do público-alvo. Ainda há certa dificuldade de se encontrar questionários para crianças e idosos ou até indivíduos de meia-idade. No entanto, as pesquisas aumentaram vertiginosamente nas últimas décadas, e é importante que se acompanhe as atualizações, o desenvolvimento e as adaptações dos instrumentos nessa área de estudo.

■ **Tabela 6.1**
Instrumentos de avaliação da dimensão atitudinal da imagem corporal e seus componentes

Instrumento	Autores (Ano)	Componente avaliado	Descrição da avaliação	População-alvo
Body Attitudes Questionnaire (BAQ)	Scagliusi e colaboradores[24]	Afetivo	44 itens sobre sentimentos e emoções que mulheres têm sobre seus corpos	Mulheres com TAs Mulheres universitárias
Escala de Silhuetas de Stunkard	Scagliusi e colaboradores[25]	(In)satisfação	9 figuras de silhuetas representando desde a magreza até obesidade severa	Mulheres universitárias Mulheres com BN
Body Image Avoidance Questionnaire (BIAQ)	Campana[26]	Comportamental	13 itens para avaliar a frequência de evitação corporal	Mulheres universitárias
Escala de Silhuetas de Kakeshita (Crianças)	Kakeshita[27]	(In)satisfação	11 figuras de cada sexo, com IMC correspondente que varia de 12 a 29 kg/m^2 com diferença constante de 1,7 kg/m^2	Crianças de ambos os sexos
Escala de Silhuetas de Kakeshita (Adultos)	Kakeshita[27]	(In)satisfação	15 figuras de cada sexo, com IMC correspondente que varia de 12,5 a 47,5 kg/m^2 com diferença constante de 2,5 kg/m^2	Adultos de 18 a 59 anos de ambos os sexos
Body Area Scale (BAS)	Conti e colaboradores[28]	(In)satisfação	Grau de (in)satisfação com o peso corporal ou 24 diferentes partes do corpo	Adolescentes de ambos os sexos

(*Continua*)

■ **Tabela 6.1**
Instrumentos de avaliação da dimensão atitudinal da imagem corporal e seus componentes *(Continuação)*

Instrumento	Autores (Ano)	Componente avaliado	Descrição da avaliação	População-alvo
Body Shape Questionnaire (BSQ)	Di Pietro e Silveira[29]	(In)satisfação	34 itens relacionados à preocupação com o peso e a forma corporal	Universitários de ambos os sexos
Body Shape Questionnaire (BSQ)	Caetano[30]	(In)satisfação	32 itens relacionados à imagem corporal	Indivíduos entre 40 e 60 anos
Drive for Muscularity Scale (DMS)	Campana[31]	Comportamental	12 itens avaliando a extensão em que homens desejam ser musculosos	Homens de 18 a 39 anos
Body Checking and Avoidance Questionnaire (BCAQ)	Kachani e colaboradores[32]	Comportamental	22 itens sobre a frequência de checagem e evitação do corpo	Mulheres com e sem TAs
Sociocultural Attitudes Towards Appearance Questionnaire-4 (SATAQ-4)	Barra e colaboradores[33]	Cognitivo	22 itens relacionados à influência da mídia sobre a imagem corporal	Universitários de ambos os sexos

PANORAMA DE DISTORÇÃO E INSATISFAÇÃO COM A IMAGEM CORPORAL

A literatura mostra que as pesquisas sobre imagem corporal têm crescido ao longo dos últimos 50 anos, com uma escalada impressionante nas últimas décadas. Por exemplo, pesquisas na base de dados do PubMed para artigos relativos à imagem corporal ou à (in)satisfação corporal geraram 1.250 citações na década de 1970, 1.785 na década de 1980, 2.766 citações na década de 1990, 15.246 na década de 2000 e 27.636 citações do ano 2010 a meados de 2021.

No Brasil, o tema tem recebido atenção nas últimas três décadas acompanhando mudanças sociopolíticas, culturais e epidemiológicas. Este é um dos países com grande número de adeptos a procedimentos estéticos e medicamentos para perda de peso. No entanto, ainda há grande contingente de estudos que utilizam instrumentos não validados e muita impropriedade no uso de termos adequados, como "percepção", "insatisfação" e "distorção".[16]

Os estudos, em sua grande maioria, têm focado em avaliar alterações nas dimensões perceptiva e atitudinal, sobretudo no componente de (in)satisfação. Tais pesquisas exploram muito mais o sexo feminino do que o masculino, e a população-alvo predominante são os adolescentes, seguidos de estudantes universitários, crianças e idosos, e essa tendência é mantida quando nos restringimos a estudos conduzidos no Brasil.[16]

Em relação aos estudos conduzidos em crianças, existe divergência sobre quando o desenvolvimento da imagem corporal começa. Parece que o sentido mais primitivo da imagem corporal se origina no útero com movimentos espontâneos do feto e resposta correspondente de informações sensoriais e proprioceptivas. A imagem corporal também é um fenômeno aprendido com experiências durante o desenvolvimento pré-natal e pós-natal, nas quais as conexões corticais cruzadas e os neurônios-espelho desempenham papéis proeminentes. As interações complexas entre fatores neurofisiológicos, socioculturais e cognitivos contribuem para o desenvolvimento e a manutenção da imagem corporal. Diferentes fatores, como gênero, moda, grupos de pares, influências educacionais e familiares, socialização em evolução e alterações físicas (crescimento do cabelo, acne, desenvolvimento dos seios, menstruação), colocam as crianças em um território desconhecido com imagens corporais vulneráveis.[34]

A socialização primária ocorre no início da vida, e presume-se que um senso de autorreconhecimento se desenvolva aos 2 anos de idade. As crianças na primeira infância tornam-se conscientes de seu gênero. Elas também descobrem normas sociais, como competitividade e muscularidade, para os meninos, e beleza ou magreza, para as meninas (cabelos brilhantes, pele perfeita, cintura fina, quadris estreitos). E existe uma necessidade de aprovação pela aparência, seja por parte dos pais, seja pelos pares. Este pode ser um comportamento aprendido até com brinquedos. Aos 6 anos de idade, a forma do corpo se torna uma consideração cada vez mais proeminente. Foram encontrados poucos estudos com crianças no Brasil, entre 7 e 11 anos, todos sobre (in)satisfação com a imagem corporal e utilizando escalas de silhuetas. A prevalência de insatisfação foi muito alta em ambos os sexos e variou de 78 a 84,4% (**Fig. 6.2**).

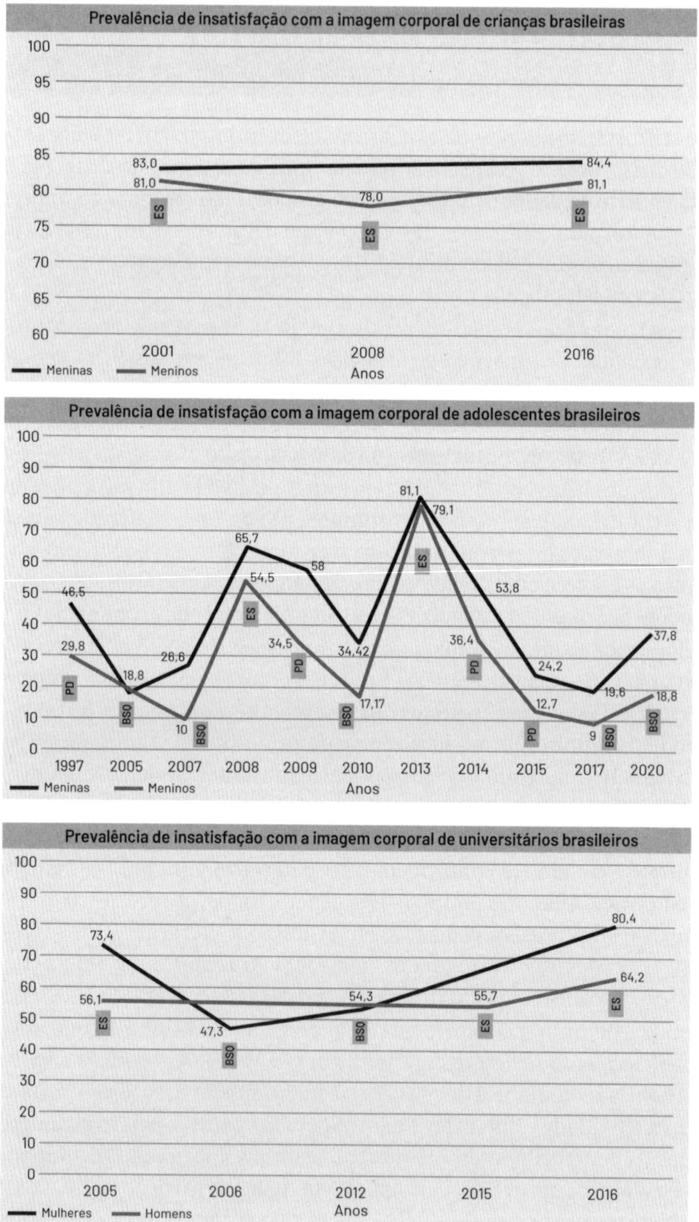

■ **Figura 6.2**

Prevalência de insatisfação com a imagem corporal de brasileiros de diferentes faixas etárias ao longo dos anos, avaliados por diferentes instrumentos.[39-63]

ES: Escala de Silhuetas; BSQ: Body Shape Questionnaire; PD: pergunta direta.

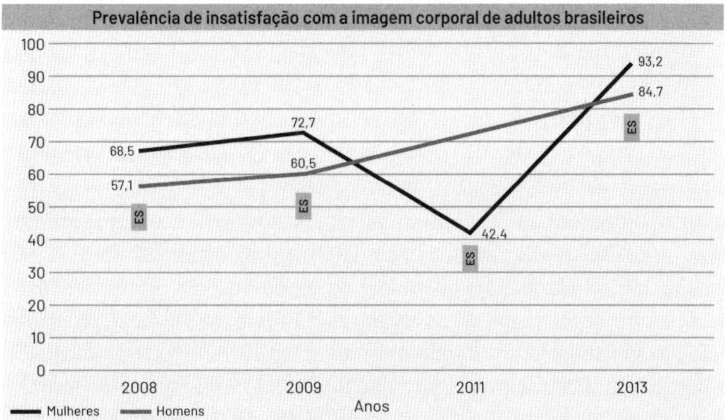

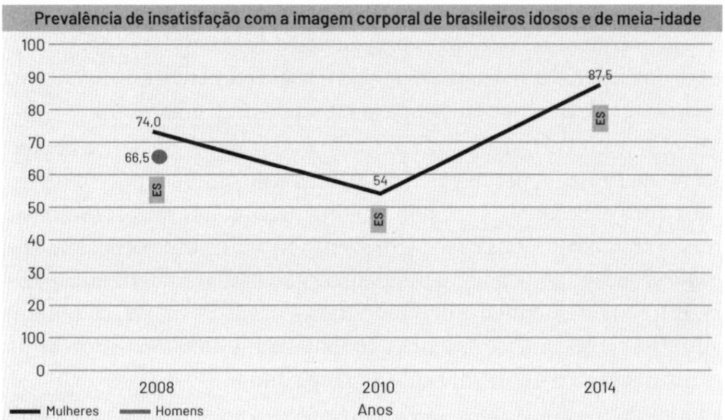

■ **Figura 6.2** (*Continuação*)
Prevalência de insatisfação com a imagem corporal de brasileiros de diferentes faixas etárias ao longo dos anos, avaliados por diferentes instrumentos.[39-63]
ES: Escala de Silhuetas; BSQ: Body Shape Questionnaire; PD: pergunta direta.

A adolescência indica a transição da infância para a idade adulta e está associada a mudanças físicas e sociais. É um período crítico no desenvolvimento da imagem corporal. Tanto os pais quanto os amigos têm influência sobre a construção dessa imagem. Quando os indivíduos se sentem seguros em relação aos seus relacionamentos, eles ficam mais satisfeitos com seu corpo e menos propensos a pensar em maneiras de aderir aos ideais de aparência para receber a aceitação dos outros. O papel dos pais diminui à medida que as crianças ficam mais velhas e as respostas dos colegas se tornam mais importantes que as das famílias.[35] Com relação à percepção da imagem corporal, a Pesquisa Nacional da Saúde do Escolar (PeNSE) realizou perguntas diretas aos participantes e observou como resultados que as maiores proporções nas categorias de imagem corporal acompanham a categoria de estado nutricional. Assim, entre os alunos com baixo peso, a maior proporção se classificou como "magro"; entre aqueles com peso adequado, a maior proporção se classificou como "normal"; e, entre aqueles com excesso de peso, a maior proporção se classificou como "gordo". Tal padrão foi observado entre meninas, mas não entre meninos, nos quais se observou maior proporção de "normal" entre aqueles com excesso de peso (52%); assim, esses dados podem sugerir algum grau de distorção da imagem corporal.[36]

Ainda em relação aos adolescentes, este foi o momento biológico em que mais se encontrou estudos sobre (in)satisfação com a imagem corporal no Brasil. No entanto, a comparação da prevalência encontrada é difícil devido aos diferentes instrumentos utilizados. Percebe-se que, quando as escalas de silhuetas são aplicadas, as prevalências de insatisfação são mais altas do que quando se aplicam os questionários BSQ ou se realizam perguntas diretas sobre a satisfação dos adolescentes. Ao comparar apenas os métodos validados, entre eles de escala de silhuetas (54 e 79% para meninos; 65 e 81% para meninas, respectivamente) e BSQ (10 e 18% para meninos; 26 e 37% para meninas, respectivamente), ambas as prevalências de insatisfação corporal aumentaram ao longo dos anos. É importante destacar que as frequências de insatisfação foram sempre maiores para meninas do que para meninos (Fig. 6.2).

A população de universitários foi a segunda maior estudada para o componente de (in)satisfação no Brasil. A prevalência de insatisfação também parece ter aumentado ao longo dos anos e variou de 47,3 a 80,4% (Fig. 6.2). A imagem corporal em adultos jovens é muito afetada por seus pares. Um evento crítico ou uma série de eventos, como provocação e rejeição, pode levar a uma percepção equivocada da imagem corporal. Quanto mais frequentemente o indivíduo for provocado devido a seu tamanho e peso corporal durante o crescimento, maior é a probabilidade de sofrer distorção da imagem corporal e insatisfação corporal durante a idade adulta.

Indivíduos adultos até 59 anos ainda são pouco estudados, especialmente em relação à dimensão perceptiva. Oliveira e colaboradores[37] investigaram a prevalência de distorção de imagem corporal em 514 adultos do Rio de Janeiro, por meio da Escala de Silhuetas de Kakeshita, e encontraram que, entre as mulheres, 82,6% superestimavam seu tamanho corporal, e 7,9% subestimavam; já entre os homens, 58,6% superestimavam, e 26,1% subestimavam seu tamanho corporal. Esses resultados apontam alto grau de distorção em adultos e importantes diferenças entre os sexos. Quanto à prevalência de insatisfação, esta foi maior entre as mulheres e aumentou ao longo dos anos, variando entre 68,5 e 93,2% (Fig. 6.2).

Os idosos são um grupo muito pouco estudado e para o qual, segundo nosso conhecimento, há uma ferramenta de escala de silhueta adaptada no Brasil.[22] O estudo ELSA-Brasil avaliou a prevalência de distorção em subamostra de 3.185 idosos (1.499 homens e 1.686 mulheres) e encontrou que 79,1% das mulheres superestimavam seu tamanho corporal, e 2% subestimavam; já 56,6% dos homens superestimavam, e 7% subestimavam seu tamanho corporal.[38] As altas prevalências de distorção, sobretudo em mulheres, são preocupantes nesse momento biológico. Algo similar ocorre com a prevalência de insatisfação corporal, que varia de 54 a 87,5%, tendo sido encontrado apenas um estudo em idosos do sexo masculino (Fig. 6.2). Com o envelhecimento, surgem rugas, cabelos brancos, modificações de composição corporal. Na sociedade atual, a valorização da juventude e os estereótipos da beleza prevalecem em diferentes mídias e redes sociais, colocando o corpo mais velho fora desse padrão. É plausível que as transformações da composição corporal decorrentes do processo de envelhecimento influenciem a forma como os idosos se percebem, gerando sentimentos de angústia, frustração e insatisfação ante as modificações da beleza e da saúde da mulher.

Diante do exposto, é possível observar que em todos os grupos populacionais citados é identificado algum grau de insatisfação e/ou distorção da imagem corporal, o que é preocupante devido a sua possível relação com desfechos relacionados à saúde. Estes têm sido com frequência associados a estado nutricional desfavorável, depressão, práticas extremas de controle de peso e, principalmente, TA.

IMAGEM CORPORAL NOS DIFERENTES TRANSTORNOS ALIMENTARES

A imagem corporal desempenha um papel essencial no desenvolvimento de atitudes em relação à alimentação. O julgamento desfavorável dessa imagem, seja por insatisfação ou distorção, está associado a diversos efeitos negativos sobre a saúde, podendo contribuir para o surgimento ou agravamento de quadros de depressão, ansiedade, baixa autoestima e práticas extremas voltadas ao controle do peso. Pensamentos negativos e suposições disfuncionais relacionados a tamanho corporal, peso e forma são fatores etiológicos e de manutenção dos TAs.[64] Nesses transtornos, as alterações na imagem corporal observadas são graves e não se assemelham à insatisfação corporal frequentemente encontrada na população em geral.[65] Essas alterações podem ocorrer em ambas as dimensões da imagem corporal – atitudinal ([in]satisfação, cognição, comportamento e afeto) e perceptiva – e no esquema corporal.

Entre os TAs descritos no *Manual diagnóstico e estatístico de transtornos mentais* (DSM-5),[66] a AN e a BN incluem, entre os seus critérios diagnósticos, a influência indevida do peso e da forma corporais sobre a autoavaliação dos indivíduos. Tal influência indevida mencionada nos diagnósticos se trata de uma alteração na dimensão atitudinal da imagem corporal e consiste em considerar peso e forma corporais como os principais parâmetros que definem o seu próprio valor, ou seja, há "supervalorização" desses aspectos. Essas alterações cognitivo-afetivas são consideradas o cerne da patologia dos TAs; elas impactam de forma negativa a autoestima dos indivíduos e podem contribuir para o desenvolvimento e a manutenção das restrições alimentares e de outros comportamentos inadequados voltados ao controle do peso.[67] Em ambos os transtornos, é dada grande importância à imagem corporal pelos indivíduos. Ainda assim, as alterações na imagem corporal nem sempre foram reconhecidas como componentes da etiopatogenia dos TAs. Na primeira e na segunda versões do DSM, em 1952 e 1968, respectivamente, não há nenhuma menção a tal distúrbio, sendo este incluído como critério diagnóstico da AN apenas no DSM-III (1980) e, no caso da BN, no DSM-III-R (1987).[68]

A compreensão sobre a importância das alterações na imagem corporal nos TAs começou a ser discutida ainda na década de 1960. Bruch,[69] em seu estudo com 43 pacientes com AN (37 mulheres e 6 homens), observou que esses indivíduos apresentavam concepção corporal de "proporções delirantes" e percepção ou reconhecimento impreciso de seus corpos. Ele também ressaltou a necessidade do reconhecimento dessas alterações não apenas no diagnóstico diferencial do transtorno, mas também no tratamento. Segundo Bruch, pacientes com AN poderiam até recuperar o peso, mas, sem a correção de tais alterações, a remissão seria apenas temporária. Algumas décadas mais tarde, a clássica metanálise publicada por Cash e Deagle[64] demonstrou que mulheres com TAs clínicos (AN e BN) têm maior insatisfação corporal e distorção do tamanho corporal em comparação com mulheres sem transtornos. Além disso, foi evidenciada a influência das alterações na imagem corporal na manutenção e no prognóstico dos TAs. Os autores também destacaram que a ausência de abordagens terapêuticas direcionadas à imagem corporal colocaria os pacientes com TAs sob o risco considerável de recaída.

Tanto na AN quanto na BN, existe a queixa de que o corpo é maior do que ele de fato é, o que traz grande sofrimento para pacientes e familiares, uma vez que estes não conseguem enxergar e compreender tal julgamento. Os pacientes com TA apresentam registro impreciso do corpo no cérebro, o que os torna incapazes de reconhecer de forma realista o tamanho e a forma de seus corpos, caracterizando a distorção da imagem corporal. Nos dois transtornos, uma imprecisão na percepção do tamanho real do corpo é evidente, fazendo os pacientes apresentarem comprometimento da percepção de sua dimensão corporal. No caso da AN, em especial, já foi demonstrado que distorções no campo perceptivo estão associadas a alterações no esquema corporal desses indivíduos. Além das alterações mencionadas na dimensão perceptiva, a insatisfação corporal também está presente, ou seja, tal fato afeta como o indivíduo se vê e como ele gostaria de se ver ou de ser visto pelo outro. Indivíduos com TA expressam grande insatisfação com a sua forma física e peso, o que pode também contribuir como fator predisponente e mantenedor de tais doenças.[70]

ALTERAÇÕES NA IMAGEM CORPORAL: DISTORÇÕES PERCEPTIVAS E ATITUDINAIS

Como já mencionado, a insatisfação com a imagem corporal é frequente entre as pessoas, ainda que em diferentes graus, independentemente de idade, raça, sexo e peso. Entretanto, ainda que seja comum, não deve ser considerada similar às alterações na imagem corporal que ocorrem nos TAs.[65] Essas alterações podem estar presentes nas dimensões perceptiva e atitudinal, influenciando de forma determinante o funcionamento psicossocial e o comportamento desses indivíduos.

Nos TAs, as alterações na imagem corporal são consideradas características transdiagnósticas cognitivas que constituem o cerne dessas doenças.[71] No diagnóstico da AN, tais alterações se manifestam por meio do medo intenso de ganhar peso, mesmo estando com peso significativamente baixo, pela perturbação no modo como o próprio peso ou a forma corporal são vivenciados, pela influência indevida do peso ou da forma corporal na autoavaliação ou pela ausência persistente de reconhecimento da gravidade do baixo peso corporal atual. Na BN, a influência indevida do peso e forma corporais na autoavaliação também é uma manifestação dessas alterações.[66] A supervalorização da imagem corporal e o medo intenso de ganhar peso estão relacionados à preocupação com a ingestão de alimentos, bem como com a restrição alimentar observadas nesses transtornos.[65]

As alterações nos campos da (in)satisfação, afetivo e cognitivo da dimensão atitudinal, assim como as manifestações comportamentais, apontadas pela checagem e evitação corporais, exercem um papel relevante na manutenção dos TAs. A evitação parece contribuir para a manutenção do TA por impedir que o indivíduo aprenda novas informações sobre seu corpo e elimine crenças distorcidas acerca de sua imagem. Por sua vez, a checagem corporal é associada à manutenção porque ajuda a reforçar crenças distorcidas preexistentes sobre o próprio corpo.[72]

A checagem corporal refere-se à tendência de avaliar criticamente e verificar repetidamente seu peso e forma por meio de comportamentos como pesagem ritualística, verificação compulsiva da imagem no espelho, por meio de balança, fotos, fita métrica, automedição e uso do caimento das roupas para julgar as mudanças de peso. O comportamento repetitivo de checagem corporal é uma das principais expressões comportamentais da supervalorização do peso e forma corporais e está implicado na manutenção da preocupação com peso/forma, assim como nas restrições alimentares em pacientes com transtornos.[71] Por sua vez, a evitação corporal (impossibilidade de ter contato com informações sobre o corpo) descreve uma tendência do indivíduo de evitar, conscientemente, as situações que podem facilitar a avaliação de sua aparência (p. ex., comprar roupas). A evitação também pode incluir comportamentos como cobrir espelhos e usar roupas grandes e a recusa em se pesar.

Um estudo conduzido com pacientes com TAs atendidos no Ambulatório de Bulimia e Transtornos Alimentares (Ambulim) do Hospital das Clínicas da Faculdade de Medicina da Universidade de São Paulo (HCFMUSP) mostrou que, na BN, a checagem corporal avaliada foi maior do que na AN.[73] A maior parte dos estudos, contudo, mostra que tanto a checagem quanto a evitação corporais são maiores entre aqueles que têm o diagnóstico de TA quando comparados a controles, mas não aponta uma diferença nesses comportamentos entre os tipos de TAs. Ainda entre pacientes atendidos no Ambulim, foi demonstrado que a área do corpo mais checada era a barriga, que o principal meio de checagem era o espelho e que o comportamento mais evitado era o de se pesar.[73] Estudos dão suporte à relação causal entre ambos os comportamentos e a sintomatologia dos TAs, assim como apoiam que intervenções terapêuticas que tenham como alvo a checagem corporal, em particular, sejam usadas no tratamento. O uso de estratégias de terapia cognitivo-comportamental (TCC) tem-se mostrado bem-sucedido na abordagem da checagem corporal. As mudanças nesse comportamento foram associadas a melhoras de curto e longo prazos nos TAs e na psicopatologia geral, o que tem apoiado a sua utilização.[74]

Quanto às alterações no componente perceptivo da imagem corporal, é importante ressaltar que existe a vivência de um peso e forma corporais que não correspondem à realidade. Há uma distorção perceptiva do corpo como um todo, ou de parte dele, não sendo algo visível para os outros, mas palpável para quem sofre com o TA. Isso decorre do fato de a pessoa acreditar que tem um corpo grande e desproporcional e de essa "mensagem" chegar ao córtex cerebral, levando à elaboração de uma representação neural do corpo que será similar ao que a pessoa acredita ser. Existe uma comunicação disfuncional entre o corpo e a mente, a qual pode, inclusive, influenciar o esquema corporal da pessoa com TA, afinal, a forma como percebemos o corpo determina nosso comportamento motor no ambiente.[75]

ALTERAÇÕES NO ESQUEMA CORPORAL

Para o melhor entendimento da vivência alterada do peso pelo indivíduo com TA, é necessário relembrar que o esquema corporal reflete o desempenho inconsciente do corpo na execução de funções perceptivas, enquanto a imagem corporal reflete a percepção consciente do corpo com suas funções cognitiva, afetiva, comportamental e perceptiva. Em circunstâncias normais, o corpo que nós sentimos não entra em conflito com o corpo com o qual nós executamos ações. No entanto, em certas condições, pode haver a perda da consistência entre o esquema e a imagem, que é o que contribui para que pacientes com AN, por exemplo, julguem os seus corpos maiores e ajam como se de fato fossem. Há pesquisadores que falam em um modelo de "coconstrução", ou seja, o esquema e a imagem, embora distintos, são construídos com base em suas interações, e tal "coconstrução" seria sistemática e funcionaria em "mão dupla": não há imagem corporal que não seja influenciada pelo esquema corporal, e vice-versa. Segundo essa visão, o esquema corporal "alimenta" a construção da imagem corporal, que, por sua vez, também pode influenciar o esquema corporal, particularmente quando há muita discrepância, como na AN.[76]

Estudos já demonstraram que as alterações perceptivas em indivíduos com TA levam à execução de ações como se seus corpos fossem maiores, e não de acordo com as suas dimensões corporais reais. As pesquisas nesse campo têm sido realizadas predominantemente com jovens mulheres com diagnóstico de AN, e foi identificado que elas não apenas pensam que são gordas e percebem-se como gordas – elas têm um comportamento motor que é consistente com tais crenças e percepções.

Para medir o esquema corporal, é essencial avaliar medidas comportamentais inconscientes. Esses estudos utilizaram técnicas específicas para demonstrar as alterações do esquema corporal. De maneira geral, esses experimentos consistem em solicitar que os participantes com diagnóstico AN e controles saudáveis atravessem uma porta, cuja largura é baseada na largura dos ombros dos participantes. A rotação do ombro é usada como medida da indicação da largura corporal percebida. Os resultados desses trabalhos mostram que há alteração do esquema corporal, uma vez que os pacientes com o TA giram seus ombros para larguras de porta relativamente maiores do que os controles – portanto, inconscientemente, estimam que seu tamanho corporal seja maior do que na realidade. Isso se deveria ao fato de que os pacientes estariam presos em uma representação armazenada de seu corpo, que não pode ser atualizada à medida que o emagrecimento ocorre, e de que essa representação corresponderia às dimensões corporais antes do desenvolvimento do TA.[77] Além disso, esses resultados sugerem que a carga emocional durante a recuperação de peso também poderia alterar aspectos sensório-motores da representação do corpo. Dessa forma, as correções das alterações do esquema corporal deveriam ser consideradas como alvo terapêutico.[76]

Há aspectos neurológicos que explicam a alteração do esquema corporal em pacientes com AN. O *déficit* hemisférico direito em pacientes com AN, em particular no lóbulo parietal direito, o qual é crucial para manter um esquema corporal correto e coerente, apoia a base neuronal da distorção do esquema corporal na AN. O comprometimento na percepção da imagem corporal na AN está relacionado à subativação do hemisfério direito, o que já foi evidenciado em diferentes estudos. Indivíduos com AN também apresentam diminuição da atenção ao olhar para as fotos de seus próprios corpos, o que, do mesmo modo, está relacionado à menor ativação do lobo parietal inferior direito.[78] Resumindo, parece haver um *déficit* hemisférico direito em pacientes com AN na percepção e na avaliação de imagens reais de seu próprio corpo.

ALTERAÇÕES DA IMAGEM CORPORAL NO TRANSTORNO DE COMPULSÃO ALIMENTAR

Nos dias atuais, diferentemente da BN e da AN, as alterações na imagem corporal não estão consideradas entre os critérios diagnósticos do transtorno de compulsão alimentar (TCA). No DSM-5, o diagnóstico diferencial desse transtorno com a BN considera, além da ausência de comportamentos compensatórios inadequados, que indivíduos com TCA não costumam exibir restrição dietética marcante ou mantida voltada para influenciar o peso e a forma corporais entre os episódios de comer compulsivo. Entretanto, é destacado que os níveis de valorização excessiva do peso e da forma corporais são maiores em indivíduos obesos com TCA do que entre aqueles sem o transtorno.[66]

A falta de um critério diagnóstico que reflita as alterações na imagem corporal coloca o TCA meramente no campo do excesso de consumo alimentar, mas nesse transtorno existe preocupação com o peso e forma corporais e o medo de ser gordo. Estudos já demonstraram a significância clínica da influência indevida do peso e forma corporais, sugerindo, inclusive, sua consideração entre os critérios diagnósticos obrigatórios ou como um especificador/subtipo do TCA. A menção à supervalorização forneceria informações clinicamente relevantes sobre a gravidade do quadro do TCA, a qual influencia o prognóstico individual.[79]

Muitos estudos já avaliaram as alterações na imagem corporal entre indivíduos com TCA, particularmente na dimensão atitudinal. A maioria desses trabalhos é realizada com grupos de indivíduos obesos com e sem o transtorno. Entre os aspectos avaliados nesses estudos estão a (in)satisfação com a imagem corporal, a supervalorização do peso e forma corporais, a evitação da imagem corporal e a frequência do comportamento de checagem corporal. No que se refere à (in)satisfação corporal, obesos com TCA apresentaram menor satisfação em comparação com indivíduos obesos sem o transtorno. No TCA, a supervalorização do peso e forma corporais parece estar presente, sendo grandes influenciadores da autoestima dessas pessoas. Quanto ao comportamento de checagem corporal e evitação, a literatura disponível não é extensa, e os resultados são conflitantes. Em relação à distorção, há pouca investigação sobre o assunto. Em dois estudos que avaliaram a percepção corporal, foi demonstrado que pode existir uma percepção realista de seus corpos, sem super ou subestimação, em indivíduos obesos com e sem TCA.[80,81]

INTERVENÇÃO SOBRE A IMAGEM CORPORAL EM PACIENTES COM TRANSTORNOS ALIMENTARES

Alterações na imagem corporal têm grande relevância clínica, uma vez que não constituem apenas sintomas de AN e BN, mas exercem um papel central na manutenção e na ocorrência de recaídas. A gravidade de tais alterações está correlacionada com a persistência dos comportamentos inadequados presentes nos transtornos, e, conforme já mencionado neste capítulo, intervenções nesse sentido são essenciais para a promoção da recuperação e da prevenção de recidivas.[64] Para tratar as alterações da imagem corporal, é necessário contemplar ambas as suas dimensões, perceptual e atitudinal, e o esquema corporal, sendo essencial a participação de profissionais especializados de diferentes áreas de atuação, como psicologia, psiquiatria, nutrição, fisioterapia e educação física.

A maior parte das técnicas de tratamento tem como foco o componente cognitivo das alterações na imagem corporal, não abrangendo o perceptual. As pesquisas, entretanto, vêm crescendo ao longo dos últimos anos. Em revisão sistemática sobre o assunto, foi mostrado que pacientes com AN tinham um comprometimento multissensorial da percepção corporal que ia além da percepção visual errônea e envolvia os componentes sensoriais tátil e proprioceptivo. E, como dito anteriormente, o comprometimento dos componentes táteis e proprioceptivos parece estar associado a alterações do córtex parietal, inclusive em pacientes com AN.[82] A intervenção específica sobre o componente perceptual tem como objetivo melhorar a precisão em reconhecer o tamanho e a forma corporais, ativando a comunicação entre o corpo e o córtex parietal, contribuindo para a remodelação cortical da percepção corporal.

A fisioterapia pode auxiliar no tratamento da distorção da imagem corporal, melhorando a acurácia em reconhecer o próprio corpo por ativar sua capacidade de se comunicar com o córtex parietal de forma mais precisa. Um estudo realizado com 49 mulheres com AN e 26 com BN, atendidas no Ambulim do HCFMUSP, aplicou a Avaliação da Dimensão Corporal, desenvolvida por Askevold,[17] e propôs um protocolo de intervenção na percepção corporal, aplicado por fisioterapeutas, voltado à reconstrução do mapa neurológico corporal. Nesse protocolo, é sugerida a realização de um trabalho corporal para estimular o esquema corporal, o que faz o indivíduo reconhecer e sentir os segmentos corporais, conseguindo perceber sua dimensão corporal, independentemente da aceitação do próprio corpo. Para tanto, por meio de atividades corporais orientadas, são fornecidos estímulos para as três representações que constroem esse mapa neurológico: as representações somatossensorial, da dimensão e forma corporal e, por fim, postural e espacial.[9] Tal protocolo auxilia na percepção e no reconhecimento dos segmentos corporais, dos limites e das formas do corpo, melhorando a relação com o corpo e o ambiente.

Em relação à dimensão atitudinal, a TCC tem-se mostrado uma intervenção promissora e visa a ajudar os indivíduos a modificar pensamentos, sentimentos e comportamentos disfuncionais que contribuem para a imagem corporal negativa. Para alcançar essas melhorias na imagem corporal, é utilizada uma variedade de métodos cognitivos e técnicas de mudança comportamental, como automonitoramento, reestruturação cognitiva e exercícios de exposição.[83] A terapia de exposição ao espelho tem sido muito investigada em estudos clínicos com pacientes com TAs, sendo considerada uma técnica eficaz na modificação dos pensamentos negativos direcionados ao corpo, desde que realizada por um profissional experiente. Boa parte dos estudos emprega como técnica solicitar que o indivíduo descreva sua reflexão usando uma linguagem sem julgamento, normalmente começando a partir da cabeça, progredindo até os dedos dos pés, seguido por uma descrição de corpo inteiro, enquanto um terapeuta está presente e garante que o sujeito siga as instruções. Outra abordagem utilizada que tem sido proposta é a de o indivíduo olhar seu corpo como um todo, observando e comentando as emoções evocadas à medida que surgem.[84]

Outras intervenções podem ser aplicadas, entre as quais:

1 **A prática de exercícios voltados para melhorar a aptidão física**, incentivando o indivíduo a se concentrar mais na funcionalidade de seu corpo e menos em sua aparência.
2 **Ensinar as pessoas a avaliar de forma mais crítica as imagens e mensagens propagadas nas diferentes mídias**, as quais impactam de forma negativa a imagem corporal. Nesse sentido, é muito importante discutir o falso conceito de beleza ideal propagado nas mídias, focado principalmente no corpo magro; discutir o fato de que muitas dessas imagens são fabricadas por especialistas e não representam a realidade e que o propósito das mídias é vender produtos, valores e ideias; e mostrar imagens reais de corpos e rostos de homens e mulheres inspiradores e que não se enquadram no padrão atual de beleza ideal.
3 **Técnicas destinadas a aumentar a autoestima**, como discutir o seu conceito e como ela é formada e fatores que a influenciam; fazer exercícios como escrever listas de seus talentos e traços positivos de personalidade; e discutir diferenças individuais e como elas nos fazem únicos e especiais.
4 **Técnicas de psicoeducação relacionadas à imagem corporal e a estilo de vida saudável** são de suma importância, visto que o paciente tem participação ativa no

tratamento, e, com a psicoeducação, ele tem acesso a conceitos relacionados às causas da insatisfação, a prejuízos, ao prognóstico, ao tratamento e às crenças disfuncionais relacionadas aos temas abordados. Essa abordagem deve incluir a discussão sobre o conceito de imagem corporal, as causas (p. ex., influência da mídia, comentários negativos feitos sobre o corpo, perfeccionismo) e as consequências de uma imagem negativa (desenvolvimento de TAs, depressão, baixa autoestima, ansiedade), os conceitos de alimentação saudável e bem-estar, bem como os comportamentos inadequados, como restrição alimentar e compulsão.[83]

CONSIDERAÇÕES FINAIS

A imagem corporal é um construto complexo e multifacetado. A definição de termos relacionados a esta ainda é confusa na literatura e dependente de diferentes correntes de pesquisadores e campos da neurologia e da psiquiatria. É de extrema importância conhecer os conceitos acerca das dimensões perceptiva e atitudinal e seus componentes, assim como o conceito de esquema corporal, para evitar a impropriedade no uso de termos adequados. Os métodos de avaliação acompanham tais dimensões e componentes, portanto, é muito importante conhecer os objetivos da avaliação para a escolha do melhor método. Os instrumentos mais utilizados têm sido as escalas de silhuetas e os questionários em escala de Likert, porém é imprescindível que a confiabilidade e a validade tenham sido testadas e aprovadas para a população a que se destinam, seja para rastrear ou monitorar os indivíduos.

A prevalência de distorção e insatisfação com a imagem corporal é alta em brasileiros de diversos momentos biológicos, o que aponta para o risco do desenvolvimento de TA. No entanto, para pacientes com esses transtornos, as alterações na imagem corporal têm grande relevância clínica por exercerem papel central na manutenção e na ocorrência de reincidências. Pacientes com AN e BN tendem a supervalorizar o peso e a forma corporal, tornando alterações cognitivo-afetivas o cerne dessa patologia. Há também comunicação disfuncional entre o corpo e a mente, comprometendo a percepção de sua dimensão corporal, o que pode impactar de forma negativa a autoestima e contribuir para o desenvolvimento e a manutenção das restrições alimentares e de outros comportamentos inadequados voltados ao controle do peso. Apesar de pouco referido, pacientes com TCA também apresentam alterações na imagem corporal, principalmente na dimensão atitudinal. A gravidade de tais alterações está correlacionada com a persistência dos comportamentos inadequados presentes nos TAs, e intervenções nesse sentido são essenciais. A ausência de abordagens terapêuticas direcionadas à imagem corporal colocaria os pacientes com TAs sob o risco considerável de recaídas. O ponto principal de qualquer abordagem é a multidisciplinaridade e a necessidade de estreita relação entre esses profissionais, exigindo muita confiança e interlocução entre eles. O resultado favorável ao paciente parece vir junto ao esforço conjunto e ao somatório de estratégias utilizadas.

REFERÊNCIAS

1. Gama-Filho L. De mal com o espelho: o transtorno dismórfico corporal. Rio de Janeiro: AC Farmacêutica; 2007.
2. Frois E, Moreira J, Stengel M. Mídias e a imagem corporal na adolescência: o corpo em discussão. Psicol Estud. 2011;16(1):71-7.
3. Iriart JA, Chaves JC, Orleans RG. Culto ao corpo e uso de anabolizantes entre praticantes de musculação. Cad Saúde Pública. 2009;25(4):773-82.
4. Cash TF. Body image: past, present, and future. Body Image. 2004;1(1):1-5.
5. Fisher S. The evolution of psychological concepts about the body. In: Cash TF, Pruzinsky T, editors. Body images: development, deviance and change. New York: The Guilford; 1990. p. 4-18.
6. Gallagher S. Body image and body schema: a conceptual clarification. J Mind Behav. 1986;7(4):541-54.
7. Schilder PA. A imagem do corpo: as energias construtivas da psique. São Paulo: Martins Fontes; 1980.
8. Gardner RM. Methodological issues in assessment of the perceptual component of body image disturbance. Br J Psychol. 1996;87(Pt 2):327-37.
9. Thurm BE, Pereira ES, Fonseca CC, Cagno MJS, Gama EF. Neuroanatomical aspects of the body awareness. J Morphol Sci. 2011;28(4):296-9.
10. Mohr HM, Zimmermann J, Röder C, Lenz C, Overbeck G, Grabhorn R. Separating two components of body image in anorexia nervosa using fMRI. Psychol Med. 2010;40(9):1519-29.
11. Keizer A, van Elburg A, Helms R, Dijkerman HC. a virtual reality full body illusion improves body image disturbance in anorexia nervosa. PLoS One. 2016;11(10):e0163921.
12. Cash TF. Cognitive-behavioral perspectives on body image. In: Encyclopedia of body image and human appearance. Cambridge: Elsevier; 2012. p. 334-42.
13. Mingoia J, Hutchinson AD, Wilson C, Gleaves DH. The relationship between social networking site use and the internalization of a thin ideal in females: a meta-analytic review. Front Psychol. 2017;8:1351.
14. Carrotte ER, Prichard I, Lim MS. "Fitspiration" on social media: a content analysis of gendered images. J Med Internet Res. 2017;19(3):e95.
15. Cash TF, Smolak L. Understanding body images: historical and contemporary perspectives. In: Body image: a handbook of science, practice, and prevention. 2nd ed. New York: The Guilford; 2011. p. 3-11.
16. Laus MF, Kakeshita IS, Costa TM, Ferreira ME, Fortes Lde S, Almeida SS. Body image in Brazil: recent advances in the state of knowledge and methodological issues. Rev Saude Publica. 2014;48(2):331-46.
17. Askevold F. Measuring body image. Preliminary report on a new method. Psychother Psychosom. 1975;26(2):71-7.
18. Stunkard AJ, Sørensen T, Schulsinger F. Use of the danish adoption register for the study of obesity and thinness. Res Publ Assoc Res Nerv Ment Dis. 1983;60:115-20.
19. Bulik CM, Wade TD, Heath AC, Martin NG, Stunkard AJ, Eaves LJ. Relating body mass index to figural stimuli: population-based normative data for Caucasians. Int J Obes Relat Metab Disord. 2001;25(10):1517-24.
20. Gardner RM, Friedman BN, Jackson NA. Methodological concerns when using silhouettes to measure body image. Percept Mot Skills. 1998;86(2):387-95.
21. Gardner RM, Stark K, Jackson NA, Friedman BN. Development and validation of two new scales for assessment of body-image. Percept Mot Skills. 1999;89(3 Pt 1):981-93.
22. Kakeshita IS. Adaptação e validação de Escalas de Silhuetas para crianças e adultos brasileiros [tese]. São Paulo: Universidade de São Paulo; 2008.
23. Cooper PJ, Taylor MJ, Cooper Z, Fairbum CG. The development and validation of the Body shape questionnaire. Int J Eat Disord. 1987;6(2):485-94.
24. Scagliusi FB, Polacow VO, Cordás TA, Coelho D, Alvarenga M, Philippi ST, et al. Psychometric testing and applications of the Body attitudes questionnaire translated into portuguese. Percept Mot Skills. 2005;101(1):25-41.

25. Scagliusi FB, Alvarenga M, Polacow VO, Cordás TA, de Oliveira Queiroz GK, Coelho D, et al. Concurrent and discriminant validity of the Stunkard's figure rating scale adapted into Portuguese. Appetite. 2006;47(1):77-82.

26. Campana ANNB. Tradução, adaptação transcultural e validação do "Body image avoidance questionnaire (BIAQ)" e do "Body checking questionnaire (BCQ)" para a língua portuguesa no Brasil [dissertação]. Campinas: Universidade Estadual de Campinas; 2007.

27. Kakeshita IS. Adaptação e validação de Escalas de Silhuetas para crianças e adultos brasileiros [Tese]. São Paulo: Universidade de São Paulo; 2008.

28. Conti MA, Cordás TA, Latorre MRDO. A study of the validity and reliability of the Brazilian version of the Body Shape Questionnaire (BSQ) among adolescents. Rev Bras Saude Mater Infant. 2009;9(3):331-8.

29. Di Pietro M, Silveira DX. Internal validity, dimensionality and performance of the Body Shape Questionnaire in a group of Brazilian college students. Braz J Psychiatry. 2009;31(1):21-4.

30. Caetano AS. Tradução, adaptação cultural e estrutura fatorial do Body shape questionnaire, Body esteem scale e Body appreciation scale para mulheres brasileiras na meia-idade [tese]. Campinas: Universidade Estadual de Campinas; 2011.

31. Campana ANNB. Relações entre as dimensões da imagem corporal: um estudo em homens brasileiros [tese]. Campinas: Universidade Estadual de Campinas; 2011.

32. Kachani A, Hochgraf P, Brasiliano S, Barbosa AL, Cordás TA, Conti MA. Psychometric evaluation of the "Body Checking and Avoidance Questionnaire--BCAQ" adapted to brazilian portuguese. Eat Weight Disord. 2011;16(4):e293-9.

33. Barra JV, Wanderson RS, Marôco J, Duarte JA, Campos B. Adaptação transcultural e validação do Questionário de atitudes socioculturais em relação à aparência-4 (SATAQ-4) aplicado a estudantes universitários. Cad. Saúde Pública. 2019;35(5):e00170218.

34. King ICC. Body image in paediatric burns: a review. Burns Trauma. 2018;6:12.

35. Bearman SK, Martinez E, Stice E, Presnell K. The skinny on body dissatisfaction: a longitudinal study of adolescent girls and boys. J Youth Adolesc. 2006;35(2):217-29.

36. Castro IRR, Levy RB, Cardoso LO, Passos MD, Sardinha LMV, Tavares LF, et al. Imagem corporal, estado nutricional e comportamento com relação ao peso entre adolescentes brasileiros. Ciênc Saúde Coletiva. 2010;15(Suppl 2):3099-108.

37. Oliveira N, Coelho GMO, Cabral MC, Bezerra FF, Faerstein E, Canella DS. Association of body image (dis) satisfaction and perception with food consumption according to the NOVA classification: Pró-Saúde Study. Appetite. 2020;144:104464.

38. Fonseca MJM, Pimenta IT, Albuquerque LDS, Aquino EML, Cardoso LO, Chor D, et al. Factors associated with body size perception and body image (dis)satisfaction in the elderly: results of the ELSA-Brasil Study. Int J Environ Res Public Health. 2020;17(18):6632.

39. Pinheiro AP, Giugliani ER. Body dissatisfaction in Brazilian schoolchildren: prevalence and associated factors. Rev Saude Publica. 2006;40(3):489-96.

40. Ferrari EP, Minatto G, Berria J, Silva SF, Fidelix YL, Ribeiro RR, et al. Body image dissatisfaction and anthropometric indicators in male children and adolescents. Eur J Clin Nutr. 2015;69(10):1140-4.

41. Costa LC, Silva DA, Alvarenga MS, de Vasconcelos FA. Association between body image dissatisfaction and obesity among schoolchildren aged 7-10 years. Physiol Behav. 2016;160:6-11.

42. Peres KG, Barros AJ, Anselmi L, Peres MA, Barros FC. Does malocclusion influence the adolescent's satisfaction with appearance? A cross-sectional study nested in a Brazilian birth cohort. Community Dent Oral Epidemiol. 2008;36(2):137-43.

43. Alves E, Vasconcelos FA, Calvo MC, Neves JD. Prevalência de sintomas de anorexia nervosa e insatisfação com a imagem corporal em adolescentes do sexo feminino do Município de Florianópolis, Santa Catarina, Brasil. Cad Saude Publica. 2008;24(3):503-12.

44. Santana ML, Silva RC, Assis AM, Raich RM, Machado ME, Pinto EJ, et al. Factors associated with body image dissatisfaction among adolescents in public schools students in Salvador, Brazil. Nutr Hosp. 2013;28(3):747-55.

45. Petroski EL, Pelegrini A, Glaner MF. Motivos e prevalência de insatisfação com a imagem corporal em adolescentes. Cien Saude Colet. 2012;17(4):1071-7.

46. Martini MC, Assumpção D, Barros MB, Canesqui AM, Barros Filho A. Are normal-weight adolescents satisfied with their weight? Sao Paulo Med J. 2016;134(3):219-27.

47. Miranda VP, Conti MA, Carvalho PH, Bastos RR, Ferreira ME. Body image in different periods of adolescence. Rev Paul Pediatr. 2014;32(1):63-9.

48. Moehlecke M, Blume CA, Cureau FV, Kieling C, Schaan BD. Self-perceived body image, dissatisfaction with body weight and nutritional status of Brazilian adolescents: a nationwide study. J Pediatr (Rio J). 2020;96(1):76-83.

49. Matias TS, Silva KSD, Duca GFD, Bertuol C, Lopes MVV, Nahas MV. Attitudes towards body weight dissatisfaction associated with adolescents' perceived health and sleep (PeNSE 2015). Cien Saude Colet. 2020;25(4):1483-90.

50. Uchôa FNM, Uchôa NM, Daniele TMDC, Lustosa RP, Garrido ND, Deana NF, et al. Influence of the Mass media and Body dissatisfaction on the Risk in adolescents of developing eating disorders. Int J Environ Res Public Health. 2019;29;16(9):1508.

51. Macêdo Uchôa FN, Uchôa NM, Daniele TMDC, Lustosa RP, Nogueira PRC, Reis VM, et al. Influence of body dissatisfaction on the self-esteem of brazilian adolescents: a cross-sectional study. Int J Environ Res Public Health. 2020;17(10):3536.

52. Mintem GC, Horta BL, Domingues MR, Gigante DP. Body size dissatisfaction among young adults from the 1982 Pelotas birth cohort. Eur J Clin Nutr. 2015;69(1):55-61.

53. Costa LCF, Vasconcelos FAG. Influência de fatores socioeconômicos, comportamentais e nutricionais na insatisfação com a imagem corporal de universitárias em

54. Toral N, Gubert MB, Spaniol AM, Monteiro RA. Eating disorders and body image satisfaction among Brazilian undergraduate nutrition students and dietitians. Arch Latinoam Nutr. 2016;66(2):129-34.

55. Silva LPRD, Tucan ARO, Rodrigues EL, Del Ré PV, Sanches PMA, Bresan D. Dissatisfaction about body image and associated factors: a study of young undergraduate students. Einstein (Sao Paulo). 2019;17(4):eAO4642.

56. Legey S, Lamego MK, Lattari E, Campos C, Paes F, Sancassiani F, et al. Relationship among body image, anthropometric parameters and mental health in physical education students. Clin Pract Epidemiol Ment Health. 2016;12:177-87.

57. Coelho CG, Giatti L, Molina MD, Nunes MA, Barreto SM. Body image and nutritional status are associated with physical activity in men and women: the ELSA-Brasil

58. Santos Silva DA, Nahas MV, Sousa TF, Del Duca GF, Peres KG. Prevalence and associated factors with body image dissatisfaction among adults in southern Brazil: a population-based study. Body Image. 2011;8(4):427-31.

59. Leite HM, Garcez A, Nunes MAA, Pattussi MP, Canuto R, Paniz VMV, et al. Shift work, sleep duration, and body image dissatisfaction among female workers in southern Brazil. Arch Womens Ment Health. 2019;22(5):583-92.

60. Oliveira N, Coelho GMO, Cabral MC, Bezerra FF, Faerstein E, Canella DS. Association of body image (dis) satisfaction and perception with food consumption according to the NOVA classification: pró-saúde study. Appetite. 2020;144:104464.

61. Fonseca MJM, Pimenta IT, Albuquerque LDS, Aquino EML, Cardoso LO, Chor D, et al. Factors associated with body size perception and body image (dis)satisfaction in the elderly: results of the ELSA-Brasil study. Int J Environ Res Public Health. 2020;17(18):6632.

62. Tribess S, Virtuoso Junior JS, Petroski EL. Estado nutricional e percepção da imagem corporal de mulheres idosas residentes no nordeste do Brasil. Cien Saude Colet. 2010;15(1):31-8.

63. Kops NL, Bessel M, Knauth DR, Caleffi M, Wendland EM. Body image (dis)satisfaction among low-income adult women. Clin Nutr. 2019;38(3):1317-23.

64. Cash TF, Deagle EA 3rd. The nature and extent of body-image disturbances in anorexia nervosa and bulimia nervosa: a meta-analysis. Int J Eat Disord. 1997;22(2):107-25.

65. Grilo CM, Crosby RD, Machado PPP. Examining the distinctiveness of body image concerns in patients with anorexia nervosa and bulimia nervosa. Int J Eat Disord. 2019;52(11):1229-36.

66. American Psychiatric Associations. Manual diagnóstico e estatístico de transtornos mentais. 5. ed. Porto Alegre: Artme; 2014.

67. Williamson DA, White MA, York-Crowe E, Stewart TM. Cognitive-behavioral theories of eating disorders. Behav Modif. 2004;28(6):711-38.

68. Murnen SK, Smolak L. The cash effect: shaping the research conversation on body image and eating disorders. Body Image. 2019;31:288-93.

69. Bruch H. Anorexia nervosa and its differential diagnosis. J Nerv Ment Dis. 1966;141(5):555-66.

70. Aratangy EW, Buonfiglio HB. Como lidar com os transtornos alimentares: guia prático para familiares e pacientes. São Paulo: Hogrefe; 2017.

71. Fairburn CG. Cognitive behavior therapy and eating disorders. New York: The Guilford; 2008.

72. Shafran R, Lee M, Payne E, Fairburn CG. An experimental analysis of body checking. Behav Res Ther. 2007;45(1):113-21.

73. Kachani AT, Brasiliano S, Cordás TA, Hochgraf PB. Body checking and associated cognitions among Brazilian outpatients with eating disorders and nonpsychiatric controls. Body Image. 2013;10(1):127-30.

74. Calugi S, El Ghoch M, Dalle Grave R. Body checking behaviors in anorexia nervosa. Int J Eat Disord. 2017;50(4):437-41.

75. Daprati E, Sirigu A, Nico D. Body and movement: consciousness in the parietal lobes. Neuropsychologia. 2010;48(3):756-62.

76. Beckmann N, Baumann P, Herpertz S, Trojan J, Diers M. How the unconscious mind controls body movements: Body schema distortion in anorexia nervosa. Int J Eat Disord. 2021;54(4):578-86.

77. Guardia D, Conversy L, Jardri R, Lafargue G, Thomas P, Dodin V, et al. Imagining one's own and someone else's body actions: dissociation in anorexia nervosa. PLoS One. 2012;7(8):e43241.

78. Kazén M, Baumann N, Twenhöfel JF, Kuhl J. When do anorexic patients perceive their body as too fat? Aggravating and ameliorating factors. PLoS One. 2019;14(2):e0212612.

79. Grilo CM. Why no cognitive body image feature such as overvaluation of shape/weight in the binge eating disorder diagnosis? Int J Eat Disord. 2013;46(3):208-11.

80. Legenbauer T, Vocks S, Betz S, Báguena Puigcerver MJ, Benecke A, Troje NF, et al. Differences in the nature of body image disturbances between female obese individuals with versus without a comorbid binge eating disorder: an exploratory study including static and dynamic aspects of body image. Behav Modif. 2011;35(2):162-86.

81. Lewer M, Nasrawi N, Schroeder D, Vocks S. Body image disturbance in binge eating disorder: a comparison of obese patients with and without binge eating disorder regarding the cognitive, behavioral and perceptual component of body image. Eat Weight Disord. 2016;21(1):115-25.

82. Gaudio S, Brooks SJ, Riva G. Nonvisual multisensory impairment of body perception in anorexia nervosa: a systematic review of neuropsychological studies. PLoS One. 2014;9(10):e110087.

83. Alleva JM, Sheeran P, Webb TL, Martijn C, Miles E. A meta-analytic review of stand-alone interventions to improve body image. PLoS One. 2015;10(9):e0139177.

84. Griffen TC, Naumann E, Hildebrandt T. Mirror exposure therapy for body image disturbances and eating disorders: a review. Clin Psychol Rev. 2018;65:163-74.

7

COMORBIDADE PSIQUIÁTRICA NOS TRANSTORNOS ALIMENTARES

Antonio Leandro Nascimento
Mariana Pires Luz
Leonardo F. Fontenelle
Jose Carlos Appolinario

O termo "comorbidade" foi introduzido na medicina em 1970[1] para descrever situações em que um paciente passa a apresentar uma "entidade clínica distinta" na vigência de uma doença índice. Os estudos realizados até o momento mostram que os indivíduos com transtornos alimentares (TAs) – anorexia nervosa (AN), bulimia nervosa (BN) e transtorno de compulsão alimentar (TCA) – frequentemente apresentam outros transtornos psiquiátricos associados, em especial transtornos do humor, de ansiedade, do controle de impulsos, da personalidade (TPs) e por uso de substâncias (TUS).[2-12]

O estudo das comorbidades dos TAs tem aplicabilidade clínica, visto que a presença de outros transtornos psiquiátricos pode influenciar seu curso, camuflar a presença de um TA subjacente, influenciar a procura de assistência e, por fim, ter um impacto no planejamento do tratamento. Além disso, o estudo das comorbidades pode auxiliar nas pesquisas relacionadas à etiologia dos TAs, porque as comorbidades podem sugerir a presença de mecanismos patológicos compartilhados.[5,14]

Entretanto, os achados de pesquisas sobre comorbidades nos TAs devem ser analisados com cautela, pois são influenciados pelo tipo de população pesquisado (amostras clínicas ou populacionais) e pelo método de investigação empregado (uso de entrevistas clínicas estruturadas, questionários autoaplicáveis ou revisão retrospectiva de prontuários). Assim, também sofrem influência das definições dos transtornos mentais utilizadas nos estudos (p. ex., os critérios diagnósticos dos TAs foram alterados recentemente no *Manual diagnóstico e estatístico de transtornos mentais* [DSM] e na *Classificação internacional de doenças e problemas relacionados à saúde* [CID]), e alguns estudos utilizam seus próprios critérios para o diagnóstico de TAs e dos outros transtornos psiquiátricos.[14]

A seleção da população estudada é um ponto sobre o qual pairam diversas questões. Vários estudos que investigam comorbidades psiquiátricas nos indivíduos com TAs utilizam amostras clínicas. Os pacientes em tratamento apresentam TAs mais graves e maior comprometimento em seu funcionamento social que os indivíduos com TAs que não estão em tratamento.[15] Além disso, aqueles com mais de um transtorno psiquiátrico têm mais chance de ser encaminhados para tratamento. Assim, os pacientes em tratamento constituiriam uma amostra com mais transtornos do que a população em geral. Esse fenômeno é conhecido como "viés de Berkson".[16] No entanto, apesar dessas restrições, os mesmos padrões de comorbidades psiquiátricas apresentados pelos estudos com populações clínicas têm sido replicados em alguns estudos comunitários, ainda que com menor gravidade.[15]

Em relação aos métodos de investigação, sabe-se que estudos que utilizam entrevistas psiquiátricas estruturadas apresentam maior precisão diagnóstica, porém sua realização é mais trabalhosa. Por sua vez, estudos que utilizam questionários e outras formas de avaliação psicométrica fornecem mais informações sobre a gravidade de sintomas, embora, com frequência, não sejam indicados para gerar diagnósticos ou retratar todo o comprometimento no funcionamento social dos pacientes.[6]

Pesquisas que avaliam comorbidade psiquiátrica nos TAs podem ser realizadas por meio de estudos transversais, longitudinais ou familiares. Estudos transversais avaliam a possível associação entre a presença de um TA e outro transtorno psiquiátrico, não importando a ordem de apresentação dos diagnósticos ou a presença simultânea de ambos. Em relação aos estudos longitudinais, podemos encontrar dois tipos. Um é realizado acompanhando-se indivíduos com TA de uma amostra clínica ou populacional e observando a presença de algumas comorbidades em entrevistas periódicas. Apesar de serem úteis para gerar hipóteses sobre a associação de TAs com outras condições, esses estudos não podem determinar se a presença de um TA é fator de risco para o desenvolvimento subsequente de outros transtornos psiquiátricos. Também não conseguem evidenciar se a comorbidade observada durante o acompanhamento é simplesmente a continuidade de um transtorno que já estava presente no início do tratamento. Outro tipo de estudo longitudinal é aquele que acompanha um grupo de indivíduos com TA comparados com um grupo que não tem TA. Esses estudos utilizam entrevistas clínicas estruturadas no início da investigação e em intervalos regulares e têm como variável primária o diagnóstico de outros transtornos psiquiátricos comórbidos. Esse grupo de investigações, mais semelhante aos estudos de coorte, é o mais adequado para avaliar a relação entre TAs e comorbidades psiquiátricas.[17]

Deve-se também ter em mente que o uso do termo "comorbidade" para indicar a presença de dois transtornos psiquiátricos vem sendo muito criticado.[18] Ainda não está claro se os diagnósticos concomitantes refletem a presença de entidades clínicas distintas ou se são múltiplas manifestações de uma mesma doença. Isso seria um reflexo do uso de entrevistas diagnósticas padronizadas, que auxiliam na identificação de sintomas que antes passariam despercebidos após a elaboração do diagnóstico principal, aliado às características dos sistemas diagnósticos atuais. Esses sistemas diagnósticos acabam por dividir de forma artificial as manifestações de uma mesma doença em dois diagnósticos.

Levando em consideração esses fatores, analisaremos os estudos relativos a alguns transtornos psiquiátricos frequentemente encontrados nos indivíduos com TAs.

TRANSTORNOS DE ANSIEDADE

Os transtornos de ansiedade estão fortemente associados aos TAs, sendo muito mais frequentes nesses pacientes do que na população em geral, relação observada tanto em amostras clínicas quanto na comunidade.[4,6,8,13,17,19,20] A prevalência de pelo menos um transtorno de ansiedade varia de 33[2] a 83%[4] na AN e de 36[21] a 75%[22] na BN. Na AN, tanto do tipo restritivo (AN-R) quanto do tipo compulsão alimentar/purgação (AN-CP), os transtornos de ansiedade mais frequentemente encontrados são a fobia social e o transtorno de ansiedade generalizada (TAG), com prevalências variando entre 31 e 55% e 24 e 49%, respectivamente.[4,19,23] Na BN, os transtornos de ansiedade que se mostram mais frequentes são a fobia social e o TAG, com prevalências variando de 30 a 59% e de 23 a 55%, respectivamente.[4,19,22,23] Tanto na AN quanto na BN (exceto na BN não purgativa – DSM-IV) há prevalência aumentada de história de transtorno de ansiedade de separação em relação à população em geral.[23] O TCA também está relacionado com maior frequência aos transtornos de ansiedade,[20] com prevalência de pelo menos um transtorno de ansiedade em cerca de 44% dos pacientes.[12] O diagnóstico de mais de um transtorno de ansiedade em um mesmo indivíduo é também mais frequente em amostras de pacientes com TA do que na população em geral.[13,20] Hudson e colaboradores,[13] avaliando uma amostra representativa da população dos Estados Unidos, relataram as seguintes prevalências de qualquer transtorno de ansiedade pelo DSM-IV: 47,9% (AN), 80,6% (BN) e 65,1% (TCA). Esses autores relataram diferenças entre as prevalências de transtorno de pânico, TAG, fobia social, fobia específica e agorafobia por categorias de TA.

Vários estudos sobre a relação temporal dos transtornos de ansiedade comórbidos aos TAs mostraram que, na maioria dos casos, o transtorno de ansiedade precede as alterações no comportamento alimentar,[4,8,21,22,24] exceto a agorafobia e o transtorno de pânico.[8] Observou-se, também, que a frequência de episódios de compulsão alimentar (ECAs) e comportamentos purgativos em pacientes com BN é diretamente proporcional à intensidade dos sintomas ansiosos.[4] Esses dados sugerem que alguns transtornos de ansiedade atuam como fatores de risco para o TA. Alguns autores também aventam a hipótese de que a desnutrição por si só possa explicar os sintomas ansiosos cujo aparecimento seja posterior ao TA,[23] porém essa hipótese não explica os sintomas ansiosos que permanecem mesmo após normalização do peso ou remissão do TA.[8] Estudos familiares mostraram coagregação dos transtornos de ansiedade em familiares de pacientes com TA,[17] o que pode ser útil à investigação sobre as bases etiológicas dos TAs, sugerindo que os dois tipos de transtornos tenham alguns fatores genéticos em comum. Os dados da literatura são conflitantes em relação ao efeito dos transtornos de ansiedade sobre o prognóstico dos TAs. Enquanto alguns autores consideram que a comorbidade com um transtorno de ansiedade pode representar um fator de mau prognóstico e de interferência no tratamento,[25] estudos longitudinais agrupados em uma revisão[26] não mostraram associação entre comorbidades psiquiátricas com pior evolução do TA.

TRANSTORNOS DO HUMOR

A associação entre TAs e depressão está bem estabelecida na literatura.[21,27,28] As prevalências de depressão (no sentido amplo: sintoma, síndrome e transtorno) são mais altas em todos os tipos de TA (AN, BN e TCA) do que na população em geral e parecem ser mais elevadas entre as amostras com diagnósticos "duplos", ou seja, AN e BN ou BN com história prévia de AN.[9,13,20,27,28]

Sintomas depressivos são extremamente frequentes nos indivíduos com TAs, e sua prevalência pode chegar a 98% na AN.[29] Embora menos frequente que sintomas depressivos isolados, o diagnóstico clínico de depressão maior é significativamente mais frequente na população com TAs do que na população em geral. A prevalência de depressão maior é variável entre os estudos, sendo de 50 a 68% na AN[25,28] e de 38 a 63% na BN.[13,25] Hudson e colaboradores,[13] avaliando uma amostra representativa dos Estados Unidos, reportaram prevalências de qualquer transtorno do humor de 42,1% na AN, de 70,7% na BN e de 46,4% no TCA. No Brasil, um estudo de prevalência de comorbidade psiquiátrica em pacientes com TCA[12] encontrou prevalências para episódio atual e passado de depressão maior de 25 e 15,6%, respectivamente. De fato, a comorbidade entre os TAs e os transtornos do humor é semelhante em diferentes grupos étnicos estudados, como mulheres de origem latina e japonesa.[17,30] Grande parte da literatura sobre comorbidade psiquiátrica dos TAs indica que a depressão maior é o transtorno do humor mais frequente em pacientes com TAs.[13,21,27,31]

Para investigar a prevalência e os preditores de um TA comórbido em indivíduos com diagnóstico primário de transtorno bipolar (TB), e vice-versa, Fornaro e colaboradores[32] realizaram uma revisão sistemática com metanálise. Usando uma metodologia robusta, eles selecionaram 36 estudos que envolveram 15.084 pacientes com diagnóstico primário de TB. Onze estudos abrangeram 15.146 pessoas com TAs primários. Como resultados, os autores reportaram que o TCA ocorreu em 12,5% dos pacientes com TB, enquanto 9,1% dos indivíduos com TCA evidenciavam TB. Assim, também a BN ocorreu em 7,4% das pessoas com TB, enquanto 6,7% daquelas com BN tiveram diagnóstico de TB. Já a AN ocorreu em 3,8% dos indivíduos com TB, e 2% dos pacientes com TB tiveram um diagnóstico de AN. É importante salientar que o TB e os TAs compartilham múltiplas características relacionadas aos comportamentos alimentares e ao ganho de peso sustentado em decorrência da desregulação emocional e da impulsividade, abrangendo uma ampla gama de manifestações, como capacidade afetiva, distraibilidade, irritabilidade, mudanças de humor frequentes, TUS e suicídio.

Há uma importante agregação familiar entre os TAs, o transtorno depressivo e o TB,[33] o que aumenta as evidências que reforçam a hipótese de que ambos os tipos de transtorno apresentam fatores etiológicos genéticos em comum. Existem algumas hipóteses que procuram explicar a relação dos TAs com os transtornos do humor. Uma delas é a de que a desnutrição e o padrão alimentar caótico poderiam explicar a maior parte dos sintomas de humor (especialmente depressivos) em pacientes com TAs. De fato, há redução do metabolismo cerebral da glicose tanto em pacientes com AN quanto em pacientes deprimidos sem TA;[34] há também uma relação direta da sintomatologia depressiva com a presença ou não do TA em atividade, observando-se menor coexistência de sintomas depressivos em pacientes em remissão do que em pacientes com TA ativo, independentemente do subtipo de TA.[35] Apesar dessas evidências, ainda não há confirmação de que a relação entre TAs e transtornos do humor seja explicada somente pelo fator nutricional. Outra hipótese que procura explicar a associação entre TAs e sintomas depressivos é a de que ambas as condições seriam parte de uma mesma síndrome.[25,35] Alguns autores defendem a hipótese de que a distimia poderia ser considerada um fator de risco para o desenvolvimento de BN.[30] No entanto, considera-se que o principal fator determinante do desenvolvimento de TAs seja, possivelmente, a presença de sintomas alimentares subclínicos.[36]

A literatura acerca da influência dos transtornos do humor sobre o curso e o prognóstico dos TAs também é conflitante. Por exemplo, alguns estudos identificam a comorbidade psiquiátrica geral como um preditor de pior prognóstico,[25] embora a maioria dos estudos não relacione especificamente os transtornos do humor ao pior prognóstico do TA.[26] Enquanto há uma ideia geral de que a desnutrição e suas complicações clínicas seriam a causa mais frequente de morte no curso dos TAs (notadamente na AN), uma metanálise[37] mostra que o suicídio é a causa mais frequente de morte entre pacientes com AN, com prevalências variando de 1,8 a 7,3%. Os principais fatores de risco para tentativas de suicídio entre os pacientes com AN são: tipo purgativo, doença alimentar crônica, baixo índice de massa corporal (IMC), sintomas obsessivos, abuso de drogas e depressão maior.

TRANSTORNO OBSESSIVO-COMPULSIVO

A relação entre os TAs e o transtorno obsessivo-compulsivo (TOC) tem sido estudada há décadas. Palmer e Jones[38] descreveram quatro casos de AN em pacientes com sintomas obsessivo-compulsivos. Obsessões relacionadas aos alimentos, ao peso e à forma corporal são aspectos psicopatológicos importantes dos TAs, e os indivíduos com esses transtornos podem desenvolver compulsões, como rituais elaborados para comer, contagem de calorias e exercícios compulsivos. Entretanto, segundo o DSM-5,[39] os indivíduos com TAs devem receber o diagnóstico de TOC se apresentarem obsessões e compulsões de natureza não alimentar.

Uma revisão sistemática com metanálise de 2021[40] relatou prevalência de TOC entre pessoas com TA de 13,9 e 8,7%, ao longo da vida e pontual, respectivamente. Em comparação aos controles saudáveis, aqueles com TAs tiveram 8,9 vezes mais risco de apresentar TOC ao longo da vida e 8 vezes maior risco para TOC atual. Entre os TAs, pessoas com AN-CP apresentavam maior risco para TOC comórbido, enquanto as com TCA apresentavam menor risco. O diagnóstico de qualquer forma de TA elevou o risco de TOC comórbido; no entanto, o TOC foi mais comum entre a AN e a BN. Em relação ao tipo de amostra, a prevalência de TOC foi menor em amostras comunitárias e notavelmente maior entre as amostras de internação ou ambulatorial. O IMC médio mais baixo foi associado à maior vida útil e à comorbidade atual do TOC, mas foi confundido com o diagnóstico primário de TA.

O TOC antecede o TA em 65 a 88% dos casos.[4,19] Um estudo que acompanhou por um período médio de 10 anos pacientes com AN recrutados na comunidade[41] mostrou que, quando o TOC estava presente na época de eclosão do TA, se mantinha presente após o final do acompanhamento, e isso era um indicador de pior prognóstico. A alteração do prognóstico de acordo com a presença de comorbidades não é um consenso na literatura.[17] Estudos familiares mostram que o TOC é mais prevalente em parentes de indivíduos com TAs do que na população em geral, atingindo prevalências de 9,69 a 10,34%.[19] Cavallini e colaboradores,[42] utilizando a análise de segregação complexa, identificaram uma vulnerabilidade genética comum ao TOC e aos TAs. O TOC também é mais frequente em mães (mas não em pais) de mulheres que têm AN.[3]

Até 42% dos indivíduos com TOC também podem apresentar um TA.[43] Um estudo de análise de classe latente[44] que utilizou dados de indivíduos com TOC e seus parentes identificou maior gravidade do transtorno nos pacientes que apresentavam AN e BN como comorbidade. Postula-se que a relação entre a fisiopatologia dos TAs e do TOC esteja ligada aos sistemas de neurotransmissão serotoninérgica. Metabólitos de serotonina, como o ácido 5-hidroxindolacético, são encontrados em níveis mais elevados no líquido cerebrospinal dos indivíduos com TOC e dos indivíduos com TA do que nos controles.[43]

Apesar de haver tantos estudos sobre a comorbidade entre os TAs e o TOC, essa relação ainda não se encontra completamente esclarecida.

TRANSTORNO DE ESTRESSE PÓS-TRAUMÁTICO

A prevalência de transtorno de estresse pós-traumático (TEPT) comórbido em pacientes com TA varia de 9 a 24%,[45] com pesquisas sugerindo que o TEPT comórbido estaria associado a sintomas de TA mais graves. Estratégias de regulação emocional mal-adaptadas podem mediar a relação entre TEPT e TA. Evidências preliminares sugerem que a terapia cognitivo-comportamental (TCC) para TEPT e TA pode ser benéfica nos pacientes que apresentam essa comorbidade. Assim, o TEPT é uma comorbidade comum em pacientes com TA e impacta a gravidade de seus sintomas. Dificuldades na regulação emocional podem ser um mecanismo comum em ambos os transtornos.

USO DE SUBSTÂNCIAS

A associação entre uso de substâncias (álcool e outras drogas) e TA foi amplamente estudada e continua sendo o foco de muitas pesquisas. Há, em geral, uma concordância entre os autores de que existe uma associação importante entre esses dois tipos de transtornos, embora com grande diferença entre os subtipos de TA.[19] O uso de substâncias é muito mais frequente nas amostras de pacientes que apresentam ECAs (BN e AN do tipo bulímico) do que em pacientes com comportamento alimentar puramente restritivo (AN-R).[6,28,46] Corcos e colaboradores,[46] em um estudo com uma amostra clínica de mulheres com TA, obtiveram prevalências de uso de qualquer tipo de substância psicoativa de 4,5% na AN-R, de 18,2% na AN do tipo bulímico, de 24,4% na BN do tipo purgativo e de 26,3% na BN não purgativa. Pacientes com TCA apresentam frequência de uso de substâncias semelhante à encontrada em amostras de pacientes com BN e maior que na população em geral.[17]

O consumo de álcool é mais frequente em pacientes com BN e AN-CP (prevalências de 12,4 e 10,9%, respectivamente), sendo que, em sua maioria, apresentam dependência de álcool, o que mostra a gravidade do TUS nesses pacientes.[46] A comorbidade entre TA e uso de substâncias é diferente entre homens e mulheres. As mulheres que abusam de algum tipo de substância psicoativa são mais suscetíveis a apresentar comorbidade com TA (28 a 41%) do que os homens que também usam substâncias (3%).[6] Álcool, derivados do tetra-hidroxicanabinol (*Cannabis* e derivados) e estimulantes são as drogas de abuso mais frequentes em pacientes com TA.[27,46] O tabagismo também é mais frequente em pacientes com BN do que em mulheres com transtornos de ansiedade ou depressivos em mulheres sem qualquer transtorno psiquiátrico.[47]

Bahji e colaboradores[48] realizaram uma revisão sistemática com metanálise com o objetivo de investigar a prevalência pontual e ao longo da vida da comorbidade de TUS em indivíduos com TA. A prevalência global ao longo da vida de qualquer TUS em indivíduos com TA foi de 25,4%. A prevalência ao longo da vida de tipos individuais de TUS mais frequentes foi de: tabaco (36,1), cafeína (23,8), álcool (20,6), *Cannabis* (14,5) e cocaína (13,7). A prevalência pontual de tipos individuais de TUS mais encontrados foi de: cocaína (28,5), *Cannabis* (20,9), tabaco (15,3) e opioides (11,0). A comorbidade ao longo da vida de TUS foi maior entre mulheres, brancos, indivíduos com BN e comportamentos de purgação.

O uso de medicamentos psicotrópicos entre os indivíduos com TA é significativamente maior do que na população em geral (prevalências variando de 56,7 a 63,6% entre os diferentes subtipos de TA). Essas drogas são prescrições médicas (mais frequentemente medicamentos antidepressivos), porém com potencial de automedicação e aumento das doses prescritas por parte dos pacientes com comportamento alimentar purgativo (BN e AN-CP).[46] Além das drogas de abuso habituais, pacientes com TA podem apresentar consumo e abuso de substâncias ditas atípicas, como laxantes, diuréticos e anorexígenos. O abuso de laxantes é mais comum na BN e pode ser considerado um marcador de gravidade do TA.[49]

Também já foi demonstrado que o uso de álcool e outras drogas psicoativas está associado ao comportamento impulsivo.[46] Pacientes que apresentam TA e uso de substâncias não só estão mais suscetíveis a apresentar impulsividade, transtornos de ansiedade, transtornos depressivo e da personalidade como também a ter membros da família apresentando impulsividade e TUS.[7] A impulsividade é considerada um fator etiológico comum entre os TAs e o abuso de substâncias, reforçando a ideia de que existe um subgrupo de pacientes multi-impulsivos, que manteriam o tipo de comportamento em relação ao álcool, às drogas e aos alimentos, bem como a outros aspectos do comportamento.[9,46] A literatura apresenta dados conflitantes sobre o papel dos TPs como mediadores entre o consumo e o abuso de substâncias psicoativas e a BN. Alguns autores propõem que o TP aumenta esse padrão de comorbidades, enquanto outros grupos observam que não há diferença de prevalência de abuso de substâncias em pacientes com TA com e sem TP.[6]

O perfil de consumo e uso de substâncias psicoativas entre indivíduos com TA pode variar de acordo com o grupo étnico estudado. Cerezo e colaboradores,[50] estudando uma amostra comunitária de mulheres com TA de ascendência mexicana residentes nos Estados Unidos, obtiveram resultados comparáveis aos de estudos com mulheres ocidentais brancas. Já Nagata e colaboradores[51] obtiveram prevalências de uso de substâncias em uma amostra de mulheres japonesas com TA (9%) significativamente inferiores às prevalências obtidas em estudos com mulheres ocidentais. Esses dados podem ser atribuídos à menor taxa basal de consumo e uso de substâncias entre as mulheres japonesas, bem como ao uso de diferentes instrumentos e critérios diagnósticos.

Não há consenso sobre a influência da comorbidade de TUS na evolução dos TAs. Alguns autores consideram o uso de substâncias psicoativas um preditor de mau prognóstico, enquanto outros não observam alteração no curso do TA.[25]

IMPULSIVIDADE E TRANSTORNOS DO CONTROLE DE IMPULSOS

Os transtornos do controle de impulsos, como definidos pelo DSM-5,[39] são incluídos na categoria de transtornos disruptivos, do controle de impulsos e da conduta e incluem condições que envolvem problemas de autocontrole de comportamentos e de emoções, como a incapacidade de resistir a impulsos e desejo ou tentação de realizar algum ato que pode ser danoso ao indivíduo ou a outras pessoas. Encontram-se reunidas aqui as seguintes condições clínicas: o transtorno de oposição desafiante, o transtorno da conduta, o transtorno explosivo intermitente, a cleptomania e a piromania. Além destes, um subitem inteiro dessa categoria no DSM-5 é dedicado às condições denominadas "outros transtornos disruptivos, do controle de impulsos e da conduta", que incluem apresentações clínicas nas quais os sintomas relacionados ao controle dos impulsos causam sofrimento significativo, mas que não se encaixam em nenhum tipo específico anterior. Devemos considerar que várias síndromes e transtornos psiquiátricos incluem as expressões "descontrole de impulsos" e "impulsividade" na sua definição, como os TUS, as parafilias e a mania.[7]

Diversas pesquisas mostram que os indivíduos com BN apresentam grande prevalência de tentativas de suicídio, uso de substâncias, pequenos furtos e atos de autoagressão.[52,53] Esse tipo de perfil de comorbidades levou Lacey e Evans[54] a defenderem a existência da bulimia nervosa multi-impulsiva, que estaria presente nos indivíduos com BN que apresentassem um ou mais dos seguintes indicadores de descontrole de impulsos: uso de álcool ou outras drogas, *overdoses* múltiplas, atos de autoagressão recorrentes, desinibição sexual ou furtos, associados a um sentimento de perda de controle. Os autores relatam que esses pacientes apresentam pior prognóstico, maior necessidade de intervenção de especialistas e maior utilização de serviços médicos, tanto psiquiátricos como gerais.

A impulsividade é um tema importante na discussão diagnóstica dos TAs.[7] Enquanto os sistemas classificatórios atuais dividem os transtornos ali mentares utilizando o peso como um dos pontos de corte principais, existe um grande debate sobre a divisão em grupos caracterizados pela perda de controle (como BN, AN-CP e TCA) ou pela restrição exagerada à ingestão de alimentos (AN-R). Diversos estudos mostraram associações entre a intensidade dos sintomas bulímicos e outros comportamentos impulsivos, incluindo uso de álcool e outras drogas, realização de atos sexuais desprotegidos e autoagressividade. Esses comportamentos frequentemente precedem o início do TA, o que sugere que a impulsividade pode ser um fator de risco, e não uma consequência das perturbações no comportamento alimentar.[7]

Alguns estudos encontraram nos indivíduos com TAs aumento de atos impulsivos específicos, como tentativas de suicídio ou parassuicídio e cleptomania;[9,55] também foi encontrada frequência elevada de TAs nos indivíduos com cleptomania.[56] A automutilação é altamente prevalente em indivíduos com TA. O comportamento de automutilação em pacientes com TAs foi investigado por Cucchi e colaboradores[57] em uma revisão sistemática. Esses autores estimaram a média ponderada da indivíduos com TAs (AN e BN) que relataram ter histórico de automutilação, e reportaram que 27,3% dos pacientes com TA apresentavam história de automutilação ao longo da vida (21,8% para a AN e 32,7% para a BN). Também observaram que a probabilidade de automutilação aumentava em 24% para cada 10% de aumento na percentagem de participantes com história de tentativa de suicídio.

Apesar dos diversos estudos apontando o aumento de atos impulsivos nos indivíduos com BN, é necessário avaliar com cuidado o grupo-controle empregado nesses estudos. O comportamento impulsivo é considerado uma característica-chave de diversos transtornos psiquiátricos, como os TPs antissocial e emocionalmente instável. De acordo com alguns estudos, mulheres que apresentam BN e uso de substâncias têm maior comorbidade com TP do Grupo B, que incluem as personalidades antissocial e emocionalmente instável, do que mulheres com BN sem uso de substâncias,[7] embora este ainda seja um ponto discutível.

As alterações na neurotransmissão serotoninérgica foram, mais uma vez, implicadas na etiologia dos transtornos do controle de impulsos e no comportamento suicida.[53] As alterações de controle de impulsos são características marcantes dos TAs, capazes de influenciar sua apresentação clínica, seu padrão de comorbidades e, talvez, até mesmo o prognóstico. Mais estudos são necessários para desvendar se essas alterações são características intrínsecas dos TAs ou se estão associadas a outras comorbidades ou a traços de personalidade.

TRANSTORNOS DO ESPECTRO AUTISTA

Os transtornos do espectro autista (TEAs) são transtornos do neurodesenvolvimento com início na primeira infância que se caracterizam por déficits na comunicação social e na interação combinados com padrões restritivos e repetitivos de comportamento e/ou interesses. No DSM-5,[39] os TEAs englobam um conjunto de condições clínicas que incluem diferentes formas de autismo, o transtorno pervasivo do desenvolvimento, o transtorno de Asperger, entre outros. Desde os relatos iniciais sobre associação entre TEAs e AN tem havido muitas pesquisas abordando déficits do processamento cognitivo encontrados nessas duas condições. As características sobrepostas entre TA (predominantemente na AN) e TEA compreendem comportamento repetitivo e restrito, teoria da mente comprometida, coerência central prejudicada, flexibilidade cognitiva reduzida e alexitimia. Duas revisões sistemáticas[58,59] com metanálise que avaliaram estudos sobre a associação entre TEA e TA (AN, BN e TCA) chegaram a médias de prevalências de 22,9 e 4,7%. As diferenças nas médias parecem ser devidas a critérios de inclusão mais amplos na primeira e mais restritivos para os diagnósticos de TEA na segunda. Muito embora as revisões sistemáticas incluam estudos com amostras mistas, predominam estudos com pacientes com diagnóstico de AN.

Com os dados atuais, é difícil identificar as complexas relações entre TEA e TA. É possível que a sobreposição de sintomas faça a AN e o TEA compartilharem padrões cognitivos subjacentes comuns e fisiopatologia neuronal. Algumas hipóteses foram aventadas para a interface entre TEA e principalmente a AN: 1) alguns dos sintomas clínicos compartilhados, como a ansiedade social, podem ser secundários a ambos; 2) uma estrutura de personalidade evitativa e obsessiva pode estar associada a risco aumentado para AN. Essas características também são frequentes em pacientes com TEA e, portanto, podem favorecer o desenvolvimento de AN posteriormente. No entanto, estudos longitudinais são necessários para investigar a hipótese de que características compartilhadas entre TEA e AN formam um terreno comum para ambos os transtornos.[59]

TRANSTORNO DE DÉFICIT DE ATENÇÃO/ HIPERATIVIDADE

Em uma revisão sistemática, Nickel e colaboradores[59] reportaram que a prevalência de transtorno de déficit de atenção/hiperatividade (TDAH) em amostras de indivíduos com TA variou entre 1,6 e 18,0%. O TDAH comórbido foi mais frequentemente relatado em pacientes com AN-CP do que na AN-R. A maioria das investigações anteriores incluía amostras mistas de TA (AN, BN e TCA). Apenas um estudo incluiu exclusivamente pacientes com TCA (73), e constatou-se que 1,7% dos casos de TCA tinham TDAH comórbido. Dois estudos investigaram apenas participantes com BN e relataram que, em média, 22,5% dos pacientes com BN evidenciavam a presença de TDAH na infância. Nazar e colaboradores,[60] em outra revisão sistemática, concluíram que o risco de indivíduos com TDAH terem um TA é aumentado três vezes e que o risco de indivíduos com TDAH também aumenta duas vezes. A força de associação entre os sintomas de TDAH e TA é moderada.

Muito embora dados preliminares sugiram que o TDAH esteja associado a perturbações do comportamento alimentar, Kaisari e colaboradoress[61] realizaram uma revisão sistemática para avaliar a potencial associação entre sintomatologia do TDAH e comportamento alimentar alterado e fornecer uma estimativa do nível das evidências dessa associação. No geral, existe um nível moderado de evidências para uma associação positiva entre TDAH e comportamentos alimentares transtornados e, em particular, com determinados tipos específicos, como o comportamento de comer em excesso. Há evidências consistentes de que os sintomas de impulsividade do TDAH se associam positivamente com o excesso de alimentação e a BN. Os autores concluem, no entanto, que outras pesquisas são necessárias para avaliar a direção potencial da relação entre TDAH e alimentação transtornada, os mecanismos subjacentes e o papel dos sintomas específicos do TDAH no desenvolvimento e/ou na manutenção do comportamento alimentar alterado.

TRANSTORNOS DA PERSONALIDADE

A comorbidade entre TAs e TPs é uma área de pesquisa em expansão,[5,62-65] que envolve aspectos conceituais importantes, visando a definir se os TPs são formas subclínicas, fatores predisponentes ou precipitantes, complicações, influências patoplásticas, entidades psicobiologicamente distintas dos transtornos psiquiátricos nucleares ou se essa associação é apenas um artefato dos sistemas classificatórios atuais criado pela sobreposição dos critérios diagnósticos. A pesquisa de comorbidades entre TAs e TPs apresenta alguns problemas metodológicos além dos já relacionados, como características e tamanho da amostra e do grupo-controle, tipo de estudo e duração do seguimento. Os instrumentos desenvolvidos para avaliar os TPs em adultos podem ser inadequados para avaliar indivíduos que adquirem uma doença crônica com início muito precoce, no período em que sua personalidade ainda está em desenvolvimento. Além disso, pode haver a influência de estados como a desnutrição crônica, a alimentação caótica e os comportamentos purgativos sobre a expressão de traços de personalidade.

Em geral, as taxas de comorbidade de TPs e TAs são tipicamente elevadas, mas também extremamente variáveis, indo de 27 a 93% para a presença de qualquer TP em amostras mistas de TA e de 2 a 47% quando avaliamos certos diagnósticos de TPs em TAs específicos.[65] Essas discrepâncias marcantes decorrem dos problemas relacionados à avaliação categórica *versus* dimensional, incluindo o emprego de critérios diagnósticos pouco consistente, ou mesmo à baixa estabilidade dos diagnósticos de TP, sobretudo em populações mais jovens. É muito importante ressaltar que, apesar de o diagnóstico de TPs depender do julgamento de que os padrões comportamentais patológicos são características do funcionamento do indivíduo a longo prazo, mais da metade dos pacientes com TA que recebem um diagnóstico de TP na ingestão não atende mais aos critérios quando reavaliados.

Apesar de todas essas limitações, as evidências acumuladas sugerem algumas conclusões relativamente consistentes.[63,65] Os diagnósticos do Grupo C (TPs evitativa, dependente, obsessivo-compulsiva) são frequentes nas categorias de AN e BN, refletindo padrões comportamentais compartilhados em relação ao neuroticismo e à prevenção de danos avaliados por meio de instrumentos de avaliação do temperamento. Consoante com o padrão diferencial de escores em persistência e busca de novidades, aproximadamente o dobro de pacientes com AN do que de pacientes com BN é diagnosticado com TP obsessivo-compulsiva, enquanto o diagnóstico de Grupo B do TP *borderline* ou limítrofe é atribuído a uma proporção um pouco maior em pacientes com transtornos do espectro compulsão alimentar/purgação. Os traços de personalidade limítrofe ou *borderline,* na maioria das vezes, se atenuam à medida que os sintomas alimentares remitem, enquanto os padrões de personalidade obsessivo-compulsiva tendem a persistir, sugerindo que a impulsividade e a instabilidade afetiva são especialmente dependentes do estado.

Os estudos disponíveis discordam na relação entre os TPs e o prognóstico dos TAs. Enquanto alguns autores consideram a presença de um TP um indicador de pior prognóstico para o TA, outros não conseguem mostrar essa associação.[5] Especificamente em relação à BN, Wonderlich e colaboradores[66] mostraram que a presença de um TP no início do tratamento para TA era um preditor de pior prognóstico para sintomas psiquiátricos não relacionados aos TAs, mas não para o TA. Um estudo de análise fatorial[67] mostrou que pacientes com BN apresentam sintomas relacionados ao TA e outros sintomas psiquiátricos e que estes são componentes “semiautônomos”. A presença de um TP mostrou um prognóstico ligeiramente pior para a BN, mas incidência significativamente maior de outros sintomas durante o tratamento e o acompanhamento por um ano.

CONSIDERAÇÕES FINAIS

As comorbidades em TAs são mais regra que exceção. Sendo assim, o estudo das comorbidades que acompanham essas condições tem aplicabilidade clínica, visto que a presença de outros transtornos psiquiátricos pode influenciar seu curso, ocultar a presença de um TA subjacente, estimular a busca de assistência e, finalmente, afetar o planejamento do tratamento. Ademais, o estudo das comorbidades pode contribuir para as pesquisas relacionadas à etiologia dos TAs, dado que elas podem sugerir a existência de mecanismos patológicos partilhados. Os resultados das pesquisas, no entanto, devem ser analisados com prudência, pois sofrem influência das definições diagnósticas, do tipo de população estudada, bem como do método de investigação utilizado.

REFERÊNCIAS

1. Feinstein AR. The pre-therapeutic classification of co-morbidity in chronic disease. J Chronic Dis. 1970;23(7):455-68.
2. Laessle RG. The significance of subgroups of anorexia nervosa: life time frequency of psychiatric disorders. Int J Eat Disord. 1989;8:569-74.
3. Halmi KA, Eckert E, Marchi P, Sampugnaro V, Apple R, Cohen J. Comorbidity of psychiatric diagnoses in anorexia nervosa. Arch Gen Psychiatry. 1991;48(8):712-8.
4. Godart NT, Flament MF, Lecrubier Y, Jeammet P. Anxiety disorders in anorexia nervosa and bulimia nervosa: co-morbidity and chronology of appearance. Eur Psychiatry. 2000;15(1):38-45.
5. Grilo CM. Recent research of relationships among eating disorders and personality disorders. Curr Psychiatry Rep. 2002;4(1):18-24.
6. O'Brien KM, Vincent NK. Psychiatric comorbidity in anorexia and bulimia nervosa: nature, prevalence, and causal relationships. Clin Psychol Rev. 2003;23(1):57-74.
7. Dawe S, Loxton NJ. The role of impulsivity in the development of substance use and eating disorders. Neurosci Biobehav Rev. 2004;28(3):343-51.
8. Kaye WH, Bulik CM, Thornton L, Barbarich N, Masters K. Comorbidity of anxiety disorders with anorexia and bulimia nervosa. Am J Psychiatry. 2004;161(12):2215-21.
9. Hudson JI, Pope HG Jr, Jonas JM, Yurgelun-Todd D. Phenomenologic relationship of eating disorders to major affective disorder. Psychiatry Res. 1983;9(4):345-54.
10. Yanovski SZ, Nelson JE, Dubbert BK, Spitzer RL. Association of binge eating disorder and psychiatric comorbidity in obese subjects. Am J Psychiatry. 1993;150(10):1472-9.
11. Wilfley DE, Friedman MA, Dounchis JZ, Stein RI, Welch RR, Ball SA. Comorbid psychopathology in binge eating disorder: relation to eating disorder severity at baseline and following treatment. J Consult Clin Psychol. 2000;68(4):641-9.
12. Fontenelle LF, Vítor Mendlowicz M, de Menezes GB, Papelbaum M, Freitas SR, Godoy-Matos A, et al. Psychiatric comorbidity in a Brazilian sample of patients with binge-eating disorder. Psychiatry Res. 2003;119(1-2):189-94.
13. Hudson JI, Hiripi E, Pope HG Jr, Kessler RC. The prevalence and correlates of eating disorders in the National Comorbidity Survey Replication. Biol Psychiatry. 2007;61(3):348-58.
14. Treasure J. Where do eating disorders lie on the diagnostic spectrum and what does it mean? Nord J Psychiatry. 2006;60(1):27-31.
15. Fairburn CG, Welch SL, Norman PA, O'Connor ME, Doll HA. Bias and bulimia nervosa: how typical are clinic cases? Am J Psychiatry. 1996;153(3):386-91.
16. Berkson J. Limitations of the application of fourfold table analysis to hospital data. Biometrics. 1946;2(3):47-53.
17. Hudson JI, Hudson RA, Pope Jr HG. Psychiatric comorbidity and eating disorders. In: Wonderlich S. Eating disorders review. Oxam: Radcliffe; 2005. p. 43-57.
18. Maj M. "Psychiatric comorbidity": an artefact of current diagnostic systems? Br J Psychiatry. 2005;186:182-4.
19. Halmi KA. Classification, diagnosis and comor- bidities of eating disorders: a review. In: Maj M, Halmi K, Lopez-Ibor JJ, Sartorius N, editors. Eating disorders. Chichester: John Wiley & Sons; 2003. p. 1-33.
20. Kessler RC, Berglund PA, Chiu WT, Deitz AC, Hudson JI, Shahly V, et al. The prevalence and correlates of binge eating disorder in the World Health Organization world mental health surveys. Biol Psychiatry. 2013;73(9):904-14.
21. Brewerton TD, Lydiard RB, Herzog DB, Brotman AW, O'Neil PM, Ballenger JC. Comorbidity of axis I psychiatric disorders in bulimia nervosa. J Clin Psychiatry. 1995;56(2):77-80.
22. Schwalberg MD, Barlow DH, Alger SA, Howard LJ. Comparison of bulimics, obese binge eaters, social phobics, and individuals with panic disorder on comorbidity across DSM-III-R anxiety disorders. J Abnorm Psychol. 1992;101(4):675-81.

23. Godart NT, Flament MF, Curt F, Perdereau F, Lang F, Venisse JL, et al. Anxiety disorders in subjects seeking treatment for eating disorders: a DSM-IV controlled study. Psychiatry Res. 2003;117(3):245-58.

24. Godart NT, Flament MF, Perdereau F, Jeammet P. Comorbidity between eating disorders and anxiety disorders: a review. Int J Eat Disord. 2002;32(3):253-70.

25. Herzog DB, Nussbaum KM, Marmor AK. Comorbidity and outcome in eating disorders. Psychiatr Clin North Am. 1996;19(4):843-59.

26. Bell L. Does concurrent psychopathology at presentation influence response to treatment for bulimia nervosa? Eat Weight Disord. 2002;7(3):168-81.

27. Herzog DB, Keller MB, Sacks NR, Yeh CJ, Lavori PW. Psychiatric comorbidity in treatment-seeking anorexics and bulimics. J Am Acad Child Adolesc Psychiatry. 1992;31(5):810-8.

28. Braun DL, Sunday SR, Halmi KA. Psychiatric comorbidity in patients with eating disorders. Psychol Med. 1994;24(4):859-67.

29. Råstam M, Gillberg IC, Gillberg C. Anorexia nervosa 6 years after onset: Part II. Comorbid psychiatric problems. Compr Psychiatry. 1995;36(1):70-6.

30. Perez M, Joiner TE Jr, Lewinsohn PM. Is major depressive disorder or dysthymia more strongly associated with bulimia nervosa? Int J Eat Disord. 2004;36(1):55-61.

31. Ulfvebrand S, Birgegård A, Norring C, Högdahl L, von Hausswolff-Juhlin Y. Psychiatric comorbidity in women and men with eating disorders results from a large clinical database. Psychiatry Res. 2015;230(2):294-9.

32. Fornaro M, Daray FM, Hunter F, Anastasia A, Stubbs B, De Berardis D, et al. The prevalence, odds and predictors of lifespan comorbid eating disorder among people with a primary diagnosis of bipolar disorders, and vice-versa: Systematic review and meta-analysis. J Affect Disord. 2021;280(Pt A):409-31.

33. Mangweth B, Hudson JI, Pope HG, Hausmann A, De Col C, Laird NM, et al. Family study of the aggregation of eating disorders and mood disorders. Psychol Med. 2003;33(7):1319-23.

34. Delvenne V, Goldman S, De Maertelaer V, Wikler D, Damhaut P, Lotstra F. Brain glucose metabolism in anorexia nervosa and affective disorders: influence of weight loss or depressive symptomatology. Psychiatry Res. 1997;74(2):83-92.

35. Troop NA, Serpell L, Treasure JL. Specificity in the relationship between depressive and eating disorder symptoms in remitted and nonremitted women. Int J Eat Disord. 2001;30(3):306-11.

36. Graber JA, Brooks-Gunn J. Co-occurring eating and depressive problems: an 8-year study of adolescent girls. Int J Eat Disord. 2001;30(1):37-47.

37. Pompili M, Mancinelli I, Girardi P, Ruberto A, Tatarelli R. Suicide in anorexia nervosa: a meta-analysis. Int J Eat Disord. 2004;36(1):99-103.

38. Palmer HD, Jones MS. Anorexia nervosa as a manifestation of compulsive neurosis: a study of psychogenic factors. Arch Neurol Psychiatry. 1939;41: 856-60.

39. American Psychiatric Association. Manual diagnóstico e estatístico de transtornos mentais: DSM-5. 5. ed. Porto Alegre; 2014.

40. Drakes DH, Fawcett EJ, Rose JP, Carter-Major JC, Fawcett JM. Comorbid obsessive-compulsive disorder in individuals with eating disorders: An epidemiological meta-analysis. J Psychiatr Res. 2021;141:176-91.

41. Råstam M, Gillberg C, Wentz E. Outcome of teenage-onset anorexia nervosa in a Swedish community-based sample. Eur Child Adolesc Psychiatry. 2003;12 Suppl 1:I78-90.

42. Cavallini MC, Bertelli S, Chiapparino D, Riboldi S, Bellodi L. Complex segregation analysis of obsessive-compulsive disorder in 141 families of eating disorder probands, with and without obsessive-compulsive disorder. Am J Med Genet. 2000;96(3):384-91.

43. Fontenelle LF, Cordás TA, Sassi E. Transtornos alimentares e os espectros do humor e obsessivo-compulsivo. Braz J Psychiatry. 2002;(Suppl 3):24-8.

44. Nestadt G, Addington A, Samuels J, Liang KY, Bienvenu OJ, Riddle M, et al. The identification of OCD-related subgroups based on comorbidity. Biol Psychiatry. 2003;53(10):914-20.

45. Rijkers C, Schoorl M, van Hoeken D, Hoek HW. Eating disorders and posttraumatic stress disorder. Curr Opin Psychiatry. 2019;32(6):510-7.

46. Corcos M, Nezelof S, Speranza M, Topa S, Girardon N, Guilbaud O, et al. Psychoactive substance consumption in eating disorders. Eat Behav. 2001;2(1):27-38.

47. Welch SL, Fairburn CG. Smoking and bulimia nervosa. Int J Eat Disord. 1998;23(4):433-7.

48. Bahji A, Mazhar MN, Hudson CC, Nadkarni P, MacNeil BA, Hawken E. Prevalence of substance use disorder comorbidity among individuals with eating disorders: a systematic review and meta-analysis. Psychiatry Res. 2019;273:58-66.

49. Mitchell JE, Boutacoff LI, Hatsukami D, Pyle RL, Eckert ED. Laxative abuse as a variant of bulimia. J Nerv Ment Dis. 1986;174(3):174-6.

50. Cerezo A, Matus T, Schug R. Psychiatric comorbidity among white and mexican-american women with eating disorders. Int J Eat Disord. 2003;34:62.

51. Nagata T, Kawarada Y, Ohshima J, Iketani T, Kiriike N. Drug use disorders in Japanese eating disorder patients. Psychiatry Res. 2002;109(2):181-91.

52. Russell G. Bulimia nervosa: an ominous variant of anorexia nervosa. Psychol Med. 1979;9(3):429-48.

53. Newton JR, Freeman CP, Munro J. Impulsivity and dyscontrol in bulimia nervosa: is impulsivity an independent phenomenon or a marker of severity? Acta Psychiatr Scand. 1993;87(6):389-94.

54. Lacey JH, Evans CD. The impulsivist: a multi-impulsive personality disorder. Br J Addict. 1986;81(5):641-9.

55. McElroy SL, Pope HG Jr, Hudson JI, Keck PE Jr, White KL. Kleptomania: a report of 20 cases. Am J Psychiatry. 1991;148(5):652-7.

56. Grant JE, Kim SW. Clinical characteristics and associated psychopathology of 22 patients with kleptomania. Compr Psychiatry. 2002;43(5):378-84.

57. Cucchi A, Ryan D, Konstantakopoulos G, Stroumpa S, Kaçar AŞ, Renshaw S, et al. Lifetime prevalence of non-suicidal self-injury in patients with eating disorders: a systematic review and meta-analysis. Psychol Med. 2016;46(7):1345-58.

58. Huke V, Turk J, Saeidi S, Kent A, Morgan JF. Autism spectrum disorders in eating disorder populations: a systematic review. Eur Eat Disord Rev. 2013;21(5):345-51.

59. Nickel K, Maier S, Endres D, Joos A, Maier V, Tebartz van Elst L, Zeeck A. Systematic review: overlap between eating, autism spectrum, and attention-deficit/hyperactivity disorder. Front Psychiatry. 2019;10:708.

60. Nazar BP, Bernardes C, Peachey G, Sergeant J, Mattos P, Treasure J. The risk of eating disorders comorbid with attention-deficit/hyperactivity disorder: a systematic review and meta-analysis. Int J Eat Disord. 2016;49(12):1045-57.

61. Kaisari P, Dourish CT, Higgs S. Attention deficit hyperactivity disorder (ADHD) and disordered eating behaviour: a systematic review and a framework for future research. Clin Psychol Rev. 2017;53:109-21.

62. Sansone RA, Sansone LA. Personality disorders as risk factors for eating disorders: clinical implications. Nutr Clin Pract. 2010;25(2):116-21.

63. Martinussen M, Friborg O, Schmierer P, Kaiser S, Øvergård KT, Neunhoeffer AL, et al. The comorbidity of personality disorders in eating disorders: a meta-analysis. Eat Weight Disord. 2017;22(2):201-9.

64. McDonald S. Understanding the genetics and epigenetics of bulimia nervosa/bulimia spectrum disorder and comorbid borderline personality disorder (BN/BSD-BPD): a systematic review. Eat Weight Disord. 2019;24(5):799-814.

65. Wagner AF, Vitousek KM. Personality variables and eating pathology. Psychiatr Clin North Am. 2019;42(1):105-19.

66. Wonderlich SA, Fullerton D, Swift WJ, Klein MH. Five-year outcome from eating disorders: relevance of personality disorders. Int J Eat Disord. 1994;15(3):233-43.

67. Steiger H, Stotland S. Prospective study of outcome in bulimics as a function of Axis-II comorbidity: long-term responses on eating and psychiatric symptoms. Int J Eat Disord. 1996;20(2):149-61.

LEITURAS RECOMENDADAS

American Psychiatric Association. Diagnostic and statistical manual of mental disorders. 4th ed. Washington: APA; 1994.

Brewerton TD. The problem of classification and comorbidity: relationship to trauma and post- traumatic stress disorder. In: Maj M, Halmi K, Lopez-Ibor JJ, Sartorius N, editors. Eating disorders. Chichester: John Wiley & Sons; 2003. p. 40-3.

Halmi KA, Sunday SR, Klump KL, Strober M, Leckman JF, Fichter M, et al. Obsessions and compulsions in anorexia nervosa subtypes. Int J Eat Disord. 2003;33(3):308-19.

Kaye WH, Lilenfeld LR, Plotnicov K, Merikangas KR, Nagy L, Strober M, et al. Bulimia nervosa and substance dependence: association and family transmission. Alcohol Clin Exp Res. 1996;20(5):878-81.

Keys A, Brozek J, Henschel A, Mickelsen O, Taylor HL. The biology of human starvation. Minneapolis: University of Minnesota; 1950.

MacQueen GM, Marriott M, Begin H, Robb J, Joffe RT, Young LT. Subsyndromal symptoms assessed in longitudinal, prospective follow-up of a cohort of patients with bipolar disorder. Bipolar Disord. 2003;5(5):349-55.

Matsunaga H, Kaye WH, McConaha C, Plotnicov K, Pollice C, Rao R. Personality disorders among subjects recovered from eating disorders. Int J Eat Disord. 2000;27(3):353-7.

Perugi G, Akiskal HS. The soft bipolar spectrum redefined: focus on the cyclothymic, anxious-sensitive, impulse-dyscontrol, and binge-eating connection in bipolar II and related conditions. Psychiatr Clin North Am. 2002;25(4):713-37.

Rosenvinge JH, Martinussen M, Ostensen E. The comorbidity of eating disorders and personality disorders: a meta-analytic review of studies published between 1983 and 1998. Eat Weight Disord. 2000;5(2):52-61.

Simpson SG, al-Mufti R, Andersen AE, DePaulo JR Jr. Bipolar II affective disorder in eating disorder inpatients. J Nerv Ment Dis. 1992;180(11):719-22.

Speranza M, Corcos M, Levi G, Jeammet P. Obsessive-compulsive symptoms as a correlate of severity in the clinical presentation of eating disorders: measuring the effects of depression. Eat Weight Disord. 1999;4(3):121-7.

Srinivasagam NM, Kaye WH, Plotnicov KH, Greeno C, Weltzin TE, Rao R. Persistent perfectionism, symmetry, and exactness after long-term recovery from anorexia nervosa. Am J Psychiatry. 1995;152(11):1630-4.

World Health Organization. ICD-11 for mortality and morbidity statistics (ICD-11 MMS). Geneva: WHO; 2018.

8 CURSO E PROGNÓSTICO DOS TRANSTORNOS ALIMENTARES

Glauber Higa Kaio
Marcel Higa Kaio

Transtornos alimentares (TAs) são transtornos mentais graves, incapacitantes, com múltiplas comorbidades e complicações clínicas e apresentam taxas significativamente mais altas de mortalidade, de risco de suicídio e de custos médicos em relação à população em geral.[1] Fatores como a demora na detecção dessas condições por falta de conhecimento, ambivalência em relação à recuperação e dificuldade na adesão ao tratamento podem influenciar seu curso e prognóstico.[2]

Estudos de curso e prognóstico em TAs permitem estimar aproximadamente quanto tempo e esforço serão despendidos para a superação do transtorno pelo paciente. Podem também contribuir com o planejamento do tratamento, com a elaboração de estratégias terapêuticas mais bem adaptadas às necessidades dos pacientes, bem como orientá-los em relação a custos e eficácia do tratamento.[3]

Ao se estudar o curso de um TA, a remissão, a recuperação e a mortalidade são parâmetros que descrevem possíveis desfechos na evolução do transtorno. Entretanto, ainda não existe um consenso definitivo na definição de "remissão" e "recuperação" para TAs.

Na tentativa de esclarecer essa questão, um grupo de especialistas de 19 países europeus[4] propôs definições para os termos "remissão completa" e "recuperação" dos TAs. De modo geral, os pacientes devem permanecer sem nenhum comportamento dos TAs, e as preocupações com o peso não podem ser intensas. No caso da anorexia nervosa (AN), o índice de massa corporal (IMC) deve ser superior a 19 kg/m^2. Para se considerar "remissão completa", os pacientes devem permanecer assintomáticos por no mínimo 3 meses e, para serem considerados "recuperados", por pelo menos 12 meses. Entretanto, tais propostas ainda não foram adotadas de forma generalizada. Outros autores sugerem um período de tempo de 6 meses[5] para que seus pacientes permaneçam sem sintomas de TAs para que possam ser considerados em remissão completa.

O *Manual diagnóstico e estatístico de transtornos mentais*, 5ª edição (DSM-5),[6] incluiu critérios para definir remissão diagnóstica completa ou parcial, concebendo como remissão completa as situações em que, após ter preenchido todos os critérios diagnósticos para algum TA, "nenhum critério" era mais preenchido "por um período mantido de tempo", porém sem definir uma duração específica.

A importância de adotar definições consistentes sobre remissão foi defendida por Ackard e colaboradores[7] em uma revisão que comparou sete definições empregadas para "remissão" em mulheres com AN, bulimia nervosa (BN) e transtorno alimentar sem outra especificação (TASOE). Esses autores concluíram que a definição de Bardone e colaboradores[8] foi considerada a mais robusta e a mais consistente entre os referidos diagnósticos, sugerindo, portanto, sua padronização. Bardone e colaboradores[8] propuseram que a "recuperação" em TAs deve ter uma definição mais ampla e também incluir aspectos psicológicos associados aos comportamentais e físicos do TA, que pode ser aplicada a amostras transdiagnósticas de TAs (**Quadro. 8.1**). Tal proposição foi apoiada em estudos posteriores,[9] que ressaltaram a importância de incluir aspectos cognitivos associados aos comportamentais (compulsão alimentar/purgação) nas propostas de definição de remissão, já que os aspectos psicológico e comportamental podem persistir ainda alterados após o término do tratamento.

Ainda assim, podemos encontrar variações nas taxas de remissão devido a possíveis diferenças metodológicas e clínicas entre os estudos, como tempo de tratamento, eficácia do tratamento utilizado, tipo de amostra (ambulatorial ou hospitalar), gravidade clínica no início do estudo, além da duração do transtorno antes do início do tratamento. Quanto a este último aspecto, alguns pacientes com AN e a grande maioria dos pacientes com BN e transtorno de compulsão alimentar (TCA) podem levar muito tempo, até mais de 10 anos, para buscar tratamento, impactando o curso do TA.[10] Esse aspecto foi observado em um estudo[11] realizado com amostra de pacientes em centro especializado de TAs no Brasil. O autor reportou que pacientes com AN, BN e TCA levaram, em média, 4 anos, 10 anos e 20 anos para chegarem ao tratamento, respectivamente.

Quadro 8.1
Critérios para recuperação completa e recuperação parcial

- Recuperação completa:
  1. Sem critério diagnóstico para um TA (AN, BN ou TASOE)
  2. Sem compulsão alimentar, purgação (p. ex., vômitos, uso de laxantes) ou jejum nos últimos 3 meses
  3. IMC $\geq$ 18,5kg/m^2
  4. Pontuação nas subescalas* do EDE-Q[10] dentro de 1 DP pareado para idade
- Recuperação parcial:
  Apenas critérios 1 a 3 acima (critérios físicos e comportamentais)

TA: transtorno alimentar; AN: anorexia nervosa; BN: bulimia nervosa; TASOE: transtorno alimentar sem outra especificação; IMC: índice de massa corporal; EDE-Q: Eating Disorder Examination Questionnaire; DP: desvio padrão.

* Restrição (tentativas de restringir a ingestão de alimentos); preocupação alimentar (sentir-se culpado e preocupado com a alimentação); preocupação com o peso (insatisfação e supervalorização do peso); e preocupação com a forma corporal (insatisfação e supervalorização da forma corporal).

Fonte: Elaborado com base em Bardone-Cone e colaboradores.[8]

Estudos com participantes apresentando AN acompanhados por cinco décadas (1950 a 1999) sugerem que menos da metade desses pacientes adultos se recupera, um terço melhora, mas continua com sintomas, enquanto um quinto desenvolve um curso crônico, evolução igualmente encontrada em estudos com indivíduos de BN acompanhados por três décadas (1979 a 2009).[12,13] Por sua vez, poucos são os relatos sobre o curso de TCA, e ainda mais escassos são os estudos de longo prazo para transtorno alimentar restritivo/evitativo (TARE), pica e transtorno de ruminação, talvez pela inclusão mais recente dessas patologias em relação aos TAs clássicos (AN e BN) nos sistemas classificatórios de transtornos mentais. Portanto, neste capítulo, será dada maior ênfase ao curso e ao prognóstico de AN, BN e TCA, já que para outros TAs ainda não existem evidências suficientes para determinar a provável evolução dessas patologias.[14]

ANOREXIA NERVOSA

REMISSÃO

Estudos de seguimento em AN variam de 2 anos a cerca de 30 anos[15] e apresentam grande amplitude em relação às taxas de remissão. Os primeiros estudos foram realizados a partir de 1950 e foram revisados por Steinhausen em 2009,[16] cuja revisão incluiu 119 estudos envolvendo mais de 5.500 pacientes. Esse autor conclui que aproximadamente 50% dos pacientes estavam totalmente recuperados, um terço tinha apresentado melhora parcial e um quinto tinha um curso crônico. Verificou-se também que a taxa de remissão era diretamente proporcional ao tempo de seguimento: as taxas médias de remissão aumentaram de 32,6% (estudos de seguimento de até 4 anos) para 47% (estudos de 4 a 10 anos de acompanhamento) e, posteriormente, para 73,2% (estudos com seguimento maior que 10 anos).

Três estudos de seguimento com cerca de 20 anos de acompanhamento, um com uma amostra comunitária[15] e dois com amostras ambulatoriais,[17,18] reportaram taxa de remissão completa de cerca de 65% dos casos no seguimento. No estudo de Eddy e colaboradores,[17] os autores constataram que as pacientes com AN continuaram em estado de remissão ao longo do acompanhamento e que houve melhora contínua dos sintomas após a primeira década de seguimento, pois quase um terço dos indivíduos havia se recuperado em uma média de 9 anos, e quase dois terços haviam atingido a remissão completa em 22 anos. Dos pacientes que não tiveram remissão durante a primeira década do estudo, cerca de 50% atingiram a recuperação no longo prazo. Outro estudo com seguimento de longo prazo,[19] mas com amostra de pacientes internados, encontrou taxas menores de remissão, de aproximadamente 30% para remissão completa (ausência de diagnóstico de qualquer TA, inclusive de TASOE, pelo DSM-IV[20] por um período de 3 meses no seguimento e amostra total com média de 10 anos de seguimento) e de 40% para o subgrupo de pacientes (n = 112) com seguimento de mais de 20 anos.

As maiores taxas de remissão foram encontradas no estudo de Nilsson e Hägglöf,[21] 67 e 85%, em avaliações realizadas 8 e 16 anos após o início do tratamento, respectivamente. As menores taxas de remissão – 23% em seguimento de 2 anos[22] e 29% em seguimento de 2,5 anos[23] – são provenientes de estudos que envolveram amostras de pacientes possivelmente mais graves, que necessitaram de internação. Um estudo brasileiro[11] constatou que pacientes com AN apresentaram taxa de remissão completa em cerca de 50% dos casos após 2 a 5 anos da entrada no serviço, taxa que está alinhada com as encontradas em outros estudos.[5,24] Estudos em adolescentes com AN indicam que aproximadamente 70% atingem a remissão.[12]

EVOLUÇÃO AO LONGO DO TEMPO

Em um estudo de revisão de Keel e Brown,[26] a maior parte de indivíduos com AN que não obtiveram remissão migrou de diagnóstico para BN ou para TASOE. Fichter e colaboradores[19] também descreveram que grande parte das migrações diagnósticas dos pacientes internados com AN foi para TASOE (40%), e poucas migrações ocorreram para BN (7,5%). Outros estudos também encontraram baixa migração de AN para BN, a exemplo do estudo de Castellini e colaboradores,[24] com taxa de migração diagnóstica de 11% no seguimento de 3 anos após o fim do tratamento de pacientes ambulatoriais. Migração de AN para TCA é descrita pelos estudos como "rara" ou "ausente", tanto a curto quanto a longo prazo,[19,26] assim como a descrição de migração para obesidade no acompanhamento (apenas 5 em 1.139 pacientes).[19]

Quanto à manutenção diagnóstica, Fichter e colaboradores[26] encontraram taxas de 30% em 2 anos, 25% em 6 anos e 20% em 12 anos de seguimento, as quais se mostraram inversamente proporcionais ao tempo de seguimento. Outro estudo mais recente do mesmo grupo[19] encontrou taxa de manutenção de AN de 10% em uma média de 20 anos de seguimento. Outros autores encontraram porcentagens de manutenção diagnóstica para AN variando entre 16 e 21% em seguimentos entre 2,5 e 6,5 anos.[23] No estudo de Fichter e colaboradores,[19] observou-se que 64% (n = 729/1.139) dos pacientes previamente diagnosticados com AN ainda apresentavam algum diagnóstico de TA no seguimento, e, no estudo de Eddy e colaboradores,[17] daqueles que obtiveram remissão no seguimento (média de 9 anos), 10,5% recidivaram a longo prazo.

MORTALIDADE

Segundo revisão de Keel e Brown,[25] as taxas brutas de mortalidade variaram de 0 a 8% entre os estudos específicos de AN. Em uma revisão mais recente,[1] os autores usaram uma estratégia diferente e decidiram não incluir estudos que descreveram taxas brutas de mortalidade, pois estas não permitem comparações com população-controle. Dessa forma, descreveram taxas de mortalidade por TAs em relação às taxas de mortalidade esperadas na população em geral de mesma idade e sexo – razão de mortalidade padronizada (SMR, do inglês *standardized mortality ratio*) – ou em relação a um grupo-controle pareado por idade e sexo (razão de risco de mortalidade – *death hazard ratio*). Assim, comentaram que dois estudos avaliaram indivíduos com AN e AN atípica segundo critérios diagnósticos da 10ª edição da *Classificação internacional de doenças e problemas relacionados à saúde* (CID-10):[27] um deles relatou taxa SMR de 5,21 (intervalo de confiança [IC] de 95%: 3,77-7,02) em usuários de serviços secundários de saúde mental,[28] e o outro relatou razão de risco de 6,5 (IC 95%: 3,46-12,26) em indivíduos tratados em serviço especializado em TAs.[29] Essas taxas encontradas permitiram algumas conclusões: que eram comparáveis à SMR de 5,86 (IC 95%: 4,17-8,26) de uma metanálise[30] envolvendo 25 estudos com cerca de 12 mil pacientes com AN em uma média de 14 anos de seguimento e que eram maiores que o risco relativo de 2,22 (IC 95%: 2,12-2,33) para mortalidade de transtornos mentais *versus* controles (148 estudos).[31] Este último achado nos leva a concluir que as taxas de mortalidade para indivíduos com AN que foram internados são as mais altas comparadas à média para transtornos mentais.

Em outro estudo recente,[2] pacientes com AN apresentavam probabilidade maior de morrerem quando comparados a seus controles – com razão de risco de 2,33 (IC 95%: 1,95-2,78), e isso foi mais evidente em mulheres – com razão de risco de 2,53 (IC 95%: 2,09-3,05). Dentro de 15 anos após o diagnóstico, 6% dos pacientes com AN foram a óbito. Ackard e colaboradores[7] compararam três grupos de idade (< 18 anos, 18-39 anos e ≥ 40 anos) em pacientes com AN, avaliando desfechos do tratamento e taxas de mortalidade. Observou-se que a faixa etária com maior taxa de mortalidade e pior funcionamento social, interpessoal e pior qualidade de vida se encontrava na faixa dos 18 a 39 anos. Por fim, um estudo de 12 anos de seguimento de pacientes internados[32] demonstrou que aqueles que morreram apresentavam altas taxas de depressão, introversão e uso abusivo de laxantes e tinham menores IMCs, autoestima baixa, sentimento de inadequação e pobre funcionamento social na admissão da internação.

Entre as causas de morte em indivíduos com AN, suicídio é a segunda causa, o que representa 20% das mortes.[30] De acordo com uma metanálise,[33] indivíduos com AN apresentam 18 vezes maior risco de morrer por suicídio em comparação à população em geral de indivíduos do sexo feminino (15 a 34 anos). Demmler e colaboradores[2] constataram que as causas mais frequentes de morte (59,4%) nos indivíduos com AN eram colapso circulatório, caquexia e falência dos órgãos. Segundo Steinhausen,[16] o desfecho da AN de início na adolescência foi mais favorável em termos de mortalidade e cronicidade do que o desfecho da AN com início variável, incluindo pacientes com início na vida adulta.

BULIMIA NERVOSA

REMISSÃO

Segundo a revisão de Steinhausen,[16] que envolveu 27 estudos, aproximadamente 45% dos pacientes com BN atingiram recuperação total, 27% tiveram melhora significativa, e cerca de 23% tiveram curso crônico. As maiores taxas de recuperação atingiram um pico entre 4 e 9 anos de seguimento, e não houve melhora substancial após os 10 anos. Esses dados foram também confirmados em um estudo de longo prazo[17] que demonstrou que os pacientes com BN que tiveram recuperação (mais de dois terços) até os 9 anos de seguimento não apresentavam melhora adicional para atingir recuperação sustentada ao longo do seguimento de 22 anos. Assim, os autores concluíram que, se a recuperação não foi observada durante a primeira década de seguimento, seria menos provável que isso acontecesse na década seguinte. Outra observação feita pelos autores foi que a recuperação da BN (tempo médio estimado de 3,8 anos) era mais rápida que a da AN. Os autores constataram que as taxas de recuperação não aumentaram com o tempo, sugerindo que remissão "breve", a curto prazo, é um importante fator prognóstico para BN, como referido no estudo de revisão de Keel e Brown (2010),[25] que relatou que aqueles pacientes que não alcançaram a remissão por volta dos 5 anos do início do tratamento estão em maior risco para demonstrar curso crônico. Outro estudo,[34] porém, com uma amostra de pacientes com BN mais graves, internados, relatou que 38% tiveram remissão após 11 anos e 42% após os 21 anos, esta última taxa muito próxima à do estudo de Eddy e colaboradores,[17] com pacientes em tratamento ambulatorial.

EVOLUÇÃO AO LONGO DO TEMPO

A migração diagnóstica para outro TA (cerca de 20%) foi descrita em um estudo de revisão incluindo 23 estudos de seguimento com indivíduos com BN,[13] sendo TASOE o diagnóstico mais comum, também visto como quadros de BN subclínica. Poucos pacientes evoluíram para AN e TCA, como foi observado em outros estudos.[11,24,34] A possível migração de BN para AN parece ser mais infrequente, sendo muito mais provável se reter o diagnóstico original de BN a migrar para AN no acompanhamento.

Quanto à manutenção diagnóstica, estudos de seguimento de longo prazo observaram que, quanto maior o tempo de seguimento, menor a taxa de retenção diagnóstica: 21% e 10% em 6 e 12 anos de seguimento,[26] respectivamente; 11% em 20 anos de seguimento;[35] e 12% em 21 anos de seguimento.[34]

Períodos de recaída da BN também foram comentados em alguns estudos. No estudo de Keel e colaboradores,[35] das mulheres que não se recuperaram aos 10 anos de seguimento, 10% tiveram recaída e preencheram critérios para um TA nos 20 anos de seguimento. No estudo de Eddy e colaboradores,[17] 20,5% dos indivíduos com BN que atingiram recuperação na primeira década de seguimento recidivaram aos 22 anos de seguimento.

MORTALIDADE

As taxas brutas de mortalidade variaram de 0 a 2%.[25] Comparando a mortalidade de BN com grupos-controle, foi encontrada razão de risco de 1,41 (IC 95%: 1,13-1,77) para BN e BN atípica[2] (critérios da CID-10), taxa que é semelhante à SMR de 1,5 (IC 95%:

1,1-2,0) para BN[36] (critérios do DSM-IV) e à SMR de 1,9 (IC 95%: 1,4-2,6) na metanálise de Arcelus e colaboradores.[30] O estudo de Demmler e colaboradores[2] constatou que, embora a mortalidade prematura em BN possa ser menor comparada à da AN, ela foi significativamente elevada e, de modo semelhante à AN, o suicídio foi a causa mais comum de morte não natural. Quadflieg e Fichter[34] encontraram que suicidalidade ao longo da vida estava presente em 59% da sua amostra de pacientes com BN. Em geral, as taxas de mortalidade em BN são menores do que as encontradas na AN, e, ajustando-se para a duração do acompanhamento, a morte parece ser quase cinco vezes mais provável de ocorrer em AN se comparada à BN.

TRANSTORNO DE COMPULSÃO ALIMENTAR

REMISSÃO

A remissão se mostrou variada entre os estudos de 1 ano de acompanhamento (25 a 80%), e são taxas maiores comparadas às observadas em pacientes com AN e BN no mesmo período.[25] Altas taxas de remissão (60 a 82%) são encontradas na maioria dos estudos de médio ou longo prazos.[24,5]

EVOLUÇÃO AO LONGO DO TEMPO

Vários autores apontam um curso prolongado desse transtorno. A duração média ao longo da vida foi de 14,4 anos no estudo de Pope e colaboradores.[37] Esse intervalo de tempo também foi observado em estudo brasileiro (duração média de 17,9 anos de doença).[11] Keel e Brown[25] reportaram que um terço dos indivíduos com TCA que não tiveram remissão em 1 ano de seguimento mantiveram o diagnóstico, com pouca possibilidade de migração diagnóstica para AN ou BN. Já em um estudo de seguimento de 6 anos,[24] a migração diagnóstica para BN foi de 7,1% e foi associada a vários preditores, entre eles início do transtorno com idade mais jovem e frequência maior de compulsão alimentar subjetiva de acordo com o DSM-IV e o DSM-5. A migração para AN foi considerada praticamente nula. Nesse mesmo estudo,[24] pacientes que atingiram remissão no fim do tratamento tiveram recaída de 11,4%, definida como retorno à síndrome completa ou ao diagnóstico de TASOE (DSM-IV) depois de um período de remissão. Em um estudo com pacientes internados,[38] um terço ainda preenchia critérios diagnósticos para algum TA aos 12 anos de seguimento. Por fim, quanto à manutenção diagnóstica após início do tratamento, Fichter e Quadflieg[26] relataram 1,7% em 2 anos e 6,7% em 6 e 12 anos de seguimento.

MORTALIDADE

Um estudo com 12 anos de seguimento de pacientes internados[38] relatou taxa bruta de mortalidade do TCA de 2,9% e SMR de 2,29 (IC 95%: 0,00-5,45). Outros dois estudos, um com amostra mista[29] (pacientes ambulatoriais na maioria, mas também com pacientes internados ou tratados em regime de hospital-dia) e outro com pacientes internados,[36] demonstraram SMR de 1,77 (IC 95%: 0,60-5,27) e 1,5 (0,9-2,4), respectivamente, mas nenhuma das taxas foi significativamente maior que as dos controles. No estudo de Demmer e colaboradores,[2] todas as causas de morte não natural em pacientes com TCA foram atribuídas ao suicídio.

TRANSTORNO ALIMENTAR SEM OUTRA ESPECIFICAÇÃO

REMISSÃO

A grande maioria dos estudos publicados de TASOE utilizou critérios diagnósticos do DSM-IV,[20] em que pacientes com AN com todas as características clínicas, porém sem apresentar amenorreia, por exemplo, seriam diagnosticados com TASOE. Atualmente, com a mudança nos critérios diagnósticos do DSM-5,[6] esses indivíduos seriam diagnosticados com a síndrome completa (AN), considerando que os critérios estão mais abrangentes. Portanto, os dados dos estudos precisam ser analisados com cautela.

Além disso, Agras e colaboradores[5] ressaltam que TASOE é uma categoria transitória para remissão de um TA ou para recaída de uma síndrome completa e que o diagnóstico de TASOE deve ser dado apenas se um indivíduo nunca apresentou um TA prévio; ou seja, se um indivíduo com AN está a caminho da remissão e apresenta diagnóstico de TASOE (avaliado de forma transversal), deve permanecer com o diagnóstico de AN. Consequentemente, o número de síndromes completas aumentaria, e só seriam considerados TASOE os casos "puros". Nesse mesmo estudo, os autores reportaram que indivíduos com TASOE remitiram muito mais rápido que indivíduos com AN e BN, mas não em relação ao TCA. A maioria dos estudos de 2 a 5 anos de seguimento encontrou taxas pouco maiores que dois terços de remissão.[23]

Grilo e colaboradores[39] encontraram taxas muito próximas de remissão de BN e TASOE, entre 74 e 83%, sugerindo que esses transtornos apresentaram taxas e padrões de remissão semelhantes. Esses autores consideram que as taxas de remissão de TASOE são mais favoráveis ao longo do tempo em relação à BN. Porém, um estudo de 20 anos de seguimento[35] relatou que taxas de 75% e 72% foram encontradas para TASOE e BN, respectivamente, sem diferença estatística entre elas. Os indivíduos com TASOE em seguimento a curto prazo e caracterizados por sintomas bulímicos podem ter maior probabilidade de atingir a remissão, porém 25% podem seguir um curso crônico.[25]

EVOLUÇÃO AO LONGO DO TEMPO

Quanto à migração diagnóstica, alguns estudos relataram migração de TASOE para outros TAs após o início do tratamento. As taxas geralmente são baixas, mas variaram em até um quarto dos pacientes migrando para AN ou para BN em um estudo de 4 anos de seguimento.[5] Isso pode significar piora dos sintomas em vez de migração, pois essa migração poderia representar o início de um TA. Nesse mesmo estudo,[5] a manutenção diagnóstica foi de 14%.

MORTALIDADE

Segundo um estudo de revisão,[25] estudos de seguimento de TASOE publicados de 2004 até setembro de 2009, incluindo um publicado em 2010,[35] de seguimento de 20 anos, não encontraram nenhuma morte em pacientes internados ou em amostra comunitária (maioria dos estudos). Entretanto, outro estudo, de 16 anos de seguimento, com pacientes internados,[36] relatou que um quarto dos indivíduos com TASOE foi a óbito, principalmente na faixa etária de 35 a 44 anos.

EVOLUÇÃO AO LONGO DO TEMPO - PACIENTES DO SEXO MASCULINO

A maioria dos estudos com indivíduos do sexo masculino é com pacientes com AN, e o desfecho do tratamento também varia, assim como nos estudos com mulheres, devido a diferentes definições de remissão empregadas e à duração do acompanhamento. Estudos com indivíduos com AN apresentam amostra pequena (menos de 25 homens), e estudos com amostras maiores reportam basicamente dados de mortalidade. No maior estudo prospectivo de acompanhamento clínico em indivíduos do sexo masculino hospitalizados[40] (n = 119), os autores compararam desfecho de tratamento entre pacientes homens e mulheres internados com TAs e encontraram que as taxas de remissão para AN eram comparáveis entre os grupos (cerca de 40%) no fim do tratamento. No seguimento, mais homens migraram para TASOE que mulheres (34% vs. 19%). Um estudo do mesmo grupo[41] encontrou taxa bruta de mortalidade para homens internados de 12,9%, 11,1% e 6,4% para AN, BN e TASOE, respectivamente, e SMR significativamente elevado, de 5,91 (IC 95%: 3,56-9,23) para AN (média de 7 anos de seguimento) e de 3,40 (IC 95%: 1,37-7,01) para TASOE (5 anos de seguimento).

FATORES PROGNÓSTICOS

Fatores prognósticos são variáveis que podem influenciar de forma negativa ou positiva o curso de um transtorno, e, no caso dos TAs, os resultados dos estudos mostram inconsistência nos achados de evolução de tratamento, pois um fator prognóstico estatisticamente significante em um estudo pode não ser assim caracterizado em outro. As diferenças metodológicas dos estudos, como, por exemplo, uso de diferentes sistemas de classificação diagnóstica, tamanho da amostra, tratamento em diferentes *settings* (ambulatorial ou hospitalar), duração do seguimento e diferentes definições para remissão, podem gerar conclusões enviesadas.[34]

Vall e Wade[42] realizaram uma metanálise e encontraram fatores prognósticos favoráveis para desfechos de tratamento, ambos a médio e longo prazos em todos os TAs (**Quadro 8.2**). Porém, os tamanhos de efeito variaram muito entre os estudos e foram de pequenos a moderados, sugerindo que pode ocorrer recuperação em pacientes com TAs, mesmo havendo preditores negativos. A mudança precoce dos sintomas foi apontada nesse estudo como o melhor preditor de evolução de tratamento em todos os TAs.

Para AN, apresentar maior tempo de doença antes do tratamento, necessidade de internação ou longo tempo de tratamento foram relatados como fatores que podem ajudar a prever desfechos piores no seguimento em vários estudos.[21,32,43] Fichter e colaboradores[19] relataram apenas quatro fatores prognósticos negativos que foram estatisticamente significantes na sua amostra de pacientes internados: baixo IMC na admissão, alta pontuação no questionário Eating Disorders Inventory (EDI) (escala Maturity Fears)[44] na admissão, menos anos de seguimento e maior idade na admissão. Ainda nesse mesmo estudo, mulheres que eram mães (um ou mais filhos) tinham melhor prognóstico (menos recaídas) em relação a mulheres sem filhos (50% vs. 70%; $p < .001$). Wentz e colaboradores[43] relataram que traços de personalidade obsessivo-compulsivos que estavam presentes no início do quadro de AN e traços autistas pré-mórbidos são variáveis negativas em pacientes com AN com início na adolescência. O abuso de álcool ou drogas e distúrbios endócrinos também foram apontados como fatores de desfechos negativos ou morte.[7] A presença de sintomas obsessivo-compulsivos foi associada a risco de perda de peso mais rápida e a um período mais longo necessário para restauração de peso.[45] O desejo de ter um peso

■ Quadro 8.2
Fatores prognósticos relacionados a desfechos favoráveis do tratamento e preditores relacionados ao abandono do tratamento

Fatores prognósticos favoráveis	Preditores de abandono do tratamento
▪ Menos ECAs/purgação* ▪ Maior IMC ▪ Alta motivação para se recuperar ▪ Menor grau de depressão ▪ Menos comorbidades psiquiátricas ▪ Menor preocupação com peso/forma corporal ▪ Boa qualidade nos relacionamentos interpessoais* ▪ Menos problemas familiares	▪ Mais ECAs/purgação* ▪ Menor motivação para se recuperar

ECAs: episódios de compulsão alimentar; IMC: índice de massa corporal.
* No início do tratamento.

muito menor, menor pontuação no EDI e ter feito tratamento em uma clínica geral (vs. clínica especializada em TAs) foram vistos como fatores preditores de recaída.[46] Como fatores prognósticos positivos no seguimento foram relatados: IMC mais alto[19,47] e menor idade na admissão de pacientes internados[19,47] e IMC mais alto[47] no término do tratamento (pacientes internados ou em regime de hospital-dia ou em tratamento em residências terapêuticas).

Em relação à BN, as comorbidades psiquiátricas,[23,42] a gravidade dos sintomas psiquiátricos gerais,[23] a presença de transtorno da personalidade evitativa[39] e história familiar de abuso de álcool[25] são relatados como fatores prognósticos negativos. Porém, Quadflieg e colaboradores[41] observaram, em sua amostra de pacientes internados, que aqueles que se apresentavam com maior gravidade clínica na admissão (maior insatisfação corporal, história de abuso de álcool ao longo da vida, suicidalidade ao longo da vida, sintomas obsessivo-compulsivos, psicoticismo) eram igualmente prováveis de ter desfecho favorável comparados a pacientes clinicamente menos graves na admissão, fato este contrário à observação encontrada na literatura. Os fatores prognósticos desfavoráveis encontrados nesse estudo estão descritos na **Tabela 8.1**. Nesse estudo também se observou que ser casado ou divorciado na admissão aumentou a probabilidade de desfecho negativo no nível de tendência (OR = 1,46; $p < 0,10$). Dos indivíduos que se casaram antes do início do tratamento, 30% eram divorciados no momento da admissão. Abraham[48] descreveu que 81% da sua amostra de mulheres com BN se casou durante o seguimento de 10 a 15 anos, mas 46% se divorciaram, concluindo que o risco de fracasso do casamento tem maior chance de ocorrer quando o transtorno está ativo no momento do casamento. Isso sugeriu que, se o transtorno estiver presente antes do casamento, há associação negativa para casamento bem-sucedido e BN. Eddy e colaboradores[17] observaram que pacientes com BN não continuaram a apresentar remissão com o tempo de seguimento, sugerindo que remissão precoce é uma importante variável para desfecho do tratamento.

■ Tabela 8.1
Fatores prognósticos desfavoráveis para bulimia nervosa

Fatores desfavoráveis	p
▪ Menos anos de seguimento	< 0,001
▪ Maior idade	< 0,01
▪ Maior pontuação no questionário EDI Drive for Thinness	< 0,01
▪ Baixa pontuação no GAF	< 0,05
▪ Ser casado ou divorciado	< 0,10
▪ Alta pontuação no BDI	< 0,10

EDI: Eating Disorder Inventory; GAF: Global Assessment of Functioning; BDI: Inventário de Depressão de Beck.
Fonte: Quadflieg e Fichter.[34]

Em relação ao TCA, os problemas interpessoais, história de abuso sexual e comorbidade psiquiátrica foram descritos como preditores negativos.[38] No estudo de Lydecker e Grilo,[49] com mais de 600 indivíduos (40% com comorbidade psiquiátrica no momento do estudo, 22% com transtorno do humor e 23% com transtorno de ansiedade), a presença de comorbidade psiquiátrica foi associada a psicopatologia alimentar mais grave. Assim, também, a comorbidade psiquiátrica esteve associada a maior frequência de episódios de compulsão alimentar (ECAs) e menor taxa de remissão de ECAs em relação aos que não tinham comorbidade após o tratamento (30,1 vs. 41,5%). Entretanto, a presença de comorbidade não foi um preditor significante, nem moderou a perda de peso. Além disso, transtorno do humor comórbido foi preditor negativo significativo para menor remissão de ECA após o tratamento.

Quanto ao TASOE, ou em estudos com amostras com diagnósticos mistos, o baixo IMC e o diagnóstico de AN foram apontados como fatores de mau prognóstico.[22,23] A ausência de amigos próximos também foi descrita como preditor desfavorável.[23]

Poucos estudos descreveram fatores prognósticos em pacientes masculinos. Idade mais tardia na admissão (≥ 27 anos), baixo IMC (< 15 kg/m^2) na admissão e AN do subtipo restritivo estavam significativamente associados com aumento de mortalidade.[50] Comorbidade psiquiátrica em pacientes com AN estava relacionada com maior SMR em comparação a pacientes sem comorbidade (9,1 vs. 1,6).[51]

CONSIDERAÇÕES FINAIS

Embora os TAs sejam considerados crônicos, com manutenção de um diagnóstico de TA ou de sintomas de TAs em um terço dos pacientes que receberam tratamento ambulatorial, a literatura relacionada sugere que, mesmo após os 10 primeiros anos sem melhora considerável, pacientes com AN podem atingir a remissão completa ao longo de 20 anos de seguimento, mostrando que uma melhoria contínua do quadro pode ainda ocorrer. Em contrapartida, pacientes com BN atingem pico de remissão entre 4 e 9 anos e não parecem se recuperar de forma substancial após a primeira década de tratamento. Poucos estudos de longo prazo foram realizados em TCA e em outros TAs (TARE, pica, transtorno de ruminação, transtorno de purgação). Estudos de longo prazo com grandes amostras clínicas precisam ser realizados em TAs buscando a identificação de preditores de desfecho de tratamento, assim como a utilização de definições de remissão e recuperação de forma padronizada entre os estudos, aplicável a todos os diagnósticos de TAs.

A porcentagem de mulheres adultas com TAs que estão "em remissão" varia amplamente, dependendo dos critérios de remissão utilizados. Tal variabilidade cria dificuldades evitáveis ao se tentar comparar a eficácia das diferentes modalidades de tratamento. Desse modo, é imprescindível que as definições de remissão mostrem alta concordância entre todos os diagnósticos de TAs para que sua real capacidade de detectar melhorias na qualidade de vida dos pacientes fique evidenciada.

REFERÊNCIAS

1. van Hoeken D, Hoek HW. Review of the burden of eating disorders: mortality, disability, costs, quality of life, and family burden. Curr Opin Psychiatry. 2020;33(6):521-7.
2. Demmler JC, Brophy ST, Marchant A, John A, Tan JOA. Shining the light on eating disorders, incidence, prognosis and profiling of patients in primary and secondary care: national data linkage study. Br J Psychiatry. 2020;216(2):105-12.
3. Jagielska G, Kacperska I. Outcome, comorbidity and prognosis in anorexia nervosa. Psychiatr Pol. 2017;51(2):205-18.
4. Kordy H, Krämer B, Palmer RL, Papezova H, Pellet J, Richard M, et al. Remission, recovery, relapse, and recurrence in eating disorders: conceptualization and illustration of a validation strategy. J Clin Psychol. 2002;58(7):833-46.
5. Agras WS, Crow S, Mitchell JE, Halmi KA, Bryson S. A 4-year prospective study of eating disorder NOS compared with full ED syndromes. Int J Eat Disord. 2009;42(6):565-70.
6. American Psychiatric Association. Manual diagnóstico e estatístico de transtornos mentais: DSM-5. 5. ed. Porto Alegre: Artmed; 2014.
7. Ackard DM, Richter SA, Egan AM, Cronemeyer CL. What does remission tell us about women with eating disorders? Investigating applications of various remission definitions and their associations with quality of life. J Psychosom Res. 2014;76(1):12-8.
8. Bardone-Cone AM, Harney MB, Maldonado CR, Lawson MA, Robinson DP, Smith R, et al. Defining recovery from an eating disorder: Conceptualization, validation, and examination of psychosocial functioning and psychiatric comorbidity. Behav Res Ther. 2010;48(3):194-202.
9. Gorrell S, Matheson BE, Lock J, Le Grange D. Remission in adolescents with bulimia nervosa: Empirical evaluation of current conceptual models. Eur Eat Disord Rev. 2020;28(4):445-53.
10. National Institute for Health and Care Excellence. Eating disorders: recognition and treatment full guideline. London: NICE; 2017.
11. Kaio GH. Migração diagnóstica e remissão em transtornos alimentares: evolução de uma amostra clínica [tese]. São Paulo: Universidade Federal de São Paulo; 2013.
12. Steinhausen HC. The outcome of anorexia nervosa in the 20th century. Am J Psychiatry. 2002;159(8):1284-93.
13. Steinhausen HC, Weber S. The outcome of bulimia nervosa: findings from one-quarter century of research. Am J Psychiatry. 2009;166(12):1331-41.
14. Bryant-Waugh R. Avoidant/restrictive food intake disorder. Child Adolesc Psychiatr Clin N Am. 2019;28(4): 557-65.
15. Dobrescu SR, Dinkler L, Gillberg C, Råstam M, Gillberg C, Wentz E. Anorexia nervosa: 30-year outcome. Br J Psychiatry. 2020;216(2):97-104.
16. Steinhausen HC. Outcome of eating disorders. Child Adolesc Psychiatr Clin N Am. 2009;18(1):225-42.
17. Eddy KT, Tabri N, Thomas JJ, Murray HB, Keshaviah A, Hastings E, et al. Recovery from anorexia nervosa and bulimia nervosa at 22-year follow-up. J Clin Psychiatry. 2017;78(2):184-9.
18. Andrés-Pepiñá S, Plana MT, Flamarique I, Romero S, Borràs R, Julià L, et al. Long-term outcome and psychiatric comorbidity of adolescent-onset anorexia nervosa. Clin Child Psychol Psychiatry. 2020;25(1):33-44.
19. Fichter MM, Quadflieg N, Crosby RD, Koch S. Long-term outcome of anorexia nervosa: results from a large clinical longitudinal study. J Eat Disord. 2017;50(9):1018-30.
20. American Psychiatric Association. Diagnostic and statistical manual of mental disorders: DSM-IV. 4th ed. Washington: APA; 2000.
21. Nilsson K, Hägglöf B. Long-term follow-up of adolescent onset anorexia nervosa in Northern Sweden. Eur Eat Disorders Rev. 2005;13:89-100.
22. Rø O, Martinsen EW, Hoffart A, Rosenvinge J. Two-year prospective study of personality disorders in adults with longstanding eating disorders. Int J Eat Disord. 2005;37(2):112-8.

23. Clausen L. Time to remission for eating disorder patients: a 2(½)-year follow-up study of outcome and predictors. Nord J Psychiatry. 2008;62(2):151-9.

24. Castellini G, Lo Sauro C, Mannucci E, Ravaldi C, Rotella CM, Faravelli C, et al. Diagnostic crossover and outcome predictors in eating disorders according to DSM-IV

25. Keel PK, Brown TA. Update on course and outcome in eating disorders. Int J Eat Disord. 2010;43(3):195-204.

26. Fichter MM, Quadflieg N. Long-term stability of eating disorder diagnoses. Int J Eat Disord. 2007;40 Suppl:S61-6.

27. Organização Mundial de Saúde. Classificação de transtornos mentais e de comportamento da CID-10. Porto Alegre: Artmed; 1993.

28. Himmerich H, Hotopf M, Shetty H, Schmidt U, Treasure J, Hayes RD, et al. Psychiatric comorbidity as a risk factor for the mortality of people with bulimia nervosa. Soc Psychiatry Psychiatr Epidemiol. 2019;54(7):813-21.

29. Suokas JT, Suvisaari JM, Gissler M, Löfman R, Linna MS, Raevuori A, et al. Mortality in eating disorders: a follow-up study of adult eating disorder patients treated in tertiary care, 1995-2010. Psychiatry Res. 2013;210(3):1101-6.

30. Arcelus J, Mitchell AJ, Wales J, Nielsen S. Mortality rates in patients with anorexia nervosa and other eating disorders. A meta-analysis of 36 studies. Arch Gen Psychiatry. 2011;68(7):724-31.

31. Walker ER, McGee RE, Druss BG. Mortality in mental disorders and global disease burden implications: a systematic review and meta-analysis. JAMA Psychiatry. 2015;72(4):334-41.

32. Fichter MM, Quadflieg N, Hedlund S. Twelve-year course and outcome predictors of anorexia nervosa. Int J Eat Disord. 2006;39(2):87-100.

33. Keshaviah A, Edkins K, Hastings ER, Krishna M, Franko DL, Herzog DB, et al. Re-examining premature mortality in anorexia nervosa: a meta-analysis redux. Compr Psychiatry. 2014;55(8):1773-84.

34. Quadflieg N, Fichter MM. Long-term outcome of inpatients with bulimia nervosa-Results from the Christina Barz Study. Int J Eat Disord. 2019;52(7):834-45.

35. Keel PK, Gravener JA, Joiner TE Jr, Haedt AA. Twenty-year follow-up of bulimia nervosa and related eating disorders not otherwise specified. Int J Eat Disord. 2010;43(6):492-7.

36. Fichter MM, Quadflieg N. Mortality in eating disorders: results of a large prospective clinical longitudinal study. Int J Eat Disord. 2016;49(4):391-401.

37. Pope HG Jr, Lalonde JK, Pindyck LJ, Walsh T, Bulik CM, Crow SJ, et al. Binge eating disorder: a stable syndrome. Am J Psychiatry. 2006;163(12):2181-3.

38. Fichter MM, Quadflieg N, Hedlund S. Long-term course of binge eating disorder and bulimia nervosa: relevance for nosology and diagnostic criteria. Int J Eat Disord. 2008;41(7):577-86.

39. Grilo CM, Pagano ME, Skodol AE, Sanislow CA, McGlashan TH, Gunderson JG, et al. Natural course of bulimia nervosa and of eating disorder not otherwise specified: 5-year prospective study of remissions, relapses, and the effects of personality disorder psychopathology. J Clin Psychiatry. 2007;68(5):738-46.

40. Strobel C, Quadflieg N, Naab S, Voderholzer U, Fichter MM. Long-term outcomes in treated males with anorexia nervosa and bulimia nervosa-A prospective, gender-matched study. Int J Eat Disord. 2019;52(12):1353-64.

41. Quadflieg N, Strobel C, Naab S, Voderholzer U, Fichter MM. Mortality in males treated for an eating disorder-A large prospective study. Int J Eat Disord.

42. Vall E, Wade TD. Predictors of treatment outcome in individuals with eating disorders: a systematic review and meta-analysis. In J Eat Disord. 2015;48(7):946-71.

43. Wentz E, Gillberg IC, Anckarsäter H, Gillberg C, Råstam M. Adolescent-onset anorexia nervosa: 18-year outcome. Br J Psychiatry. 2009;194(2):168-74.

44. Garner DM, Olmstead MP, Polivy J. Development and validation of a multidimensional eating disorder inventory for anorexia nervosa and bulimia. Int J Eat Disord. 1983;2:15-34.

45. Błachno M, Bryńska A, Tomaszewicz-Libudzic C, Jagielska G, Srebnicki T, Wiśniewski A, et al. Obsessive-compulsive symptoms and physical activity in patients with anorexia nervosa possible relationships. Psychiatr Pol. 2016;50(1):55-64.

46. Richard M, Bauer S, Kordy H. Relapse in anorexia and bulimia nervosa - A 2.5-year follow-up study. Eur Eat Disord Rev. 2005;13:180-90.

47. Kaplan AS, Walsh BT, Olmsted M, Attia E, Carter JC, Devlin MJ, et al. The slippery slope: prediction of successful weight maintenance in anorexia nervosa. Psychol Med. 2009;39(6):1037-45.
48. Abraham S. Sexuality and reproduction in bulimia nervosa patients over 10 years. J Psychosom Res. 1998;44(3-4):491-502.
49. Lydecker JA, Grilo CM. Psychiatric comorbidity as predictor and moderator of binge-eating disorder treatment outcomes: an analysis of aggregated randomized controlled trials. Psychol Med. 2021:1-9.
50. Gueguen J, Godart N, Chambry J, Brun-Eberentz A, Foulon C, Divac SM, et al. Severe anorexia nervosa in men: comparison with severe AN in women and analysis of mortality. Int J Eat Disord. 2012;45(4):537-45.
51. Kask J, Ramklint M, Kolia N, Panagiotakos D, Ekbom A, Ekselius L, et al. Anorexia nervosa in males: excess mortality and psychiatric co-morbidity in 609 Swedish in-patients. Psychol Med. 2017;47(8):1489-99.

LEITURAS RECOMENDADAS

Danielsen M, Bjørnelv S, Weider S, Myklebust TÅ, Lundh H, Rø Ø. J The outcome at follow-up after inpatient eating disorder treatment: a naturalistic study. Eat Disord. 2020;8(1):67.

Fairburn CG, Beglin SJ. Assessment of eating disorders: interview or self-report questionnaire? Int J Eat Disord. 1994;16(4):363-70.

9 TRANSTORNOS ALIMENTARES EM OUTRAS POPULAÇÕES

Alexandre Pinto de Azevedo

Os transtornos alimentares (TAs) ficaram conhecidos como estando presentes predominantemente em países ocidentais e tendo maior evidência entre mulheres heterossexuais cisgêneros no passado, o que pode decorrer de crenças culturais e atitudes sob alguns aspectos perpetuados.[1,2] Com a industrialização e a globalização, muitas regiões relataram taxas crescentes de incidência de TAs.[1] Além disso, a prevalência relatada de TAs na população em geral variou amplamente, em especial em populações pouco evidenciadas.[2,3] Com a crescente atenção aos TAs nos últimos anos, novos estudos vêm surgindo. Mais pesquisas em homens também foram realizadas, fazendo a visão de que as mulheres são disparadamente mais acometidas por TAs ser reavaliada.[1,3] Populações pouco estudadas vêm ganhando publicações que avaliam o perfil epidemiológico, com dados de prevalência, características de apresentação clínicas e suas particularidades, além de particularidades prognósticas e especificidades de tratamentos. A publicação de Qian e colaboradores,[1] em 2021, na qual foram realizadas revisão sistemática e metanálise de publicações entre 2013 e 2021, revelou que as taxas de prevalência ao longo da vida de TAs atingiram 2,58% em mulheres e 0,74% em homens. As proporções de prevalência de mulheres acometidas proporcionais aos homens ao longo da vida de anorexia nervosa (AN), bulimia nervosa (BN) e transtorno de compulsão alimentar (TCA) foram de 15,5, 3,2 e 2,1, respectivamente.[1]

Os TAs e os sintomas alimentares transtornados têm sido negligenciados em populações de indivíduos mais velhos. Por se tratar de uma doença que geralmente acomete indivíduos mais jovens, os TAs têm sido pouco investigados na população mais velha. Alguns estudos apontam que taxas de admissão em unidades de internações para tratamento de TAs para mulheres com mais de 45 anos têm crescido consideravelmente, correspondendo a cerca de 25% das admissões.[4] Além disso, programas ambulatoriais de tratamento para TAs identificam que 35% de seus pacientes têm mais de 45 anos.[5] Outro grupo populacional que costuma ser pouco lembrado é o de gestantes e puérperas, tanto que estudos específicos sobre gravidez e período puerperal em mulheres com TAs são ainda escassos.[6] Contudo, é possível encontrar algumas publicações que relataram aumento do risco clínico durante a gravidez em mulheres com TAs e particularidades adversas nos resultados neonatais.[6] No entanto, em virtude da pouca amostragem de publicações e qualidade metodológica, os resultados parecem parcialmente inconsistentes, com variações nos resultados adversos relatados.[6,7] Em geral, as evidências sugerem que a presença de TAs durante a gravidez é perigosa para a saúde da mãe e do bebê.

Por fim, ainda dentro dos grupos minoritários e pouco estudados sobre a prevalência de TAs, há evidências consistentes de que TAs ocorrem mais frequentemente em indivíduos da população LGBT em comparação com seus pares heterossexuais e cisgêneros.[8] Pesquisas indicam que cerca de 54% dos adolescentes LGBT foram diagnosticados com um TA em algum momento da vida[8] e cerca de 60,9% dos adolescentes LGBT tiveram envolvimento em pelo menos um comportamento alimentar transtornado,[9] apontando claramente maior prevalência de TAs ou de sintomas de alimentação transtornada nessa população.

Ao longo do capítulo, serão relatadas as particularidades das prevalências, características particulares e evidências de especificidades nessas populações especiais e geralmente minoritárias entre portadores de TAs.

HOMENS E TRANSTORNOS ALIMENTARES

Tradicionalmente, é evidente que os TAs estão entre os transtornos mentais mais relacionados ao gênero, com forte associação com o gênero feminino. Apesar de décadas de pesquisa focando exclusivamente em populações do sexo feminino, distúrbios de imagem corporal e preocupações alimentares são cada vez mais reconhecidos na população masculina.[3] Um papel importante nessa negligência da investigação apropriada de TAs em homens é o estigma perpetuado por anos pelos estudos exclusivamente focados na população feminina, assim como nos critérios diagnósticos estabelecidos pelas edições anteriores à 5ª edição do *Manual diagnóstico e estatístico de transtornos mentais* (DSM-5),[10] editado pela American Psychiatric Association (APA).[11] No DSM-5, a modificação final para o diagnóstico de AN envolve a eliminação da exigência do critério essencial de presença de amenorreia, que exigia a ausência de menstruação para se obter um diagnóstico de AN, permitindo, a partir daí, pelo menos o raciocínio sobre a possibilidade de homens também serem portadores de AN.[10,11]

Apesar desse estigma histórico, deve-se lembrar que os registros de AN em homens datam do século XIX. A história de comportamentos de autoinanição mórbida na forma de uma entidade clínica, reconhecida como AN, começa simultaneamente pelas descrições clínicas pelos médicos William Gull, em Londres, e Charles Lasegue, em Paris, entre os anos de 1868 e 1873.[12] Em suas descrições, há o registro de que "a doença ocorre tanto em homens quanto em mulheres", já enfatizando a possibilidade de não se tratar de uma doença exclusivamente feminina.[12]

O gênero parece desempenhar um papel importante no estigma público de TAs, perpetuando amplamente a ideia de serem considerados uma doença feminina. Para TAs em geral, existem evidências de que o estigma é influenciado pelo gênero de seus portadores, reforçando a presença de persistentes estereótipos de gênero e preconceito de gênero sobre os TAs.[13] O conhecimento do preconceito de gênero como uma forma de estigma de saúde mental parece ser importante para a compreensão de barreiras potenciais ao diagnóstico e ao tratamento para diferentes grupos.[13] Há tendência a subestimar e ignorar a possibilidade de um TA em homens, especialmente aqueles com sintomas de aparentemente menor gravidade, dificultando a identificação de seus sintomas, o que poderia estar relacionado ao preconceito de que os TAs são transtornos "femininos".[13] Torna-se claro que o preconceito de gênero na percepção dos TAs é uma questão complexa, envolvendo risco de negligência diagnóstica e atraso de intervenções terapêuticas. De acordo com publicação de Bentley e colaboradores,[14] mulheres e homens são igualmente afetados de modo negativo por TAs, mas o preconceito de gênero provavelmente tem consequências diferentes em seu curso clínico. Se as percepções de gênero dos homens com TAs não mudarem, eles continuarão sendo subdiagnosticados e negligenciados em seu tratamento.[13,14]

Embora tradicionalmente tenha havido, por muitos anos, escassez de pesquisa sobre imagem corporal masculina e alimentação transtornada em homens em ambientes comunitários, algumas recentes publicações da literatura lançaram luz sobre a epidemiologia desses fenômenos.[3] Um estudo entre adolescentes australianos estimou que, entre meninos, aproximadamente 12,8% atendiam critérios para qualquer diagnóstico de TA, incluindo as categorias "outro transtorno alimentar" e "transtorno alimentar especificado" (8,5%), síndrome do comer noturno (4,9%), BN (1,8%), TA não especificado (1,3%) e AN atípica (1,2%).[3,15] Pesquisas nacionalmente representativas nos Estados Unidos demonstram que, entre os jovens, sobrepeso e obesidade podem estar associados a distúrbios de comportamento alimentar, sendo que, em geral, 15% desses jovens relatam envolvimento em comportamentos compensatórios inadequados típicos de TAs, como jejum, pular refeições, vômitos autoinduzidos e uso de laxantes e diuréticos.[3,16] Ainda nesse estudo, 8% dos homens jovens eutróficos relataram o envolvimento em comportamentos alimentares transtornados.[16] É provável que as taxas de prevalência de TAs em homens citadas em grande parte da história recente das pesquisas sejam uma subestimativa grosseira.[17] Evidências emergentes em ambientes comunitários indicam que as taxas de TAs em homens estão aumentando em um ritmo mais rápido do que em mulheres e sem nenhum grau de diferença na gravidade clínica dos sintomas entre os sexos.[17] Alguns dados de base populacional sugerem que não há nenhuma diferença de sexo na idade de apresentação dos TAs, incluindo casos de início precoce.[17] Especificamente, a apresentação entre pré-adolescentes do sexo masculino com TAs compreende mais de 1 em 4 casos em clínicas especializadas na Austrália e até um terço dos casos no Reino Unido.[17-19] Há evidências também de que as taxas citadas entre adolescentes masculinos são mais baixas do que em homens adultos, o que pode ser reflexo de alguns dados que indicam o início tardio de TAs em homens em comparação com as mulheres.[20]

Ao longo de várias décadas, evidências científicas apontam associação entre orientação sexual e sintomas de TAs em adolescentes e adultos do sexo masculino.[17,21] Parece existir prevalência aumentada em uma variedade de sintomas de TAs em meninos com orientação homossexual e bissexual, relatando insatisfação corporal significativamente maior comparados a meninos heterossexuais.[17,21] Em grandes estudos baseados na comunidade nos Estados Unidos, homens homossexuais e homens com parceiros sexuais do mesmo sexo relataram sintomas de TAs em comparação com homens heterossexuais e homens com parceiros de outro sexo.[17,22] Analisadas em conjunto, as pesquisas existentes sobre modelos de TAs e sua relação com a orientação sexual sugerem que a condição de minoria sexual pode ser um fator de risco contribuinte para TA entre jovens do sexo masculino.[17]

Há evidências de que, em adolescentes do sexo masculino que se apresentam para tratamento de TAs, quase metade tem história passada de sobrepeso ou obesidade, com sugestão de que pesos pré-mórbidos mais elevados entre os homens em comparação com as mulheres podem ser um fator de risco para TAs em homens adolescentes e adultos jovens.[17] Existem várias populações únicas que são importantes para destacar ao considerar os TAs entre meninos e rapazes. É possível identificar fatores particulares nessa relação, como histórico de sobrepeso e obesidade mais prevalentes entre meninos adolescentes e homens jovens, em especial atletas.[23] Histórico de ganho de peso nessa população pode guiar busca por ideais corporais que enfatizam a muscularidade e a magreza.[23] Entre os atletas universitários do sexo masculino, esportes como beisebol, ciclismo e luta livre revelam sintomas elevados de TA.[23] Esses sintomas podem se apresentar de maneira agravada em atletas de esportes que enfatizam a muscularidade e a força e/ou controle e perda de peso.[23]

Sob essa perspectiva, considerando a desatenção histórica aos TAs entre os homens, a exclusão explícita de pacientes do sexo masculino dos estudos controlados que informaram o desenvolvimento do campo de TA é motivo de preocupação. Essa exclusão pode ter facilitado inadvertidamente o desenvolvimento de critérios diagnósticos e abordagens de tratamento para TA que são mais orientados para apresentações de TA entre mulheres.[24] Atualmente, menos de 1% de todas as pesquisas sobre TAs tem-se concentrado especificamente em apresentações entre homens, tornando um desafio contínuo determinar até que ponto o trabalho clínico e empírico com pacientes de TA do sexo masculino pode ser baseado a partir de estudos projetados exclusivamente para mulheres.[24,25] Por exemplo, os comportamentos alimentares transtornados associados à obtenção do ideal de magreza entre as mulheres (p. ex., purgação) não raramente diferem dos comportamentos desadaptativos que podem ser motivados pela busca de um ideal muscular (p. ex., uso de esteroides anabolizantes) entre homens.[24] Além disso, o foco duplo na magreza e na muscularidade, que caracterizam o ideal de corpo masculino, pode motivar um conjunto particularmente mal-adaptativo de comportamentos projetados para atingir esses objetivos (p. ex., dietas rígidas e extremas, além de rotinas de exercícios exagerados).[24,25] Comportamentos alimentares transtornados dirigidos à muscularidade, em combinação simultânea com o foco no emagrecimento, parece ser uma entidade sintomática de TA particularmente encontrada em jovens do sexo masculino, sendo atualmente reconhecida como "comer transtornado orientado à muscularidade".[24,25]

Nagata e colaboradores[26] conduziram um estudo populacional nos Estados Unidos com adolescentes entre 11 e 18 anos de idade, nos anos de 1994 a 1995, e acompanhamento de sete anos, com idades de 18 a 24 anos, de 2001 a 2002. Os pesquisadores examinaram comportamentos alimentares transtornados orientados à musculatura do adulto jovem, definidos como comer mais ou de forma diferente para ganhar peso ou aumentar o volume corporal, com uso de suplementos para ganhar peso ou aumentar o volume ou uso de esteroides anabolizantes androgênicos. Nessa amostra longitudinal nacionalmente representativa de jovens adultos nos Estados Unidos, revelou-se que 22% dos homens jovens, comparados a 5% das mulheres jovens, se envolvem em comportamentos alimentares transtornados orientados à muscularidade.[26] Exercício de levantamento de peso com foco no ganho de volume corporal, percepção de baixo peso e raça negra foram associados com as maiores chances esses comportamentos alimentares transtornados em homens.[26]

Segundo Sangha e colaboradores,[27] poucos estudos discutiram dismorfia muscular (DM) como um fator de risco para TAs específicos para homens. A DM é reconhecida como uma subcategoria de transtorno dismórfico corporal e é definida como a preocupação de que o corpo não seja musculoso o suficiente.[10,27] Essa preocupação é particularmente prevalente em homens, que muitas vezes desejam altos níveis de musculatura juntamente com baixo teor de gordura corporal. O indivíduo em busca desse tipo de corpo, que geralmente é inatingível, engaja-se em um hábito de alimentação estritamente transtornada, que pode se desenvolver em um TA.[24,27] O comer transtornado dirigido à muscularidade, entidade diferente da DM e que se mostra mais como uma apresentação de TA variante da AN, e preocupações com a imagem corporal orientadas para a musculatura entre homens estão clinicamente ligados.[24-27]

Nos Estados Unidos, até 60% de todos os meninos relatam manipular de propósito as práticas dietéticas na busca de maior musculatura.[28] Embora algumas diferenças tenham sido encontradas entre os grupos de AN e DM, com o primeiro tendendo a relatar pontuações mais altas em sintomas tradicionais de TA e o último relatando pontuações mais altas em avaliações mais sensíveis a preocupações orientadas à muscularidade, ambos os grupos demonstraram um padrão igualmente amplo de distúrbios em toda a imagem corporal, alimentação transtornada e domínios relacionados ao exercício exagerado.[28,29] Provavelmente, ao diagnosticar o conjunto de sintomas que representam preocupações com a imagem corporal orientada à muscularidade patológica, uma relevante estatística dos médicos conceitua essa síndrome como um fenótipo de TA.[28,30]

Outra área de importância para destacar trata-se de TAs entre diversas raças e etnias entre meninos adolescentes. Essa área de conhecimento permanece ainda com significativas lacunas, pois há escassez de pesquisas investigando essa relação.[3] Isso decorre de contínuas narrativas socioculturais de que TAs afetam principalmente brancos, ricos e meninas adolescentes.[3] Contudo, pesquisas atuais indicam que comportamentos alimentares transtornados podem ser particularmente prevalentes entre meninos adolescentes não brancos.[3] Um estudo entre uma população de adolescentes de Minnesota revelou que comportamentos alimentares transtornados foram mais elevados entre meninos asiáticos (43%), seguidos por meninos negros (38,5%), meninos hispânicos (35%) e, por último, meninos brancos (33%).[31] Alguns pesquisadores indicam diferentes estratégias aplicadas por jovens do sexo feminino e masculino em relação a como lidar com a própria insatisfação corporal. Por exemplo, nas mulheres, a insatisfação corporal geralmente está associada a um desejo de ser mais magra, mas, em grupos de homens adolescentes e adultos jovens, a insatisfação corporal está relacionada a ser "maior" e mais musculoso.[29] Homens com AN, que estão mais preocupados com a magreza, e não com a musculatura, tendem a ser exceção.[32] É preciso ter cuidado com a generalização dessa informação, já que nem todo jovem do sexo masculino que está insatisfeito com a forma do corpo realiza ações que visam a tornar-se mais musculoso.[31,32]

Avaliando a longa história na qual os homens são constantemente marginalizados no rastreamento, no tratamento e na pesquisa de TAs, há várias áreas que recebem o maior impacto da estrutura tradicionalmente realizada de TAs centrada na mulher.[17] Um desses domínios é a busca por tratamento, ou o que alguns chamam de "busca de ajuda". Falta de percepção, negação, vergonha e sigilo são fatores que têm impacto na disposição de buscar tratamento para TAs em todos os sexos. No entanto, essa influência pode ser maior entre os homens, dado o estigma percebido associado à revelação de problemas de saúde mental.[17,33] Crenças estigmatizantes sobre a apresentação de AN, por exemplo, entre os homens podem contribuir para o atraso para se apresentarem ao tratamento. Talvez como resultado desse atraso, cerca de 50% das apresentações de adolescentes do sexo masculino que buscam atendimento de urgência devido a sintomas clínicos agudos e severos resultam na necessidade de hospitalização imediata.[17,33]

Há escassez de diretrizes médicas específicas para populações masculinas com TAs, e estas são baseadas principalmente em pesquisas e experiência clínica com mulheres.[3] Algumas orientações clínicas baseadas em informações antigas ainda usam critérios, como amenorreia, que não são aplicáveis a populações masculinas.[34] Áreas adicionais em que faltam orientações clínicas para meninos adolescentes e homens jovens incluem o uso do índice de massa corporal (IMC) e da perda de peso como medida de desnutrição e gravidade da doença, protocolos de realimentação e avaliação e tratamento de uso de substâncias estimulantes.[34] Há poucos estudos randomizados controlados que documentaram resultados de tratamento entre homens com TAs. Em publicação de Stroberl e colaboradores, um conjunto de dados documentou os resultados clínicos sugerindo taxas de remissão comparáveis entre homens e mulheres com AN ao final do tratamento, em aproximadamente 40% de remissão.[35] Em homens com BN, demonstrou-se um pouco menos remissão favorável em relação a mulheres com BN (44% de remissão ao final do tratamento vs. 50%).[3,35] Contudo, as taxas de mortalidade foram maiores em homens com AN em relação a mulheres com AN e homens com BN, sugerindo que a AN em homens pode ser particularmente mais severa.[3,35]

TRANSTORNOS ALIMENTARES EM POPULAÇÃO MAIS VELHA

Os TAs e sintomas de comportamentos alimentares transtornados têm sido negligenciados no envelhecimento da população em todo o mundo. Evidências crescentes sugerem que a suposição de que os TAs e a preocupação com o peso/forma corporal ocorreriam exclusivamente no início do desenvolvimento parece ser incorreta.[5] Na verdade, já é sabido que TAs podem surgir em qualquer idade, gênero, etnia, raça, classe, cultura e lugar.[5] As taxas de admissão para mulheres com mais de 45 anos em unidades de internação especializada para TAs têm crescido consideravelmente, com evidência recente de responderem por 25% das admissões.[36] Além disso, programas de tratamento ambulatorial e internação parcial, em regime de hospital-dia, ou mesmo em internação domiciliar, identificam que 35% dos pacientes têm mais de 45 anos.[5,36]

As publicações com foco nesse grupo descrevem os TAs em mulheres na meia-idade ou mais manifestando-se em três categorias distintas: 1) algumas mulheres adultas sofreram com sintomas de TA ao longo de suas vidas, da adolescência até a idade adulta atual; 2) uma parte das mulheres adultas experimentou um quadro clínico de TA no início da vida e, uma vez recuperado, parcial ou totalmente, experimenta a recorrência ou recaída mais tardiamente; e 3) um subconjunto desse grupo pode ter sintomas de TA subclínico persistente ao longo da vida, mas não foi diagnosticado previamente até a meia-idade.[5,37] Por fim, a menor porção dos adultos com TAs experimenta seu quadro legitimamente inicial pela primeira vez mais tardiamente na vida, sem uma história de sintomas previamente reconhecidos.[5,37]

É importante lembrar que uma ampla gama de problemas de saúde pode ser comórbida com pacientes mais velhos com TAs, incluindo doenças cardíacas, problemas metabólicos e gastrintestinais, problemas renais, osteoporose e dores crônicas.[38] Além disso, devido à falta de aparente relevância estatística, o TA em adultos mais velhos pode ser difícil de ser reconhecido, e é importante que eles sejam distinguidos de outras condições psiquiátricas e médicas gerais.[38] O reconhecimento precoce e o tratamento adequado são necessários para prevenir a severidade da morbidade e aumentar a expectativa prognóstica das pessoas afetadas. Investigações sobre TAs em população com 60 anos ou mais revelam informações limitadas sobre a real prevalência de TAs na população idosa.[5] Contudo, um estudo com 475 mulheres idosas com idade entre 60 e 70 anos revelou que 3,8% preencheram os critérios diagnósticos para um TA, como AN, BN ou transtorno alimentar não especificado (TANE).[39] Um estudo entre mulheres canadenses idosas revelou que 1,8% das mulheres com 65 anos ou mais relataram sintomas de alimentação desordenada.[40] Keith e Midlarsky[41] encontraram 21 estudos de caso com mulheres com idades entre 54 e 92 anos que tinham TAs, os quais revelaram que a apresentação de AN foi semelhante à encontrada em mulheres mais jovens, tanto em sintomas como em fatores correlacionados.[41]

Em publicação de 2017, Mangweth-Matzek e Hoek[42] revisaram estudos sobre o tema entre os anos de 2015 a 2017. Com base nessas publicações, os TAs ocorrem após os 40 anos tanto em mulheres quanto em homens. Estudos epidemiológicos mostram que a prevalência geral de TAs de acordo com os critérios do DSM-5 é em torno de 3 a 4% entre as mulheres e de 1 a 2% em homens de meia-idade e mais idade.[42] Embora a ocorrência de TAs (especialmente de AN) seja menor entre os mais velhos do que entre o grupo de jovens classicamente de maior risco, os profissionais de saúde devem considerar a possibilidade de um TA também entre pessoas mais velhas. Mangweth-Matzek e colaboradores[43] pesquisaram 470 homens austríacos com idades entre 40 e 75 anos, usando um questionário anônimo sobre potenciais sintomas de TA (com base em IMC < 18,5, compulsão alimentar apenas, compulsão alimentar e purgação ou purgação exclusivamente) e um questionário de avaliação de TA, imagem corporal e atividade física, incluindo abuso de exercícios. No total, 6,8% dos homens avaliados apresentavam critérios para TA.[43]

Embora os resultados de pesquisas apoiem o uso de um modelo de terapia cognitivo-comportamental (TCC) e gerenciamento clínico de suporte especializado como abordagem para adultos com AN, há escassez de pesquisas sobre o desenvolvimento de práticas recomendadas para mulheres mais velhas com TAs.[5] Mulheres de meia-idade e mais velhas que finalmente entram em tratamento para TAs merecem uma abordagem clínica que respeite seus muitos pontos fortes e a sabedoria que adquiriram com a experiência de vida, apesar de terem um grave e potencialmente fatal transtorno.[5] Opções de tratamento que atendem às necessidades de mulheres adultas são as opções ambulatoriais, grupos especializados, psicoeducação e tratamento, que devem estar também disponíveis para parceiros e cônjuges; apoio e educação para mulheres com TAs em seu papel como mães para criar ambientes domésticos saudáveis e modelos para seus filhos; além de ênfase em imagem corporal e abordagem nutricional associada.[5]

GRAVIDEZ, PUERPÉRIO E COMPORTAMENTO ALIMENTAR

A prevalência de TAs entre mulheres é sabidamente mais alta em seu período reprodutivo, o que gera potenciais necessidades de investigações sobre a associação de distúrbios alimentares com gravidez.[1,44] De fato, estudos sobre gravidez e período puerperal em mulheres com TAs são ainda escassos. No entanto, algumas publicações com revisões e relatos de casos demonstraram aumento do risco em mulheres com TAs no período gestacional, com maiores adversidades e algumas particularidades dos resultados neonatais.[44] Contudo, os achados são parcialmente inconsistentes, com variações nos resultados adversos relatados.[44,45]

Em geral, as evidências sugerem que a presença de TAs durante a gravidez é perigosa para a saúde da mãe e do bebê, e isso não só representa risco de curto prazo para o bebê – o TA parece afetar a saúde futura da criança e a probabilidade de ela mesma desenvolver um TA.[46] Mulheres com história de TA costumam persistir com alguns sintomas alimentares na gravidez, embora não raramente sejam menores do que antes da gravidez.[46,47] Portanto, o rastreamento de sintomas de TA durante a gestação, durante o acompanhamento especializado pré-natal, pode ser uma oportunidade para estabelecer tratamento especializado e para reduzir comportamentos que podem ser prejudiciais para o feto.[47]

Em um estudo populacional que englobou todos os nascimentos únicos incluídos no Registro Médico Sueco de Nascimentos de 1º de janeiro de 2003 a 31 de dezembro de 2014, Mantel e colaboradores[44] avaliaram 7.542 mulheres com TAs, comparando-as com 1.225.321 mulheres sem TAs. Em 0,1% dos 1.236.777 nascimentos entre 2003 e 2014, as mulheres preencheram os critérios para BN; em 0,2% dos nascimentos, as mulheres preencheram os critérios para AN; e em 0,3% dos nascimentos, as mulheres cumpriram os critérios para TANE.[44] Um total de 279 mulheres com AN (10,1%), 239 mulheres com BN (17,3%) e 618 mulheres com TANE (18,2%) tinham doença ativa.[44] O risco de hiperêmese gravídica foi aproximadamente o dobro para mulheres com TAs. Anorexia nervosa materna foi associada a risco aumentado de 60% de hemorragia anteparto, e mulheres com BN ou TANE receberam diagnóstico de anemia com mais frequência em comparação com mulheres sem TA.[44] Houve aumento de 60% no risco de parto prematuro para mulheres com AN em comparação com mulheres sem TA.[44] Para mulheres com BN ou TANE, o risco era menor, mas ainda significativamente aumentado. O risco de ter um recém-nascido de baixo peso foi aumentado entre mulheres com AN e TANE.[44] A AN materna foi associada a risco quase 2 vezes maior de ter um recém-nascido com microcefalia. O risco de ter um recém-nascido com microcefalia aumentou 60% para mulheres com BN e 40% para mulheres com TANE.[44]

Makino e colaboradores[48] avaliaram recidiva de quadros de TA durante a gravidez e após o parto, bem como depressão pós-parto em mulheres que se apresentavam em remissão completa de TA. De 1.008 pacientes com TAs atendidas entre 1994 e 2004, 55 com remissão do TA engravidaram, e, destas, 25 consentiram em participar desse estudo. Na análise final, com 24 pacientes que levaram a gravidez a termo, 67% tiveram recaída do TA durante a gravidez, e 50% experimentaram recaída no pós-parto. Além disso, 50% tiveram depressão pós-parto. Assim, o estudo confirmou o risco de recorrência dos sintomas de TA durante a gravidez e após o nascimento.[48]

PARTICULARIDADES DOS TRANSTORNOS ALIMENTARES EM POPULAÇÃO LGBTQ+

Como os TAs e os comportamentos alimentares transtornados podem afetar indivíduos com várias identidades, torna-se claro que existem disparidades em certos grupos de indivíduos marginalizados, como as minorias sexuais e de gênero.[8] Modelos teóricos de avaliação de vivências de estresse sobre minorias postulam que os indivíduos de populações LGBTQ+ experimentam estressores únicos, como estigma e discriminação, homofobia internalizada ou transfobia e ocultação de identidade sexual ou de gênero, que, por sua vez, levam a risco aumentado para o desenvolvimento de problemas de saúde física e mental.[8,49] Além disso, há estudos que revelam que indivíduos de grupos minoritários de sexo e gênero vivenciam níveis elevados de estigma e são mais propensos a relatar sintomas de TA.[2,50] Também há evidências de que essas vivências de estresse em minorias estão relacionadas a episódios de compulsão alimentar em lésbicas e mulheres bissexuais e a insatisfação corporal em homens *gays*.[8]

Tanto o TA clinicamente estabelecido quanto comportamentos alimentares transtornados ocorrem mais frequentemente em indivíduos LGBTQ+ em comparação com seus pares heterossexuais e cisgêneros.[8,51] Outras pesquisas indicam que aproximadamente 54% dos adolescentes LGBT foram diagnosticados com um TA durante a vida.[8,52] Além disso, Gordon e colaboradores[9] relataram que 60,9% dos adolescentes LGBTQ+ tinham envolvimento em pelo menos um comportamento alimentar transtornado. Ainda segundo Gordon e colaboradores,[9] em seu estudo, a maioria dos participantes da pesquisa (80,4%) relatou ter experimentado pelo menos uma forma de discriminação no último ano e identificou a mídia tradicional, a mídia social, a mídia específica para população LGBTQ+, aplicativos de namoro e família como fontes impostas de ideais de aparência corporal.[9] A partir desses dados, emergiram quatro temas principais: 1) os ideais de aparência interagem com o desenvolvimento da identidade sexual e de gênero a partir desses referenciais externos de identificação; 2) os ideais de aparência são entrelaçados com os estereótipos socialmente estigmatizados sobre grupos LGBTQ+; 3) identidades e interseccionalidade: as pressões de aparência variam por gênero, orientação sexual e raça/etnia; e 4) complexidade e resiliência: ambientes específicos para a comunidade LGBTQ+ podem colaborar com a afirmação, mas também evidenciam restrição sobre estereótipos corporais.[8,9]

É possível identificar características diferentes de apresentação e risco de TAs entre os diversos grupos da comunidade LGBTQ+. De todos os subgrupos LGBTQ+, os resultados da pesquisa sobre as taxas de TAs e comportamentos alimentares transtornados entre lésbicas adultas e adolescentes são os menos consistentes.[8] Parte da literatura sugere que lésbicas adultas e adolescentes correm maior risco de apresentar comportamentos alimentares transtornados. Bell e colaboradores[2] apontaram que 34,7% das lésbicas adultas apresentavam um diagnóstico atual ou passado de TA e que cerca de 66,7% apresentavam fatores de risco clínico significativo de desenvolvimento de um TA. Da mesma forma, lésbicas adultas também tiveram mais diagnósticos de TCA do que mulheres heterossexuais.[8] No entanto, outros estudos sugeriram que não existem diferenças significativas entre lésbicas e mulheres heterossexuais em relação à prevalência de TA, nem para comportamentos alimentares transtornados.[53] Na verdade, alguns estudos apareceram para encontrar mais semelhanças do que diferenças entre mulheres lésbicas e heterossexuais em relação às taxas de comportamentos alimentares transtonados.[8,53]

De maneira geral, as publicações indicam que tanto homens *gays* adultos quanto adolescentes são mais propensos a apresentarem TAs e comportamentos alimentares transtornados em comparação com homens heterossexuais, com pouca variação entre os estudos, revelando uma tendência mais sólida em comparação às mulheres homossexuais.[8] Em seu estudo, Bell e colaboradores[2] revelaram que 14% de sua amostra de adultos *gays* relatou que eles hoje ou no passado sofreram de um TA, que é uma frequência significativamente maior em relação à de homens heterossexuais. Outros estudos também confirmam que homens adultos *gays* correm risco maior de serem diagnosticados com um TA do que seus pares heterossexuais.[8,54] Publicações recentes sugerem que os homens adultos *gays* relataram fazer dietas mais frequentes com maior restrição alimentar, ter mais episódios de compulsão alimentar, ter menos controle sobre seus comportamentos alimentares e fazer mais exercícios exagerados do que os homens heterossexuais.[8]

Na avaliação de adultos e adolescentes bissexuais, é preciso considerar que, em virtude de a bissexualidade ser relativamente uma nova área de estudo, as pesquisas sobre TAs são recentes e relativamente limitadas. Parece que os resultados atuais sobre bissexualidade e comportamento alimentar sugerem que há maior incidência de comportamentos alimentares transtornados e, por extensão, de TAs entre bissexuais em comparação com heterossexuais; contudo, há algumas evidências conflitantes de que as taxas podem não ser diferentes daquelas de mulheres heterossexuais.[8,51,54] Pesquisas indicam, ainda, que os adultos bissexuais tendem a experimentar aumento da compulsão alimentar, da purgação e de outros comportamentos alimentares transtornados em comparação com seus pares heterossexuais[8] e que homens bissexuais têm maior risco de TAs em comparação com homens heterossexuais.[54] Mulheres bissexuais adultas e adolescentes relataram frequências maiores de jejum, vômitos autoinduzidos, uso de laxante, fumar com intenção de perder peso, pular refeições e insatisfação corporal em comparação com mulheres heterossexuais.[55,56] Mulheres bissexuais também relataram taxas mais altas de alimentação transtornada em comparação com lésbicas e homens *gays*.[8,51] Adolescentes do sexo masculino bissexuais são mais propensos a jejuar, usar medicamentos anorexígenos e apresentar comportamentos purgativos,[56] e homens bissexuais são mais propensos a se envolver em comportamentos não saudáveis de controle de peso em comparação com homens heterossexuais e *gays*.[57]

Entre adultos transgêneros e sem conformidade com o gênero, há ainda menos evidência científica que garanta bom suporte para as adequadas conclusões. Parece haver maior prevalência de patologia alimentar nesse grupo quando comparado a seus pares cisgêneros.[8,51] Boa parte das publicações tende a agrupar transgênero e pessoas que apresentam inconformidade de gênero em uma categoria única, tornando difícil examinar quaisquer diferenças potenciais entre essas populações.[2,8] Adultos e adolescentes transgêneros relatam mais comportamentos de jejum, uso de laxantes, medicamentos anorexígenos, uso de esteroides, episódios de compulsão alimentar e purgação em comparação com pares cisgêneros.[8,58,59]

Em um estudo publicado em 2019, quase 70% de adultos transgêneros e sem conformidade com o gênero relataram insatisfação em seus padrões alimentares, e 67,2% relataram basear sua autoestima em seu peso.[2] Outros estudos apresentaram evidências contraditórias, com descobertas de que a alimentação transtornada entre indivíduos transgêneros foi menor do que em suas contrapartes cissexuais (homens transgêneros relataram níveis mais baixos de compulsão alimentar e de exercício excessivo em comparação com homens cisgêneros), e mulheres transexuais relataram menos exercícios excessivos do que mulheres cisgêneros, comparável ao de suas contrapartes cisgêneros.[8,60]

De maneira geral, as publicações parecem de fato indicar que, para adultos e adolescentes de subgrupos LGBTQ+, fatores de risco individuais em conjunto com os fatores de risco de estresse vivenciados em grupos minoritários podem ser responsáveis pelo aumento do risco de desenvolver um TA ou comportamentos alimentares transtornados nessa população quando comparada a seus pares heterossexuais ou cisgêneros.[2,8,51]

CONSIDERAÇÕES FINAIS

A visão clássica sobre a população especialmente acometida por TAs – mulheres jovens heterossexuais cisgêneras – vem sendo revista na última década a partir de publicações que revisitam as prevalências populacionais de comportamentos alimentares transtornados e TAs clinicamente diagnosticados. A primeira evidência aponta, de fato, que a população masculina acometida é mais prevalente do que antes se imaginava. Após a revisão dos critérios diagnósticos pelo DSM-5 para AN, permitiu-se mais claramente a possibilidade diagnóstica de AN também entre homens. Além das clássicas apresentações similares dos TAs entre mulheres e homens, também tem surgido uma possível variante da AN que faz interface com a DM, conhecida atualmente como "comer transtornado orientado à muscularidade", aparentemente mais frequente entre homens. Também tem sido possível identificar que os TAs podem ocorrer em prevalências relevantes em populações mais velhas, ditas de meia-idade, e não exclusivamente em adolescentes e adultos jovens. Ênfase também deve ser dada, considerando a população em idade fértil acometida pelos TAs, na apresentação clínica e nas repercussões de risco durante o período gestacional, no desenvolvimento fetal e no período puerperal, com estudos revelando riscos elevados de consequências adversas durante a gravidez. Ainda sobre minorias, publicações ainda mais recentes têm cuidado em investigar que subgrupos de população LGBTQ+ estão em maior risco de desenvolvimento de comportamentos alimentares transtornados e TAs comparados aos seus pares heterossexuais e cisgêneros.

Por fim, espera-se que o caminho dessas publicações deverá, em um futuro próximo, levar à investigação das particularidades das melhores intervenções terapêuticas para cada grupo específico, permitindo atuações mais efetivas e garantindo provavelmente mais adesão ao tratamento e melhores resultados.

REFERÊNCIAS

1. Qian J, Wu Y, Liu F, Zhu Y, Jin H, Zhang H, et al. An update on the prevalence of eating disorders in the general population: a systematic review and meta-analysis. Eat Weight Disord. 2021 Apr 8.
2. Bell K, Rieger E, Hirsch JK. Eating disorder symptoms and proneness in gay men, lesbian women, and transgender and non-conforming adults: comparative levels and a proposed mediational model. Front Psychol. 2019;9:2692.

3. Nagata JM, Ganson KT, Murray SB. Eating disorders in adolescent boys and young men: an update. Curr Opin PTAsiatr. 2020;32(4):476-81.
4. Zhao Y, Encinosa W. An update on hospitalizations for eating disorders, 1999 to 2009. Rockville: US Agency for Health Care Policy and Research; 2011.
5. Samuels KL, Maine MM, Tantillo M. Disordered eating, eating disorders, and body image in midlife and older women. Curr Psychiatry Rep. 2019;21(8):70.
6. Mantel Ä, Hirschberg AL, Stephansson O. Association of maternal eating disorders with pregnancy and neonatal outcomes. JAMA Psychiatry. 2020;77(3):285-93.
7. Watson HJ, Zerwas S, Torgersen L, Gustavson K, Diemer EW, Knudsen GP, et al. Maternal eating disorders and perinatal outcomes: a three-generation study in the norwegian mother and child cohort study. J Abnorm Psychol. 2017;126(5):552-64.
8. Parker LL, Harriger JA. Eating disorders and disordered eating behaviors in the LGBT population: a review of the literature. J Eat Disord. 2020;8:51.
9. Gordon AR, Austin S, Pantalone B, Baker DW, Eiduson RAM, Rodgers, R. Appearance ideals and eating disorders risk among LGBTQ college students: the being ourselves living in diverse bodies (BOLD) study. J Adolesc Health. 2019;64(2):S43-4.
10. American Psychiatric Association. Manual diagnóstico e estatístico de transtornos mentais: DSM-5. Porto Alegre: Artmed; 2014.
11. Call C, Walsh BT, Attia E. From DSM-IV to DSM-5: changes to eating disorder diagnoses. Curr Opin Psychiatry. 2013;26(6):532-6.
12. Vandereycken W, van Deth R. Who was the first to describe anorexia nervosa: gull or Lasègue? Psychol Med. 1989;19(4):837-45.
13. Schoen E, Brock R, Hannon J. Gender bias, other specified and unspecified feeding and eating disorders, and college students: a vignette study. Eat Disord. 2019;27(3):291-304.
14. Bentley C, Gratwick-Sarll K, Mond J. Perceived psychosocial impairment associated with eating disorder features: responses to a mental health literacy intervention. J Eat Disord. 2015;3:46.
15. Mitchison D, Mond J, Bussey K, Griffiths S, Trompeter N, Lonergan A, et al. DSM-5 full syndrome, other specified, and unspecified eating disorders in Australian adolescents: prevalence and clinical significance. Psychol Med. 2020;50(6):981-90.
16. Nagata JM, Garber AK, Tabler JL, Murray SB, Bibbins-Domingo K. Prevalence and correlates of disordered eating behaviors among young adults with overweight or obesity. J Gen Intern Med. 2018;33(8):1337-43.
17. Gorrell S, Murray SB. Eating disorders in males. Child Adolesc Psychiatr Clin N Am. 2019;28(4):641-51.
18. Madden S, Morris A, Zurynski YA, Kohn M, Elliot EJ. Burden of eating disorders in 5-13-year-old children in Australia. Med J Aust. 2009;190(8):410-4.
19. Nicholls DE, Lynn R, Viner RM. Childhood eating disorders: British national surveillance study. Br J Psychiatry. 2011;198(4):295-301.
20. Hudson JI, Hiripi E, Pope HG Jr, Kessler RC. The prevalence and correlates of eating disorders in the National Comorbidity Survey Replication. Biol Psychiatry. 2007;61(3):348-58.
21. Watson RJ, Adjei J, Saewyc E, Homma Y, Goodenow C. Trends and disparities in disordered eating among heterosexual and sexual minority adolescents. Int J Eat Disord. 2017;50(1):22-31.
22. French SA, Story M, Remafedi G, Resnick MD, Blum RW. Sexual orientation and prevalence of body dissatisfaction and eating disordered behaviors: a population-based study of adolescents. Int J Eat Disord. 1996;19(2):119-26.
23. Nagata JM, Brown TA, Lavender JM, Murray SB. Emerging trends in eating disorders among adolescent boys: muscles, macronutrients, and biohacking. Lancet Child Adolesc Health. 2019;3(7):444-5.
24. Lavender JM, Brown TA, Murray SB. Men, muscles, and eating disorders: an overview of traditional and muscularity-oriented disordered eating. Curr Psychiatry Rep. 2017;19(6):32.
25. Murray SB, Griffiths S, Mond JM. Evolving eating disorder psychopathology: conceptualising muscularity--oriented disordered eating. Br J Psychiatry. 2016;208(5):414-5.

26. Nagata JM, Murray SB, Bibbins-Domingo K, Garber AK, Mitchison D, Griffiths S. Predictors of muscularity-oriented disordered eating behaviors in U.S. young adults: a prospective cohort study. Int J Eat Disord. 2019;52(12):1380-8.

27. Sangha S, Oliffe JL, Kelly MT, McCuaig F. Eating disorders in males: how primary care providers can improve recognition, diagnosis, and treatment. Am J Mens Health. 2019;13(3):1557988319857424.

28. Lavender JM, Brown TA, Murray SB. Men, muscles, and eating disorders: an overview of traditional and muscularity-oriented disordered eating. Curr Psychiatry Rep. 2017;19(6):32.

29. Jaworski M, Panczyk M, Śliwczyński A, Brzozowska M, Janaszek K, Małkowski P, et al. Eating disorders in males: an 8-year population-based observational study. Am J Mens Health. 2019;13(4):1557988319860970.

30. Murray SB, Touyz SW. How do clinicians in the field conceptualise muscle dysmorphia? Adv Eat Disord. 2013;1(3):207-12.

31. Rodgers RF, Watts AW, Austin SB, Haines J, Neumark-Sztainer D. Disordered eating in ethnic minority adolescents with overweight. Int J Eat Disord. 2017;50(6):665-71.

32. Field AE, Sonneville KR, Crosby RD, Swanson SA, Eddy KT, Camargo CA Jr, et al. Prospective associations of concerns about physique and the development of obesity, binge drinking, and drug use among adolescent boys and young adult men. JAMA Pediatr. 2014;168(1):34-9.

33. Mitchison D, Mond J. Epidemiology of eating disorders, eating disordered behaviour, and body image disturbance in males: a narrative review. J Eat Disord. 2015;3:20.

34. Ganson KT, Murray SB, Nagata JM. Last word: a call to develop specific medical treatment guidelines for adolescent males with eating disorders. Eat Disord. 2019:1-7.

35. Strobel C, Quadflieg N, Naab S, Voderholzer U, Fichter MM. Long-term outcomes in treated males with anorexia nervosa and bulimia nervosa-A prospective, gender-matched study. Int J Eat Disord. 2019;52(12):1353-64.

36. Zhao Y, Encinosa W. An update on hospitalizations for eating disorders, 1999 to 2009. Rockville: US Agency for Health Care Policy and Research; 2011.

37. Maine M. Nine Truths about eating disorders at midlife and beyond. Toronto: National Eating Disorder Information Center; 2017.

38. Midlarsky E, Marotta AK, Pirutinsky S, Morin RT, McGowan JC. Psychological predictors of eating pathology in older adult women. J Women Aging. 2018;30(2):145-57.

39. Mangweth-Matzek B, Rupp CI, Hausmann A, Assmayr K, Mariacher E, Kemmler G, et al. Never too old for eating disorders or body dissatisfaction: a community study of elderly women. Int J Eat Disord. 2006;39(7):583-6.

40. Gadalla TM. Eating disorders and associated psychiatric comorbidity in elderly Canadian women. Arch Womens Ment Health. 2008;11(5-6):357-62.

41. Keith JA, Midlarsky E. Anorexia nervosa in postmenopausal women: clinical and empirical perspectives. J Mental Health Aging. 2004;10(4):287-99.

42. Mangweth-Matzek B, Hoek HW. Epidemiology and treatment of eating disorders in men and women of middle and older age. Curr Opin Psychiatry. 2017;30(6):446-51.

43. Mangweth-Matzek B, Kummer KK, Pope HG. Eating disorder symptoms in middle-aged and older men. Int J Eat Disord. 2016;49(10):953-7.

44. Mantel Ä, Hirschberg AL, Stephansson O. Association of maternal eating disorders with pregnancy and neonatal outcomes. JAMA Psychiatry. 2020;77(3):285-93.

45. Watson HJ, Zerwas S, Torgersen L, Gustavson K, Diemer EW, Knudsen GP, et al. Maternal eating disorders and perinatal outcomes: a three-generation study in the norwegian mother and child cohort study. J Abnorm Psychol. 2017;126(5):552-64.

46. Arnold C, Johnson H, Mahon C, Agius M. The effects of eating disorders in pregnancy on mother and baby: a review. Psychiatr Danub. 2019;31(Suppl 3):615-8.

47. Micali N, Treasure J, Simonoff E. Eating disorders symptoms in pregnancy: a longitudinal study of women with recent and past eating disorders and obesity. J Psychosom Res. 2007;63(3):297-303.

48. Makino M, Yasushi M, Tsutsui S. The risk of eating disorder relapse during pregnancy and after delivery and postpartum depression among women recovered from eating disorders. BMC Pregnancy Childbirth. 2020;20(1):323.

49. Meyer IH. Resilience in the study of minority stress and health of sexual and gender minorities. Psychol Sex Orientat Gend Divers. 2015;2(3):209-13.
50. Mason TB, Lewis RJ, Heron KE. Indirect pathways connecting sexual orientation and weight discrimination to disordered eating among Young adult lesbians. Psychol Sex Orientat Gend Divers. 2017;4(2):193-204.
51. Simone M, Askew A, Lust K, Eisenberg ME, Pisetsky EM. Disparities in self-reported eating disorders and academic impairment in sexual and gender minority college students relative to their heterosexual and cisgender peers. Int J Eat Disord. 2020;53(4):513-24.
52. National Eating Disorders Association. Eating disorders among LGBTQ youth: a 2018 national assessment. New York: Reasons Eating Disorder Center; 2018.
53. Yean C, Benau EM, Dakanalis A, Hormes JM, Perone J, Timko CA. The relationship of sex and sexual orientation to self-esteem, body shape satisfaction, and eating disorder symptomatology. Front Psychol. 2013;4:887.
54. Hazzard VM, Simone M, Borg SL, Borton KA, Sonneville KR, Calzo JP, et al. Disparities in eating disorder risk and diagnosis among sexual minority college students: Findings from the national Healthy Minds Study. Int J Eat Disord. 2020;53(9):1563-8.
55. Zullig KJ, Matthews-Ewald MR, Valois RF. Relationship between disordered eating and self-identified sexual minority youth in a sample of public high school adolescents. Eat Weight Disord. 2019;24(3):565-73.
56. Watson RJ, VanKim NA, Rose HA, Porta CM, Gahagan J, Eisenberg ME. Unhealthy weight control behaviors among youth: Sex of sexual partner is linked to important differences. Eat Disord. 2018;26(5):448-63.
57. VanKim NA, Erickson DJ, Eisenberg ME, Lust K, Rosser BR, Laska MN. Relationship between weight-related behavioral profiles and health outcomes by sexual orientation and gender. Obesity (Silver Spring). 2016;24(7):1572-81.
58. Guss CE, Williams DN, Reisner SL, Austin SB, Katz-Wise SL. Disordered weight management behaviors, nonprescription steroid use, and weight perception in transgender youth. J Adolesc Health. 2017;60(1):17-22.
59. Kirby SR, Linde JA. Understanding the nutritional needs of transgender and gender-nonconforming students at a large public Midwestern University. Transgend Health. 2020;5(1):33-41.
60. Nagata JM, Murray SB, Compte EJ, Pak EH, Schauer R, Flentje A, et al. Community norms for the Eating Disorder Examination Questionnaire (EDE-Q) among transgender men and women. Eat Behav. 2020;37:101381.

10

SÍNDROMES ALIMENTARES EMERGENTES (BELISCAMENTO, ADIÇÃO POR COMIDA, TRANSTORNO DE PURGAÇÃO, ORTOREXIA NERVOSA)

Maria Francisca Mauro
João Chaves Hiluy
Jose Carlos Appolinario

As síndromes alimentares são caracterizadas por perturbação no comportamento alimentar que pode provocar consequências na saúde física e mental do indivíduo.[1] Algumas dessas síndromes alimentares, os transtornos alimentares (TAs), se encontram bem estabelecidas em termos de evidências: a anorexia nervosa (AN), a bulimia nervosa (BN) e o transtorno de compulsão alimentar (TCA).[2,3] No entanto, observamos recentemente um número crescente de síndromes alimentares que, apesar de despertarem grande interesse, ainda não se encontram completamente estabelecidas em relação a sua validade.[4] O objetivo deste capítulo é descrever síndromes alimentares emergentes ainda não reconhecidas como diagnósticos (beliscamento, adição por comida e ortorexia nervosa) ou incluídas recentemente no *Manual diagnóstico e estatístico de transtornos mentais* (DSM-5) (transtorno de purgação).[1]

CONSIDERAÇÕES GERAIS

Historicamente, a expressão "adição por comida" tem sido referenciada na literatura científica desde o final do século XIX.[5] Apesar da grande utilização da expressão, principalmente de forma leiga, e dos esforços para definição científica dessa condição, ainda não existe um consenso sobre a validade desse construto para os clínicos e os pesquisadores que se dedicam à área do comportamento alimentar.[6]

Recentemente, o termo "beliscamento" foi conceituado como comportamento alimentar disfuncional com amplo uso pela população em geral.[7] O comportamento de comer pequenas porções de alimentos ao longo dia sem constituir um episódio de compulsão alimentar foi descrito em pacientes com obesidade, assim como naqueles com TAs.[8] Apesar de essa forma de comer disfuncional ter sido descrita nesses pacientes, pouco se sabia sobre seu impacto clínico. Com o aumento das cirurgias bariátricas, esse comportamento voltou a despertar interesse, em virtude de sua potencial associação com desfechos negativos nesse tipo de intervenção, como reganho de peso e/ou menor perda de peso no pós-operatório.[9]

O transtorno de purgação é uma categoria diagnóstica incluída no DSM-5 na categoria outro transtorno alimentar especificado (OTAE).[10] Esse quadro é caracterizado por comportamentos purgativos (exercício físico, medicamentos, vômitos) que não são precedidos por episódios de compulsão alimentar.[11]

A obsessão por "alimentação saudável" é um fenômeno crescente em nossa sociedade.[12] A cultura de alimentos *diet/light*, o vegetarianismo, o veganismo, o movimento "antiglúten", entre outros, são algumas dessas formas ou padrões alimentares identificados como "comer saudável"[1]. Entretanto, esses comportamentos podem ocasionar sofrimento psíquico ou prejuízo clínico significativo.[12] Assim, esse comportamento que recebeu a denominação "ortorexia nervosa" vem se destacando pela sua ampla difusão, principalmente nas redes sociais.

Dessa forma, neste capítulo, apresentaremos uma delimitação histórica, a caracterização dos aspectos clínicos e as formas de avaliação desses fenômenos.

BELISCAMENTO

HISTÓRICO

Em 1960, o termo "beliscamento", dentro do contexto de comportamento alimentar humano, foi primeiramente investigado com relação a mudanças metabólicas que poderiam ocorrer quanto a comer pequenas porções fora das refeições.[13] Assim, ao longo dos anos, ele foi mais descrito dentro do campo da metabologia. Ao longo das décadas, os pesquisadores da área de comportamento alimentar utilizaram diferentes termos e definições para o que poderia melhor configurar essa forma de comer fora das refeições.[8]

Desde 1990, o comportamento alimentar de "beliscamento" despertou maior interesse por parte da comunidade científica devido ao aumento do número de cirurgias bariátricas realizadas para tratamento da obesidade.[13] Isso ocorreu principalmente devido às mudanças pós-operatórias da cirurgia bariátrica que limitam a capacidade de ingerir uma maior quantidade de alimentos.[9] Assim, houve necessidade de maior precisão quanto ao que realmente caracteriza e delimita um "beliscamento alimentar", uma vez que começou a ser questionado se esse comportamento impactaria os resultados cirúrgicos.[9,13]

Em 2014, um painel de especialistas e pesquisadores da área dos TAs, obesidade e cirurgia bariátrica definiu o beliscamento como um comportamento episódico alimentar não planejado, repetitivo e que poderia estar associado com uma pequena ou modesta quantidade de comida.[13] Posteriormente, com o aumento no número de investigações clínicas, delimitou-se a importância da presença ou ausência de descontrole alimentar durante o beliscamento.[8]

Após a definição clínica do comportamento de beliscamento, houve o desenvolvimento de escalas validadas.[8]

CARACTERÍSTICAS CLÍNICAS E EPIDEMIOLÓGICAS, COMORBIDADES E CURSO/EVOLUÇÃO

Os critérios diagnósticos propostos para beliscamento estão descritos no **Quadro 10.1**. Na avaliação, algumas características são importantes na análise psicopatológica do comportamento de beliscamento:[8,14]

1. Comer de forma não planejada: a ingestão não se configura como uma refeição (café da manhã, almoço ou jantar); assim, é importante diferenciar o beliscamento de lanches, que são refeições menores programadas entre as refeições. Além disso, o comportamento não decorre da sensação de fome.
2. O comportamento alimentar tem caráter repetitivo ou é observado por tempo mais prolongado: o comportamento pode durar horas ou é observado em um curto intervalo de tempo. Além disso, geralmente é descrito como um comer fracionado e sequencial, um comer distraído ou mesmo automático.
3. A quantidade de comida ingerida durante o beliscamento é pequena ou modesta: não é uma refeição padrão ou alimentação programada ou mesmo prescrita em um programa alimentar.
4. Ocorrência ou não de perda de controle associada: observa-se dificuldade de adiar a vontade de comer ou há sensação de necessidade urgente de algo para mastigar. A intensidade desse descontrole alimentar associada à incapacidade de se controlar quanto a não resistir comer é importante para dimensionar o sofrimento associado nesse fenômeno.

É importante diferenciar o beliscamento dos seguintes comportamentos alimentares disfuncionais, sensações fisiológicas ou mesmo de algumas refeições planejadas ou não:[13]

- Episódio de compulsão alimentar objetivo: episódio de ingestão alimentar excessiva, com ingesta de grande quantidade de comida associada à sensação de perda de controle sobre o comportamento alimentar e duração de até 2 horas.
- Episódio de compulsão alimentar subjetivo: episódio de descontrole alimentar no qual ocorre ingestão de uma quantidade de comida não necessariamente grande, mas referida pelo indivíduo como grande e associada à sensação de perda de controle sobre o comportamento alimentar.
- Sensação de fome: resposta fisiológica a uma necessidade de se alimentar. Pode ocorrer dificuldade de delimitação clínica em pacientes que realizam jejuns prolongados por restrição alimentar ou mesmo em decorrência de "jejum intermitente".
- Lanches: refeições menores programadas entre as refeições centrais.

■ Quadro 10.1
Critérios diagnósticos provisionais para as síndromes alimentares emergentes

Síndrome alimentar	Critérios diagnósticos propostos*
Beliscamento[7]	▪ Atualmente, a definição do beliscamento se caracteriza por um comer não planejado, com caráter repetitivo ou prolongado, em que a quantidade de comida pode ser pequena ou modesta.[13] ▪ De forma adicional, esse comportamento poderá estar associado ou não com a sensação da perda de controle alimentar, em que não se resiste ao impulso de comer, ou há sensação de ser impelido a comer.[7] ▪ Quanto aos marcadores de gravidade clínica, estes são categorizados durante a avaliação clínica, em que se avalia a frequência dos episódios de beliscamento nos últimos três meses. ▪ Conforme a frequência semanal, poderá ser classificado em: leve (1-3 episódios), moderado (4-7 episódios) ou grave (≥ 8 episódios).[14]
Adição por comida[6,7]	▪ O diagnóstico de adição por comida poderá se estabelecer nos critérios provisionais propostos pela Escala de Adição à Comida de Yale - Versão 2.0 (Versão Modificada),[23] validada no Brasil em 2018 por Nunes-Neto e colaboradores.[22] ▪ Importante ressaltar que essa versão modificada foi reestruturada para acompanhar as mudanças que ocorreram no DSM-5 quanto à junção das categorias uso abusivo e dependência química, à exclusão do critério de consequências legais decorrentes do uso e à inclusão da presença de fissura.[23] ▪ Conforme a contagem de sintomas presentes, o diagnóstico de adição por comida poderá ser classificado em:[22] 1. Sem adição à comida = 1 ou menos sintomas. 2. Sem adição à comida = não preenche os requisitos para significado clínico. 3. Adição à comida leve = 2 ou 3 sintomas e significado clínico. 4. Adição à comida moderada = 4 ou 5 sintomas e significado clínico. 5. Adição à comida acentuada = 6 ou mais sintomas e significado clínico. 6. Avaliação de intensidade da severidade: leve (2-3 sintomas), moderada (4-5 sintomas) e severa (6 ou mais sintomas). ▪ Por meio da Escala de Adição à Comida da Yale - Versão 2.0, será possível optar por uma contagem dos sintomas de 0-11, em que, de acordo com a frequência dos sintomas, será contabilizada sua presença ou ausência,[23] possibilitando, assim, uma classificação dimensional por meio da intensidade de sintomas.[22,23]

(Continua)

■ Quadro 10.1
Critérios diagnósticos provisionais para as síndromes alimentares emergentes
(*Continuação*)

Síndrome alimentar	Critérios diagnósticos propostos*
Ortorexia nervosa	**Critério A** Foco obsessivo em alimentação "saudável" (definido por uma teoria ou conjunto de crenças cujos detalhes específicos podem variar), marcado por sofrimento emocional exagerado em relação às escolhas alimentares percebidas como não saudáveis, evidenciado por: ▪ Comportamento compulsivo e/ou preocupação mental em relação a práticas alimentares afirmativas e restritivas que o indivíduo acredita que promovem uma saúde ideal. ▪ A violação das regras dietéticas autoimpostas causa medo exagerado de doença, sensação de impureza pessoal e/ou sensações físicas negativas, acompanhados de ansiedade e vergonha. ▪ As restrições dietéticas aumentam com o tempo e podem vir a incluir a eliminação de grupos inteiros de alimentos e envolver "limpezas" progressivamente mais frequentes e/ou severas (jejuns parciais), consideradas purificadoras ou desintoxicantes. Essa escalada comumente leva à perda de peso, mas o desejo de perder peso está ausente, oculto ou subordinado a ideias sobre alimentação saudável. Nota: A perda de peso pode ocorrer como resultado de escolhas alimentares, mas este não é o objetivo principal. **Critério B** O comportamento compulsivo e as preocupações acarretam prejuízo clinicamente significativo, definido por qualquer um dos itens: ▪ desnutrição, perda severa de peso ou outras complicações médicas decorrentes de dieta restrita; ▪ sofrimento intrapessoal ou comprometimento do funcionamento social, acadêmico ou profissional secundário a crenças ou comportamentos sobre alimentação saudável; ▪ imagem corporal positiva, autoavaliação positiva, identidade e/ou satisfação excessivamente dependente da conformidade com um comportamento alimentar "saudável" autodefinido.
Transtorno de purgação[29]	▪ Presença de comportamento purgativo recorrente para influenciar o peso ou a forma física (como vômitos, exercício físico, mau uso de laxantes, diuréticos ou outros medicamentos) na ausência de compulsão alimentar. ▪ O indivíduo não apresenta baixo peso (definido por IMC < 18,5 kg/m^2 em adultos ou abaixo do 5º percentil para idade e sexo em crianças ou adolescentes).

* Os critérios diagnósticos são propostos, ou seja, ainda necessitam de estudos clínicos que os validem, exceto para o transtorno de purgação (definidos no DSM-5).

Em 2016, 3.047 australianos participaram de um estudo populacional com o objetivo de avaliar a ocorrência do comportamento de beliscamento.[7] Os resultados evidenciaram que até 50% da amostra tinha alguma forma de beliscamento. Os participantes que apresentavam beliscamento sem perda de controle ao comer totalizaram cerca de 40%, e aqueles com perda de controle, 10%. Aqueles que apresentavam algum TA associado a obesidade tinham 11 vezes mais chances de apresentar beliscamento com perda de controle alimentar.[7]

Em 2017, foi publicada a primeira revisão sistemática e metanálise sobre a prevalência de beliscamento em indivíduos com obesidade e/ou TA.[8] Evidenciou-se prevalência de 23,32% de beliscamento em pessoas com obesidade que não procuravam tratamento para perder peso, contra 33,2% nos indivíduos com obesidade que procuravam tratamento para perda de peso.[8] A prevalência de beliscamento em pacientes com BN foi de 58,25%, com TCA foi de 67,77%, e no grupo com AN, de 34,31%. Houve maior proporção de beliscamento nas amostras de indivíduos com alteração de psicopatologia alimentar. Outros elementos da psicopatologia alimentar, como a desinibição alimentar, menor restrição alimentar, maior associação com compulsão alimentar e mais percepção de fome, foram evidenciados no grupo com beliscamento.[8]

Quanto à psicopatologia geral, houve maiores níveis de sintomas depressivos, ansiosos e comprometimento do controle dos impulsos no grupo de pacientes com beliscamento.[8] Apesar desse prejuízo do controle de impulsos, não foram encontrados estudos que associassem o beliscamento com o uso abusivo ou a dependência de substâncias. Ademais, os autores observaram que os indivíduos com beliscamento evidenciaram pior qualidade de vida no domínio mental, mas não quanto à saúde física.[8] Porém, tanto para a psicopatologia alimentar como para a psicopatologia geral, a direção dessa associação – se o beliscamento propicia esses quadros ou o inverso –, ou mesmo como o beliscamento interage com esses desfechos, ainda precisa ser mais bem investigada.

MANEJO E PROPOSTAS DE TRATAMENTO

Ainda são incipientes as propostas de tratamento do beliscamento, uma vez que ainda não estão bem definidos seus marcadores clínicos.[14] Potencialmente, intervenções psicológicas validadas para os TAs e seus sintomas-alvo e que atuem na regulação do afeto têm sido propostas como formas de abordagens desses indivíduos.[8] Nesse sentido, o manejo nutricional de acordo com a psicopatologia alimentar envolvida também poderá contribuir para melhor organização da rotina alimentar do paciente.[8] Não existem evidências atuais de agentes farmacológicos com eficácia para o tratamento do beliscamento. Entretanto, o reconhecimento e o tratamento das comorbidades psiquiátricas podem auxiliar na abordagem do beliscamento.[7]

CONSIDERAÇÕES FUTURAS

Estudos vindouros deverão definir o valor calórico associado ao comportamento alimentar "beliscador".[9] Além disso, outras características clínicas do episódio de beliscamento (tempo de duração do episódio, tipos de alimentos ingeridos, presença da influência do horário do dia, fatores emocionais ou externos desencadeadores e comorbidades psiquiátricas associadas) podem ser elementos descritivos que irão auxiliar na caracterização desse comportamento alimentar.[7,8]

Fatores predisponentes, desencadeantes e mantenedores do comportamento "beliscador" precisam ser mais bem compreendidos.[7,8,14] Entre eles, destacamos:

- presença de sentimentos de baixa autoestima, crenças sobrevalorizadas relativas à comida ou distúrbio da imagem corporal;
- presença de descontrole mediante "pistas alimentares", como a de alimentos hiperpalatáveis (ricos em açúcar e/ou gordura, como *pizza*, chocolate, hambúrguer, etc.);
- distinção entre realizar refeições fracionadas sem planejamento, o ato de comer de forma automática ou mesmo dificuldade na organização da rotina alimentar;
- presença de maior prejuízo em algum domínio cognitivo específico, em especial na capacidade executiva.

O beliscamento como um comportamento alimentar disfuncional ainda é um campo científico incipiente que necessita de evidências para sua construção.[2] Entretanto, identificar a presença do beliscamento e definir sua associação com outras características clínicas pode contribuir para o tratamento por meio de orientações comportamentais, nutricionais ou intervenção farmacológica direcionadas às comorbidades associadas.[8]

ADIÇÃO POR COMIDA

HISTÓRICO

Em 1890, em um periódico científico da área de adições por substâncias, houve uma referência ao uso do chocolate como vício, em que o indivíduo se percebia descontrolado ao comer chocolate.[5] Posteriormente, na década de 1930, alguns teóricos da psicanálise associaram o comportamento de adição por comida como um comportamento caracterizado por maior oralidade.[5] No entanto, foi apenas em 1956 que a expressão "adição por comida" foi introduzida na literatura médica, por Theron G. Randolph.[15] Desde esse artigo seminal, o conceito de adição por comida vem sendo desenvolvido, tomando por base os critérios usados para outros domínios de dependência química, como os critérios utilizados para dependência de álcool.[5] Durante as décadas de 1960 e 1970, a expressão "adição por comida" se popularizou, e grupos de ajuda mútua, assemelhados aos Alcoólicos Anônimos, foram criados para os indivíduos "viciados em comida".[5]

É interessante ressaltar que, em 1959, Albert J. Stunkard havia descrito diferenças de comportamento alimentar em pessoas com obesidade, definindo o conceito de compulsão alimentar.[3] No entanto, o autor criticava a expressão "adição por comida" e apontava que ela não seria apropriada com base no que se sabia quanto à adição por álcool e outras drogas.[5]

Ao longo das décadas de 1980 e 1990, pesquisas buscaram delimitar a BN como uma forma de adição por comida.[5] No entanto, restringir esse TA apenas a vício em comida foi uma associação que se verificou incorreta.[2]

Outra vertente buscou caracterizar o "vício em chocolate" como categoria diagnóstica isolada.[5] Entretanto, várias inconsistências foram novamente encontradas. Alguns desses autores, por exemplo, baseavam-se em pesquisas iniciais, que analisaram o aumento de atividade dopaminérgica no sistema de recompensa em resposta a determinados alimentos.[16]

Posteriormente, na década de 2000, achados de neuroimagem forneceram substratos biológicos para a aproximação da obesidade com os transtornos por uso de substâncias.[7,15] Dentro desse contexto das pesquisas de neuroimagem, verificou-se que pessoas com obesidade apresentavam deficiência dopaminérgica, o que as faria buscar maior prazer na alimentação, em especial nos alimentos com maior potencial de aumento dopaminérgico (alimentos hiperpalatáveis). Nesse sentido, estímulos do sistema de recompensa desencadeariam um comportamento semelhante ao que ocorre na dependência química, podendo ocorrer os fenômenos da tolerância e da abstinência.[5,16]

Foi nesse cenário de aproximação do campo da obesidade com a dependência química que foi desenvolvida uma escala específica para avaliar a adição por comida. O objetivo na elaboração da Escala de Adição à Comida de Yale era explorar a validade do conceito de adição por comida, sistematizar uma forma de avaliação e investigar a proximidade dessa forma de comportamento alimentar com a dependência química.[17] Foram propostos, então, critérios para diagnóstico baseados nos critérios do DSM-IV para dependência de substâncias,[17] que se encontram a seguir:

- aumento da quantidade de ingesta alimentar com o objetivo de manter os efeitos iniciais de prazer ou mesmo alívio de desconforto emocional – efeito da tolerância;
- presença de tolerância e sintomas de abstinência;
- necessidade do consumo de quantidades maiores do que o pretendido;
- percepção de um desejo persistente e/ou ocorrência de tentativas malsucedidas para conseguir reduzir a quantidade;
- prejuízos funcionais decorrentes do tempo gasto para consumo ou para se recuperar do uso excessivo;
- manutenção do uso contínuo apesar do conhecimento dos prejuízos em decorrência do uso da substância.

A presença de três (ou mais) dos critérios descritos associada a comprometimento ou sofrimento clinicamente significativo foi sugerida como necessária para caracterizar a adição por comida.[17] Assim, após a publicação da Escala de Adição à Comida de Yale, em 2009, houve aumento expressivo de publicações sobre o tema. Em um período de 12 anos, o número de artigos publicados na base de dados Pubmed saltou de 634 para 2.379. Nesses estudos, enquanto alguns autores buscavam solidificar a validade do conceito de adição por comida, outros questionavam sua validade clínica.[6,18,19] Assim, ainda há controvérsia entre os diferentes grupos de pesquisa da área.

Alguns clínicos e pesquisadores questionam se a expressão correta seria "adição em comer", em vez de "adição por comida". Nesse sentido, buscam discutir que a fenomenologia do construto não estaria na adição pela substância, ou seja, no tipo ou na associação de nutrientes específicos, mas no ato de comer e em todo comportamento associado ao episódio alimentar.[20]

CARACTERÍSTICAS CLÍNICAS E EPIDEMIOLÓGICAS, COMORBIDADES E CURSO/EVOLUÇÃO

Os critérios diagnósticos propostos para adição alimentar, ou adição por comida, foram sumarizados no Quadro 10.1.

Uma metanálise[21] objetivou avaliar a prevalência do diagnóstico e/ou de sintomas de adição por comida com as comorbidades mentais associadas. Houve inclusão de 53 estudos, e, entre os resultados, ressaltamos:

- Prevalência agrupada do diagnóstico de adição por comida de 16,2%. Quando se contabilizou por meio de sintomas, em vez de diagnóstico, a média de sintomas foi de 3,3, com variação entre 2,85 e 3,92 no total.
- No subgrupo de pacientes que buscavam tratamento para perda de peso, a média de sintomas foi de 3,01, variando entre 2,65 e 3,37. Por sua vez, no grupo de pacientes com algum comportamento alimentar disfuncional, a média de sintomas foi superior, de 5,2, com valores entre 3,6 e 6,7.
- As comorbidades psiquiátricas que tiveram associação positiva com o diagnóstico de adição por comida foram: sintomas depressivos (45,9%), sintomas de compulsão alimentar (60,2%) e sintomas de ansiedade (48,3%).
- É importante ressaltar que, como a associação com essas comorbidades psiquiátricas foi moderada, não se tem clareza se a adição por comida representa um construto distinto destes ou se sua apresentação clínica se sobrepõe a esses sofrimentos emocionais.

No Brasil, um estudo *on-line* conduzido por Nunes-Neto e colaboradores com amostra não clínica de 7.639 participantes descreveu prevalência de 4,31% do diagnóstico de adição por comida. Foi aplicada a Escala de Adição à Comida de Yale – Versão 2.0, da forma contínua, que mostrou associação com impulsividade.[22]

Como a definição de adição por comida encontra-se ainda em processo de validação, ainda não há dados relativos ao seu curso evolutivo, prognóstico, ou estabilidade diagnóstica ao longo do tempo. Portanto, são necessários estudos prospectivos que melhor caracterizem seus aspectos clínicos específicos.[23] No entanto, com as evidências atuais, alguns grupos de pessoas são apontados como mais suscetíveis para apresentar adição por comida. Entre esses grupos estão pessoas que procuram tratamento para perda de peso, os pacientes de pós-operatório de cirurgia bariátrica e os indivíduos com compulsão alimentar. Na prática clínica, outro aspecto relevante é a necessidade de atenção a pessoas em uso de antidepressivos, antipsicóticos ou estabilizadores do humor que possam desencadear sintomas alimentares como compulsão alimentar ou fissura por determinados alimentos.[21,24]

MANEJO E PROPOSTAS DE TRATAMENTO

No manejo dos indivíduos que apresentam adição por comida, é fundamental estabelecer o diagnóstico diferencial psiquiátrico.

Assim, enquanto a literatura científica caminha para uma melhor definição do conceito, o tratamento da adição alimentar deve basear-se nas atuais evidências: tratar a obesidade, os TAs, os outros transtornos psiquiátricos[25] e as comorbidades clínicas.

CONSIDERAÇÕES FUTURAS/PONTOS A SEREM ESCLARECIDOS

As discussões quanto ao refinamento diagnóstico da adição alimentar não devem simplesmente assumir uma equivalência desse possível diagnóstico ao de dependência por uso de substâncias. Também deve-se considerar que a maior parte dos estudos apenas replica prevalências de adição por comida por meio da Escala de Adição à Comida de Yale em diferentes populações, sem questionar antes sua validade.[26]

É necessário que haja melhor definição do comportamento, em vez de o delimitar como uma dependência de alimentos específicos, portanto, referindo-se a este como adição em comer, em vez de adição por comida.[20]

Também é necessário verificar se realmente a adição alimentar é uma categoria diagnóstica independente, com um curso e especificadores de gravidade clínica que o delimitem como um agrupamento de sintomas, ou se, na realidade, consiste em um epifenômeno mais bem compreendido por outras categorias diagnósticas.[26] Alguns autores argumentam ser um subtipo do TCA com maior gravidade.[26,27] Portanto, antes de se assumir de forma definitiva a sua existência, são necessários estudos clínicos com outras medidas de avaliação para além de uma escala autopreenchida, assim como estudos prospectivos que permitam mensurar a validade deste como uma categoria diagnóstica independente.

Caso o diagnóstico dessa categoria diagnóstica seja validado, será necessário ter atenção para que não se aumente o estigma associado aos indivíduos que sofrem com seu peso corporal.[26] Ao classificar o problema alimentar de um grupo destes como "adição", poderá ocorrer associação errada com "falta de vontade" ou "falta de vergonha" que permeia o campo das adições.

É preciso endereçar políticas públicas que apontem alimentos mais associados a esse comportamento alimentar disfuncional. Tais ações podem incluir indicações em rótulos de alimentos, forma de veiculação das propagandas ou a facilidade de acesso a alimentos desse grupo para populações mais vulneráveis.[23]

TRANSTORNO DE PURGAÇÃO

HISTÓRICO

O transtorno de purgação foi descrito em 2005 em uma amostra de mulheres com TAs que não apresentavam episódios de compulsão alimentar e que, portanto, não poderiam receber o diagnóstico de BN.[10] Posteriormente, o transtorno foi incluído na categoria OTAE no DSM-5.[1] Ocorre sofrimento significativo ou prejuízo no funcionamento social e profissional, mas os indivíduos não satisfazem os critérios para qualquer outro TA.[1,28]

CARACTERÍSTICAS CLÍNICAS E EPIDEMIOLÓGICAS, COMORBIDADES E CURSO/EVOLUÇÃO

O transtorno de purgação caracteriza-se por comportamento de purgação recorrente (vômitos autoinduzidos, abuso de laxantes, diuréticos ou outros medicamentos) após a ingesta alimentar, de modo a influenciar o peso ou a forma do corpo, na ausência de compulsão alimentar, em indivíduos que não estão abaixo do peso.[29] Os indivíduos não satisfazem os critérios para AN (uma vez que não têm baixo peso), tampouco para BN, pois não há episódios de compulsão alimentar. Desse modo, o transtorno representa uma manifestação clínica entre a AN e a BN.[3]

O transtorno de purgação também é mais frequente no sexo feminino, sendo que a prevalência ao longo da vida é de 6,2%.[11] Os estudos são poucos e iniciais, e as taxas de prevalência variam dependendo da faixa etária e dos critérios utilizados para o diagnóstico.[11,28] A idade de início parece ser mais tardia em comparação com AN e BN.[30]

Esses indivíduos exibem uma sensação de plenitude pós-prandial maior quando comparados a indivíduos saudáveis. Assim, essas alterações neuroendócrinas disparam gatilhos que levam a mal-estar gastrintestinal relatado.[29]

Os fatores de risco avaliados até o momento apontam que um percentil elevado do índice de massa corporal (IMC) e dietas para perder peso parecem aumentar o risco do desenvolvimento desse transtorno.[29]

MANEJO E PROPOSTAS DE TRATAMENTO

Não existem ensaios clínicos de tratamento do transtorno de purgação. Uma série de casos aponta que a terapia cognitivo-comportamental é indicada. Entretanto, um estudo apontou que houve maior abandono de tratamento, e a baixa motivação para este foi uma limitação importante no seguimento desses pacientes.[31]

Assim, o tratamento deve basear-se nos mesmos pilares daquele dos TAs nucleares (AN, BN e TCA), incluindo acompanhamento multiprofissional, no qual a psicoterapia exerce um papel central.[29]

Deve-se reconhecer que esses pacientes apresentam resposta fisiológica distinta de indivíduos saudáveis após a ingesta alimentar, como náuseas e desejo de vomitar.[29]

CONSIDERAÇÕES FUTURAS

Embora o transtorno de purgação se apresente como uma entidade clínica recente, seus aspectos psicopatológicos são bem estabelecidos. Entretanto, há escassez de estudos avaliando fatores de risco e manutenção, que poderiam sugerir intervenções terapêuticas específicas para o transtorno.[29] Assim, estudos futuros devem selecionar amostras específicas de indivíduos com transtorno de purgação, uma vez que há diversas análises de subamostras de estudos que avaliaram outros TAs.

ORTOREXIA NERVOSA

HISTÓRICO

Em 1997, ocorreu a primeira referência ao termo "ortorexia" (do grego: ὀρθός, "certo", e ὄρεξις, "comer"),[32] referindo-se a "comer correto" em uma publicação sobre ioga. À época, o autor – Steven Bratman – procurava pessoas que haviam desenvolvido obsessão por comer saudável. Após uma "euforia científica" que o termo trouxe, o autor procurou retratar-se, afirmando que seu objetivo não era definir um novo TA.[33] Assim como a adição alimentar, a ortorexia nervosa se popularizou inicialmente mediante alta expressividade dentro da mídia leiga e posteriormente transpôs sua presença para os artigos científicos.[5,34]

Após cinco anos, em 2002, houve a primeira publicação científica sobre a ortorexia nervosa em um artigo de opinião, no qual um autor sueco questionava se o termo seria correto para um conceito errado.[32] Na sequência, em 2004, pesquisadores italianos avaliaram, de forma não padronizada, a presença de escolha por alimentos saudáveis em indivíduos com traços de personalidade obsessiva. Nesse artigo, não foi sequer questionada a validade do conceito de ortorexia nervosa, somente explorado de forma aleatória, já partindo da premissa de sua validade.[34]

Atualmente, a avaliação psicométrica (por meio de escalas) da ortorexia nervosa conta com dois instrumentos: Escala de Avaliação da Ortorexia Nervosa (ORTO-15)[35] e Orthorexia Self-Test.[4] Entretanto, ambos apresentam importantes vieses. Também precisam ser validados em diferentes populações com aspectos culturais, históricos e religiosos dimensionados, o que pode ser um desafio em especial na ortorexia nervosa. Em 2005, houve a publicação da ORTO-15. O grupo que a publicou acreditava, então, estar definindo um novo TA. Após essa publicação, ocorreu uma sequência de suas traduções por outros grupos de pesquisa em todo o mundo.[36]

Vários critérios diagnósticos para a ortorexia nervosa já foram propostos por diversos autores.[12,32,33,35,37-40] A maioria se baseia em adaptações dos critérios diagnósticos estabelecidos para AN, transtorno alimentar restritivo/evitativo ou transtorno dismórfico corporal.[32] O Quadro 10.1 apresenta uma proposta de critérios diagnósticos para ortorexia nervosa.

CARACTERÍSTICAS CLÍNICAS E EPIDEMIOLÓGICAS, COMORBIDADES E CURSO/EVOLUÇÃO

Na ortorexia nervosa, há prejuízo físico e social pela obsessão patológica que o indivíduo desenvolve por uma alimentação saudável (ou alimentação "limpa"). Não há foco na quantidade de calorias, e sim na qualidade dos alimentos ingeridos e nas suas preparações.[32] Os indivíduos com ortorexia nervosa frequentemente evitam situações sociais que envolvem alimentação e costumam experimentar redução de peso, embora a perda ponderal não seja o objetivo primário. Em alguns casos, pode haver má nutrição e perda de peso excessivo.[12] Também podem ocorrer pensamentos intrusivos relacionados à qualidade dos alimentos (p. ex., se foram expostos a pesticidas, se são orgânicos, se houve perda de propriedades nutricionais com o preparo ou se conservantes foram adicionados),[32] ou pode-se gastar diversas horas em uma inflexível preparação dos alimentos, que obedece a rituais com padrões rígidos.[12]

Não existem estudos de prevalência. Uma revisão sistemática não encontrou diferenças entre idade, gênero ou nível educacional nos estudos realizados.[41] Entretanto, alguns fatores foram associados com a presença de ortorexia nervosa:

- presença de uma cultura que estigmatiza a obesidade;
- maior disponibilidade de alimentação saudável;
- grupos com maior renda;
- reforço positivo de terceiros;
- tempo disponível para planejamento e preparação da alimentação associado a fatores psicológicos (como perfeccionismo, dietas restritivas, ideal de magreza, neuroticismo, traços obsessivos-compulsivos e TA prévio).

Apesar desses estudos, ainda não é possível estabelecer uma relação de causalidade entre esses fatores e a ortorexia nervosa.

MANEJO E PROPOSTAS DE TRATAMENTO

Não há estudos avaliando o tratamento da ortorexia nervosa, embora algumas sugestões sejam apresentadas em revisões sobre o tema. A abordagem terapêutica deve ser multidisciplinar e incluir medicação, terapia cognitivo-comportamental e psicoeducação.[6,7] O médico deve atentar para complicações clínicas e comorbidades psiquiátricas, além de sintomas ansiosos e obsessivos-compulsivos. Em alguns casos, pode haver recusa em fazer uso de medicações por não serem "substâncias naturais". O tratamento psicoterápico deve focar não somente na alimentação, mas também na compra e no preparo das refeições e no sentimento sobre o alimento consumido. Aconselhamento nutricional também se mostra importante no plano terapêutico.

CONSIDERAÇÕES FUTURAS

Mais pesquisas são necessárias para esclarecer as inconsistências atuais na conceituação dessa condição.[8] Mesmo com o aumento de publicações de estudos nos últimos anos, a ortorexia nervosa não parece ser um transtorno por si só, apenas quando ocorre no contexto de outro transtorno mental ou TA.[4]

Para melhor caracterização, são necessários estudos empíricos e longitudinais, com melhores instrumentos, populações mais representativas e que levem em conta aspectos culturais.[4] Um ponto crucial que deve ser respondido é definir se a ortorexia nervosa tem impacto negativo na saúde dos indivíduos ao longo do tempo que pode ser evitado ou atenuado com intervenção terapêutica apropriada.

CONSIDERAÇÕES FINAIS

Seja oriundos de perguntas científicas dentro da área de comportamento alimentar – como no beliscamento e no transtorno de purgação –, seja a partir da observação empírica – como na AN e na adição por comida –, os comportamentos alimentares despertam cada vez mais interesse ao longo das últimas décadas.

Descrevemos, neste capítulo, a busca em validar conceitos e diagnósticos que permitam prover um melhor cuidado aos que sofrem com alguma relação alimentar disfuncional. Assim, no futuro, intervenções terapêuticas eficazes poderão ser propostas para as síndromes alimentares aqui descritas.

O comportamento alimentar pode apresentar diversas alterações quantitativas e qualitativas. Entretanto, a criteriosa diferenciação entre TAs e essas síndromes alimentares emergentes é fundamental, uma vez que o correto diagnóstico se mostra como o primeiro – e essencial – passo para uma adequada abordagem e será o responsável por guiar o tratamento.

REFERÊNCIAS

1. American Psychiatric Association. Manual diagnostico e estatístico de transtornos mentais: DSM-5. e. ed. Porto Alegre: Artmed; 2014.
2. Wilson GT. Eating disorders, obesity and addiction. Eur Eat Disord Rev. 2010;18(5):341-51.
3. Mauro MFFP, Duchesne M, Mourilhe C, Appolinario JC. Transtorno da compulsão alimentar. In: Associação Brasileira de Psiquiatria; Nardi AE, Silva AG, Quevedo JL, organizadores. PROPSIQ Programa de Atualização em Psiquiatria: Ciclo 9. Porto Alegre: Artmed Panamericana; 2020. p. 93–128. (Sistema de Educação Continuada a Distância, v. 3).
4. Hay P. Is orthorexia nervosa a healthy way of being or a mental health disorder? Commentary on He et al. (2020). Int J Eat Disord. 2021 ;54(2):222-4.
5. Meule A. Back by popular demand: a narrative review on the history of food addiction research. Yale J Biol Med. 2015;88(3):295-302.
6. Fletcher PC, Kenny PJ. Food addiction: a valid concept? Neuropsychopharmacology. 2018;43(13):2506-13.

7. Heriseanu AI, Hay P, Touyz S. Grazing behaviour and associations with obesity, eating disorders, and health-related quality of life in the Australian population. Appetite. 2019;143:104396.
8. Heriseanu AI, Hay P, Corbit L, Touyz S. Grazing in adults with obesity and eating disorders: A systematic review of associated clinical features and meta-analysis of prevalence. Clin Psychol Rev. 2017;58:16-32.
9. Mauro MFFP, Papelbaum M, Brasil MAA, Carneiro JRI, Coutinho ESF, Coutinho W, et al. Is weight regain after bariatric surgery associated with psychiatric comorbidity? A systematic review and meta-analysis. Obes Rev. 2019;20(10):1413-25.
10. Keel PK, Haedt A, Edler C. Purging disorder: an ominous variant of bulimia nervosa? Int J Eat Disord. 2005;38(3):191-9.
11. Glazer KB, Sonneville KR, Micali N, Swanson SA, Crosby R, Horton NJ, et al. The course of eating disorders involving bingeing and purging among adolescent girls: prevalence, stability, and transitions. J Adolesc Health. 2019;64(2):165-71.
12. Dunn TM, Bratman S. On orthorexia nervosa: A review of the literature and proposed diagnostic criteria. Eat Behav. 2016;21:11-7.
13. Conceição EM, Mitchell JE, Engel SG, Machado PP, Lancaster K, Wonderlich SA. What is "grazing"? Reviewing its definition, frequency, clinical characteristics, and impact on bariatric surgery outcomes, and proposing a standardized definition. Surg Obes Relat Dis. 2014;10(5):973-82.
14. Heriseanu AI, Hay P, Touyz S. The short inventory of grazing (SIG): development and validation of a new brief measure of a common eating behaviour with a compulsive dimension. J Eat Disord. 2019;7:4.
15. Randolph TG. The descriptive features of food addiction; addictive eating and drinking. Q J Stud Alcohol. 1956;17(2):198-224.
16. Volkow ND, Wise RA. How can drug addiction help us understand obesity? Nat Neurosci. 2005;8(5):555-60.
17. Gearhardt AN, Corbin WR, Brownell KD. Preliminary validation of the Yale Food Addiction Scale. Appetite. 2009;52(2):430-6.
18. Pursey KM, Stanwell P, Gearhardt AN, Collins CE, Burrows TL. The prevalence of food addiction as assessed by the Yale Food Addiction Scale: a systematic review. Nutrients. 2014;6(10):4552-90.
19. Gordon EL, Ariel-Donges AH, Bauman V, Merlo LJ. What Is the Evidence for "Food Addiction?" A Systematic Review. Nutrients. 2018;10(4):477.
20. Hebebrand J, Albayrak Ö, Adan R, Antel J, Dieguez C, de Jong J, et al. "Eating addiction", rather than "food addiction", better captures addictive-like eating behavior. Neurosci Biobehav Rev. 2014;47:295-306.
21. Burrows T, Kay-Lambkin F, Pursey K, Skinner J, Dayas C. Food addiction and associations with mental health symptoms: a systematic review with meta-analysis. J Hum Nutr Diet. 2018;31(4):544-72.
22. Nunes-Neto PR, Köhler CA, Schuch FB, Quevedo J, Solmi M, Murru A, et al. Psychometric properties of the Modified Yale Food Addiction Scale 2.0 in a large brazilian sample. Braz J Psychiatry. 2018;40(4):444-8.
23. Gearhardt AN, Corbin WR, Brownell KD. Development of the Yale Food Addiction Scale version 2.0. Psychol Addict Behav. 2016;30(1):113-21.
24. Hiluy JC, Nazar BP, Gonçalves WS, Coutinho W, Appolinario JC. Effectiveness of pharmacologic interventions in the management of weight gain in patients with severe mental illness: a systematic review and meta-analysis. prim care companion cns disord. 2019;21(6):19r02483.
25. Albayrak O, Wölfle SM, Hebebrand J. Does food addiction exist? A phenomenological discussion based on the psychiatric classification of substance-related disorders and addiction. Obes Facts. 2012;5(2):165-79.
26. Long CG, Blundell JE, Finlayson G. A systematic review of the application and correlates of yfas-diagnosed 'food addiction' in humans: are eating-related 'addictions' a cause for concern or empty concepts? Obes Facts. 2015;8(6):386-401.
27. Wiedemann AA, Carr MM, Ivezaj V, Barnes RD. Examining the construct validity of food addiction severity specifiers. Eat Weight Disord. 2021;26(5):1503-9.
28. Mitchison D, Mond J, Bussey K, Griffiths S, Trompeter N, Lonergan A, et al. DSM-5 full syndrome, other specified, and unspecified eating disorders in Australian adolescents: prevalence and clinical significance. Psychol Med. 2020;50(6):981-90.

29. Keel PK. Purging disorder: recent advances and future challenges. Curr Opin Psychiatry. 2019;32(6):518-24.
30. Stice E, Marti CN, Shaw H, Jaconis M. An 8-year longitudinal study of the natural history of threshold, subthreshold, and partial eating disorders from a community sample of adolescents. J Abnorm Psychol. 2009;118(3):587-97.
31. Riesco N, Agüera Z, Granero R, Jiménez-Murcia S, Menchón JM, Fernández-Aranda F. Other specified feeding or eating disorders (OSFED): clinical heterogeneity and cognitive-behavioral therapy outcome. Eur Psychiatry. 2018;54:109-16.
32. Cena H, Barthels F, Cuzzolaro M, Bratman S, Brytek-Matera A, Dunn T, et al. Definition and diagnostic criteria for orthorexia nervosa: a narrative review of the literature. Eat Weight Disord. 2019;24(2):209-46.
33. Bratman S. Orthorexia vs. theories of healthy eating. Eat Weight Disord. 2017;22(3):381-5.
34. Meule A, Voderholzer U. Orthorexia nervosa-it is time to think about abandoning the concept of a distinct diagnosis. Front Psychiatry. 2021;12:640401.
35. Donini LM, Marsili D, Graziani MP, Imbriale M, Cannella C. Orthorexia nervosa: a preliminary study with a proposal for diagnosis and an attempt to measure the dimension of the phenomenon. Eat Weight Disord. 2004;9(2):151-7.
36. Donini LM, Marsili D, Graziani MP, Imbriale M, Cannella C. Orthorexia nervosa: validation of a diagnosis questionnaire. Eat Weight Disord. 2005;10(2):e28-32.
37. Opitz MC, Newman E, Alvarado Vázquez Mellado AS, Robertson MDA, Sharpe H. The psychometric properties of Orthorexia Nervosa assessment scales: A systematic review and reliability generalization. Appetite. 2020;155:104797.
38. Barthels F, Barrada JR, Roncero M. Orthorexia nervosa and healthy orthorexia as new eating styles. PLoS One. 2019;14(7):e0219609.
39. Brytek-Matera A, Staniszewska A, Hallit S. Identifying the profile of orthorexic behavior and "normal" eating behavior with cluster analysis: a cross-sectional study among polish adults. Nutrients. 2020;12(11):3490.
40. Varga M, Dukay-Szabó S, Túry F, van Furth EF. Evidence and gaps in the literature on orthorexia nervosa. Eat Weight Disord. 2013;18(2):103-11.
41. Missbach B, Barthels F. Orthorexia nervosa: moving forward in the field. Eat Weight Disord. 2017;22(1):1.

LEITURA RECOMENDADA

McComb SE, Mills JS. Orthorexia nervosa: a review of psychosocial risk factors. Appetite. 2019;140:50-75.

11 FATORES DE RISCO E PREVENÇÃO DOS TRANSTORNOS ALIMENTARES

Karin Louise Lenz Dunker

A prevenção na área dos transtornos alimentares (TAs) tem como objetivo transformar o conhecimento (teoria e convicções) em políticas sociais multidimensionais e práticas delineadas e evitar que crianças e adolescentes apresentem problemas no desenvolvimento da imagem corporal e na relação com os alimentos.[1,2]

Neste capítulo, iremos discorrer sobre a importância do estudo dos fatores de risco dos TAs, sua relação com a prevenção, assim como apresentar um panorama das abordagens existentes para, então, podermos refletir sobre futuras ações a serem implementadas em dimensões, que englobam os contextos escolar, familiar e clínico.

FATORES DE RISCO

A literatura descreve que, para o indivíduo desenvolver um TA, além da necessidade da presença de fatores etiológicos já descritos em capítulos anteriores, existem fatores de risco que devem ser considerados no delineamento de ações de intervenções relevantes e efetivas de prevenção.[3]

Os fatores de risco são classificados como "imutáveis" (p. ex., sexo e idade) e "mutáveis" ou "variáveis", que podem ser modificados espontaneamente ou com uma intervenção.[3,4] Os "variáveis" são classificados nos estudos como fatores "gerais" quando predizem qualquer doença psiquiátrica e "específicos" quando predizem um TA.[4] Os fatores gerais podem ser comuns a uma doença psiquiátrica e um TA e incluem eventos de vida estressantes, como abuso físico ou sexual, experiências familiares negativas e o afeto negativo (corresponde a angústia, insatisfação e estados de humor aversivos, como raiva, culpa, desgosto e medo).[4,5]

São vários os fatores específicos discutidos na literatura, e muitos estão relacionados com os tipos de TAs, dificultando a generalização dos fatores em comum. Hilbert e colaboradores,[4] ao investigarem de forma retrospectiva os fatores de risco que determinaram o início da doença em pacientes com TAs, verificaram que a anorexia nervosa (AN) e o transtorno de compulsão alimentar (TCA) têm fatores distintos, enquanto a bulimia nervosa (BN) tem fatores em comum com a AN e o TCA.

Segundo os achados desse estudo,[4] na maioria das pacientes com AN foi encontrada relação da restrição com o início de um TA, enquanto essa relação não ocorreu na BN e no TCA, sugerindo que talvez nesses tipos de TAs a relação entre restrição e compulsão possa ser mais complexa ou, ainda, que talvez exista a possibilidade de esses pacientes com BN e TCA terem sub-relatado suas restrições, uma vez que esse comportamento ainda não é percebido como um problema ou mesmo um sofrimento.

Já na metanálise de Stice e colaboradores,[2] em sua avaliação inicial sobre os fatores específicos que predizem o início futuro de um TA, os autores encontraram na revisão os fatores em comum: 1) sociais: pressão pela magreza, busca pela magreza ideal, falta de suporte social; 2) psicológicos: auto-objetificação (tendência a perceber o corpo do outro como um objeto), insatisfação corporal, afeto negativo; e 3) biológicos: sobrepeso parental, restrição alimentar, consumo de álcool.

Na prática clínica e nos estudos, é evidente que a preocupação com o peso e a restrição alimentar, associada com a insatisfação corporal, seja considerada o mais importante fator precipitante da patogênese dos TAs em adolescentes.[6] No entanto, devemos refletir sobre se de fato a restrição por si só seria um potente fator de risco para o início de um TA ou se existem outros fatores precedentes a esse comportamento para o desenvolvimento de um TA.

Estudos epidemiológicos e transculturais consideram a influência sociocultural (p. ex., exposição a mídia, pressão, internalização e expectativas pela magreza) um importante fator de risco para o desenvolvimento de sintomas de TA, como o uso de métodos de controle de peso extremos comuns na AN e na BN. Estudos longitudinais apontam também características individuais (p. ex., traços de personalidade como afeto negativo e perfeccionismo) como possíveis fatores de risco e suscetibilidade à internalização das mensagens da mídia sobre magreza.[7,8]

As diferenças individuais na internalização também demonstram possível relação com a herança familiar. Apesar de os estudos da relação gene-ambiente e seu impacto nos sintomas de TAs ainda serem poucos e inconclusivos, é clara a necessidade de se expandir o estudo para modelos de risco biopsicossociais, que incluam o estudo do efeito do ambiente familiar adverso sobre a expressão gênica e os processos epigenéticos. Em relação aos fatores de risco biológicos, os estudos indicam que estes são considerados correlatos dos sintomas de TAs (p. ex., níveis hormonais de estradiol e progesterona) e específicos dos TAs (p. ex., flexibilidade cognitiva, controle inibitório, alterações de serotonina e dopamina).[7,8]

Considerando todos os fatores, a revisão de Culbert e colaboradores[8] propõe um modelo que descreve a forma como os fatores socioculturais, psicológicos e biológicos podem se relacionar ao aumento do risco de TA. Uma possível relação seria que as diferenças individuais na internalização da magreza teriam uma base tanto genética como ambiental, que incluiria os indivíduos terem plasticidade neural e comportamental a essas mensagens. Também devem ser consideradas as influências genéticas e ambientais em conjunto, uma vez que experiências ambientais (p. ex., história de abuso) e as mudanças durante o desenvolvimento podem interagir e influenciar a expressão genética.[8]

Outra possível suposição seria que fatores genéticos e neurobiológicos (p. ex., serotonina e dopamina) aumentariam o risco de comportamentos específicos relacionados de TAs (p. ex., alterações no apetite, relação com alimentação e peso), que ao mesmo tempo estão associados a altos níveis de traços de personalidade mal-adaptativos ou déficits no processamento neurocognitivo. No entanto, esses fatores biológicos e psicológicos, bem como a maioria das variáveis ambientais examinadas nos estudos gene-ambiente (p. ex., abuso, fatores parentais), são inespecíficos ou transdiagnósticos, na medida em que são relevantes para muitas outras formas de psicopatologia. Influências socioculturais (p. ex., internalização ideal de magreza, expectativas de magreza) são provavelmente um conjunto de fatores que moldam uma diátese biopsicossocial mais geral em direção à psicopatologia no desenvolvimento de problemas específicos da alimentação.[8]

Também é importante entender, em relação aos fatores ambientais, que os pares ou amigos, pais e professores fazem parte do microambiente e que podem influenciar tanto na proteção como no aumento do risco para TAs. Jacobi e colaboradres,[9] em uma amostra de estudantes universitárias de risco (grande preocupação com peso e forma), identificaram como fatores importantes: comentários negativos dos professores ou treinadores sobre alimentação, história de comentários negativos da família sobre alimentação, peso e forma e história de familiares com baixo peso. O funcionamento da dinâmica familiar, com pais superprotetores, intrusivos, controladores ou emocionalmente insensíveis e com dificuldade de resolução de conflitos, também está associado com risco de TA.[10]

A complexidade e as várias relações entre os fatores de risco, bem como a especificidade de cada tipo de TA, reforçam a dificuldade e o desafio no desenvolvimento de estudos de prevenção em que o foco está na redução e na eliminação de diferentes fatores de risco, avaliados em vários tipos de populações, como crianças, adolescentes e universitários. Para entendermos a dimensão que uma intervenção pode atingir em termos de impacto, é importante inicialmente compreender as etapas do delineamento dos programas de prevenção.

NÍVEIS DE PREVENÇÃO

As intervenções devem ser delineadas de acordo com a presença ou não de fatores de risco de TA e a população em que se pretende desenvolver o programa e podem ocorrer em três níveis:

Primário: tem como objetivo reduzir ou eliminar fatores de risco em indivíduos saudáveis. Quando abrange a população em geral (com ou sem risco), é chamado de "universal", e quando o público-alvo são as pessoas sem sintomas, mas consideradas de risco (p. ex., meninas adolescentes, mulheres com insatisfação corporal, atletas, pessoas com diabetes tipo I, bailarinos, modelos), é chamado de "seletivo".

Secundário: também chamado de "direcionado", tem como objetivo prevenir que sinais iniciais de TA, ou que quadros parciais de TA (p. ex., vômitos, uso de laxantes e diuréticos, preocupação excessiva com peso e forma, restrição alimentar), evoluam para um quadro completo.

Terciário: visa a reduzir os sintomas de pessoas que já apresentam quadro de TA. Possibilita melhoria da qualidade de vida e da evolução dos TA ou a limitação de suas sequelas em pessoas em processos crônicos.[5]

De acordo com a revisão sistemática de Watson,[1] foram encontrados 106 ensaios clínicos de intervenção preventiva de TAs desenvolvidos desde a década de 1980, sendo a maioria deles (80%) com abordagens primárias seletivas. Ciao e colaboradores[11] observaram que os programas foram aplicados em públicos de várias idades – desde o ensino fundamental até universitário –, sendo que os programas aplicados em pessoas mais novas são os universais, que incluem meninos e meninas, e os voltados a públicos mais velhos (meninas adolescentes e mulheres universitárias) são os seletivos ou direcionados.

Em relação ao formato e aos conteúdos abordados nos programas, é importante ressaltar que, inicialmente, os pesquisadores, na década de 1990, testaram abordagens psicoeducativas, com efeitos limitados, nas quais o foco estava em descrever os TAs e informar sobre os malefícios dos comportamentos precedentes aos TAs (como uso de laxantes, diuréticos, vômitos autoinduzidos e prática excessiva de atividade física para controlar o peso).[12] O que se concluiu com esses estudos é que passar informações aos adolescentes descrevendo métodos não saudáveis de controle de peso, como o uso de vômitos, laxantes e diuréticos, pode introduzir crenças, atitudes e comportamentos precedentes aos TAs, tornando essas atividades comuns e normais.

Em vista desses efeitos prejudiciais, os estudos a partir dos anos 2000 modificaram as estratégias para ações focadas na mudança dos conhecimentos, das crenças, das atitudes e dos comportamentos associados com os TAs. As intervenções passaram, então, a trabalhar conteúdos de promoção da satisfação corporal, redução da restrição alimentar, aceitação da diversidade corporal, melhora da autoestima, impacto da mídia na internalização da magreza, incentivo a uma alimentação saudável com uma abordagem de não dieta e atividade física saudável e prazerosa.[5,11]

O evidente volume de trabalhos na área[1,2,5] tem permitido reflexões sobre os formatos que produzem impacto, sendo estes de pequeno a moderado na redução de fatores de risco, podendo se manter por até três anos após a intervenção. No entanto, como não é possível descrever os detalhes e as características de cada programa e seus efeitos, iremos apresentar de forma sucinta as abordagens consideradas efetivas e promissoras e alguns modelos que as utilizam.

ABORDAGENS DE PREVENÇÃO

A variabilidade de resultados dos programas se deve a diferenças metodológicas que incluem faixa etária da população de estudo, tamanho de amostra, tempo de seguimento, instrumentos utilizados para avaliar, tipo de mediador, formato e conteúdo da intervenção.[5]

Em relação aos estudos que testaram a abordagem universal, as diversas propostas de metodologias e conteúdos,[1] inclusive em estudos recentes, como o MaiStep[13] e o POPS-Program,[14] na Alemanha, têm encontrado efeitos modestos e não duradouros na redução dos fatores de risco. Os efeitos positivos e promissores estiveram relacionados com o uso da educação sobre a mídia (*media literacy*) na redução da insatisfação corporal. Essa abordagem tem por objetivo aumentar a capacidade dos participantes de acessar, analisar, avaliar e criticar a mídia. São recomendadas para desenvolver a visão e o pensamento crítico e, dessa forma, reduzir a vulnerabilidade às influências negativas da mídia.[1,15] Programas como o Media Smart[16] e o MABIC[17] obtiveram resultados positivos na redução de fatores de risco.

Quanto à abordagem direcionada, os poucos estudos sobre seu impacto em mulheres universitárias com quadros parciais de AN e BN foram promissores a curto prazo com o uso da terapia cognitivo-comportamental (TCC) na redução dos fatores de risco e sintomas. Devido à cronicidade dos TAs e à falta de engajamento dos pacientes no tratamento, são recomendados estudos com amostras maiores de indivíduos nos estágios iniciais e também a avaliação sobre os efeitos a longo prazo, uma vez que essas intervenções têm potencial na redução da progressão dos sintomas para o quadro completo.[1,11]

Por fim, os programas seletivos são os mais testados, de maior impacto e com efeitos de longo prazo. A maioria destes é direcionada a adolescentes acima dos 15 anos e a mulheres universitárias, com variabilidade no tempo de intervenção (até 24 semanas). As evidências mais robustas e eficazes desses programas foram as que utilizaram a dissonância cognitiva (31% dos estudos), seguidas pela TCC (22% dos estudos).[1]

PROGRAMAS PROMISSORES

A maioria dos programas promissores teve seus resultados positivos no formato presencial, mas alguns também foram delineados desde sua concepção no formato *on-line*, como o Student Bodies.[18] Algumas limitações do formato presencial, como custo, dificuldade de disseminação, bem como dificuldade de encontrar profissionais que tenham disponibilidade e sejam capacitados a conduzir esses programas, indicam a necessidade de investir em formatos *on-line*. Estudos têm demonstrado efeitos na redução de sintomas de TAs no formato *on-line*[19] e apontam vantagens que incluem maior acessibilidade, menor custo, fácil disseminação, padronização dos conteúdos, manutenção ao longo do tempo e acompanhamento da adesão. Além disso, esse formato permite o uso de conteúdos interativos e personalizados de acordo com a necessidade de suporte dos participantes, aproximando indivíduos que relutam em procurar ajuda devido ao seu anonimato.[19]

Intervenções integradas, com o objetivo de prevenir obesidade e TA, também são consideradas promissoras.[20] As estratégias de prevenção conjuntas com esse foco são especialmente importantes quando alguns estudos discutem o aparecimento de casos de TAs e comer transtornado após programas de prevenção com enfoque em "peso saudável" em escolas.[20]

Para refletirmos sobre o futuro das intervenções, alguns dos programas considerados de impacto, sua teoria de base utilizada e seus resultados são apresentados no **Quadro 11.1**.

■ Quadro 11.1
Programas considerados de impacto, teoria de base e resultados

Programa	Resultados	Teoria
Body Project[21] (P)(S)	Diminuição na internalização da magreza, na insatisfação corporal, no afeto negativo e nos sintomas de TA após o programa e redução de 60% no risco de início da patologia alimentar após 2 a 3 anos.	Dissonância cognitiva. Intervenção focada no questionamento do ideal da beleza a partir de práticas como exercícios, elaboração de textos e dramatização. A abordagem do programa se propõe, a partir dessas situações, a promover desconforto psicológico e, dessa forma, motivar a redução da internalização da magreza, que tem efeito na redução dos sintomas dos TAs.
eBodyProject[22] (ON)(S)	Redução na internalização da magreza, na restrição alimentar e nos sintomas de TA que se mantiveram por 1, 2, 3 e 4 anos.	
Virtual Body Project[23] (ON)(S)	Redução nos sintomas de TA, na insatisfação corporal, na internalização da magreza e na restrição alimentar que se mantiveram após 1 a 2 anos.	
Healthy Weight[21] (P)(S)	Diminuição na internalização da magreza, na insatisfação corporal, no afeto negativo e nos sintomas de TA; também houve menor aumento de peso. Reduziu o risco em 61% de início da patologia alimentar e 55% no risco de início de obesidade após 3 anos.	Cognitivo-comportamental. Apresenta conteúdos de educação básica sobre alimentação e atividade física, atividades de automonitoramento de consumo alimentar e prática de atividade física com *feedback* que promovem a mudança de comportamento em relação ao controle de peso, atividades de identificação e reestruturação dos pensamentos associados com imagem corporal negativa.
Student Bodies[18] (ON)(U)(S)	Redução na imagem corporal negativa e no desejo de emagrecer e aumento no conhecimento sobre regulação saudável do peso, alimentação, exercícios e TA que se mantiveram por 6 meses a 1 ano.	
Project Health[24] (P)(S)(I)	Redução do início do sobrepeso/obesidade e de sintomas de TA após 2 anos.	Adição de atividades de dissonância cognitiva ao programa Healthy Weight.

(Continua)

■ Quadro 11.1
Programas considerados de impacto, teoria de base e resultados (*Continuação*)

Programa	Resultados	Teoria
Planet Health[25] (P)(S)(I)	A redução do tempo de televisão teve efeito no peso e na obesidade. O programa também teve efeito na redução de métodos não saudáveis de controle de peso.	Social-cognitiva. Tem como objetivo promover a mudança de comportamentos por meio de estratégias voltadas ao conhecimento dos riscos e dos benefícios de diferentes práticas para a saúde e à percepção dos facilitadores e dos impedimentos para essa mudança, com o uso de ferramentas de automonitoramento, e definição de metas individuais para a mudança de comportamentos.
New Moves[26] (P)(S)(I)	Não teve efeito no peso e na obesidade. Houve redução no sedentarismo, na insatisfação corporal e nos métodos não saudáveis de controle de peso.	

(P): presencial; (ON): *on-line*; (S): seletiva; (U): universal; (I): integrada.

De acordo com a recente metanálise de Stice e colaboradores,[2] programas de prevenção que utilizaram abordagem de mudança de estilo de vida (Programa Healthy Weight), dissonância cognitiva e autoestima/autoeficácia reduziram em 54 a 77% o início de um TA no futuro, enquanto programas psicoeducacionais, cognitivo-comportamentais, interpessoais e terapia baseada em família não tiveram efeitos significativos. Os resultados apontam que a implementação de programas com uso da abordagem com atividades de dissonância cognitiva pode ter impacto na redução da prevalência de TAs. No Brasil, alguns pesquisadores também obtiveram resultados positivos na replicação do Programa Body Project em meninas adolescentes[27] e também em uma amostra de homens universitários,[28] o que indica que o programa também tem efeitos com adaptações transculturais.

Vale ressaltar a evidente importância que se tem dado na literatura à investigação de que programas com foco na prevenção da obesidade também podem ter efeitos positivos na prevenção dos TAs, pela avaliação do uso de métodos não saudáveis de controle de peso, e também programas de TAs que podem reduzir o risco de obesidade. Por exemplo, o programa Planet Health, que inicialmente tinha por objetivo prevenir a obesidade, também teve seus efeitos positivos na redução do uso de métodos não saudáveis de controle de peso,[24] assim como o Healthy Weight[20] e o Project Health,[23] que objetivavam prevenir TAs e tiveram efeito também na obesidade, e o Student Bodies,[17] que teve seu formato adaptado para uma abordagem integrada, chamada Staying Fit.[29] Apesar de novos programas integrados no formato *on-line* estarem em andamento na Europa (p. ex., Healthy Teens @ School[30] e everyBody-Tailored[31]), os desafios ainda são grandes em relação aos profissionais que ainda percebem os

TAs e a obesidade como problemas distintos. As estratégias para avançar seriam garantir que especialistas em cada campo tenham acesso a informações-chave sobre as interseções entre os dois problemas e as possíveis consequências indesejáveis de certos tipos de prevenção dirigidos a cada um dos problemas.[32]

DIMENSÕES DA PREVENÇÃO

Os estudos de prevenção apontam também a necessidade de ações que incluam a participação dos pais e dos funcionários da escola (p. ex., diretores, professores), uma vez que estes são considerados modelos de comportamentos em relação a alimentação e corpo perante seus filhos e alunos.[25]

Apesar de ser evidente a necessidade de estudos que incluam a participação dos pais, os estudos são focados no envolvimento dos pais no tratamento dos TAs, e não em ações de prevenção no ambiente familiar. Segundo a revisão de Hart e colaboradores,[33] seis estudos incluíram componentes voltados aos pais com a intenção de reforçar os conteúdos ensinados às crianças, em vez de incluir atividades voltadas a mudanças de atitudes e comportamentos parentais em relação a alimentação e imagem corporal dos seus filhos. Nesse sentido, o programa Confident Body, Confident Child, desenvolvido por Hart e colaboradores,[34] pode ser considerado promissor, uma vez que os efeitos, apesar de serem pequenos, foram de longa duração e tiveram impacto no conhecimento e na intenção parentais de reduzir o risco de insatisfação corporal e padrões alimentares não saudáveis.

Em relação aos educadores, os estudos apontam a importância que os professores, principalmente os de educação física, têm na modelagem de comportamentos saudáveis, assim como não saudáveis, como insatisfação corporal, hábito de dietas e atitudes de exercício disfuncional e excessivo.[35] Os poucos estudos desenvolvidos na área reforçam o impacto positivo de abordagens com componentes de educação sobre a mídia e dissonância cognitiva nesses grupos na promoção de redução da insatisfação corporal e da prática de exercício excessivo[35] e de aumento da consciência sobre como o estigma do peso pode levar à preocupação com o peso nos alunos.[36] Alguns programas descritos neste capítulo utilizaram como moderadores de parte ou do conteúdo total os professores curriculares,[24,25] e outros ampliaram seus estudos ao avaliarem a condução das intervenções por estudantes,[20] demonstrando a importância da continuidade dos estudos sobre a modelagem dos educadores.[10]

Puhl e colaboradores,[37] em seu estudo de investigação sobre a percepção de políticas públicas necessárias de prevenção dos TAs, realizada com uma amostra representativa de adultos e de profissionais dos Estados Unidos, e também em seu estudo com educadores,[38] apontaram alguns pontos importantes. A maioria dos entrevistados indicou a importância de incluir conteúdos voltados à prevenção de TAs no currículo escolar, a necessidade de treinamento de educadores sobre prevenção e identificação precoce dos TAs e a implementação de políticas de *antibullying* dentro das escolas.

Ainda é um desafio para os educadores o conhecimento sobre TAs e sobre como lidar com esses casos nas escolas. O estudo de Knightsmith e colaboradores[39] observou, em escolas da Inglaterra, em educadores entrevistados (n = 826), que a maioria (74%) nunca tinha recebido treinamento ou informações sobre TAs e que 89% se sentiam desconfortáveis conversar com seus alunos sobre TAs.

Por fim, Austin[40] aponta algumas reflexões sobre a importância da atuação de profissionais de saúde e sobre a necessidade de um posicionamento quanto a estratégias de prevenção. O estudo da prevenção ainda se concentra nas disciplinas de psicologia e psiquiatria, tendo participação mínima de profissionais de saúde pública. As estratégias são isoladas e individuais, com pouca pesquisa focada em metas ambientais, particularmente no nível macro. A atenção ao ambiente ainda é pouco explorada e avaliada em relação aos seus impactos. Existem relatos, em alguns países, de campanhas de mídia de massa antidieta e proibições legais de modelos extremamente magras na publicidade, o que demonstra que ainda são muitos os desafios em termos de saúde pública, que incluem principalmente a capacitação de profissionais no conhecimento de estratégias preventivas e perspectivas necessárias para enfrentar o problema dos TAs.

CONSIDERAÇÕES FINAIS

Os estudos na área de prevenção têm crescido ao longo do tempo, o que demonstra a relevância e a necessidade de continuidade no desenvolvimento de novos programas ou mesmo adaptação dos que já apresentam resultados comprovados na redução de fatores de risco de TAs.

As ações, que podem ir além do ambiente escolar e universitário, devem incluir políticas públicas, com a participação do governo e também do setor privado, que envolvam a regulamentação da venda de produtos emagrecedores, das campanhas publicitárias e das postagens nas mídias sociais que promovem a insatisfação corporal, a restrição alimentar e o estigma do peso.

Também se faz necessária a conscientização de profissionais de saúde sobre a problemática dos TAs e a necessidade da prevenção. A capacitação de profissionais deve ir além da psicologia e psiquiatria e envolver todas as áreas afins e ter por objetivo aumentar o conhecimento sobre como se faz prevenção. Também é essencial que se entenda a responsabilidade que os profissionais têm na transmissão de crenças e atitudes em relação a alimentação e peso, seja na prática clínica ou no ambiente familiar, seja no ambiente virtual, nas mídias sociais.

REFERÊNCIAS

1. Watson HJ, Joyce T, French E, Willan V, Kane RT, Tanner-Smith EE, et al. Prevention of eating disorders: a systematic review of randomized, controlled trials. Int J Eat Disord. 2016;49(9):833-62.
2. Stice E, Onipede ZA, Marti CN. A meta-analytic review of trials that tested whether eating disorder prevention programs prevent eating disorder onset. Clin Psychol Rev. 2021;87:102046.
3. Rosenvinge JH, Pettersen G. Epidemiology of eating disorders part II: an update with a special reference to the DSM-5. Adv Eat Disord. 2015;3:198-220.

4. Hilbert A, Pike KM, Goldschmidt AB, Wilfley DE, Fairburn CG, Dohm FA, et al. Risk factors across the eating disorders. Psychiatry Res. 2014;220(1-2):500-6.
5. Dunker KLL, Alvarenga MS, Philipp ST. Transtornos alimentares e obesidade: evidências quanto a prevenção integrada. In: Alvarenga MS, Dunker KLL, Philippi ST, organizadores. Transtornos alimentares e nutrição: da prevenção ao tratamento. Barueri: Manole; 2019. p. 467-83.
6. Dakanalis A, Clerici M, Bartoli F, Caslini M, Crocamo C, Riva G, et al. Risk and maintenance factors for young women's DSM-5 eating disorders. Arch Womens Ment Health. 2017;20(6):721-31.
7. Keel PK, Forney KJ. Psychosocial risk factors for eating disorders. Int J Eat Disord. 2013;46(5):433-9.
8. Culbert KM, Racine SE, Klump KL. Research review: what we have learned about the causes of eating disorders: a synthesis of sociocultural, psychological, and biological research. J Child Psychol Psychiatry. 2015;56(11):1141-64.
9. Jacobi C, Fittig E, Bryson SW, Wilfley D, Kraemer HC, Taylor CB. Who is really at risk? Identifying risk factors for subthreshold and full syndrome eating disorders in a high-risk sample. Psychol Med. 2011;41(9):1939-49.
10. Holtom-Viesel A, Allan S. A systematic review of the literature on family functioning across all eating disorder diagnoses in comparison to control families. Clin Psychol Rev. 2014;34(1):29-43.
11. Ciao AC, Loth K, Neumark-Sztainer D. Preventing eating disorder pathology: common and unique features of successful eating disorders prevention programs. Curr Psychiatry Rep. 2014;16(7):453.
12. Pearson J, Goldklang D, Striegel-Moore RH. Prevention of eating disorders: challenges and opportunities. Int J Eat Disord. 2002;31(3):233-9.
13. Buerger A, Ernst V, Wolter V, Huss M, Kaess M, Hammerle F. Treating eating disorders in the real world - MaiStep: a skill-based universal prevention for schools. Prev Med. 2019;123:324-32.
14. Warschburger P, Zitzmann J. The efficacy of a universal school-based prevention program for eating disorders among german adolescents: results from a randomized-controlled trial. J Youth Adolesc. 2018;47(6):1317-31.
15. McLean SA, Paxton SJ, Wertheim EH. The role of media literacy in body dissatisfaction and disordered eating: a systematic review. Body Image. 2016;19:9-23.
16. Wilksch SM. School-based eating disorder prevention: a pilot effectiveness trial of teacher-delivered Media Smart. Early Interv Psychiatry. 2015;9(1):21-8.
17. Sánchez-Carracedo D, Fauquet J, López-Guimerà G, Leiva D, Puntí J, Trepat E, et al. The MABIC project: an effectiveness trial for reducing risk factors for eating disorders. Behav Res Ther. 2016;77:23-33.
18. Beintner I, Jacobi C, Taylor CB. Effects of an Internet-based prevention programme for eating disorders in the USA and Germany--a meta-analytic review. Eur Eat Disord Rev. 2012;20(1):1-8.
19. Melioli T, Bauer S, Franko DL, Moessner M, Ozer F, Chabrol H, et al. Reducing eating disorder symptoms and risk factors using the internet: a meta-analytic review. Int J Eat Disord. 2016;49(1):19-31.
20. Leme ACB, Haines J, Tang L, Dunker KLL, Philippi ST, Fisberg M, et al. Impact of strategies for preventing obesity and risk factors for eating disorders among adolescents: a systematic review. Nutrients. 2020;12(10):3134.
21. Stice E, Marti CN, Spoor S, Presnell K, Shaw H. Dissonance and healthy weight eating disorder prevention programs: long-term effects from a randomized efficacy trial. J Consult Clin Psychol. 2008;76(2):329-40.
22. Stice E, Rohde P, Shaw H, Gau JM. Clinician-led, peer-led, and internet-delivered dissonance-based eating disorder prevention programs: effectiveness of these delivery modalities through 4-year follow-up. J Consult Clin Psychol. 2020;88(5):481-94.
23. Ghaderi A, Stice E, Andersson G, Enö Persson J, Allzén E. A randomized controlled trial of the effectiveness of virtually delivered Body Project (vBP) groups to prevent eating disorders. J Consult Clin Psychol. 2020;88(7):643-56.
24. Stice E, Rohde P, Shaw H, Gau JM. An experimental therapeutics test of whether adding dissonance-induction activities improves the effectiveness of a selective obesity and eating disorder prevention program. Int J Obes (Lond). 2018;42(3):462-8.
25. Austin SB, Spadano-Gasbarro JL, Greaney ML, Blood EA, Hunt AT, Richmond TK, et al. Effect of the planet health intervention on eating disorder symptoms in Massachusetts middle schools, 2005-2008. Prev Chronic Dis. 2012;9:E171; quiz E171.

26. Neumark-Sztainer DR, Friend SE, Flattum CF, Hannan PJ, Story MT, Bauer KW, et al. New moves-preventing weight-related problems in adolescent girls a group-randomized study. Am J Prev Med. 2010;39(5):421-32.

27. Amaral ACS, Stice E, Ferreira MEC. A controlled trial of a dissonance-based eating disorders prevention program with Brazilian girls. Psicol Reflex Crit. 2019;32(1):13.

28. Almeida M, Brown TA, Campos PF, Amaral ACS, de Carvalho PHB. Dissonance-based eating disorder prevention delivered in-person after an online training: a randomized controlled trial for Brazilian men with body dissatisfaction. Int J Eat Disord. 2021;54(3):293-304.

29. Jones M, Taylor Lynch K, Kass AE, Burrows A, Williams J, Wilfley DE, et al. Healthy weight regulation and eating disorder prevention in high school students: a universal and targeted Web-based intervention. J Med Internet Res. 2014;16(2):e57.

30. Jones Bell M, Zeiler M, Herrero R, Kuso S, Nitsch M, Etchemendy E, et al. Healthy teens @ school: evaluating and disseminating transdiagnostic preventive interventions for eating disorders and obesity for adolescents in school settings. Internet Interv. 2018;16:65-75.

31. Nacke B, Beintner I, Görlich D, Vollert B, Schmidt-Hantke J, Hütter K, et al. Everybody-tailored online health promotion and eating disorder prevention for women: study protocol of a dissemination trial. Internet Interv. 2018;16:20-5.

32. Ferrari M. Understanding the feasibility of integrating the eating disorders and obesity fields: the beyond obesity and disordered eating in youth (BODY) Study. Eat Weight Disord. 2015;20(2):257-69.

33. Hart LM, Cornell C, Damiano SR, Paxton SJ. Parents and prevention: a systematic review of interventions involving parents that aim to prevent body dissatisfaction or eating disorders. Int J Eat Disord. 2015;48(2):157-69.

34. Hart LM, Damiano SR, Li-Wai-Suen CSN, Paxton SJ. Confident body, confident child: evaluation of a universal parenting resource promoting healthy body image and eating patterns in early childhood-6- and 12-month outcomes from a randomized controlled trial. Int J Eat Disord. 2019;52(2):121-31.

35. Yager Z, O'Dea J. Body image, dieting and disordered eating and activity practices among teacher trainees: implications for school-based health education and obesity prevention programs. Health Educ Res. 2009;24(3):472-82.

36. McVey G, Gusella J, Tweed S, Ferrari M. A controlled evaluation of web-based training for teachers and public health practitioners on the prevention of eating disorders. Eat Disord. 2009;17(1):1-26.

37. Puhl RM, Neumark-Sztainer D, Austin SB, Luedicke J, King KM. Setting policy priorities to address eating disorders and weight stigma: views from the field of eating disorders and the US general public. BMC Public Health. 2014;14:524.

38. Puhl RM, Neumark-Sztainer D, Bryn Austin S, Suh Y, Wakefield DB. Policy actions to address weight-based bullying and eating disorders in schools: views of teachers and school administrators. J Sch Health. 2016;86(7):507-15.

39. Knightsmith P, Treasure J, Schmidt U. We don't know how to help: an online survey of school staff. Child Adolesc Ment Health. 2014;19(3):208-14.

40. Austin SB. A public health approach to eating disorders prevention: it's time for public health professionals to take a seat at the table. BMC Public Health. 2012;12:854.

12 COMPLICAÇÕES E MANEJO CLÍNICO DOS TRANSTORNOS ALIMENTARES

Isabela Bussade
Fernanda Pescador
Priscilla Gil

A participação do endocrinologista, clínico geral e/ou pediatra nos casos de transtornos alimentares (TAs) se faz imperativa, tendo em vista as complicações clínicas, hormonais e metabólicas, principalmente em pacientes que apresentam TA moderado a grave. A presença da equipe multidisciplinar é imprescindível para abreviar o curso da doença, minimizar complicações, estabelecer a remissão do quadro clínico e reduzir o risco de morte.

MANEJO CLÍNICO DOS TRANSTORNOS ALIMENTARES

CASO CLÍNICO 1

Sexo feminino, 17 anos, referenciada por nutricionista especializada em TA para avaliar gravidade clínica. Anorexia nervosa (AN) com perda de 14 kg em 10 meses, índice de massa corporal (IMC) 14,4 kg/m^2, amenorreica, desidratada, hipocorada, extremidades frias, sarcopenia acentuada, proeminências ósseas evidentes, atrofia mamária, frequência cardíaca de 39 bpm, PA 80x60 mmHg com hipotensão ortostática. (Exames: hemoglobina: 11,4 g/dL, hematócrito: 34,1%, leucócitos: 3.910 mm^3, ferritina: 33 mcg/L, lipoproteína A: 160 mg/dL, LDL: 88, fósforo: 3,9 mg/dL, zinco: 73 ug/dL, T3 reverso: 0,3 ng/mL, TSH: 1,7 mU/L.) Indicada internação hospitalar com acompanhamento interdisciplinar.

ANOREXIA NERVOSA

Apesar de a AN ser o TA com a maior taxa de mortalidade, as manifestações clínicas são extremamente variáveis, podendo causar desde sintomas leves a moderados até extremamente graves, com evolução para óbito. A taxa de mortalidade está entre 4 e 11%, o que coloca esses pacientes em um risco de mortalidade 12 vezes maior do que aquele observado em geral na mesma faixa etária.[1]

As consequências clínicas acometem potencialmente todos os órgãos e sistemas, decorrentes da grave perda ponderal, e algumas manifestações clínicas, como bradicardia, hipotensão arterial e arritmias cardíacas, colocam os pacientes em maior risco de desfecho grave em curto prazo.[2] No entanto, os preditores de risco clínicos e laboratoriais na AN se baseiam em consensos com pouca validação. Aqui consideramos esta discussão dentro da lógica da nossa experiência clínica.

DISTÚRBIOS ÓSSEOS

A baixa densidade mineral óssea é uma alteração clínica muito comum nos pacientes com AN e tende a acontecer já nos primeiros anos, contribuindo para o risco aumentado de fraturas, tanto durante a doença como após sua resolução. Um importante fator que contribui é o fato de a doença ser mais prevalente na faixa etária em que se espera que ocorra o pico de mineralização óssea, sobrepondo-se a esse fenômeno, fazendo com que esses pacientes não atinjam o pico de massa óssea geneticamente previsto e sigam, ao longo da vida, com um esqueleto menos mineralizado.

Os fatores envolvidos na menor densidade óssea divergem um pouco da osteoporose menopáusica por predominar a baixa formação óssea (redução de atividade osteoblástica), ocorrendo também maior ativação osteoclástica e consequente maior *turnover* ósseo. Entre os fatores que levam à baixa massa óssea estão redução de massa muscular, amenorreia secundária ao hipogonadismo hipogonadotrófico, deficiência de *insulin growth factor* (IGF1), hipercortisolismo e redução de hormônios androgênicos, como testosterona e dehidroepiandrostenediona (DHEA).[3]

A realização de densitometria mineral óssea (DMO) deve ser considerada após um ano de baixo peso em jovens e crianças e dois anos em adultos, ou antecipadamente, em ambos os grupos, se houver quadro clínico de dor óssea ou fraturas recorrentes.[4]

O uso de estrogênio transdérmico (17 beta-estradiol) com objetivo de restabelecer níveis séricos de estradiol e consequente melhora de massa óssea foi avaliado em adolescentes com resultado positivo na DMO, enquanto o estrogênio via oral pode reduzir IGF1, sendo de pouca aplicação clínica.[5] A reposição de cálcio e vitamina D deve ser realizada como mecanismo de prevenção de possível hiperparatireoidismo secundário, que agravaria a doença óssea, mas, isoladamente, não confere ganho de massa óssea.

A suplementação de hormônios androgênicos associada à reposição estrogênica foi avaliada por Divasta e colaboradores, mostrando que não há diferença entre o grupo tratado com DHEA e o grupo placebo, havendo, inclusive, redução da densidade óssea nos pacientes que apresentavam epífises ósseas não consolidadas. No entanto, em homens com AN e níveis séricos diminuídos de testosterona, a reposição androgênica mostrou-se benéfica.[6]

O uso de bisfosfonatos em pacientes acima de 18 anos mostrou-se efetivo, com ganho aproximado de 4% na massa óssea da coluna lombar após um ano de tratamento. No entanto, as evidências mais consistentes estabelecem como principal variável no ganho de massa óssea a recuperação do peso e o restabelecimento de ciclos ovulatórios.[3]

DISTÚRBIOS GASTRINTESTINAIS

A perda de tônus muscular e a incoordenação motora na AN se associam a distúrbios da musculatura orofaríngea, esofagogástrica e gastrintestinal. Esse fenômeno, secundário à desnutrição, aumenta o risco de broncoaspiração, distensão gástrica aguda e constipação, além de dificultar o processo de realimentação e restauração do peso. Na nossa prática clínica, os sintomas mais descritos são disfagia, o que reduz a ingesta e limita as escolhas alimentares, distensão abdominal com desconforto e plenitude gástrica, que contribui para a recusa alimentar e constipação, o que reforça o discurso dos pacientes na solicitação de medicamentos laxativos. A abordagem dos sintomas deve ser feita com escolhas alimentares de fácil deglutição, digestibilidade e adição de alimentos laxativos, quando a constipação está presente. O uso de medicamentos procinéticos, probióticos e inibidores de bomba de prótons pode ser considerado.

A dilatação gástrica aguda é uma condição clínica grave, devido ao risco de perfuração, e deve ser precocemente identificada, sobretudo em pacientes no período de realimentação, assim como a síndrome da artéria mesentérica superior, que ocorre devido à perda do tecido adiposo presente entre a artéria aorta e a mesentérica, levando à perda do ângulo anatômico e à consequente compressão extrínseca da terceira porção do duodeno.[7] Os sintomas de ambas as condições clínicas se manifestam de forma aguda com dor no quadrante superior do abdome, vômitos no curso da alimentação e saciedade precoce e necessitam de alto grau de suspeição clínica, exames radiológicos e terapêutica específica com manejo da dieta, além de descompressão gástrica.

Elevação de enzimas hepáticas, devido ao processo de apoptose secundário à desnutrição proteico-calórica, pode ocorrer com níveis até 4 vezes o limite superior de normalidade. Consideramos válida a realização de ultrassonografia de abdome nesses pacientes para diagnóstico diferencial e também para acompanhar o período de realimentação, no qual podem ocorrer esteatose e alteração das funções hepáticas.

DISTÚRBIOS HORMONAIS

Diante do cenário de escassez energética presente na AN, mecanismos adaptativos hormonais se desenvolvem com o objetivo de frear o processo catabólico e dificultar a possibilidade de uma gestação em um corpo gravemente enfermo.

O achado mais marcante, recentemente retirado dos critérios diagnósticos da doença, também por não poder ser observado em homens com AN, é a amenorreia hipotalâmica. Nesse contexto, o nível reduzido de leptina, em virtude da perda de tecido adiposo, é considerado o principal mecanismo associado à menor liberação de hormônio liberador de gonadotrofina (GnRH) e, de forma sequencial, ao menor estímulo pulsátil de hormônio luteinizante (LH) e hormônio folículo-estimulante (FSH). O uso de leptina recombinante, em pequenos estudos, se associou à retomada dos ciclos menstruais, mas seu efeito na perda ponderal, em torno de 4,3%, o torna uma opção terapêutica não adequada para essa população, sendo a recuperação do peso a principal variável associada ao retorno de ciclos ovulatórios.[7]

A desnutrição crônica leva a adaptações de "poupança energética", como redução dos níveis de tiroxina (T4) e de sua forma ativa triiodotironina (T3), e aumento na síntese de sua forma não ativa, o T3 reverso, associado a níveis normais ou baixos de TSH, que, por serem alterações adaptativas, não devem ser tratadas inicialmente com reposição hormonal e compõem a "síndrome do eutireoidiano doente".

No eixo somatotrófico, hipoglicemias recorrentes estimulam a elevação do hormônio do crescimento (GH),[8] mas sua forma ativa, o IGF1, está reduzida, devido à menor síntese hepática, e associado à elevação da grelina (que sobe compensatoriamente), o que contribui para a manutenção de níveis basais elevados de GH na AN.[7] Níveis de cortisol também se elevam devido aos seguintes fatores: aumento da produção adrenal, hipoglicemia, menor *clearance* renal e depressão. Essa elevação de cortisol, com redução de ação de IGF1, e aumento da grelina também contribuem para o ciclo da perda óssea citado anteriormente.

DISTÚRBIOS HIDRELETROLÍTICOS

A hipopotassemia é encontrada em torno de 20% dos pacientes, principalmente nos que apresentam padrão purgativo, e níveis menores que 2,5 mmol/L se associam ao risco de arritmias cardíacas. A hiperpotassemia é rara, mas pode acontecer em pacientes com uso abusivo do diurético espironolactona.

Contribuindo para a hiponatremia, que acomete em torno de 7% dos pacientes, encontramos secreção inapropriada de hormônio antidiurético (ADH) (tanto pela doença como pelo uso de antipsicóticos), polidipsia psicogênica, redução da reabsorção renal de sódio, uso de laxantes e diuréticos. Na maioria dos casos, ela não resulta em complicações graves, mas valores abaixo de 122 mmol/L podem causar crises convulsivas graves.[9]

Para melhor avaliação dos eventuais efeitos cardíacos decorrentes de distúrbios hidreletrolíticos, faz-se necessária uma avaliação basal por meio de eletrocardiograma.

DISTÚRBIOS CARDIOLÓGICOS

Morte súbita é o desfecho cardiovascular mais grave na AN. Apesar de não ser plenamente compreendida, sua fisiopatologia é correlacionada aos distúrbios de repolarização e às arritmias.

Outra alteração potencialmente grave é o aumento do intervalo QT, que pode ser secundário ao uso de medicamentos, bem como à depleção de potássio e magnésio, sendo demonstrado em pacientes com hipocalemia, uma normalização eletrocardiográfica, após correção nos níveis séricos de potássio.[10]

As principais alterações anatômicas cardíacas descritas em quadros graves são atrofia ventricular esquerda com função preservada, disfunção valvar e derrame pericárdico. Dados de autópsia revelam fibrose intersticial, aumento de lipofuscina citoplasmática e depósito de material inflamatório, sugerindo forte associação de lesão miocárdica com a gravidade da doença.[11]

A bradicardia é o achado benigno cardiovascular mais frequente, encontrado em 95% dos pacientes, sem necessidade de tratamento se a frequência cardíaca se mantiver acima de 40 bpm, sendo este o ponto de corte para indicação de hospitalização.[12]

DISTÚRBIOS HEMATOLÓGICOS

A doença medular presente nos quadros graves de AN leva à hipoplasia de todos os segmentos hematopoiéticos, estando a anemia presente em 40% dos pacientes, leucopenia em 30%, e plaquetopenia em 10%. Apesar da neutropenia, a prevalência de infecções não é maior que na população em geral, pois a imunidade celular está preservada, mas uma baixa resposta inflamatória e febril pode levar a atraso diagnóstico de quadros infecciosos. Níveis de vitamina B12 e folato podem estar artificialmente elevados devido a disfunção hepática.[2]

TECIDOS CONJUNTIVO/MUSCULAR/PELE

Os principais achados na ectoscopia são: carotenemia, pele com menos turgor e desidratação, extremidades frias e pálidas com enchimento capilar diminuído e edema. O exame de fâneros mostra unhas distróficas e queda capilar acentuada, com crescimento de lanugo.

A sarcopenia se associa a fraqueza muscular proximal e instabilidade de marcha, o que aumenta o risco de queda, enquanto a redução de depósitos de gordura leva, em alguns casos, a lesões ulceradas devido ao atrito das proeminências ósseas (principalmente crista ilíaca) com peças de vestuário. Além disso, ocorrem lesões de pele na topografia dos processos espinhosos decorrentes de exercícios para musculatura abdominal.

SÍNDROME DE REALIMENTAÇÃO

Desde o século XIX, é reconhecido que a reintrodução alimentar em pacientes desnutridos pode trazer consequências graves e algumas vezes fatais, e sua fisiopatologia está associada à secreção exagerada e não coordenada de insulina, o principal hormônio anabolizante do ser humano. Com a instituição do tratamento dietético e o maior aporte de carboidratos, o nível sérico de insulina aumenta e gera influxo de potássio, magnésio e fósforo para o meio intracelular, com consequente redução dos seus níveis séricos, gerando distúrbios no metabolismo celular de todos os órgãos e riscos potenciais de convulsão e arritmias. O aporte calórico de macronutrientes escalonado, associado à monitoração do nível sérico de eletrólitos, é o mecanismo mais seguro na redução do risco da síndrome de realimentação, principalmente na primeira semana, uma vez que 80% dos pacientes apresentam hipofosfatemia até o quarto dia após a introdução alimentar. A reposição de fósforo, potássio e tiamina deve ser realizada e acompanhada sequencialmente.

CASO CLÍNICO 2

Paciente de 33 anos, nutricionista, iniciou, aos 18 anos, distorção da imagem corporal associada a episódios de compulsão alimentar (CA) e uso abusivo de laxantes e diuréticos (chegando a usar 40 cápsulas por dia). Foi internada aos 27 anos com insuficiência renal aguda (*clearance* 20 mL/min, K 6,8 mEq/L, creatinina 5,0 mg/dL). Mantém-se atualmente com IMC em torno de 18 a 19, com osteoporose decorrente de longo tempo de doença, além da insuficiência renal crônica. Densitometria óssea (data: 20/3/2018).

	1	2		3	
	BMD*	Jovem adulto		Correlação etária	
Região	(g/cm^2)	(%)	T-score	(%)	Z-score
Colo	0,703	68	-2,4	74	-1,8
Wards	0,521	57	-3,0	62	-2,5
Trocanter	0,445	52	-3,5	57	-2,9
Diáfise	0,721	-	-	-	-
Total	0,622	62	-3,1	66	-2,5

*BMD: Densidade mineral óssea

	1	2		3	
	BMD*	Jovem adulto		Correlação etária	
Região	(g/cm²)	(%)	T-score	(%)	Z-score
L1	0,807	71	-2,7	71	-2,7
L2	0,850	71	-2,9	71	-2,9
L3	0,864	72	-2,8	72	-2,8
L4	0,854	71	-2,9	71	-2,9
L1-L2	0,829	71	-2,8	71	-2,8
L1-L3	0,842	72	-2,7	72	-2,7
L1-L4	0,845	72	-2,8	72	-2,8
L2-L3	0,857	71	-2,9	71	-2,9
L2-L4	0,856	71	-2,9	71	-2,9
L3-L4	0,859	72	-2,8	72	-2,8

*BMD: Densidade mineral óssea

BULIMIA NERVOSA

Embora a taxa de mortalidade associada à bulimia nervosa (BN) seja menor do que na AN, também é elevada devido a alterações graves de eletrólitos e acidobásicas que podem ser associadas a comportamentos de purga. Noventa por cento dos comportamentos purgativos encontrados na BN são vômitos autoinduzidos ou o uso abusivo de diuréticos ou laxativos compensatórios aos episódios de CA.[2] A recorrência de vômitos pode levar a complicações locais, distúrbios acidobásicos e alterações eletrolíticas.

PELE

Pacientes com baixo peso corporal apresentam manifestações dermatológicas que incluem alopecia, hipertricose lanuginosa, queilose, prurido e distrofia ungueal. Essas alterações são identificadas quando o IMC se encontra < 16 kg/m² (ou seja, em pacientes que fecham diagnóstico de BN, mas que evoluíram para IMCs anoréxicos).[13]

Pacientes que induzem o vômito geralmente o fazem mecanicamente, introduzindo os dedos na boca. Com o tempo, isso resulta em trauma repetitivo e provoca a formação de calosidades no dorso da mão. Esse achado característico é conhecido como sinal de Russell, homenagem ao psiquiatra britânico Gerald Russell.[14]

OLHOS

A autoindução do vômito pode resultar em hemorragia subconjuntival e epistaxe recorrente. Hemorragia subconjuntival consiste em efusões vermelhas na conjuntiva; embora preocupante devido a sua aparência, é, na verdade, um achado benigno.[15]

CAVIDADE ORAL

Várias anormalidades na região da cavidade oral são relatadas, incluindo erosão e hipersensibilidade dentárias, redução do fluxo salivar, cáries e xerostomia, que podem aparecer logo nos primeiros meses após o início dos vômitos.[16] A gravidade das erosões pode ser determinada pela duração da doença, pelos tipos de alimentos consumidos, higiene oral, frequência de vômitos e qualidade basal da estrutura dentária. Perimólise refere-se à erosão da dentina e do esmalte na porção lingual dos dentes devido à exposição repetida ao ácido gástrico. Da mesma forma, mucosite oral, queilite, danos à laringe com alterações inflamatórias nas cordas vocais e disfonia podem ser encontrados nesses pacientes. As terapias recomendadas incluem higiene oral, como escovação suave e uso de flúor antisséptico associado à alcalinização do pH oral.

É comum que os pacientes com BN aumentem a frequência de escovação dentária como forma de mascarar e provocar os vômitos, e isso, associado ao ácido gástrico pós-emético, acentua o desgaste do esmalte dentário. Por isso, a escovação dentária somente deve ser realizada 1 hora após a alimentação.

GLÂNDULAS PARÓTIDAS

O aumento da glândula parótida, ou sialodenose, é um achado comum na BN. Desenvolve-se mesmo após a cessação dos vômitos, em poucos dias, e pode ser angustiante para o paciente com BN que apresenta pouca tolerância a mudanças na sua imagem corporal. Esse aumento das glândulas é bilateral e indolor, sendo o tratamento preventivo o uso de sialagogos, como balas e anti-inflamatórios. Em casos raros, a pilocarpina oral pode ser usada criteriosamente para ajudar a resolver a sialadenose.[17,18]

DISTÚRBIOS GASTRINTESTINAIS

Pacientes que induzem o vômito geralmente se queixam de sintomas consistentes com refluxo gastresofágico (DRGE), disfagia e odinofagia, pois o epitélio esofágico sofre repetidas exposições a ácidos, conteúdo gástrico e microtraumas e, como consequência, pode evoluir com erosões esofágicas, sangramento, úlceras e esôfago de Barret (fator de risco para câncer esofágico). No entanto, a mais grave e rara consequência aguda dos vômitos é a síndrome de Boerhaave (ruptura esofágica), uma emergência cirúrgica, manifestando-se por precordialgia, dispneia, taquipneia e taquicardia.[19]

Devido à alta prevalência de doenças esofagianas, a endoscopia digestiva alta deve ser realizada em todos os pacientes com BN e sintomas disfágicos e dispépticos.

As alterações de trato gastrintestinal são utilizadas por muitos pacientes para tentar induzir o médico à prescrição de laxantes e procinéticos. É importante validar esse sintoma, mas saber que a ele se soma a psicopatologia. O abuso de laxantes nos pacientes com BN varia de 18 a 75%, sendo os laxantes estimulantes os mais utilizados.[20] No entanto, em contraste com os diuréticos e vômitos autoinduzidos, o uso frequente e abusivo de laxantes está inicialmente associado a acidose metabólica hiperclorêmica, que eventualmente se reverte para um estado de alcalose metabólica após um estado de depleção de volume crônica.

Quanto às alterações anatômicas, identifica-se a presença de prolapso retal, diarreia, hemorroidas, hematoquezia, além de síndrome do cólon irritável. Laxantes cujo mecanismo de ação é baseado na estimulação do peristaltismo via plexo de Auerbach podem causar danos permanentes, pois o uso crônico converte o cólon em um tubo inerte, levando a constipação grave, com risco de evolução para colectomia.

DISTÚRBIOS HIDRELETROLÍTICOS

As alterações hidreletrolíticas ocorrem devido aos vômitos e ao uso abusivo de laxantes e diuréticos, sendo as mais comuns alcalose metabólica, hipocalemia, perda de valências ácidas e depleção de volume, levando ao aumento da secreção de aldosterona para manter a pressão arterial. Esse fenômeno de compensação é conhecido como fenômeno de pseudo-Bartter. Embora os níveis elevados de aldosterona se normalizem após algumas semanas, sem comportamentos purgativos contínuos, muitas vezes pode ser necessário o uso de espironolactona para prevenção de edemas.[21]

O nível de gravidade de hipocalemia, alcalose metabólica e arritmias cardíacas resultantes da purgação excessiva é a razão provável da elevada taxa de mortalidade associada à BN.

Está descrito, na BN, o uso de xarope de ipeca, composto por um alcaloide, a emetina, que tem toxicidade cardíaca cumulativa, podendo levar a cardiomiopatia irreversível.[22]

Após anos de purgação, em casos graves, os vômitos podem ocorrer de forma espontânea, por um mecanismo reflexo de contração abdominal, atonia de trato digestório e movimento peristáltico reverso.

DISTÚRBIOS CARDIOVASCULARES

Apesar de raras, as principais complicações cardiovasculares da BN são hipotensão, taquicardia sinusal em repouso ou durante o esforço, palpitações e pulso filiforme. A hipocalemia constante pode resultar no prolongamento do intervalo QT, colocando o paciente em risco de arritmias, sendo a mais grave a taquicardia ventricular, *torsades de pointes*, que pode ser fatal. O aumento da atividade vagal também foi observado como um importante componente fisiopatológico na BN.[23]

DISTÚRBIOS PULMONARES

A broncoaspiração pode levar a quadros recorrentes de infecções pulmonares, além de graves e raras complicações secundárias, como pneumomediastino. A taquipneia pode decorrer da acidose metabólica devido ao uso de laxantes, e a bradipneia, em resposta à alcalose metabólica decorrente dos vômitos.[24]

DIABETES

O termo "diabulimia" vem sendo utilizado com o objetivo de descrever pacientes com diabetes melito tipo 1 (DM1) que omitem o uso de insulina, por medo mórbido de ganho de peso, como mecanismo compensatório às compulsões alimentares, levando a graves complicações clínicas, como cetoacidose, infecções de repetição e óbito.[25]

Considerando o diabetes melito tipo 2 (DM2), uma recente revisão sistemática observou um número expressivo de pacientes que apresentavam BN ou transtorno de compulsão alimentar (TCA) e sua evolução para DM2, trazendo a discussão sobre essa associação ainda pouco estabelecida.[26]

CASO CLÍNICO 3

Mulher, 39 anos, "gordinha desde a puberdade", quando houve o início de TCA. Apresenta episódios de CA três vezes por semana. Relato de um episódio: Às 17h, comeu um salgado e um refrigerante, seguiu para o Subway, onde comeu um sanduíche grande, pegou o carro, parou no McDonald's e comeu um lanche completo ao chegar em casa e jantou quatro barras de chocolate, com período de ingesta de todos os alimentos < 2 horas, seguido de arrependimento. Atualmente com IMC 41 kg/m^2, DM2 e apneia do sono. Está em pré-operatório para cirurgia bariátrica.

TRANSTORNO DE COMPULSÃO ALIMENTAR

TRANSTORNO DE COMPULSÃO ALIMENTAR, OBESIDADE E COMPLICAÇÕES CLÍNICAS

O TCA é o mais prevalente dos TAs, e dados da World Health Organization Mental Survey Study mostram prevalência de 1,4% na população em geral. O TCA leva à obesidade, que, em proporções pandêmicas, necessita ser abordada em toda a sua complexidade, desde a rede primária até a terciária, como a cirurgia bariátrica. Em torno de 30% dos pacientes com obesidade apresentam TCA. Uma literatura crescente indica que ter TCA traz maior morbidade psiquiátrica e clínica aos pacientes com obesidade, aumentando, de forma independente, a probabilidade de desenvolver componentes da síndrome metabólica, antecipando, temporalmente, o ganho de peso e os distúrbios metabólicos. Embora o TCA possa ocorrer em qualquer IMC, 71% dos pacientes com o transtorno apresentam IMC > 30, e, entre crianças e adolescentes obesos, é observada prevalência de 25%.[27] Considerando que há fusão de duas patologias (TCA e obesidade), com grandes morbidades associadas, podemos observar que o TCA retroalimenta a obesidade, e vice-versa, por desregulação do centro de fome-saciedade do sistema homeostático hipotalâmico e também desregulação do sistema de recompensa (sistema límbico). Além disso, ter TCA aumenta o risco de intensificar a gravidade da obesidade e levar à precocidade das comorbidades associadas.

Dados recentes do Instituto Brasileiro de Geografia e Estatística (IBGE) de 2020 mostram:[28]

- A obesidade entre pessoas com 20 anos ou mais passou de 12,2% para 26,8% entre 2002/2003 e 2019.
- 61,7% da população adulta brasileira apresenta excesso de peso. Entre 2002 e 2003, esse percentual era de 43,3%.
- 1 em cada 5 adolescentes com idades entre 15 e 17 anos, e um terço das pessoas entre 18 e 24 anos, apresentam excesso de peso. Entre 40 e 59 anos, a proporção chega a 70,3%.

Considerando este momento histórico em que vivenciamos a concomitância de duas pandemias, obesidade e covid-19, torna-se imperativo o reconhecimento de que 168 mil mortes por ano no Brasil são atribuíveis ao excesso de peso e à obesidade. Um relatório recente com dados da Organização Mundial da Saúde (OMS) mostra que, de 2,5 milhões de mortes causadas pela covid-19, 2,2 milhões ocorreram em países com altos índices de obesidade. O estudo revelou, ainda, que a taxa de mortalidade em países onde as pessoas estão acima do peso ou obesas é 10 vezes maior.[29]

A obesidade está relacionada a mais de 300 doenças, sendo as mais comuns DM, síndrome metabólica, pré-diabetes, hipertensão arterial, dislipidemia, doenças osteoarticulares e cardiovasculares, cânceres, depressão, transtornos de ansiedade e do humor, entre muitas outras. A discussão atual é o quanto o TCA intensifica o risco dessas múltiplas patologias, independentemente da obesidade.

James E. Mitchell, em recente revisão, mostrou que há correlação entre complicações somáticas de diversas patologias e o TCA.[30] Um estudo de Reichborn-Kjennerud com gêmeos idênticos identificou que pacientes com TCA, após ajuste para o IMC, apresentam maior prevalência de dor crônica osteomuscular e limitação para atividades físicas. Também Guerdjikova e Mc Elroy avaliaram obesos com e sem TCA, em tratamento de perda de peso, em que houve maior morbidade entre aqueles com TCA, com anormalidades metabólicas e comorbidades psiquiátricas.[31] Indivíduos com TCA têm mais marcadores metabólicos e inflamatórios ligados à síndrome metabólica e, quando comparados a pacientes sem TCA não obesos (controles), apresentam maior adiposidade central, resistência insulínica, elevação de hemoglobina glicada e hipertensão arterial. O TCA aumenta em 13 vezes o risco de desenvolver DM2, e mais de 25%

dos pacientes com DM2 apresentam TCA.[32] Assim, em torno de 30% dos pacientes com TCA, sem obesidade, podem ter sinais de distúrbios metabólicos.[27]

Em relação à doença hepática não alcoólica (DHNA), os fatores de risco incluem obesidade, resistência insulínica e síndrome metabólica, que são mais comuns em pacientes com TCA. Avaliando grupos de pacientes com DHNA, é comum haver TCA, podendo alcançar 27% dos pacientes com DHNA, como indica o estudo de Zhang e colaboradores.[33] Quanto aos efeitos gastrintestinais, frequentemente pacientes com TCA apresentam mais refluxo gastresofágico, disfagia, dor abdominal, diarreia, constipação e distensão gástrica. Diversos estudos sobre a microbiota e os TAs estão em andamento e podem vir a explicar tais sintomas.[34]

Os pacientes com TCA obesos apresentam maior IMC, muitos com indicação de cirurgia bariátrica, e, quando avaliados em pré-operatório, a incidência de TCA é maior, podendo alcançar 50% em algumas amostras. A presença de TCA no pré-operatório de cirurgia bariátrica impacta nos desfechos cirúrgicos, havendo menor perda de peso no pós-operatório, maior reganho e mais revisões cirúrgicas. Pacientes com TCA têm risco aumentado de desenvolver, no pré-operatório, comportamento alimentar pós-cirúrgico desadaptado ou transtornado, como beliscação contínua, vômitos provocados ou maior frequência de *dumping* por excesso alimentar (efeito osmótico do alimento, com sequestro hídrico).

Quanto ao componente nutricional, como os episódios de CA costumam ocorrer com alimentos de alta densidade calórica, mas pobres nutricionalmente, hoje se estuda a obesidade associada à desnutrição proteica, com carência de micronutrientes e deficiências vitamínicas.

Ter obesidade e TCA aumenta o risco de diversos cânceres, elevando a morbimortalidade da fusão das duas doenças, entre eles: câncer colorretal, esofagiano, de vesícula biliar, de bexiga, de pâncreas, do fígado (principalmente na DHNA), do rim, de mama, do endométrio, de próstata, linfoma não Hodgkin, mieloma múltiplo. A hiperinsulinemia é o principal fator anabólico presente no TCA que, mesmo antes de haver o diabetes, já estimula a mutagênese celular.

Considerando a síndrome do ovário policístico (SOP), 25% das pacientes vão apresentar TCA ou comer transtornado, o que pode agravar o quadro de obesidade e resistência insulínica presente nessas pacientes.[35]

Pacientes com fibromialgia e obesidade apresentam maior frequência de episódios de CA, e pacientes com TCA tendem a ter maiores áreas de dor cervical, no ombro, dor nas costas e dor muscular crônica, independentemente do valor do IMC.[36]

Os distúrbios do sono podem ocorrer em grande frequência em pacientes com TCA, entre eles a apneia do sono, além das inversões de ciclos de sono-vigília, perpetuando a fisiopatologia da obesidade.

A abordagem precoce de pré-diabetes, diabetes, risco cardiovascular, SOP, hipertensão e dislipidemia é imprescindível para obter melhores desfechos clínicos desses pacientes.

MANEJO DE TRANSTORNO DE COMPULSÃO ALIMENTAR, OBESIDADE E COMPLICAÇÕES CLÍNICAS

O tratamento multimodal com abordagem interdisciplinar é imprescindível para bons resultados em múltiplos desfechos, como redução do número de episódios de CA, perda de peso, controle das comorbidades e melhora da qualidade de vida.

- Psicofarmacoterapia: o psiquiatra fará o diagnóstico e o tratamento do TCA e das comorbidades psiquiátricas.
- Terapia nutricional: identificação dos gatilhos da CA, percepção de saciedade e fome e diferenciação da "vontade de comer", introdução de variedades alimentares, diário alimentar, listas de compras, evitação de jejuns prolongados.
- Psicoterapia: a terapia cognitivo-comportamental (TCC) é a modalidade mais validada, e outras têm sido estudadas, como a *mindfulness eating*.
- Atividade física: orienta a mudança no padrão de atividade física com ação educativa, focando a consciência corporal e a natureza recreativa da atividade. A perda de peso se torna consequência, e não o escopo do exercício.
- Endocrinologista: avaliação clínica das patologias associadas à obesidade e das comorbidades metabólicas e seu tratamento medicamentoso.

Como opções farmacológicas para obesidade temos, de forma resumida: sibutramina e orlistate. É importante ressaltar que, no tratamento do TCA, os objetivos são: primário, a redução de episódios de CA, e secundário, a perda ponderal. A sibutramina alcança ambos os desfechos.[37]

Sibutramina: temos hoje, no Brasil, essa molécula liberada pela Agência Nacional de Vigilância Sanitária (Anvisa). Trata-se de um agente antiobesidade com alcance de duplo desfecho (redução de peso e de episódios de CA). Em um estudo multicêntrico, randomizado (RCT), com 304 participantes que preencheram critérios da 4ª edição do *Manual diagnóstico e estatístico de transtornos mentais* (DSM-IV) para TCA, randomizados para sibutramina 15 mg x placebo, por 24 semanas, foi demonstrada a eficácia da medicação no duplo desfecho.[38] Appolinario e colaboradores[39] demonstraram, em um RCT com 60 pacientes com obesidade e TCA randomizados para sibutramina 15 mg x placebo, maior redução de todos os desfechos primários e secundários com o grupo da sibutramina (entre eles o número de dias com episódios de CA e peso -7,4 kg), além de grande redução na Escala de Compulsão Alimentar Periódica (ECAP) e no Inventário de Depressão de Beck.

Orlistate: é um inibidor da lipase pancreática e gastrintestinal que reduz a absorção de gordura dietética. Por meio do estudo XENDOS, publicado em 2004, que comparou esta droga com placebo, mostrou-se que a dose de 120 mg três vezes ao dia, associada a dieta hipocalórica, proporcionou uma perda de peso de 3,6 kg em comparação com 1,4 kg no grupo-placebo. Seu uso é limitado devido aos efeitos colaterais gastrintestinais comuns, como urgência fecal, oleosidade das fezes e incontinência fecal, e pode diminuir a absorção de vitaminas solúveis em gordura.

Liraglutida: os análogos de peptídeo semelhante a glucagon 1 (GLP1) agem tanto em áreas cerebrais associadas com apetite (via hipotalâmica homoeostática da fome/saciedade) como em áreas do sistema hedônico de recompensa cerebral (sistema límbico), com atuação em ínsula, putame, córtex parietal e orbitofrontal. O primeiro grande estudo com doses mais altas de liraglutida (1,2 mg, 1,8 mg, 2,4 mg ou 3,0 mg) foi realizado com 564 indivíduos obesos, não diabéticos, com IMC 30-40 kg/m^2, ao longo de 20 semanas. Esse estudo comparou o uso deste análogo com placebo ou orlistate (120 mg três vezes ao dia). A liraglutida resultou em uma perda de peso que tendia a ser dependente da dose (média de 4,8 kg, 5,5 kg, 6,3 kg e 7,2 kg com as 4 doses) e essa perda foi significativamente maior do que com o placebo (2,8 kg) com todas as doses de liraglutida. A perda de peso também foi maior com liraglutida 2,4 mg e 3,0 mg em comparação com o orlistate (4,1 kg).[40]

Semaglutida: a semaglutida, que também é um análogo de GLP1, porém de liberação mais lenta, até então era aprovada apenas para o tratamento de diabetes, na dosagem de, no máximo, 1,0 mg subcutâneo, aplicado uma vez na semana. Durante um grande estudo, com cinco fases, comparando a semaglutida com placebo, concluiu-se que este análogo de GPL1 consegue resultados superiores a 15% na perda de peso, resultado inédito quando comparado a outras medicações para o tratamento da obesidade. Nessa população, a semaglutida mostrou-se segura e muito bem tolerada, podendo trazer maior qualidade de vida e evitando grandes intervenções terapêuticas, como, por exemplo, cirurgia bariátrica.[41]

Informações sobre medicações psicoativas, como a lisdexanfetamina (liberada pela Anvisa para tratamento do TCA), bem como drogas *off label*, como bupropiona, naltrexona, fluoxetina, topiramato, encontram-se no Capítulo 18 deste livro.

CONSIDERAÇÕES FINAIS

A AN, a BN e o TCA são doenças psiquiátricas associadas a complicações clínicas de espectro variável. Mecanismos associados à distorção na forma fisiológica de se alimentar, perda ou ganho ponderal, alterações degenerativas em órgãos-alvo, assim como a farmacoterapia utilizada, estão diretamente relacionados a essas complicações. Apesar de os TAs terem sua fisiopatologia e neurobiologia ainda não totalmente compreendidas, o agravamento da saúde física e mental é amplamente descrito. O diagnóstico precoce das complicações clínicas secundárias aos TAs é de vital importância no manejo e na condução do tratamento, uma vez que tem impacto direto na morbidade e na mortalidade observadas nessa população.

REFERÊNCIAS

1. Hamadi L, Holliday J. Moderators and mediators of outcome in treatments for anorexia nervosa and bulimia nervosa in adolescents: a systematic review of randomized controlled trials. Int J Eat Disord. 2020;53(1):3-19.
2. Westmoreland P, Krantz MJ, Mehler PS. Medical complications of anorexia nervosa and bulimia. Am J Med. 2016;129(1):30-7.

3. Misra M, Golden NH, Katzman DK. State of the art systematic review of bone disease in anorexia nervosa. Int J Eat Disord. 2016;49(3):276-92.

4. Cardi V, Albano G, Ambwani S, Cao L, Crosby RD, Macdonald P, et al. A randomised clinical trial to evaluate the acceptability and efficacy of an early phase, online, guided augmentation of outpatient care for adults with anorexia nervosa. Psychol Med. 2020;50(15):2610-21.

5. Miller KK, Lawson EA, Mathur V, Wexler TL, Meenaghan E, Misra M, et al. Androgens in women with anorexia nervosa and normal-weight women with hypothalamic amenorrhea. J Clin Endocrinol Metab. 2007;92(4):1334-9.

6. Divasta AD, Feldman HA, Brown JN, Giancaterino C, Holick MF, Gordon CM. Bioavailability of vitamin D in malnourished adolescents with anorexia nervosa. J Clin Endocrinol Metab. 2011;96(8):2575-80.

7. Schorr M, Miller KK. The endocrine manifestations of anorexia nervosa: mechanisms and management. Nat Rev Endocrinol. 2017;13(3):174-86.

8. Roth J, Glick SM, Yalow RS, Berson SA. Hypoglycemia: a potent stimulus to secretion of growth hormone. Science. 1963;140(3570):987-8.

9. Spasovski G, Vanholder R, Allolio B, Annane D, Ball S, Bichet D, et al. Clinical practice guideline on diagnosis and treatment of hyponatraemia. Nephrol Dial Transplant. 2014;29 Suppl 2:i1-i39.

10. Krantz MJ, Sabel AL, Sagar U, Long CS, Barbey JT, White KV, et al. Factors influencing QT prolongation in patients hospitalized with severe anorexia nervosa. Gen Hosp Psychiatry. 2012;34(2):173-7.

11. Frederiksen TC, Krogh Christiansen M, Charmoth Østergaard P, Hove Thomsen P, Graff C, et al. QTc interval and risk of cardiac events in adults with anorexia nervosa: a long-term follow-up study. Circ Arrhythm Electrophysiol. 2018;11(8):e005995.

12. Yahalom M, Spitz M, Sandler L, Heno N, Roguin N, Turgeman Y. The significance of bradycardia in anorexia nervosa. Int J Angiol. 2013;22(2):83-94.

13. Glorio R, Allevato M, De Pablo A, Abbruzzese M, Carmona L, Savarin M, et al. Prevalence of cutaneous manifestations in 200 patients with eating disorders. Int J Dermatol. 2000;39(5):348-53.

14. Russell G. Bulimia nervosa: an ominous variant of anorexia nervosa. Psychol Med. 1979;9(3):429-48.

15. Brown CA, Mehler PS. Medical complications of self-induced vomiting. Eat Disord. 2013;21(4):287-94.

16. Valena V, Young WG. Dental erosion patterns from intrinsic acid regurgitation and vomiting. Aust Dent J. 2002;47(2):106-15.

17. Gaudiani JL, Mehler PS. Rare medical manifestations of severe restricting and purging: "Zebras," missed diagnoses, and best practices. Int J Eat Disord. 2016;49(3):331-44.

18. Wilson KF, Meier JD, Ward PD. Salivary gland disorders. Am Fam Physician. 2014;89(11):882-8.

19. Mehler PS, O'Melia A, Brown C, Gibson D, Hollis J, Westmoreland P. Medical complications of bulimia nervosa. Br J Hosp Med (Lond). 2017;78(12):672-7.

20. Roerig JL, Steffen KJ, Mitchell JE, Zunker C. Laxative abuse: epidemiology, diagnosis and management. Drugs. 2010;70(12):1487-503.

21. Mascolo M, Trent S, Colwell C, Mehler PS. What the emergency department needs to know when caring for your patients with eating disorders. Int J Eat Disord. 2012;45(8):977-81.

22. Silber TJ. Ipecac syrup abuse, morbidity, and mortality: isn't it time to repeal its over-the-counter status? J Adolesc Health. 2005;37(3):256-60.

23. Casiero D, Frishman WH. Cardiovascular complications of eating disorders. Cardiol Rev. 2006;14(5):227-31.

24. Assumpção CLD, Cabral MD. Complicações clínicas da anorexia nervosa e bulimia nervosa. Rev Bras Psiquiatr. 2002;24(Supl III):29-33.

25. Staite E, Zaremba N, Macdonald P, Allan J, Treasure J, Ismail K, et al. 'Diabulima' through the lens of social media: a qualitative review and analysis of online blogs by people with Type 1 diabetes mellitus and eating disorders. Diabet Med. 2018;35(10):1329-36.

26. Nieto-Martínez R, González-Rivas JP, Medina-Inojosa JR, Florez H. Are eating disorders risk factors for type 2 diabetes? A systematic review and meta-analysis. Curr Diab Rep. 2017;17(12):138.

27. Dingemans AE, van Furth EF. Binge eating disorder psychopathology in normal weight and obese individuals. Int J Eat Disord. 2012;45(1):135-8.

28. Instituto Brasileiro de Geografia e Estatística. Pesquisa nacional de saúde 2019: atenção primária à saúde e informações antropométricas. Rio de Janeiro: IBGE; 2020.

29. Wilding J, Ralston J. Covid-19 and obesity: the 2021 atlas. The cost of not addressing the global obesity crisis. London: World Obesity Federation; 2021.

30. Mitchell JE. Medical comorbidity and medical complications associated with binge-eating disorder. Int J Eat Disord. 2016;49(3):319-23.

31. Guerdjikova AI, McElroy SL, Kotwal R, Keck PE Jr. Comparison of obese men and women with binge eating disorder seeking weight management. Eat Weight Disord. 2007;12(1):e19-23.

32. Raevuori A, Suokas J, Haukka J, Gissler M, Linna M, Grainger M, et al. Highly increased risk of type 2 diabetes in patients with binge eating disorder and bulimia nervosa. Int J Eat Disord. 2015;48(6):555-62.

33. Zhang J, Abbasi O, Malevanchik L, Mohan N, Denicola R, Tarangelo N, et al. Pilot study of the prevalence of binge eating disorder in non-alcoholic fatty liver disease patients. Ann Gastroenterol. 2017;30(6):664-9.

34. Culverwell G. An exploratory study investigating irritable bowel symptoms, associated unhelpful thoughts, adult attachment, emotional distress and disordered eating [dissertation]. Liverpool: University of Liverpool; 2014.

35. Lee I, Cooney LG, Saini S, Smith ME, Sammel MD, Allison KC, et al. Increased risk of disordered eating in polycystic ovary syndrome. Fertil Steril. 2017;107(3):796-802.

36. Senna MK, Ahmad HS, Fathi W. Depression in obese patients with primary fibromyalgia: the mediating role of poor sleep and eating disorder features. Clin Rheumatol. 2013;32(3):369-75.

37. Allison K. Binge Eating Liraglutide Intervention (BELIEVE). Philadelphia: University of Pennsylvania; 2019.

38. Wilfley DE, Crow SJ, Hudson JI, Mitchell JE, Berkowitz RI, Blakesley V, et al. Efficacy of sibutramine for the treatment of binge eating disorder: a randomized multicenter placebo-controlled double-blind study. Am J Psychiatry. 2008;165(1):51-8.

39. Appolinario JC, Bacaltchuk J, Sichieri R, Claudino AM, Godoy-Matos A, Morgan C, et al. A randomized, double-blind, placebo-controlled study of sibutramine in the treatment of binge-eating disorder. Arch Gen Psychiatry. 2003;60(11):1109-16.

40. Lin CH, Shao L, Zhang YM, Tu YJ, Zhang Y, Tomlinson B, et al. An evaluation of liraglutide including its efficacy and safety for the treatment of obesity. Expert opinion on pharmacotherapy. 2020; 21(3): 275- 85.

41. Kushner RF, Calanna S, Davies M, Dicker D, Garvey WT, Goldman B, et al. Semaglutide 2.4 mg for the Treatment of Obesity: Key elements of the STEP Trials 1 to 5. Obesity. 2020; 28(6): 1050-61.

13 ORIENTAÇÕES GERAIS DE TRATAMENTO E ABORDAGEM HOSPITALAR DOS TRANSTORNOS ALIMENTARES

Michele de Oliveira Gonzalez
Fábio Tápia Salzano

Os principais *guidelines* indicam que o tratamento ambulatorial é a primeira escolha no tratamento dos transtornos alimentares (TAs), inclusive para crianças e adolescentes.[1-4]

Entretanto, em algumas situações de risco clínico ou risco de suicídio, a internação se faz necessária, especialmente em pacientes com anorexia nervosa (AN) e bulimia nervosa (BN), que receberão enfoque especial neste capítulo. No transtorno de compulsão alimentar (TCA), a internação psiquiátrica é bem menos frequente.

PRINCÍPIOS GERAIS

Ainda há pouca evidência sobre um modelo ideal de tratamento hospitalar para pacientes com TA, porém estudos correlacionais e a experiência clínica demonstram que a internação é o tratamento eficaz para o restabelecimento do peso corporal e para a interrupção de comportamentos compensatórios, de modo a se retomar hábitos alimentares funcionais.[5,6]

Diferentemente dos transtornos psiquiátricos em geral, a hospitalização em pacientes com AN não tem diminuído nas últimas décadas. Cerca de 20 a 30% dos indivíduos com AN terão curso crônico, com potenciais prejuízos funcionais significativos ao longo da vida, necessidade de longos períodos de internação e recaídas frequentes após a alta.[6]

Neste capítulo, selecionamos os principais *guidelines* no tratamento dos TAs e traremos a experiência da enfermaria especializada no tratamento dos TAs do Instituto de Psiquiatria do Hospital das Clínicas da Faculdade de Medicina da Universidade de São Paulo (Enfermaria do Comportamento Alimentar: ECAL-Ambulim – IPq-HCFMUSP).

Da mesma forma que no tratamento ambulatorial, na internação é preconizada a abordagem multidisciplinar, e é importante uma comunicação efetiva entre os profissionais envolvidos no cuidado do paciente.[3] Na prática clínica da ECAL, são feitas reuniões de equipe semanais entre os profissionais envolvidos diretamente no cuidado do paciente: equipe de enfermagem, terapeuta individual, terapeuta familiar, médico psiquiatra e nutricionista. Nessa ocasião, discute-se a respeito da evolução do caso, da taxa de ganho de peso, da evolução dos sintomas psicopatológicos do TA e das comorbidades psiquiátricas (se houver), da abordagem familiar e da programação de alta hospitalar.[7]

INDICAÇÕES DE INTERNAÇÃO

As indicações de internação hospitalar são:[2-4,8]

- Extremo baixo peso: em adultos, índice de massa corporal (IMC) menor que 15 ou rápida e contínua perda de peso (> 20% em seis meses ou mais de 1 kg por semana); para crianças e adolescentes, IMC abaixo do percentil 3 ou abaixo de 75% do esperado para idade e sexo ou perda de peso maior que 1 kg por semana por duas semanas consecutivas.
- Complicações clínicas agudas que necessitem de compensação imediata para preservação da vida: desnutrição grave, desidratação, distúrbios hidreletrolíticos graves, bradicardia, taquicardia, hipotensão, hipotermia, prolongamento do intervalo QT ou arritmias cardíacas, crise convulsiva.
- Incapacidade de reduzir ou interromper comportamentos purgativos e/ou restritivos durante tratamento ambulatorial.
- Ideação suicida ou tentativa de suicídio recente.
- Recusa alimentar grave.
- Automutilação grave.
- Falta de suporte social ou familiar.
- Presença de sintomas psicóticos.
- Falha de tratamento ambulatorial.
- Risco para o feto no caso de pacientes gestantes com TA.

OBJETIVOS DA INTERNAÇÃO HOSPITALAR

Os *guidelines* mais recentes convergem para estabelecer os objetivos principais durante a internação de pacientes com AN, descritos a seguir.[1,3,9-11]

1. **Estabilização clínica:** consiste em monitorar e tratar as consequências graves da desnutrição, como edema, alterações de ritmo cardíaco e desidratação.
2. **Renutrição criteriosa:** é necessário implementar um plano individual de tratamento, elaborado por nutricionistas experientes. A equipe de nutrição também participa das orientações ao paciente quanto aos malefícios da restrição da ingesta alimentar e hídrica, estimulando comportamentos saudáveis. A renutrição por via oral é sempre a primeira escolha, sendo que o uso de sonda nasogástrica (SNG) pode ser necessário em alguns casos, como veremos a seguir.

A equipe de psiquiatras deve utilizar estratégias farmacológicas quando necessário, e a equipe de psicologia deve fornecer estratégias comportamentais de enfrentamento para, em conjunto, minimizar a ansiedade relacionada às refeições. Nos pacientes com BN, é importante restabelecer uma relação saudável com a alimentação, promovendo e reforçando hábitos adaptativos. As refeições devem ser supervisionadas, bem como o período pós-refeição (até 30-60 minutos após), para evitar que mesmo durante a internação o paciente mantenha comportamentos compensatórios e/ou purgativos após ingesta alimentar.

3 **Cessar comportamentos compensatórios e/ou purgativos:** esse objetivo é alcançado principalmente com o auxílio da equipe de enfermagem, monitorando os pacientes durante as refeições, na permanência nos quartos e no uso do banheiro. É importante abordar as crenças disfuncionais que esses pacientes têm de que esses métodos são eficazes para perda de peso.

Faz parte também do processo de tratamento reforçar ao paciente os malefícios causados pela restrição alimentar, compulsão alimentar e métodos compensatórios. A equipe deve ficar atenta aos pacientes com ganho de peso menor que o esperado ante a ingestão calórica oferecida, pois eles podem estar praticando atividade física ou mantendo métodos purgativos (indução de vômito, uso de laxantes e diuréticos) mesmo na internação. É importante determinar períodos de descanso, especialmente após as refeições, para reduzir o gasto energético. Em pacientes gravemente desnutridos (IMC < 13), o repouso absoluto pode ser indicado, atentando para profilaxia de trombose venosa profunda.

4 **Psicoeducação:** é necessário que toda a equipe (psiquiatras, psicólogos, enfermeiros e nutricionistas) tenha postura acolhedora tanto com o paciente quanto com os familiares. Faz parte do processo de internação orientá-los quanto ao TA, seus principais sintomas e formas de tratamento, sendo que essas orientações podem ser feitas em atendimentos individuais, em grupo e em terapia familiar. Especialmente em uma primeira internação, muitos pacientes e familiares desconhecem os principais sinais e sintomas do quadro e as melhores estratégias de abordagem e tratamento. A orientação extensiva favorece a compreensão e permite que mesmo após a alta paciente e familiares continuem utilizando os recursos aprendidos, mantenham a supervisão e ofereçam suporte adequado para uma boa adesão ao tratamento ambulatorial.

5 **Terapia cognitivo-comportamental (TCC):** o acompanhamento psicoterápico é um dos pilares da internação, permitindo identificação e manejo dos principais aspectos psicológicos da doença, como medo excessivo do ganho de peso e distorção da imagem corporal. Pode ser feita individualmente ou em grupo. A psicoterapia aborda a aceitação da mudança corporal e a reconstrução da autoimagem diante da renutrição e estimula a ampliação do repertório comportamental do paciente nos contextos familiar, social, acadêmico e profissional. Estimular a autonomia e restabelecer um padrão alimentar adequado é importante na manutenção dos resultados a médio e longo prazos.

6 **Tratamento das comorbidades:** como visto anteriormente, a presença de comorbidades psiquiátricas em pacientes com TA é mais regra do que exceção. Identificá-las e tratá-las é parte importante do processo de recuperação e melhora o prognóstico. A avaliação deve ser criteriosa quanto ao que é resultado do processo de desnutrição e ao que compreende um transtorno psiquiátrico comórbido propriamente dito. A escolha da estratégia farmacológica e da abordagem psicológica mais adequada deve ser feita de forma individualizada, levando sempre em consideração também as alterações clínicas que podem estar presentes.

7 **Tratamento baseado na família (family-based treatment – FBT):** é utilizado no tratamento de crianças e adolescentes e é considerado o padrão-ouro nessa faixa etária para tratamento dos TAs. O vínculo familiar é forte agente na melhora do quadro, envolvendo os pais como promotores de mudanças comportamentais relacionadas à alimentação.[2] Apesar de o FBT ser inicialmente proposto para tratamentos ambulatoriais ou em hospital-dia, há boa resposta quando realizado em regime de internação completa.

Por fim, vale ressaltar que as taxas de re-hospitalização são maiores em adolescentes (25-63%) do que em adultos (25-35%), fase importante de desenvolvimento pessoal, social e escolar.[12] É preciso estar atento a internações muito prolongadas, especialmente nos pacientes com AN – a interrupção da vida social, da vida escolar e da atividade ocupacional pode aumentar o estigma e trazer repercussões negativas, especialmente porque esses indivíduos já têm vulnerabilidades sociais.[4]

RENUTRIÇÃO

Para AN, é consenso universal que a restauração do peso e a renutrição criteriosa são os primeiros passos do tratamento.[2] A renutrição por via oral é sempre a primeira escolha. A escolha do método de nutrição deve também considerar os protocolos institucionais, a preferência do paciente, a gravidade do quadro, os custos e a acessibilidade.[3,10,13] Durante a renutrição por via oral ou enteral, é comum que os pacientes relatem desconforto gastrintestinal, como distensão gástrica, dor abdominal e saciedade precoce, podendo-se prescrever agentes procinéticos para alívio desses sintomas.[3,14]

A investigação clínica e o seguimento desses pacientes durante o processo de internação devem ser rigorosos. No **Quadro 13.1** descrevemos os principais exames a serem solicitados e a frequência indicada de monitoração.

A renutrição enteral é considerada quando não é possível por via oral (p. ex., em pacientes em catatonia ou depressão grave), quando o ganho de peso por via oral é insuficiente, quando o paciente recusa alimentação ou em desnutrição grave. A nutrição por via parenteral é a última escolha.[3,10,13]

Quadro 13.1
Investigação clínica para pacientes com anorexia nervosa grave durante processo de renutrição

Frequência de exames solicitados	
Na admissão	Peso corporal - preferencialmente pela manhã, após urina Eletrocardiograma Exames laboratoriais Hemograma Ureia, creatinina Eletrólitos (sódio, potássio, fósforo, cálcio, magnésio) Proteína C reativa (PCR) Transaminase glutâmica oxalacética (TGO), transaminase glutâmica pirúvica (TGP) e gama glutamil transferase (GGT), amilase Albumina Glicemia Função tireoidiana Ferro, ferritina, vitamina B12 e folato Vitamina D Zinco, cobre, selênio, vitaminas A e E (se disponíveis)
Diariamente	Ureia e eletrólitos: diariamente na primeira semana; após esse período, se normais, duas vezes por semana Glicemia
Duas vezes por semana	Hemograma Função hepática (TGO, TGP, GGT) Peso corporal
Mensalmente	Eletrocardiograma (ECG) Zinco e cobre (se disponíveis)
Todos os exames devem ser realizados com maior frequência se estiverem alterados. Em pacientes com distúrbio hidreletrolítico grave, considerar ECG diariamente. Em pacientes com síndrome de realimentação, a dosagem de eletrólitos deve ser de 2 a 3 vezes ao dia, com reposição endovenosa conforme necessidade.	

Fonte: Elaborado com base em Robinson e Jones.[10]

Em alguns pacientes, a renutrição pela SNG pode ser efetiva inicialmente porque eles se sentem menos responsáveis pelo ganho de peso, e isso alivia a angústia da renutrição; entretanto, é sempre importante discutir as estratégias com o paciente, já que a renutrição por via oral será essencial em algum momento do tratamento, permitindo que esse paciente restabeleça uma relação saudável e maior autonomia com as escolhas alimentares.[10]

Historicamente, a renutrição por SNG foi vista de forma negativa como uma forma de "alimentação forçada" ou com caráter punitivo. Entretanto, os estudos mais recentes demonstram que, na verdade, ela é um método seguro, eficaz e bem tolerado pelos pacientes. Assim como na renutrição por via oral, é necessário supervisão para evitar complicações (p. ex., paciente sacar a sonda), bem como a monitoração de eletrólitos para evitar a síndrome de realimentação, como veremos a seguir. É recomendado também que a passagem da SNG seja feita precocemente, quando indicada, para evitar o estigma e a sensação de punição por insucesso na dieta por via oral.[14] Nessa modalidade, o ganho de peso pode ser superior a 1 kg/semana, e vale a pena a reposição de fosfatos na dieta.[14]

SÍNDROME DE REALIMENTAÇÃO

A síndrome de realimentação é uma complicação potencialmente fatal durante o tratamento da AN e é mais observada durante o tratamento em regime de internação devido à terapia nutricional mais agressiva.[13,15] Ela pode ocorrer tanto com a renutrição por via oral quanto por SNG ou por via parenteral.[10] Pode-se apresentar como quadro sintomático ou assintomático, por isso a necessidade de monitoração rigorosa.

É caracterizada por hipofosfatemia, diminuição de potássio e magnésio, hipoglicemia, disfunção gastrintestinal e, em casos mais graves, arritmia cardíaca, convulsão, *delirium* e morte súbita.[14,16] A síndrome de realimentação ocorre não apenas em TAs, mas também em outros quadros de desnutrição severa, como câncer e dependência de álcool.[17] Entre os pacientes com maior risco de síndrome de realimentação estão aqueles com comorbidades clínicas (p. ex., diabetes melito), presença de quadro infeccioso, presença de distúrbios hidreletrolíticos, alteração da função renal e/ou hepática, alterações cardíacas e baixo IMC.[8,10]

A hipofosfatemia é a causa predominante de síndrome de realimentação e, portanto, é o indicador mais utilizado para identificá-la, estando relacionada à falência de órgãos por isquemia, anemia, hemólise e rabdomiólise. A prevalência estimada de hipofosfatemia em pacientes com AN é de 0 a 45%, e quanto menor o IMC na admissão e maior a idade do paciente, maior o risco.[15-17] A presença de alta taxa de ureia no sangue também favorece a síndrome de realimentação.[16]

A dosagem sérica de fósforo, potássio e magnésio deve ser feita diariamente na primeira semana de internação hospitalar, quando o risco é maior, e, após esse período, recomenda-se dosagem de 2 a 3 vezes por semana até que o quadro se estabilize. A dosagem e reposição de fósforo é um método simples e altamente eficaz para prevenir a síndrome de realimentação.[10,13,15,18] A ingesta hídrica e a infusão endovenosa de fluidos também devem ser monitoradas, já que excessos podem predispor ou agravar distúrbios hidreletrolíticos.[10]

O risco de síndrome de realimentação é reduzido com renutrição lenta e gradativa.[10] É recomendado que a dieta se inicie com baixa ingestão calórica e seja gradativamente aumentada. Ainda que a relação entre a quantidade de carboidratos da dieta e o risco de hipofosfatemia ainda não esteja bem estabelecida, estudos sugerem que o risco tende a ser maior quanto maior for a taxa de carboidratos.[15] Um possível mecanismo é que administrar carboidratos a pacientes desnutridos provocaria secreção excessiva de insulina em resposta ao aumento dos níveis de glicose no sangue. Além de causar hipoglicemia, o excesso de insulina promove maior captação de fósforo pelas células, o que consequentemente reduziria seu nível sérico. Além de aumentar a captação, a célula também aumenta o uso do fosfato para produção de compostos como, por exemplo, adenosina trifosfato, agravando ainda mais a redução dos níveis séricos de fósforo.[15]

A necessidade de progressão gradual da dieta é um dos motivos que prolonga o tempo de internação e reduz o ritmo de ganho de peso, especialmente no início do tratamento.[15] Os *guidelines* preconizam taxas de ganho de peso em pacientes adultos internados entre 0,5 e 1,4 kg/semana. Em pacientes gravemente desnutridos, a progressão lenta da dieta tem sido questionada atualmente devido ao risco de óbito pela condição nutricional; nesses casos, é necessário acompanhamento clínico e monitoração intensivos por profissionais experientes para evitar desfechos negativos.[10,17] A renutrição de pacientes com AN é um cuidadoso balanço entre a subnutrição e a supernutrição.[14]

INTERNAÇÃO INVOLUNTÁRIA

A recusa ou abandono de tratamento é comum em pacientes com TA, especialmente AN, e as recaídas são frequentes. Casos graves podem necessitar de internação involuntária ou até mesmo compulsória, especialmente quando há complicações clínicas extremas e desnutrição grave, com risco iminente à vida.[3,8,10,19] Estudos mostram que a recuperação de peso e o desfecho imediato desse tipo de internação são favoráveis, tendo mais benefícios do que dificuldades.[20,21] A ambivalência em relação à gravidade do quadro e a negação da doença – vale ressaltar que em muitos pacientes os sintomas são egossintônicos – são frequentes demonstrações de perda da capacidade de consentir com um tratamento, necessitando de internação involuntária. Além disso, sabe-se que pacientes em desnutrição têm alterações neuropsiquiátricas que também impactam a cognição e a capacidade de escolha. No caso da internação compulsória, seguem-se os princípios legais de cada país.[19,21]

As internações involuntárias, quando comparadas à voluntária, têm maior duração, porém permitem renutrição e ganho de peso adequados que dificilmente seriam alcançados nesses indivíduos resistentes ao tratamento.[6,19] A longo prazo, ainda é incerto se a internação involuntária ou compulsória é favorável e pode reduzir a mortalidade, já que a recuperação do peso é necessária, mas não suficiente, para a recuperação completa do paciente considerando a psicopatologia central do quadro.[19]

ALTA HOSPITALAR E HOSPITAL-DIA

A preparação e o momento da alta hospitalar devem ser abordados ainda durante a internação, e a necessidade de seguimento ambulatorial pós-internação deve ser sempre enfatizada, já que as taxas de desistência e má adesão são altas. Antes da alta efetiva, deve haver um período de estabilização em que o paciente demonstra que consegue manter o peso atingido e as estratégias aprendidas.[3] Na prática clínica da Enfermaria do Comportamento Alimentar (ECAL), é comum utilizarmos breves períodos de licença médica (cerca de 2 ou 3 dias) antes da alta propriamente dita; nesses dias, o paciente retorna para os cuidados da família em período integral, e, quando retorna à Enfermaria, avaliamos se conseguiu manter o peso, quais foram as maiores dificuldades dele e da família e quais estratégias podem ser desenvolvidas até a concretização da alta hospitalar.

A transição entre a internação e o suporte ambulatorial é um dos grandes desafios do tratamento. Uma alternativa intermediária, quando disponível, é a transição da internação em tempo integral para o suporte de hospital-dia, garantindo a continuidade e a adesão ao tratamento, além de suporte ao paciente e aos familiares.[3,4] Outro objetivo do hospital-dia é prevenir recaídas e evitar hospitalização quando há agravamento do quadro durante o tratamento ambulatorial.[7,22,23]

Embora o modelo de hospital-dia no cenário do tratamento psiquiátrico tenha sido descrito pela primeira vez em 1937, as primeiras descrições para tratamento em TAs foram feitas apenas em 1988, por Danziger e colaboradores, e em 1989, por Piran e colaboradores. Apesar de ser um tratamento potencialmente eficaz, há pouca literatura sobre o tema. Nessa modalidade, o paciente permanece no serviço durante o dia, retornando para casa à noite e nos fins de semana; há uma equipe multidisciplinar, e as atividades são preferencialmente em grupo.[7,22]

Devido ao maior contato com a família, essa modalidade de tratamento favorece o envolvimento e o suporte familiares; além disso, estar em seu ambiente habitual permite que o paciente aplique as habilidades adquiridas no tratamento com maior frequência. A exposição a situações como conflitos familiares, alimentar-se fora do ambiente hospitalar, possibilidade de restrição alimentar e acesso a métodos purgativos e compensatórios pode ser útil no desenvolvimento constante de estratégias para lidar com esses fatores inerentes ao tratamento, desenvolvendo a autonomia e a responsabilização do paciente.[7,22] A literatura atual demonstra que os pacientes em hospital-dia podem reduzir os custos de tratamento, além de a modalidade trazer potenciais benefícios terapêuticos, como menor impacto psicossocial em relação à internação hospitalar, melhora do comportamento alimentar, restauração de peso corporal, quando necessário, e diminuição dos episódios de compulsão alimentar e comportamentos purgativos.[7,23]

Em geral, o grau de satisfação dos pacientes e familiares tende a ser maior no regime de hospital-dia se comparado à internação hospitalar. Por sua vez, a maior autonomia e a menor estrutura podem não ser eficazes em casos mais graves, com pouco suporte familiar ou pouco engajamento no tratamento, sendo necessário avaliar criteriosamente os pacientes que podem se beneficiar desse tratamento. As principais contraindicações para o tratamento em hospital-dia são:[7,22]

- Complicações clínicas agudas (p. ex., risco cardiovascular, edema grave)
- Dependência de substâncias psicoativas
- Comportamento suicida ou parassuicida
- Sintomas psicóticos, agitação psicomotora ou risco de auto ou heteroagressividade
- Ambiente familiar de risco (p. ex., risco de abuso psicológico ou sexual)
- Falha de tratamento em hospital-dia (manutenção de comportamentos restritivos, compensatórios ou purgativos; ganho de peso insuficiente)
- IMC menor que 16

EXPERIÊNCIA DO PROGRAMA DE TRATAMENTO DA ECAL-AMBULIM - IPq-HCFMUSP

O atendimento a pacientes com TAs no Instituto de Psiquiatria do Hospital das Clínicas da Faculdade de Medicina da Universidade de São Paulo (IPq-HCFMUSP) ocorreu em 1992, coordenado pelo professor Táki Athanássios Cordás, inicialmente para pacientes ambulatoriais. Os atendimentos psicoterápicos individual e familiar foram realizados por telemedicina a partir da pandemia de covid-19, sem prejuízo ao tratamento do paciente internado, de acordo com as diretrizes da alta liderança no complexo HCFMUSP. Os benefícios da manutenção do atendimento, mesmo que realizado a distância, são condizentes com o que a literatura aponta.[24,25]

A seguir, são apresentados os principais protocolos seguidos na enfermaria (programa de atendimento multiprofissional da ECAL do Ipq-HCFMUSP) elaborados pela equipe multidisciplinar.[26]

OBJETIVOS GERAIS

Os objetivos gerais do tratamento são:

- promover retorno ponderal mínimo equivalente ao IMC de 19 kg/m^2;
- recuperar o estado nutricional com padrão alimentar organizado;
- restaurar possíveis complicações clínicas;
- avaliar e tratar comorbidades psiquiátricas;
- avaliar e tratar distorção de imagem corporal;
- realizar terapia e orientação familiar;
- promover psicoeducação para paciente e familiares para prevenção de recaídas;
- conceder permissão para passeio externo ao atingir IMC = 16 kg/m^2, sempre acompanhado de responsável;

- conceder permissão para licença para dormir em casa a partir de IMC = 17 kg/m^2. Nesse caso, a equipe multidisciplinar avalia também em que momento do tratamento a família tem condições de receber esse paciente, mantendo as orientações principais do tratamento.

ATENDIMENTOS E ATIVIDADES PSICOTERAPÊUTICAS

Pacientes internados na ECAL receberão atendimento psicoterápico individual e em grupo, além de terapia familiar realizada com cada família separadamente. Também são oferecidas outras modalidades terapêuticas: aconselhamento profissional, meditação *mindfulness*, grupo de avaliação e de percepção de imagem corporal e grupo de habilidades sociais. As atividades são obrigatórias. A recusa em participar pode implicar a estagnação dos níveis de tratamento ou até mesmo alta médica.

ATIVIDADES DA ENFERMAGEM

São atividades da equipe de enfermagem:

- oferecer apoio terapêutico ao paciente e à família;
- supervisionar as refeições;
- manter os toaletes trancados e supervisionar o uso;
- realizar observação criteriosa durante o repouso pós-refeição;
- supervisionar passeios em grupo programados pela equipe da enfermaria.

PROGRAMA DE TERAPIA OCUPACIONAL (TO)

O paciente com TA pode apresentar alteração no planejamento, no monitoramento e na avaliação e resolução de problemas em seu desempenho funcional em atividades cotidianas.

A equipe de TO desenvolve um programa de tratamento cognitivo-funcional que auxilia o indivíduo no processo de autoconhecimento, capacitando-o a gerenciar suas habilidades funcionais e a organizar e desempenhar as atividades diárias nos âmbitos pessoal, social e profissional.

ATUAÇÃO DO SERVIÇO SOCIAL

São objetivos do serviço social:

- realizar o estudo social, com avaliação da condição socioeconômica do paciente, analisando as condições para adesão ao tratamento médico;
- fornecer orientações sobre direitos e previdência social;
- articular com a rede de apoio o acesso aos recursos de inserção social, capacitação profissional e apoio familiar.

PROGRAMA DE ATIVIDADE FÍSICA

Estudos apontam que os exercícios contrarresistidos auxiliam o tratamento de pacientes com TAs, melhorando aspectos psicológicos e promovendo saúde e qualidade de vida para os que os praticam regularmente. As aulas têm como objetivo promover:

- aquecimento com movimentos corporais e alongamento;
- exercícios de força muscular, utilizando bandas elásticas e o peso do próprio corpo;
- relaxamento;
- aconselhamento sobre os benefícios do exercício físico e as consequências da prática irregular.

PROGRAMA DE REABILITAÇÃO NUTRICIONAL

A renutrição é dividida em cinco fases (fase 0, fase 1, fase 2, fase 3 e fase 4).

Fase 0 – Objetivo principal: motivar o paciente para o tratamento.

- Orientações gerais a respeito do tratamento e do programa de fases.
- Orientação à família sobre o tratamento.
- Antropometria e anamnese do estado nutricional.
- Relação de alimentos chamados de "perigosos" e "proibidos" com pontuação para cada um deles.
- Determinação do plano alimentar de acordo com aceitação de cada paciente.
- Aferição do peso diariamente ou de acordo com as particularidades de cada um.

Fase 1 – Objetivo principal: proporcionar ganho gradual de peso até 85% do peso-alvo.

- Introdução de todos os grupos de alimentos, incluindo os relatados como perigosos e proibidos, gradativamente, conforme discutido nos atendimentos individuais com o paciente e com a graduação estipulada na fase 0.
- Aferição do peso: três vezes na semana ou de acordo com as particularidades de cada caso.

Fase 2 – Objetivo principal: instrumentalizar o paciente para atingir seu peso-alvo.

- Introdução de diferentes tipos de preparações alimentares.
- Orientação quanto ao porcionamento em medidas caseiras e substituições, trabalhando maior autonomia nas escolhas.
- Aferição do peso: três vezes na semana ou de acordo com as particularidades de cada caso.

Fase 3 – Objetivo principal: manter o peso-alvo.

- 1ª semana: avaliação da dieta para a manutenção do peso-alvo.
- 2ª semana: autosseleção e porcionamento da dieta na cozinha do Serviço de Nutrição e Dietética sob supervisão da nutricionista.
- Uma refeição em restaurante *self-service* com a nutricionista.
- Aferição do peso: duas vezes na semana ou de acordo com as particularidades de cada caso.

Fase 4 – Objetivo principal: preparar para a alta hospitalar.

- Mantidos a autosseleção e o porcionamento.
- Atendimento nutricional individual uma vez por semana.
- Aferição do peso: uma vez na semana.

Observações importantes: Estima-se ganho de peso de 1 a 1,3 kg por semana. Nas fases 0, 1 e 2, indica-se repouso sob observação durante 1 hora após a refeição. Na fase 3, indica-se repouso sob observação durante 30 minutos após a refeição. Não é permitida entrada de alimentos externos na enfermaria.

Veja a seguir os critérios utilizados para progressão das fases.

Fase 0 para fase 1:

- Fazer as refeições dentro do tempo estipulado para cada fase.
- Demonstrar aceitação de 100% da dieta oferecida.
- Não apresentar comportamentos purgativos.
- Participar das atividades da equipe multiprofissional.
- Mostrar aumento aproximado de 1,5 kg.
- Seguir as orientações gerais e comportamentais do programa.
- Descer ao pátio para fumar ou fazer qualquer outra atividade dentro do complexo HCFMUSP poderá ser feito com cadeira de rodas, quando o estado do paciente exigir.
- Não são permitidos exercícios físicos na fase 0.
- A passagem para a fase 1 será decidida durante a reunião da equipe multiprofissional.

Fase 1 para fase 2:

- Demonstrar ganho de peso semanal dentro das estimativas propostas.
- Alcançar 85% do IMC 20.
- Aderir às orientações gerais e comportamentais.
- Aceitar os alimentos considerados perigosos.
- Participar das atividades propostas pela nutrição.
- Aderir às orientações gerais e comportamentais.

- Fazer as refeições dentro do tempo estipulado para cada fase.
- Andar no corredor, bem como ir ao pátio, passa a ser permitido.

Fase 3 para fase 4:

- Manter o peso-alvo.
- Mostrar autosseleção e porcionamento adequados da alimentação.
- Manutenção do peso e autosseleção deverão ser adequadas durante duas semanas consecutivas.

Fase 4 para alta hospitalar:

- Manter peso-alvo por pelo menos duas semanas; relatórios de licença adequados.
- Após três licenças adequadas (ou dependendo da decisão clínica).
- Orientar paciente e família para o seguimento ambulatorial.

CONSIDERAÇÕES FINAIS

A literatura atual indica que a restauração completa do peso durante a internação – avaliada pelo IMC e pela taxa de ganho de peso – é um dos maiores preditores de manutenção de peso após a alta, com melhora da sintomatologia do TA e das comorbidades psiquiátricas, evitando reinternações.[5,17,19] Em pacientes com AN, recomenda-se taxa de ganho de peso superior a 0,8 kg por semana e IMC mínimo de 19 na ocasião da alta – esses fatores estão associados com melhor prognóstico dentro de um ano após a alta. O IMC na alta é ainda melhor preditor; está relacionado com maior IMC um ano após a alta e menor risco de re-hospitalização por cerca de 8,3 anos após a alta.[12]

Em contrapartida, menor peso na admissão, IMC abaixo de 19 na alta hospitalar, história de falência de tratamentos prévios, maior duração de doença (mais de 10 anos), presença de comorbidades psiquiátricas, grave distorção da imagem corporal, comportamentos purgativos, personalidade obsessivo-compulsiva, história de AN na família, início tardio do quadro e abandono de tratamento parecem estar associados a pior prognóstico.[12,19]

A avaliação do melhor nível de atendimento aos pacientes com TAs (internação completa, internação parcial ou tratamento ambulatorial) ainda precisa ser mais bem estudada, pois as evidências atuais não são suficientes para contemplar todos os casos, especialmente os refratários.[27] Em casos refratários, há literatura emergente que tem discutido instituição de cuidados paliativos, porém ainda em fase inicial, sem consenso.[19]

O **Quadro 13.2** traz um resumo das indicações de tratamento em regime de internação para pacientes com TAs, e o **Quadro 13.3** traz um resumo dos principais objetivos a serem alcançados durante a internação.

■ Quadro 13.2
Principais indicações de tratamento em regime de internação hospitalar

- Extremo baixo peso ou rápida perda de peso
- Complicações agudas clínicas
- Incapacidade de cessar métodos purgativos e/ou restritivos
- Risco de suicídio
- Recusa alimentar grave
- Falta de suporte social ou familiar
- Presença de sintomas psicóticos
- Falha de tratamento ambulatorial
- Risco para o feto em pacientes gestantes

■ Quadro 13.3
Principais objetivos da internação hospitalar em transtornos alimentares

- Promover estabilização clínica
- Instituir renutrição criteriosa (atentar para risco de síndrome de realimentação)
- Cessar comportamentos restritivos, purgativos e/ou compensatórios
- Instituir psicoeducação para paciente, familiares e/ou cuidadores
- Realizar TCC
- Tratar comorbidades psiquiátricas
- Realizar FBT: evidência em crianças e adolescentes

REFERÊNCIAS

1. Yager J, Devlin MJ, Halmi KA, Herzog DB, Mitchell III JE, Powers P, et al. Practice guideline for the treatment of patients with eating disorders. Washington: American Psychiatric Association; 2002.
2. Buchman S, Attia E, Dawson L, Steinglass JE. Steps of care for adolescents with anorexia nervosa - a delphi study. Int J Eat Disord. 2019;52(7):777-85.
3. Resmark G, Herpertz S, Herpertz-Dahlmann B, Zeeck A. Treatment of anorexia nervosa-new evidence-based guidelines. J Clin Med. 2019;8(2):153.
4. Støving RK, Larsen PV, Winkler LA, Bilenberg N, Røder ME, Steinhausen HC. Time trends in treatment modes of anorexia nervosa in a nationwide cohort with free and equal access to treatment. Int J Eat Disord. 2020;53(12):1952-9.
5. Makhzoumi SH, Coughlin JW, Schreyer CC, Redgrave GW, Pitts SC, Guarda AS. Weight gain trajectories in hospital-based treatment of anorexia nervosa. Int J Eat Disord. 2017;50(3):266-74.
6. Strand M, Bulik CM, Gustafsson SA, von Hausswolff-Juhlin Y, Welch E. Self-admission to inpatient treatment in anorexia nervosa: impact on healthcare utilization, eating disorder morbidity, and quality of life. Int J Eat Disord. 2020;53(10):1685-95.
7. Salzano FT, Cordás TA. Hospital-dia (HD) para transtornos alimentares: revisão da literatura e primeiras impressões do HD do ambulatório de bulimia e transtornos alimentares do IPqHCFMUSP (AMBULIM). Arch Clin Psychiatr (São Paulo). 2003;30(3):86-94.
8. National Institute for Health and Care Excellence. Eating disorders: recognition and treatment. London: NICE; 2017.
9. Treat TA, Gaskill JA, McCabe EB, Ghinassi FA, Luczak AD, Marcus MD. Short-term outcome of psychiatric inpatients with anorexia nervosa in the current care environment. Int J Eat Disord. 2005;38(2):123-33.

10. Robinson P, Jones WR. MARSIPAN: management of really sick patients with anorexia nervosa. BJPsych Advances. 2018;24(1):20-32.

11. Matthews A, Peterson CM, Peugh J, Mitan L. An intensive family-based treatment guided intervention for medically hospitalized youth with anorexia nervosa: parental self-efficacy and weight-related outcomes. Eur Eat Disord Rev. 2019;27(1):67-75.

12. Steinhausen HC, Grigoroiu-Serbanescu M, Boyadjieva S, Neumärker KJ, Winkler Metzke C. Course and predictors of rehospitalization in adolescent anorexia nervosa in a multisite study. Int J Eat Disord. 2008;41(1):29-36.

13. American Dietetic Association. Position of the American Dietetic Association: nutrition intervention in the treatment of anorexia nervosa, bulimia nervosa, and other eating disorders. J Am Diet Assoc. 2006;106(12):2073-82.

14. Rizzo SM, Douglas JW, Lawrence JC. Enteral nutrition via nasogastric tube for refeeding patients with anorexia nervosa: a systematic review. Nutr Clin Pract. 2019;34(3):359-70.

15. Yamazaki T, Inada S, Sawada M, Sekine R, Kubota N, Fukatsu K, et al. Diets with high carbohydrate contents were associated with refeeding hypophosphatemia: a retrospective study in Japanese inpatients with anorexia nervosa. Int J Eat Disord. 2021;54(1):88-94.

16. Kameoka N, Iga J, Tamaru M, Tominaga T, Kubo H, Watanabe SY, et al. Risk factors for refeeding hypophosphatemia in Japanese inpatients with anorexia nervosa. Int J Eat Disord. 2016;49(4):402-6.

17. Redgrave GW, Coughlin JW, Schreyer CC, Martin LM, Leonpacher AK, Seide M, et al. Refeeding and weight restoration outcomes in anorexia nervosa: challenging current guidelines. Int J Eat Disord. 2015;48(7):866-73.

18. McCallum K, Bermudez O, Ohlemeyer C, Tyson E, Portilla M, Ferdman B. How should the clinician evaluate and manage the cardiovascular complications of anorexia nervosa? Eat Disord. 2006;14(1):73-80.

19. Holm JS, Brixen K, Andries A, Hørder K, Støving RK. Reflections on involuntary treatment in the prevention of fatal anorexia nervosa: a review of five cases. Int J Eat Disord. 2012;45(1):93-100.

20. Ward A, Ramsay R, Russell G, Treasure J. Follow-up mortality study of compulsorily treated patients with anorexia nervosa. Int J Eat Disord. 2015;48(7):860-5.

21. Elzakkers IF, Danner UN, Hoek HW, Schmidt U, van Elburg AA. Compulsory treatment in anorexia nervosa: a review. Int J Eat Disord. 2014;47(8):845-52.

22. Zipfel S, Reas DL, Thornton C, Olmsted MP, Williamson DA, Gerlinghoff M, et al. Day hospitalization programs for eating disorders: a systematic review of the literature. Int J Eat Disord. 2002;31(2):105-17.

23. Matthews K, Gordon L, van Beusekom J, Sheffield J; QuEDS Collaboration Group, Patterson S. A day treatment program for adults with eating disorders: staff and patient experiences in implementation. J Eat Disord. 2019;7:21.

24. Békés V, Aafjes-van Doorn K, Prout TA, Hoffman L. Stretching the analytic frame: analytic therapists' experiences with remote therapy during COVID-19. J Am Psychoanal Assoc. 2020;68(3):437-46.

25. Taylor CB, Fitzsimmons-Craft EE, Graham AK. Digital technology can revolutionize mental health services delivery: The COVID-19 crisis as a catalyst for change. Int J Eat Disord. 2020;53(7):1155-7.

26. Larino MA, Ferreira VB, Matos NT, Filho RC, Agapes TAB, Thurm BE, et al. Protocolo institucional interno do Programa de transtornos alimentares do Instituto de Psiquiatria da Faculdade de Medicina da Universidade de São Paulo. São Paulo: USP; 2021.

27. Hay PJ, Touyz S, Claudino AM, Lujic S, Smith CA, Madden S. Inpatient versus outpatient care, partial hospitalisation and waiting list for people with eating disorders. Cochrane Database Syst Rev. 2019;1(1):CD010827.

14

AVALIAÇÃO E MANEJO NUTRICIONAL DOS TRANSTORNOS ALIMENTARES

Carla Mourilhe
Carlos Eduardo de Moraes
Marle S. Alvarenga

O tratamento nutricional é parte integrante e essencial da abordagem interprofissional dos transtornos alimentares (TAs).[1] O estado nutricional é impactado durante o curso dos TAs, mas há grande alteração do comportamento alimentar envolvendo crenças, sentimentos, pensamentos e relação com os alimentos, o que influencia de forma negativa o consumo alimentar e nutricional dos indivíduos.[2] Nesse contexto, destaca-se o papel do nutricionista na avaliação, na realização do diagnóstico nutricional, na intervenção e no acompanhamento da evolução dos pacientes com essas condições clínicas.[3] Considerando as características específicas dos TAs, a abordagem nutricional deve focar não somente a supressão das deficiências nutricionais e a adequação do estado nutricional e do consumo alimentar/nutricional, mas também a psicoeducação nutricional para a modificação de comportamentos alimentares como um todo e para melhoria da relação do paciente com a comida.[4]

Conforme apresentado nos Capítulos 1 e 2, os quadros de TAs são diversos, e alguns têm especificidades, como o transtorno alimentar restritivo/evitativo (TARE), discutido no Capítulo 21. Assim, discorreremos aqui sobre questões gerais do atendimento nutricional e algumas especificidades dos quadros mais comuns: anorexia nervosa (AN), bulimia nervosa (BN) e transtorno de compulsão alimentar (TCA). Portanto, este capítulo tem como objetivo apresentar as principais evidências e recomendações das diretrizes internacionais no que tange à avaliação e ao manejo nutricional nesses TAs.

AVALIAÇÃO NUTRICIONAL

A avaliação nutricional fornece a base para o diagnóstico nutricional. Trata-se de um processo sistemático de obtenção e interpretação de dados relacionados aos possíveis problemas nutricionais e de análise das necessidades do paciente. A seguir, serão descritas as principais etapas desse processo direcionado aos indivíduos com TAs.[5]

HISTÓRIA DE VIDA

Nesta etapa, avaliam-se informações atuais e passadas relacionadas à história pessoal, médica, familiar e psicossocial. Na história pessoal, é importante caracterizar as etapas do desenvolvimento (peso ao nascer, alimentação na infância, padrão de crescimento, história menstrual em mulheres e início da puberdade); o histórico de realização de dietas; as crenças e barreiras que possam prejudicar a adequação da alimentação, incluindo apoio familiar; e a segurança alimentar (fatores que afetam o acesso adequado aos alimentos). A história do TA, com seu início e desenvolvimento, também deve ser avaliada, considerando a evolução e o estado atual das alterações alimentares, clínicas, do peso e da atividade física (frequência das atividades, duração, comportamentos compulsivos, evitação e motivações compensatórias).[5]

As condições clínicas comuns aos indivíduos com TAs também devem ser avaliadas – por histórico e por meio de exames clínicos: questões cardiovasculares (hipotensão postural, desequilíbrio eletrolítico, bradicardia); gastrintestinais (esvaziamento gástrico retardado, esofagite, dilatação gástrica, síndrome do intestino irritável, constipação); renais (desidratação, hipocalemia, síndrome de realimentação); pulmonares (apneia do sono); anormalidades endócrinas (osteopenia, hipoglicemia, diabetes, hipotireoidismo, obesidade, termorregulação); reprodutivas (padrão menstrual, baixa testosterona); hematológicas (anemia, pancitopenia); imunes; e cáries dentárias. Na história clínica, também deve ser considerada a presença de doença mental (depressão, transtorno de ansiedade, transtorno da personalidade), transtorno por uso de substâncias e outros vícios.[5]

Para finalizar essa etapa, deve-se considerar a história familiar em relação aos TAs, incluindo condições de saúde mental, transtornos por uso de substâncias e predisposições genéticas aos TAs. Especial atenção deve ser dada às preocupações com o tamanho e/ou a forma do corpo e aos discursos ou conversas sobre esse tema na família, bem como aos comportamentos alimentares da família (vegetarianismo, dietas da moda, preferências e aversões) e a outras crenças ou práticas relevantes relacionadas à saúde (espiritualidade, jejum religioso).[5]

AVALIAÇÃO ANTROPOMÉTRICA

Nos TAs, são considerados indicadores antropométricos o peso, a estatura, o índice de massa corporal (IMC) e a curva de crescimento no caso de crianças e adolescentes, sendo esses parâmetros comparados com padrões de referência específicos para idade.[5] A pesagem é uma questão extremamente sensível para a maioria dos pacientes, e alguns são até mesmo resistentes. No entanto, trata-se de uma medida essencial para que a avaliação seja completa – especialmente no caso da AN e de quadros restritivos.

No caso de pacientes com estado eutrófico ou excesso de peso, o acompanhamento do peso pode ser mais espaçado e até ser omitido em um primeiro momento, já que não é essencial à evolução do quadro. As consultas nutricionais não devem se constituir em uma "pesagem"; recomenda-se deixá-la para o período final da consulta, depois de discutidas metas e evolução para se realizar novos combinados. Os pacientes devem ser orientados a não se pesarem sozinhos (com raras exceções, como, por exemplo, momento pandêmico) e a fazê-lo idealmente apenas com o nutricionista para discussão das oscilações e das orientações a respeito.

DADOS BIOQUÍMICOS

As seguintes avaliações laboratoriais devem ser consideradas: equilíbrio acidobásico, função renal, função endócrina, função tireoidiana, resposta inflamatória, perfil de vitaminas e minerais, perfil lipídico, enzimas hepáticas.[5] Outros exames podem ser complementados caso haja necessidade, em discussão com a equipe ou clínico. O nutricionista deve pedir os resultados dos últimos exames realizados ou solicitar a realização de exames básicos (e permitidos ao nutricionista) caso o paciente não tenha avaliações recentes ou clínico de referência acompanhando o quadro.

EXAME FÍSICO

Os indicadores de deficiência ou toxicidade de vitaminas e minerais devem ser avaliados, assim como a presença de edema, perda de massa muscular, perda de gordura subcutânea, composição corporal alterada (embora medidas de porcentagem de gordura ou massa magra não sejam auxiliares do tratamento necessariamente), sinal de Russell (sinal/calo nas mãos típico da indução de vômitos), sinais clínicos de desnutrição (cabelos e unhas secos e quebradiços ou ralos, irritabilidade, incapacidade de concentração), saúde bucal, sialadenite (inflamação de glândulas salivares) e capacidade para alimentação (mastigação, deglutição, apetite).[5] Sintomas de gastrite, esofagite, refluxo, empachamento e obstipação devem ser especialmente avaliados, visto serem muito frequentes.

AVALIAÇÃO ALIMENTAR E NUTRICIONAL

A avaliação dietética inclui a ingestão de alimentos e nutrientes, incluindo a composição nutricional (calorias e macronutrientes) e a adequação dos padrões de refeições e lanches, considerando tipos de alimentos consumidos, bebidas e frequência da ingestão alimentar, assim como as regras alimentares, feriados ou reuniões familiares que afetam o padrão alimentar.[1,5]

No contexto dos TAs, além de conhecer o histórico de como a pessoa se alimentava e quais foram as modificações com o curso do TA, deve-se dar atenção ao padrão atual, para que ele seja a base para as alterações a serem propostas em um primeiro momento. Assim, calcular as necessidades nutricionais e a ingestão com calorias e nutrientes pode ser útil apenas em contexto de internação, quando dietas padronizadas são prescritas e enviadas ao paciente. Em contexto ambulatorial, auxilia muito mais saber o que o paciente está comendo habitualmente para propor modificações que sejam mais adequadas do ponto de vista nutricional, mas também mais aceitas por ele – sem ideais perfeccionistas.

É importante entender as características das dietas realizadas previamente – por exemplo, se apresentavam baixos teores de gordura, de sódio e de carboidratos, alto teor de proteínas, ou dietas veganas, vegetarianas ou macrobióticas. Dessa forma, é possível avaliar os desequilíbrios de nutrientes relacionados à evitação ou à ingestão excessiva de certos grupos de alimentos como meio de manipular ou controlar o peso. A avaliação de alergias e intolerâncias alimentares também deve ser realizada, considerando a apresentação clínica e a sintomatologia anterior ao TA.[5]

Os comportamentos inadequados devem ser avaliados (compensações, purgações, crenças errôneas, sentimento de culpa, perfeccionismo, etc.), assim como o uso de medicamentos e suplementos dietéticos (prescritos ou não) e as potenciais interações entre nutrientes e medicamentos, drogas ilícitas, ervas e cafeína. Ademais, é importante avaliar o uso excessivo de fibras, cafeína, guaraná, bebidas energéticas ou extrato de chá-verde e outros medicamentos. Devem-se considerar os efeitos colaterais relacionados aos medicamentos, como aumento do apetite, ganho de peso, falta de apetite, retenção de fluidos, boca seca, sede excessiva, constipação, desconforto gastrintestinal e alteração no metabolismo de glicose e/ou lipídeos.[1,5]

Os comportamentos compensatórios, como uso indevido de laxantes, diuréticos, medicamentos para emagrecer, ajustes de insulina, indução de vômitos, práticas de jejum e atividade física, devem ser observados em relação ao tipo e à frequência, assim como a presença dos episódios de compulsão alimentar (CA), que devem ser bem caracterizados de forma objetiva (quantidade de alimentos consumidos) e subjetiva (sensação de perda de controle).[1,5]

O conhecimento das crenças e atitudes relacionadas aos conceitos de nutrição, emoções sobre alimentação, imagem corporal e preocupação com comida e/ou peso devem ser avaliados. Deve-se ter atenção ao autojulgamento e observar como as escolhas alimentares são rotuladas ("certas" e "erradas") e se existem alimentos considerados "bons" e "ruins". Além disso, deve-se buscar observar qual é o papel do autocontrole na vida dessa pessoa e, por fim, se existe "nojo" ou medo de que os alimentos tenham sido contaminados intencionalmente ou não. Por fim, deve-se observar a relação do indivíduo com sua forma e peso e se existe algum tipo de checagem do corpo, como verificar o reflexo no espelho, beliscar partes do corpo ou verificar compulsivamente o peso corporal ou ajustes de roupas.[1,5]

Algumas atitudes alimentares características dos TAs devem ser investigadas durante o atendimento nutricional. Essas atitudes estão relacionadas a comportamentos para manipular a ingestão de energia, como retirar a gordura aparente, não permitir que se cozinhe com nenhum tipo de gordura de adição, cortar molhos e queijos, além de mastigar a comida e cuspir ou escondê-la. Essa avaliação pode ser corroborada com a família, caso esta esteja envolvida no tratamento (o que deve obrigatoriamente acontecer para menores de idade). Comportamentos para tentar "enganar" a fome e o apetite também podem estar presentes, como a ingestão excessiva de líquidos com as refeições ou de água ao longo do dia, além de bebidas com cafeína e adoçantes artificiais. Existem, ainda, alguns comportamentos de evitação ou restrição dos alimentos devido às suas características (p. ex., determinados grupos de alimentos, como os carboidratos, sempre considerados "vilões e engordativos") e aspectos sensoriais (p. ex., cor e temperatura).[1,5]

Outro ponto importante a ser avaliado trata-se da prontidão para a mudança de comportamentos e atividades relacionados à nutrição ou à saúde e ações que influenciam o cumprimento das metas relacionadas à alimentação. É importante buscar informações sobre as percepções do paciente sobre as intervenções nutricionais realizadas anteriormente e avaliar sua capacidade física e cognitiva para se envolver nas atividades relacionadas ao tratamento nutricional – incluindo a questão de compras e preparação de alimentos (em que pode necessitar de ajuda da família ou outros). Deve-se ter atenção às limitações com base em comorbidades psiquiátricas como déficits de atenção, funcionamento executivo, capacidade de planejamento e controle de impulsos. Por fim, devem-se considerar fatores culturais, étnicos, religiosos, de estilo de vida e psicossociais que afetam o comportamento alimentar. Dessa forma, os desencadeadores dos comportamentos relacionados aos TAs e que, consequentemente, impedem o progresso do tratamento devem ser ponderados em cada indivíduo – se estão relacionados a um alimento ou a situações alimentares específicas, alimentação social ou aspectos emocionais, sendo comum uma mistura de todos estes.[5]

Todos os parâmetros avaliados são necessários para determinar o diagnóstico nutricional e a realização do planejamento nutricional e, por fim, para a implementação das metas e intervenções visando à mudança do consumo e dos comportamentos alimentares, em consonância com a equipe interprofissional.

DIAGNÓSTICO NUTRICIONAL

O diagnóstico nutricional deve descrever o problema relacionado à nutrição, a avaliação nutricional, sinais e sintomas, intervenções e o monitoramento do paciente. Ele deve ser elaborado de forma clara, propiciando o entendimento do indivíduo e da equipe, além do apoio familiar, quando possível.[5]

A Associação Dietética Americana descreve os seguintes passos para determinar o diagnóstico nutricional nos TAs:[1]

- **a** Descrever o estado nutricional relacionando com o padrão de alimentação e com o grau de atividade física (alimentação restritiva e/ou exercício excessivo) e caracterizar perda ou ganho de peso, dados antropométricos e laboratoriais, sinais e sintomas clínicos.
- **b** Caracterizar a ingestão alimentar (adequada ou inadequada), conforme evidenciado na avaliação, relacionando-a ao diagnóstico de TA.

c Descrever deficiência de micronutrientes relacionada a ingestão alimentar inadequada ou conforme evidenciado pela avaliação de exames laboratoriais ou dos sinais e sintomas relatados pelos pacientes.

d Relacionar a prática de exercício com a ingestão inadequada, conforme relato do paciente sobre o hábito de exercícios, registros das atividades ou diagnósticos de microfraturas.

e Caracterizar o padrão alimentar (regular, irregular ou desorganizado) e a frequência de comportamentos alimentares alterados (p. ex., episódios de CA e métodos inadequados de controle de peso).

Assim, o diagnóstico nutricional tem aspectos clássicos da área e específicos dos TAs. Entretanto, deve-se atentar também para o fato de que, segundo o *Nutrition Care Process Terminology*, da American Dietetic Association,[6] que teve participação da Associação Brasileira de Nutrição (Asbran) para implantação da terminologia internacional no Brasil,[7] há três domínios de diagnóstico nutricional (ingestão, nutrição clínica), sendo o terceiro comportamental/ambiental, relacionado a achados/problemas nutricionais relacionados ao conhecimento, a atitudes/crenças, ao ambiente físico, ao acesso aos alimentos ou à segurança alimentar. Assim, questões como déficit de conhecimento, atitudes/crenças inadequadas, despreparo para mudança de dieta/estilo de vida, falha de automonitoramento, padrão transtornado e escolhas indesejáveis fazem parte do diagnóstico nutricional.[7]

MANEJO NUTRICIONAL

A intervenção nutricional busca abordar o diagnóstico nutricional e determinar intervenções apropriadas para o plano de cuidados – o que envolve, portanto, questões de ingestão, nutrição clínica e comportamento. Para isso, são necessários conhecimentos clássicos da nutrição, especialmente da nutrição clínica, mas também habilidades, conhecimentos e formações para além desse campo.

Durante a abordagem nutricional, é fundamental expressar empatia, usar a escuta ativa, trabalhar com perguntas abertas e prestar atenção às respostas e às habilidades de aconselhamento nutricional, visando à reflexão do paciente para suscitar uma discussão sobre a mudança orientada para a recuperação. Devem-se fornecer ao paciente informações sobre o curso da doença e da recuperação, de modo a refletir sobre a natureza complexa do TA, além de identificar objetivos, preferências e resultados esperados.[5] Deve-se avaliar a prontidão para a mudança no início e ao longo do processo do tratamento e identificar recursos disponíveis, e técnicas terapêuticas com foco comportamental devem ser utilizadas para ajudar o paciente a fazer as pazes com a comida e a respeitar seu corpo – e não apenas cessar os sintomas do TA e adequar o estado nutricional. Assim, estratégias da entrevista motivacional, da terapia cognitivo-comportamental (TCC), da terapia de aceitação e compromisso e da modelagem do comportamento, da psicoeducação, com ferramentas para educação nutricional, comer intuitivo, além dos conhecimentos e treinamento em aconselhamento nutricional, são necessários e recomendados com o objetivo de capacitar o indivíduo para fazer as mudanças necessárias.[1,5,8,9] Dessa forma, fica evidenciado papel diferencial do nutricionista que atua no campo dos TAs, para o qual se deseja amplo conhecimento de nutrição e dos TAs, habilidades terapêuticas e formação e conhecimento adicionais – sendo ele denominado "terapeuta nutricional".[1,2,10]

As preocupações do paciente relacionadas à mudança física, à seleção da alimentação e à forma corporal devem ser abordadas usando-se uma estrutura apropriada orientada para a recuperação, como os princípios gerais de alimentação saudável (p. ex., *Guia alimentar para a população brasileira*),[11] sem proibições e com posicionamento neutro em relação ao peso e à forma corporal. Devem-se estabelecer, juntamente com o paciente, metas comportamentais mensuráveis e realistas para os resultados esperados, identificando as potenciais barreiras para a implementação bem-sucedida do planejamento. Entre essas barreiras, podemos destacar o foco contínuo na perda ou na supressão de peso, a complacência do paciente, a disponibilidade de alimentos e questões de preparação, o apoio social e a prontidão para a mudança. É importante antecipar e abordar os possíveis lapsos na recuperação e identificar estratégias para prevenção e reestabelecimento do tratamento.[5,8]

A prescrição nutricional deve ser elaborada com base nas necessidades individuais e considerando o estado nutricional, e a intervenção nutricional deve ser adaptada para o estágio de desenvolvimento da vida do paciente (puberdade, gravidez, envelhecimento). Durante a elaboração da prescrição nutricional, devem-se considerar os seguintes aspectos: objetivos de peso realistas, medicamentos psiquiátricos, inteligência emocional, capacidade cognitiva, atividade física, situação financeira, consequências físicas e comportamentos relacionados aos TAs, fatores ambientais e culturais. Em alguns casos, devem-se avaliar a necessidade de métodos alternativos de alimentação e a utilização de suplementos nutricionais.[5]

A ingestão alimentar e nutricional do paciente e os comportamentos alimentares associados devem ser constantemente reavaliados, juntamente com o estado nutricional e a prática de atividades físicas. Assim, os cuidados nutricionais e as intervenções planejadas devem ser continuamente revisados.[5]

Dessa forma, os objetivos gerais do tratamento nutricional para os TAs envolvem: a adequação do peso e do estado nutricional; a cessação das práticas de restrição, compulsão, compensação; a melhora da estrutura, do consumo e dos comportamentos alimentares – incluindo aqui melhorar a relação com a comida e normalizar as percepções de fome e saciedade; e a correção das complicações clínicas.

MANEJO NUTRICIONAL NA ANOREXIA NERVOSA

Considerando as questões de critérios diagnósticos e caracterização clínica descritas no Capítulo 2, a intervenção nutricional para AN deve objetivar o aumento da ingestão energética e a restauração do peso corporal, ambos atingidos de forma gradual. Nesse contexto, o terapeuta nutricional deve adotar um planejamento alimentar estruturado, utilizando como base os alimentos com maior aceitação pelos pacientes. A partir disso, devem-se fazer as modificações necessárias para atingir as metas de consumo energético e nutricional. Conforme a evolução do peso corporal, o nutricionista deve incentivar o aumento da variedade de alimentos consumidos e a maior flexibilização em relação às escolhas alimentares.[2,12,13]

A quantidade de energia necessária para o ganho de peso pode variar de acordo com as características dos pacientes. Portanto, o planejamento alimentar deve ser elaborado de forma individualizada, sendo reavaliado periodicamente. Nos casos de pacientes com desnutrição grave, geralmente em internação hospitalar, os *guidelines* recomendam o aporte calórico inicial de 5 a 10 kcal/kg/dia, aumentando gradualmente para 20 kcal/kg/dia em dois dias. Nesse caso, as estimativas de ganho de peso semanal variam de 0,5 a 1,5 kg. Para o tratamento de pacientes com desnutrição leve ou moderada (tratamento ambulatorial), recomenda-se o aporte inicial de 20 a 25 kcal/kg/dia, evoluindo gradualmente até 70 a 80 kcal/kg/dia. Nessa modalidade de tratamento, deve-se objetivar ganho ponderal de 0,250 a 0,5 kg por semana. Adicionalmente, não é recomendável iniciar a realimentação com aporte calórico inferior a 1.200 kcal/dia.[14,15] De qualquer forma, deve-se atentar para o fato de que esses valores são muito teóricos e servem como guia, mas não para cálculos absolutos, uma vez que há grandes adaptações e oscilações de peso no início da realimentação e que o cálculo de uma dieta com X calorias por peso não garante um número exato de gramas adquiridos, muito menos a adesão do paciente à recomendação calculada. Assim, as recomendações devem ser totalmente individualizadas e estar de acordo com a ingestão alimentar habitual e a aceitação do paciente (casos mais graves necessitarão de hospitalização e até realimentação via enteral eventualmente).

Indivíduos que voltam a se alimentar após perda significativa de peso ou restrição alimentar severa podem apresentar sintomas da síndrome da realimentação, especialmente se a realimentação for vigorosa. Esta é caracterizada por hipofosfatemia grave e súbita, quedas súbitas em potássio e magnésio, intolerância à glicose, hipocalemia, disfunção gastrintestinal e arritmias cardíacas. Nesse contexto, é essencial que a evolução do aporte calórico seja gradual, aumentando 300 a 400 kcal a cada 3 ou 4 dias até atingir o peso adequado. Adicionalmente, recomenda-se o monitoramento das concentrações séricas de fósforo e dos demais eletrólitos a cada 24 ou 48h nas primeiras duas semanas de realimentação desses pacientes.[13,15]

A alimentação por via oral deve ser a escolha para a realimentação dos pacientes com AN. Além disso, é possível incluir no planejamento alimentar os suplementos nutricionais hipercalóricos (via oral), de modo a ajudar a atingir as recomendações energéticas e de nutrientes. A alimentação por sonda nasogástrica (SNG) pode ser utilizada em indivíduos com desnutrição grave e que se recusam a se alimentar por via oral, os quais necessitam de maior nível de cuidado (internação hospitalar) e de restauração de peso rápida, pois há riscos associados a esse suporte nutricional, entre os quais hipofosfatemia, edema, falência cardíaca, aspiração da fórmula enteral, etc.

A nutrição parenteral não é recomendada no tratamento nutricional dos TAs, exceto nos casos em que os pacientes não conseguem se alimentar por via oral ou SNG devido a comprometimento gastrintestinal.[13,15]

Não há consenso sobre uso de suplementos nutricionais no tratamento da AN. No entanto, há discussões a respeito, especialmente com relação ao zinco.[16,17] Na vigência de grande interesse e investigação sobre disbiose na AN, o uso de prebióticos, probióticos e simbióticos pode ser discutido.[18] Estratégias de uso desses suplementos, além de enzimas digestivas, podem ser úteis na melhora do esvaziamento gástrico lento e do empachamento frequentemente referidos pelos pacientes, melhorando a aceitação alimentar.[2]

Também não há consenso em relação a qual deve ser a meta de peso corporal a ser atingida no tratamento nutricional da AN. Alguns autores recomendam que é preciso atingir o peso mínimo saudável que garanta o funcionamento adequado dos sistemas corporais. Outros autores indicam que o paciente deve atingir seu peso corporal habitual, considerando o período anterior ao início dos sintomas da AN. Há, também, recomendações que consideram o IMC como parâmetro para avaliar a evolução ponderal dos pacientes. Nesse caso, as metas variam entre 19 e 20 kg/m², valores que garantem saúde óssea adequada. Portanto, considerando que a avaliação do estado nutricional não se baseia apenas em peso, mas também em aspectos bioquímicos, comportamentais e cognitivos, a equipe de tratamento deve estabelecer com os pacientes faixas de peso corporal saudáveis que serão o alvo do tratamento, permitindo maior flexibilidade na avaliação da evolução clínica e nutricional.[12,13,15] O peso saudável deve ainda estar associado ao restabelecimento do ciclo menstrual no caso das mulheres, dos níveis hormonais normais no caso dos homens e do desenvolvimento físico e sexual normal em crianças e adolescentes.

Além das questões relacionadas ao consumo energético e nutricional e à evolução do peso corporal, o terapeuta nutricional deve abordar com o paciente outros aspectos relacionados ao comportamento alimentar, entre os quais:[15]

- **a** Evitar o consumo de alimentos *diet/light/fit*.
- **b** Incluir gradualmente no plano alimentar os alimentos/preparações considerados "proibidos" pelos pacientes, respeitando o plano alimentar, conforme hierarquia elaborada durante os atendimentos.
- **c** Normalizar a ingestão de líquidos. Alguns pacientes podem restringir, enquanto outros podem aumentar consideravelmente a ingestão de líquidos. Portanto, deve-se avaliar a ingestão diária com base nas recomendações para a população em geral. Deve-se evitar consumo de maiores quantidades de líquido junto às refeições. Eles podem ser utilizados para facilitar vômitos e podem interferir no volume gástrico, fazendo os pacientes referirem ser impossível terminar todo o prato de comida.
- **d** Realizar refeições em casa, na companhia dos familiares – quando possível e quando essa relação é funcional. Nesse contexto, deve-se limitar o tempo falando sobre comida e corpo durante a refeição, bem como o tempo para a realização das refeições.
- **e** Utilizar o diário alimentar para relato do que e do quanto foi consumido durante as refeições, bem como onde, com quem, os pensamentos e sentimentos associados a elas (e purgações e compulsões, caso estejam presentes).

MANEJO NUTRICIONAL NA BULIMIA NERVOSA

Na BN, os objetivos do tratamento nutricional incluem ajudar o paciente a realizar refeições estruturadas e planejadas, estabelecendo uma estrutura regular de alimentação, reduzir a restrição alimentar autoimposta, bem como cessar os episódios bulímicos e o uso de métodos compensatórios inadequados. A orientação nutricional deve fornecer informações relativas às necessidades nutricionais, mas com foco em melhorar a estrutura, o consumo e os comportamentos alimentares. Assim, o planejamento alimentar objetiva fornecer uma estratégia de refeições para ajudar a quebrar o padrão alimentar caótico, caracterizado pela restrição/compulsão e compensação, além de grande desorganização do dia alimentar[1] (por isso, a organização do horário das refeições é um primeiro passo fundamental).

A prática de comportamentos compensatórios inadequados é uma característica marcante na psicopatologia da BN e está associada a distúrbios de eletrólitos e anormalidades na hidratação. Então, é necessário corrigir os distúrbios eletrolíticos que podem estar presentes, bem como normalizar as funções do trato gastrintestinal.

Para alcançar esses objetivos, o planejamento alimentar estruturado e equilibrado visa a promover a saciedade e a adequação nutricional, bem como reduzir a frequência dos episódios de CA e purgação, os quais podem ocorrer devido à sensação de fome (embora haja grande disfunção da sensação de fome e saciedade na BN em virtude justamente da compulsão e da purgação, e os pacientes neguem muito a fome). Deve-se desencorajar fortemente qualquer tipo de restrição, uma vez que esta é que inicia e perpetua o ciclo da BN.[2] Uma alimentação hipocalórica pode causar desregulação da fome e do apetite, perpetuando a CA e, assim, retardando o progresso do tratamento. No planejamento alimentar, devem-se buscar, além de adequação nutricional, alimentos que promovam saciedade, mas não causem estufamento ou empachamento – o que pode ser um gatilho para purgação. Assim, estratégias para auxiliar a digestão – como refeições fracionadas e até uso de enzimas digestivas ou digestivos – podem ser consideradas. Para regulação intestinal, além da cessação do uso de laxantes, uma alimentação com alto teor de fibras e aumento do consumo de líquidos é útil para auxiliar na restauração da função intestinal. No entanto, assim como na AN, essa ingestão de líquidos não deve ocorrer junto às refeições (porque eles podem ser usados para facilitar vômitos), para não interferir negativamente no volume gástrico.

A psicoeducação nutricional pode ser realizada de forma individual ou em grupo e também em conjunto com a psicoterapia. Estratégias que diminuam a frequência de compulsões e a utilização dos métodos compensatórios devem ser orientadas, como o automonitoramento dos comportamentos alimentares, dos fatores que precedem e seguem as restrições, CA e purgações, além de orientações comportamentais como comer acompanhado, não fazer estoques de alimentos "proibidos" em casa, não fazer compras de alimentos sozinho, etc. Os alimentos altamente palatáveis, como doces, massas e chocolates (tipicamente categorizados como "proibidos"), devem ser incluídos cuidadosamente e com planejamento, sobretudo aqueles percebidos pelos pacientes como gatilhos envolvidos nos episódios de compulsão. Assim, aqueles que não fazem parte da alimentação habitual e do cardápio de uma casa (como biscoitos e chocolates) podem estar fora do planejamento (e até da casa) em uma fase aguda da BN e podem ser reintroduzidos, com estratégias, quando o paciente estiver mais equilibrado. Essas estratégias envolvem pedir para alguém comprar pequena quantidade e comer em dia, hora e local pré-combinados com terapeuta nutricional, e em companhia.

A diminuição da frequência dos comportamentos de compulsão e compensação pode levar um longo tempo para ser atingida. Assim, algumas medidas comportamentais e de apoio social e familiar podem ser adotadas. No caso de adolescentes ou pacientes que apresentem apoio familiar adequado, podem-se estabelecer protocolos para suporte nos momentos das refeições, monitoramento pós-refeição e supervisão do uso do banheiro, no intuito de diminuir os episódios de purgação.[1] O automonitoramento com diário alimentar deve ser utilizado durante todo o curso do tratamento, para que os pacientes percebam os alimentos envolvidos nos episódios e as situações mais propícias para a ocorrência da CA.[1]

MANEJO NUTRICIONAL NO TRANSTORNO DE COMPULSÃO ALIMENTAR

Na intervenção nutricional do TCA, primeiramente deve-se realizar a avaliação nutricional conforme descrito anteriormente. Durante a avaliação da ingestão alimentar e nutricional, é fundamental entender o contexto e as características dos episódios de CA. Eles são definidos no *Manual diagnóstico e estatístico de transtornos mentais* (DSM-5),[19] conforme descrito no Capítulo 2. A determinação do tamanho do episódio de CA é subjetiva e, em algumas situações, de difícil definição. Além disso, o tempo de ocorrência do episódio é um ponto muito discutido na literatura. Uma revisão sistemática com metanálise publicada em 2021 demonstrou que os episódios ocorrem, em média, em um período de tempo inferior a 1 hora.[20]

O Eating Disorder Examination[21] orienta a classificação de quatro formas de ingestão excessiva de alimentos (**Quadro 14.1**). A distinção entre elas deve ser realizada pelo investigador, baseando-se na presença ou na ausência do consumo de "grande" quantidade de comida e na sensação de perda de controle. Ressalta-se, no entanto, que essas classificações não são mutuamente excludentes.[21]

A sensação de perda de controle que caracteriza um episódio de CA pode ser relatada pelos indivíduos mesmo nas ocasiões em que não há consumo elevado de alimentos/calorias. Nesses casos, muitas vezes, essa sensação decorre da presença de um alimento "proibido". A percepção de perda de controle sobre a alimentação pode estar associada a um sentimento subjetivo de ansiedade por considerar ter comido demais. Assim, muitos autores consideram que a quantidade de alimentos consumida durante o episódio deixou de ser o fator principal para a caracterização da CA e que a sensação de perda de controle tornou-se o aspecto mais importante nessa definição. Dessa forma, os episódios passaram a ser classificados como: a) episódio de CA objetivo, caracterizado pelo consumo de grande quantidade de alimentos e sensação de perda de controle; e b)

Quadro 14.1
Formas de ingestão alimentar excessiva de acordo com o Eating Disorder Examination

	Grande quantidade ingerida	Quantidade ingerida não é "grande", mas vista como excessiva pelo participante
Presença de "perda de controle"	Episódios de CA objetivos	Episódios de CA subjetivos
Ausência de "perda de controle"	Ingestão excessiva objetiva	Ingestão excessiva subjetiva

Fonte: Fairburn e colaboradores.[21]

episódio de CA subjetivo, em que há o consumo de pequena ou moderada quantidade de alimentos.[22,23]

Alguns estudos têm considerado que o consumo energético igual ou superior a 1.000 kcal é um aporte calórico superior ao que a maioria das pessoas consumiria em uma refeição típica.[24,25] No entanto, deve-se considerar que, durante os episódios de CA, os indivíduos podem consumir uma quantidade excessiva de determinado alimento com baixas calorias e, dessa forma, não ultrapassar o referido ponto de corte de consumo calórico. Em contrapartida, os indivíduos podem consumir uma única porção de alimentos que ultrapasse as 1.000 kcal (p. ex., *fast food*) – porém, nesse caso, não se caracterizaria um episódio de CA. Desse modo, é fundamental solicitar aos pacientes a descrição detalhada do episódio de CA para que seja corretamente avaliado.[1,25] Por isso, o uso do diário alimentar também no manejo do TCA é fundamental.

O tratamento nutricional no TCA deve ser baseado no aconselhamento nutricional, empregando-se técnicas cognitivo-comportamentais e educacionais, com vistas a orientar sobre alimentação adequada. O papel da nutrição também está relacionado a avaliar o padrão alimentar do indivíduo, sua relação com a alimentação e necessidades nutricionais.[8]

No momento do planejamento das refeições, deve-se buscar o entendimento do paciente sobre os motivos por que come de forma alterada e o contexto em que isso ocorre. A partir disso, é preciso estabelecer um padrão regular de refeições e lanches. Também é importante planejar a introdução de alimentos variados, incluindo os alimentos considerados gatilhos para os episódios de compulsão, assim como aqueles considerados proibidos. No TCA, os alimentos proibidos costumam estar presentes em menor proporção do que na BN; os episódios de CA no TCA tendem também a ser menores do que na BN, e a restrição no TCA é ausente ou também muito menor do que na BN.[2]

O uso de listas de substituição de alimentos ou modelos com sugestão de lanches e refeições pode ser útil para garantir a variedade dos alimentos consumidos. As mudanças devem ser incluídas de forma gradual e sempre valorizando as pequenas conquistas. É fundamental que o paciente adquira confiança no profissional que está fornecendo as orientações, assim como no modelo proposto de orientações nutricionais. Os familiares também devem ser orientados, com o intuito de formular diretrizes saudáveis e adequadas para as refeições em família.[8]

As orientações nutricionais devem considerar as necessidades individuais de energia e de nutrientes, bem como as mudanças que ocorrem ao longo do processo de recuperação. Também é preciso adequar o funcionamento intestinal e a ingestão de líquidos e de micronutrientes possivelmente alterados conforme a avaliação do consumo alimentar.[8]

A meta inicial do tratamento é eliminar os episódios de CA. Nesse contexto, a perda de peso pode ser consequência da mudança comportamental, embora possa não ocorrer inicialmente.[4] Assim, apesar de a grande maioria dos pacientes com TCA apresentar sobrepeso ou obesidade, o tratamento não é focado na perda de peso (embora vá considerar o estado nutricional de cada paciente, bem como sua situação clínica). Há possibilidade de propiciar perda de peso gradual e efetiva com a cessão das compulsões e com mudanças de estilo de vida.[2]

O uso de produtos dietéticos (*diet/light/fit*) deve ser desencorajado, permitindo que os pacientes deixem de lado a crença de que devem fazer dieta. Assim, em muitos casos, o primeiro passo em um tratamento para TCA – especialmente fora de serviços especializados – é deixar claro para o paciente que ele tem um TA, pois muitos se apresentam como "pessoas com excesso de peso/obesidade procurando mais um tratamento de perda de peso com fracassos múltiplos". Portanto, se esses pacientes procurarem primeiramente um nutricionista, o que não é incomum, deve-se realizar psicoeducação sobre o TCA e explicar que o tratamento foca na solução das CAs (com estratégias comportamentais, como as citadas no caso da BN), e não em uma "dieta".

Além das estratégias comportamentais já mencionadas, o terapeuta nutricional deve orientar outras condutas relacionadas aos episódios de CA. Por exemplo, os alimentos que estimulam a CA devem ter as suas quantidades limitadas. Deve-se orientar o indivíduo a respeito de que, após um episódio de CA, é importante voltar ao plano alimentar prescrito ou à próxima refeição ou lanche agendado o mais rápido possível. Nesse contexto, a quantidade de comida disponível durante as refeições deve ser limitada, e as sobras devem ser descartadas. É importante evitar perder as refeições ou lanches e evitar comer em pacotes grandes. Devem ser discutidos comportamentos de enfrentamento saudáveis para manter o controle em situações com a comida. Por fim, é preciso ajudar os pacientes a compreender a alimentação em seu contexto social e a relação entre comida e cultura. Portanto, idas a restaurantes ou lanchonetes, assim como refeições em grupo ou em ocasiões especiais, devem ser encorajadas. Deve-se, ainda, aconselhar os indivíduos quanto às compras e ao preparo das refeições, à culinária e à praticidade dos planos de refeição.[8]

Deve-se estimular o ato de comer com prazer e para ter saúde, objetivando comportamentos alimentares conscientes e flexíveis. A pesagem dos alimentos e outras medidas rígidas devem ser desestimuladas. As refeições devem ser realizadas em locais apropriados e na companhia de outras pessoas, se possível. Os alimentos devem ser consumidos com atenção (sem realizar atividades concomitantes), em ritmo moderado e com utensílios apropriados. Isso é especialmente importante no TCA (além de em outros quadros de TA), no qual o diagnóstico envolve comer mais rápido que o normal, até se sentir cheio demais e consumir grandes quantidades de alimentos mesmo sem sensação física de fome (além de comer sozinho ou escondido). Deve-se desenvolver a percepção das dicas/pistas para se alimentar, como apetite, hora do dia, situação social e/ou apelo visual, diferenciando-as de outras formas de comer, como nos momentos relacionados aos episódios de CA.[8]

A psicoeducação também deve ser abordada em meio à orientação nutricional. Devem-se discutir os efeitos biológicos e psicológicos da fome, abordar crenças irracionais e negativas sobre alimentação, peso e forma e corrigir equívocos sobre a regulação do peso corporal. As consequências da CA também devem ser trabalhadas, bem como toda a culpa associada à ingestão de alimentos que engordam. Deve-se educar os pacientes sobre as desvantagens de evitar e restringir alimentos e encorajá-los a expandir gradualmente suas experiências alimentares. É importante explicar as consequências das dietas restritivas e todo o ciclo da dieta e compulsão.[8]

Outras estratégias importantes estão relacionadas a:[8]

- **a** explorar a relação emocional do paciente com a comida e seus medos alimentares;
- **b** utilizar técnicas de resolução de problemas para resolver questões relacionadas aos alimentos relatadas pelos pacientes;
- **c** evitar pesar-se entre as sessões;
- **d** desenvolver uma hierarquia de alimentos ou situações alimentares que o paciente tenha evitado, do menor ao maior provocador de ansiedade, com exposição a esses alimentos;
- **e** utilizar o automonitoramento (diário alimentar) para identificar as ligações entre as emoções e os alimentos. Tais conexões podem ser abordadas com maior profundidade durante a psicoterapia, auxiliando a reduzir a CA.

CONSIDERAÇÕES FINAIS

A nutrição desempenha um papel fundamental na avaliação, no acompanhamento e no tratamento dos TAs. Nesse contexto, ressalta-se a necessidade de uma conduta nutricional diferenciada, focando não somente na prescrição alimentar/nutricional e na adequação de peso e nutrientes, mas também nos aspectos comportamentais, sociais, afetivos e culturais relacionados à alimentação. Portanto, considerando as peculiaridades relacionadas às características psicopatológicas e à abordagem terapêutica desses transtornos, destaca-se a importância da presença de nutricionistas especializados na avaliação e no cuidado dos TAs na equipe multiprofissional de tratamento.

REFERÊNCIAS

1. American Dietetic Association. Practice paper of the American Dietetic Association: nutrition intervention in the treatment of eating disorders. Chicago: ADA; 2013. p. 1–13.
2. Alvarenga MS, Dunker KLL, Philippi ST, organizadores. Transtornos alimentares e nutrição: da prevenção ao tratamento. Barueri: Manole; 2020.
3. Bermudez O, Devlin M, Dooley-Hash S, Guarda AS, Katzman DK, Madden S, et al. Eating disorders: a guide to medical care. Reston: Academy for Eating Disorders; 2016.
4. Ozier AD, Henry BW; American Dietetic Association. Position of the American Dietetic Association: nutrition intervention in the treatment of eating disorders. J Am Diet Assoc. 2011;111(8):1236-41.
5. Hackert AN, Kniskern MA, Beasley TM. Academy of Nutrition and Dietetics: revised 2020 standards of practice and standards of professional performance for registered dietitian nutritionists (competent, proficient, and expert) in eating disorders. J Acad Nutr Diet. 2020;120(11):1902-19.e54.
6. Nutrition care process terminology (NCPT) reference manual: standardized terminology for the nutrition care process. Chicago: Academy of Nutrition and Dietetics; 2008.
7. Fidelix MSP, organizadora. Manual orientativo: sistematização do cuidado de nutrição. São Paulo: Associação Brasileira de Nutrição; 2014.
8. Hart S, Russell J, Abraham S. Nutrition and dietetic practice in eating disorder management. J Hum Nutr Diet. 2011;24(2):144-53.
9. Timerman F, Alvarenga M, Fabbri A, Costa A, Pisciolaro F, Figueiredo M, et al. Nutrição comportamental no tratamento dos transtornos alimentares. In: Alvarenga M, Figueiredo M, Timerman F, Antonaccio C, organizadoras. Nutrição comportamental. 2. ed. São Paulo: Manole; 2019. p. 401-32.
10. Alvarenga M, Figueiredo M, Timerman F. Abordagens diferenciais no tratamento nutricional dos transtornos alimentares. In: Alvarenga M, Dunker K, Philippi S, organizadoras. Transtornos alimentares e nutrição: da prevenção ao tratamento. São Paulo: Manole; 2020. p. 293-312.
11. Brasil. Ministério da Saúde. Guia alimentar para a população brasileira. Brasília: Instituto Brasileiro de Defesa do Consumidor; 2014.
12. Mittnacht AM, Bulik CM. Best nutrition counseling practices for the treatment of anorexia nervosa: a Delphi study. Int J Eat Disord. 2015;48(1):111-22.
13. Academy for Eating Disorders; Nutrition Working Group. Guidebook for nutrition treatment of eating disorders. Reston: Academy for Eating Disorders; 2020.
14. Resmark G, Herpertz S, Herpertz-Dahlmann B, Zeeck A. Treatment of anorexia nervosa-new evidence-based guidelines. J Clin Med. 2019;8(2):153.
15. Wakefield A, Williams H. Practice recommendations for the nutritional management of anorexia nervosa in adults. Deakin: The Dietitians Association of Australia; 2009.
16. Birmingham CL, Gritzner S. How does zinc supplementation benefit anorexia nervosa? Eat Weight Disord. 2006;11(4):e109-11.
17. Su JC, Birmingham CL. Zinc supplementation in the treatment of anorexia nervosa. Eat Weight Disord. 2002;7(1):20-2.
18. Ruusunen A, Rocks T, Jacka F, Loughman A. The gut microbiome in anorexia nervosa: relevance for nutritional rehabilitation. Psychopharmacology (Berl). 2019;236(5):1545-58.
19. American Psychiatric Association. Manual diagnóstico e estatístico de transtornos mentais: DSM-5. 5. ed. Porto Alegre: Artmed; 2014.
20. Mourilhe C, Moraes CE, Veiga GD, Q da Luz F, Pompeu A, Nazar BP, et al. An evaluation of binge eating characteristics in individuals with eating disorders: a systematic review and meta-analysis. Appetite. 2021;162:105176.
21. Fairburn C, Cooper Z, O'Connor M. Eating disorder examination. In: Fairburn CG, editor. Cognitive behavior therapy and eating disorders. 16th ed. New York: Guilford; 2008.
22. Wolfe BE, Baker CW, Smith AT, Kelly-Weeder S. Validity and utility of the current definition of binge eating. Int J Eat Disord. 2009;42(8):674-86.

23. Kober H, Boswell RG. Potential psychological & neural mechanisms in binge eating disorder: Implications for treatment. Clin Psychol Rev. 2018;60:32-44.

24. Mitchell JE, Karr TM, Peat C, Wonderlich S, Crosby RD, Engel S, et al. A fine-grained analysis of eating behavior in women with bulimia nervosa. Int J Eat Disord. 2012;45(3):400-6.

25. Forney KJ, Holland LA, Joiner TE, Keel PK. Determining empirical thresholds for "definitely large" amounts of food for defining binge-eating episodes. Eat Disord. 2015;23(1):15-30.

15 TERAPIA COGNITIVO--COMPORTAMENTAL DOS TRANSTORNOS ALIMENTARES

Mônica Duchesne

A terapia cognitivo-comportamental (TCC) utiliza um variado leque de técnicas selecionadas com base em pequisas que indicam a maneira como os indivíduos modificam pensamentos, emoções e comportamentos associados aos transtornos alimentares (TAs). Ela é considerada o padrão-ouro para o tratamento dos TAs, em virtude do grande número de estudos publicados avaliando sua eficácia.[1,2] A TCC aplicada a esses transtornos encontra-se em constante desenvolvimento e, nos últimos 15 anos, expandiu-se, adotando um número progressivamente maior de estratégias terapêuticas.

As versões mais modernas de TCC adaptaram técnicas provenientes de diversos modelos de terapia. Esse desenvolvimento posterior, chamado de "terceira onda" da TCC (sendo a "primeira onda" a terapia comportamental, e a segunda, a terapia cognitiva), aprofundou mais o trabalho com emoções, incluiu *mindful eating* (atenção plena aplicada à alimentação), desenvolveu mais estratégias para melhorar o distúrbio de imagem corporal e ampliou as técnicas para aumentar habilidades interpessoais, entre outros aspectos.[3-7] Neste capítulo, serão apresentadas algumas estratégias terapêuticas utilizadas pela TCC no tratamento dos TAs, de modo a auxiliar o leitor no tratamento dessa população de pacientes.

CONSIDERAÇÕES GERAIS SOBRE O TRATAMENTO

Diferentes subtipos de TAs podem compartilhar fatores de vulnerabilidade, desenvolvimento e manutenção semelhantes. Adicionalmente, são comuns a migração de um diagnóstico para outro e a ocorrência de outros TAs não especificados (que não preenchem todos os critérios para um diagnóstico específico). Esses fatores associados levaram alguns autores a adotar um formato de tratamento "transdiagnóstico", que pressupõe que a seleção das técnicas a serem implementadas no tratamento deve ser orientada pela conceitualização de cada paciente, e não apenas pelo diagnóstico categorial.[8-10]

A conceitualização consiste em uma análise que explicita os fatores de vulnerabilidade (predisposições) e os fatores que levaram ao desenvolvimento e à manutenção do TAs, correlacionando-os com os sintomas associados à alimentação e às demais dificuldades presentes. Ela é realizada em conjunto com o paciente e inclui a avaliação detalhada de características individuais e a análise do sistema familiar do indivíduo e do contexto interpessoal mais amplo em que ele está inserido. A partir de todas essas avaliações, é elaborado o plano terapêutico, que é guiado pelo diagnóstico específico do TA e pela análise das particularidades do paciente, avaliadas por meio da conceitualização.[4,11,12]

A combinação de todas essas análises permite atingir um equilíbrio entre o método padronizado (determinado pelo diagnóstico) e as características individuais do paciente (determinadas pela análise dos padrões de dificuldades individuais). Em resumo, a conceitualização orienta a seleção das técnicas que permitem a melhora das dificuldades atuais do paciente, levando em consideração os eventos da história que ajudaram a moldá-las. A seguir, serão descritas as principais estratégias de tratamento que podem ser utilizadas pela TCC.

ESTRATÉGIAS PARA AUMENTO DA ADESÃO AO TRATAMENTO

Entre os primeiros pontos que requerem a atenção do terapeuta estão a construção e a manutenção das motivações do paciente para se manter no tratamento. Pacientes com bulimia nervosa (BN) e transtorno de compulsão alimentar (TCA) podem apresentar boa motivação para o tratamento, uma vez que desejam aprender a controlar os episódios de compulsão alimentar (ECAs). Entretanto, envolver pacientes com anorexia nervosa (AN) no tratamento pode ser um desafio, uma vez que há aspectos do TA que eles não desejam modificar (p. ex., baixo peso e sensação de "alívio" do medo de ganhar peso obtido com a restrição alimentar). O medo acentuado de engordar, agravado pelo distúrbio de imagem corporal, que diminui o *insight* sobre a doença, é um dos fatores que aumenta a resistência ao tratamento.[4,13,14]

Para aumentar a adesão, o primeiro passo é ajudar o paciente a identificar os prós e os contras de manter o TA. Ele deve ser também ajudado a focalizar nas vantagens de mudar seu padrão atual de comportamento e nas desvantagens de mantê-lo, com ênfase na identificação de dados que indiquem a piora da sua qualidade de vida após o desenvolvimento do TA. Com esse objetivo, podem ser citados os efeitos psicológicos, sociais e clínicos de manter o TA (p. ex., níveis altos de tristeza, culpa, cansaço e isolamento social).[8,11]

A AN pode estar associada a uma discrepância entre desafios, dificuldades ou estresores enfrentados ao longo da vida, somada a déficits de habilidades pessoais, pouca ajuda familiar e demais redes de apoio frágeis. Entretanto, uma vez que ela se desenvolve, pode ser mantida por uma série de fatores diferentes, incluindo crenças disfuncionais relacionadas à AN (p. ex., a AN é um sinal de autocontrole), padrões de raciocínio inflexíveis e distorcidos e as típicas respostas emocionais associadas.[11] Para manter o paciente motivado, todos esses aspectos devem ser analisados e modificados com técnicas apropriadas para cada estágio motivacional. Adicionalmente, o estilo da entrevista motivacional pode ser utilizado, e o estágio motivacional do paciente deve ser avaliado regularmente, para que os problemas de adesão possam ser abordados com as técnicas específicas para cada estágio.[13,14]

O trabalho para aumento da motivação facilita a manutenção do tratamento como um todo. É papel do terapeuta avaliar a adesão do paciente às estratégias utilizadas pela equipe multidisciplinar e trabalhar as dificuldades observadas para favorecer a adesão ao tratamento nutricional e psiquiátrico.[4]

REESTRUTURAÇÃO DO SISTEMA DE CRENÇAS NO TRATAMENTO DA ANOREXIA NERVOSA, DA BULIMIA NERVOSA E DE OUTROS TRANSTORNOS ALIMENTARES NÃO ESPECIFICADOS

PSICOEDUCAÇÃO

No início do tratamento, além de trabalhar na construção de uma boa relação terapêutica, o terapeuta provê psicoeducação sobre as características dos TAs, os riscos clínicos associados e os fatores potencialmente envolvidos no desenvolvimento e na manutenção do TA. Ela inclui explicações sobre a influência de características pessoais do paciente, fatores familiares e pressões culturais. Um importante aspecto também abordado é o papel de diferentes círculos viciosos na manutenção dos TAs. A seguir, serão relatados alguns deles.[8,9,15]

RESTRIÇÃO ALIMENTAR, EPISÓDIOS DE COMPULSÃO ALIMENTAR E PENSAMENTO "TUDO OU NADA"

De modo geral, pacientes com TA apresentam tendência a raciocinar de modo "tudo ou nada". Se ocorre um pequeno lapso na dieta rígida autoimposta, há o abandono total da tentativa de manter o controle sobre a alimentação. Por exemplo, o paciente pode pensar: "Já que saí da dieta, vou comer tudo que eu puder, porque amanhã começarei um regime bem rígido". A ocorrência do ECA aumenta a procupação com o ganho de peso, levando à intensificação da restrição alimentar, que favorece a ocorrência de ECA, formando-se um círculo vicioso.[8,9,15]

Em geral, em vez de identificar que o problema está na falta de flexibilidade do pensamento "tudo ou nada", o paciente interpreta um lapso como resultante de uma deficiência pessoal para controle da alimentação e pressupõe que tem de aumentar o esforço para se ater à dieta rígida (p. ex., "Sou uma pessoa sem autocontrole e muito gulosa, com tendência a comer muito, e tenho que ser muito rígida para não cair na tentação"). Por meio de técnicas de reestruturação cognitiva, o paciente é ajudado a modificar esse padrão "tudo ou nada" associado à alimentação. Além disso, o psicólogo provê estratégias que podem ajudá-lo a gradualmente flexibilizar diversas atitudes em sua vida, incluindo o consumo de alimentos que considera serem "proibidos" na dieta.[8,9,15]

A RELAÇÃO ENTRE EPISÓDIOS DE COMPULSÃO ALIMENTAR E MÉTODOS COMPENSATÓRIOS

Para diminuir a frequência dos ECAs, além de esclarecer a função do pensamento "tudo ou nada", deve ser discutida a inter-relação entre a compulsão e os métodos purgativos. A indução de vômito, além de prejudicar a sensação de saciedade, que poderia ajudar no controle da ingestão inadequada de alimentos, aumenta a probabilidade de ocorrência do ECA por meio do pensamento: "Já que vou vomitar, posso comer tudo que eu quiser sem engordar". Para incentivar a redução da indução de vômito, pode ser útil explicar que o vômito não elimina todo o alimento ingerido durante o ECA e, portanto, não impede completamente o ganho de peso.[8,9,15]

Com relação aos laxantes e aos diuréticos, deve ser explicado que eles também podem favorecer a ocorrência de ECAs por meio do mesmo mecanismo de autopermissão para comer, uma vez que teoricamente tudo será eliminado com o uso abusivo desses agentes. Além disso, diuréticos são métodos ineficazes de emagrecimento, uma vez que não impedem a absorção das calorias ingeridas durante o ECA, causando apenas perda temporária de líquidos. É também útil enumerar as complicações clínicas decorrentes do uso abusivo de laxantes e diuréticos, incentivando a diminuição gradativa de seu consumo.[8,9,15]

Outro método compensatório a ser examinado é o excesso de atividade física. Após a discussão do impacto do exercício físico excessivo na manutenção do ECA (p. ex., "Posso me permitir ter o ECA, já que vou compensar com bastante exercício") e dos efeitos adversos associados ao excesso de exercício (p. ex., problemas clínicos), a diminuição da quantidade de atividade física é gradualmente incentivada. O ideal é envolver o paciente em tarefas que concorram com a prática de exercícios, priorizando aquelas que permitem o desenvolvimneto de relações interpessoais.[8,9,15]

MODIFICAÇÃO DO SISTEMA DISFUNCIONAL DE CRENÇAS ASSOCIADAS AO PESO E AO FORMATO CORPORAL

O sistema de crenças de um indivíduo, ou seja, o modo como ele percebe e avalia suas experiências e o mundo que o cerca, exerce um papel significativo no desenvolvimento e na manutenção de seus sentimentos e comportamentos.[12] Entretanto, ele pode incorporar distorções e rigidez, consequentemente, tornando-se disfuncional e determinando comportamentos também disfuncionais.[12] Um aspecto central para o desenvolvimento e a manutenção dos comportamentos característicos dos TAs é a presença de um conjunto de crenças rígidas, inflexíveis e distorcidas que associam a magreza a competência, superioridade e sucesso. Estas favorecem a supervalorização da magreza, o medo intenso de engordar e o desenvolvimento dos comportamentos característicos dos TAs.[8,9]

Embora a psicoeducação e livros de autoajuda possam auxiliar na modificação de alguns comportamentos característicos dos TAs, um aspecto central para a obtenção de melhoras duradouras é a ampla reestruturação do sistema de funcionamento mental do paciente, incluindo crenças centrais, esquemas cognitivos e as distorções cognitivas características dos TAs. De modo simples, isso significa que um fator fundamental para a manutenção da melhora é obter a modificação da "visão de mundo" do paciente, ou seja, de suas crenças sobre suas capacidades pessoais, sobre a importância da magreza, sobre sua relação com outras pessoas significativas, etc.[4,8] A seguir, serão descritos alguns padrões cognitivos disfuncionais característicos dos TAs.

CRENÇAS CENTRAIS

A maioria das pessoas avalia seu valor pessoal com base no desempenho em diversos aspectos da vida. Entretanto, pacientes com TAs julgam seu valor pessoal excessivamente, ou mesmo exclusivamente, em termos de sua forma corporal, sua capacidade para se manter magro e controlar a própria alimentação, tornando esses fatores intrinsecamente associados à autoestima.[8,11] É fundamental analisar os significados que o paciente atribui à AN e às "funções" que exerce em sua vida. Por exemplo, podem ocorrer pensamentos e crenças como: "A anorexia é minha aliada"; "A anorexia faz parte do que sou agora, e não sei como minha vida seria sem ela"; "A anorexia me mantém segura, e se eu abandonar meus hábitos posso ficar gorda".[11]

DISTORÇÕES COGNITIVAS

Um viés cognitivo é um padrão de distorção de pensamento que pode levar a percepções, interpretações e julgamentos pouco acurados e disfuncionais para o indivíduo. O sistema de crenças que resulta na hipervalorização da magreza, anteriormente descrito, pode se perpetuar em decorrência de várias tendências disfuncionais de raciocínio. Entre elas, pode ser destacada a abstração seletiva, que consiste em atentar seletivamente apenas para as informações que confirmam as crenças, ignorando dados que poderiam modificá-las.[12] Por exemplo, pacientes com AN tendem a sistematicamente prestar atenção em sucessos obtidos por pessoas magras e ignorar ou desqualificar sucessos obtidos por pessoas gordas. Esse tipo de análise confirma a ideia de que o baixo peso é fundamental para a obtenção de sucessos e de que as dificuldades encontradas em vários campos de sua vida estariam relacionadas com sua aparência "inadequada", reforçando a necessidade de concentrar seus esforços na obtenção de controle sobre a alimentação e de um corpo magro.[8,11]

Outro exemplo de distorção cognitiva é denominado "raciocínio emocional" e consiste em uma tendência a tratar sentimentos como se fossem fatos objetivos – por exemplo: "Sinto-me gordo, portanto, devo estar gordo". Desse modo, impressões subjetivas, mesmo quando se contrapõem aos dados objetivos, passam a ser utilizadas como evidências que confirmam a veracidade das próprias crenças.[8,12,16] Os modos disfuncionais de processar informações formam um viés que torna o sistema de crenças impermeável a mudanças, uma vez que os dados que poderiam modificá-lo são ignorados ou distorcidos.[8]

ESTRATÉGIAS PARA REESTRUTURAÇÃO DO SISTEMA DE CRENÇAS

Para ajudar o paciente a reestruturar seu sistema de crenças, a TCC utiliza técnicas específicas, que incluem uma análise histórica dos eventos ao longo da vida que contribuíram para a formação da hipervalorização da magreza, para a diminuição da autoestima e para o desenvolvimento das demais dificuldades associadas. Outro aspecto importante é ensinar o paciente a "se tornar seu próprio terapeuta", capacitando-o a identificar seus pensamentos automáticos e crenças disfuncionais, os vários tipos de distorções cognitivas presentes e as habilidades que ele pode desenvolver para modifcar seu padrão disfuncional de crenças como um todo.[8,11]

A reestruturação cognitiva requer estratégias técnicas muito variadas. Apenas para dar um exemplo, o paciente pode ser incentivado a criar um gráfico no "formato de *pizza*", com o tamanho de cada fatia representando o grau de importância atribuído a cada aspecto da sua vida e o grau de investimento que, na prática, ele faz em cada um dos diferentes fatores identificados. Ao final da tarefa, o paciente poderá observar que aspectos associados ao peso, ao formato corporal, à alimentação e à capacidade para controlá-los representam as maiores fatias do seu gráfico.[8,17]

Em seguida, algumas linhas de análise podem ser utilizadas. Por exemplo, o paciente deve ser ajudado a investigar os efeitos de seus padrões de raciocínio e comportamentos atuais na sua qualidade de vida. Na prática, quais foram os ganhos efetivamente obtidos após o desenvolvimento do TA? Que melhoras de qualidade de vida ele obteve? Há desvantagens em manter a atual preocupação com a perda de peso e os padrões associados de comportamento? O modo como o paciente divide o investimento nos diferentes aspectos de vida trouxe alguma consequência negativa? Além de avaliar os resultados obtidos até o momento, o paciente deve avaliar quais seriam as consequências no longo prazo de manter os atuais padrões de comportamento. Por exemplo, dentro de 10 anos, como será seu padrão de vida se ele persistir com os hábitos atuais?[8,11,17]

Essas linhas de análise objetivam identificar as principais consequências adversas da supervalorização do peso. Uma avaliação aprofundada conduz o paciente a concluir que, com exceção de uma sensação de vitória por ter obtido perda de peso (no caso dos pacientes com AN), os demais aspectos da sua vida estão muito comprometidos: isolamento social, sofrimento associado à utilização dos métodos compensatórios, pensamentos obsessivos sobre alimentação, sentir-se gordo e continuar insatisfeito com a imagem corporal.[8,17]

Alguns pacientes podem ter adotado um estilo de vida focado no TA, não tendo desenvolvido outros interesses. Eles devem ser ajudados a identificar novas atividades que possam ser prazerosas e úteis e, como tarefa entre as sessões, tentar implementá-las. Além disso, devem ser ajudados a avaliar os resultados obtidos com o investimento nas novas formas de proceder. O tamanho das diferentes fatias de *pizza* deve ser continuamente monitorado, de acordo com as atitudes do dia a dia, e os pacientes devem ser conduzidos para uma divisão mais funcional das fatias do gráfico. A meta é que ele utilize uma avaliação multifacetada do valor pessoal.[8,17]

AUMENTO DA AUTOESTIMA E REDUÇÃO DO PERFECCIONISMO

Pacientes com TA tendem a estabelecer padrões muitos elevados de desempenho e a interpretar qualquer falha em atingir seus padrões como decorrente de deficiências pessoais, em vez de concluírem que o problema se encontra no fato de que os padrões adotados são pouco realistas. Um agravante do quadro é o padrão de distorções cognitivas que inclui atenção seletiva com foco apenas em fracassos e a tendência a ignorar ou minimizar sucessos. Desse modo, as experiências positivas e as qualidades que se antagonizam à visão negativa de si mesmo são desvalorizadas, e os pacientes passam a sistematicamente considerar apenas aspectos negativos.[4,11]

Outra distorção cognitiva é o pensamento comparativo. De modo geral, somos ensinados, desde pequenos, a nos compararmos com os outros. Essa "competição" não é sempre algo ruim, a menos que, ao fazer essas comparações, o indivíduo focalize somente nas comparações negativas e nunca se sinta equiparado aos demais. Esta é uma distorção frequente que leva, por exemplo, os pacientes a sempre observarem aspectos do corpo dos pares que seriam mais magros que os deles, em vez de considerarem aspectos do corpo dos outros que são mais gordos ou analisar o corpo por inteiro.[4,17]

O alto nível de exigência, somado à tendência a desqualificar sucessos, fortalece a insatisfação com o desempenho pessoal em quase todas as áreas da vida, além de estabelecer um padrão incondicional e pervasivo de autoavaliação negativa de si mesmo e consequente diminuição da autoestima. Esses fatores contribuem para o agravamento do TA, uma vez que reforçam a necessidade de empenhar-se mais arduamente para atingir "sucesso" de modo geral, sendo enfatizado, em particular, o aspecto considerado mais relevante: o controle da alimentação e da aparência. Por meio desses fatores, o emagrecimento se torna um objetivo primário de vida.[4,17]

Para haver melhora da autoestima, o paciente deve ser ajudado a desenvolver expectativas realistas de desempenho e focalizar a atenção em seus sucessos e qualidades. Ele deve ser ajudado a identificar suas metas na vida e a analisar a viabilidade prática de manter padrões muito altos de desempenho, os custos envolvidos e os resultados obtidos com a adoção de seu padrão de valores. Um importante aspecto a ser ressaltado é que tentar ser perfeito envolve trabalho excessivo em diversas áreas, em vez de alocar o esforço apenas nos aspectos com maior resultado, o que tornaria o desempenho global mais eficaz.[4,11]

AUMENTO DA FLEXIBILIDADE COGNITIVA

A flexibilidade cognitiva envolve a habilidade de alternar entre diferentes pensamentos, regras ou tarefas. Pacientes com TA apresentam déficits de flexibilidade cognitiva e tendem a ter padrões inflexíveis de raciocínio, que tornam mais difícil a adoção de novos padrões de comportamento e a consequente mudança. Portanto, este é um importante aspecto a ser tratado, e o terapeuta deve implementar exercícios específicos para aumentar a flexibilidade cognitiva, o que facilitará a modificação do sistema de crenças, favorecendo também maior aceitação dos raciocínios desenvolvidos pelos demais membros da equipe terapêutica.[11]

Uma vez que tenha sido explicado o conceito de inflexibilidade cognitiva e realizada a análise de seu impacto em diversas áreas da vida do paciente, várias tarefas podem ser propostas: 1) registrar exemplos de pessoas sendo flexíveis e/ou inflexíveis de modo a analisar as consequências da inflexibilidade; 2) anotar os próprios comportamentos inflexíveis e suas consequências; 3) pesquisar situações que poderiam ser descritas ou percebidas de formas diferentes dependendo da sua perspectiva e da opinião de outros (p. ex., colegas, notícias, *experts*, etc.).[11,17]

Após o paciente refletir sobre o que ele pode fazer de modo diferente em vários domínios da vida, ele é incentivado a implementar alguma "flexibilidade planejada" realizando intencional e gradualmente pequenas modificações de comportamento em cada domínio da sua vida (no trabalho, nos relacionamentos, em casa, no lazer, com a família, etc.). Após o treinamento em tarefas mais gerais, o paciente pode começar a aplicar o novo estilo mais flexível aos hábitos alimentares, aos comportamentos associados à imagem corporal e aos demais aspectos relacionados ao TA.[11]

DESENVOLVER ESTRATÉGIAS PARA REGULAR EMOÇÕES

Pacientes com TA podem apresentar dificuldade para identificar e regular emoções. A TCC implementa estratégias para treinar o paciente a prestar atenção às suas emoções e ao que elas dizem sobre suas necessidades, identificar suas crenças associadas a cada tipo de emoção e aprender a expressar emoções de forma apropriada e assertiva.[18]

Os ECAs e/ou os métodos compensatórios podem se tornar estratégias generalizadas de redução de humor negativo, atuando como distração temporária de problemas correntes e tornando-se mecanismos de manutenção externos à psicopatologia central do TA. Nesse caso, duas linhas complementares de intervenção podem ser utilizadas: o treinamento em resolução de problemas (TRP) e a elaboração de estratégias para regulação do humor. O objetivo do TRP é desenvolver a capacidade do paciente para lidar com problemas de modo geral, diminuindo as fontes de estresse que atuam como gatilho para a ocorrência dos ECAs. Ele deve aprender a identificar os problemas assim que eles surgem e ser treinado para considerar diversas possíveis soluções, avaliar a melhor solução, implementar a solução escolhida e avaliar os resultados obtidos.[4,5,17]

Alguns pacientes com TA são extremamente sensíveis a estados de humor negativos e/ou têm dificuldade para modular estados de humor intensos. Nesse caso, podem ser desenvolvidas diferentes estratégias para regulação do humor. Uma delas é tentar diminuir emoções intensas envolvendo-se em atividades que promovam distração. Estas podem ser selecionadas a partir de uma lista com um grande número de atividades previamente organizadas de acordo com as preferências do paciente.[5,18]

Outra estratégia útil para lidar com emoções e aumentar o autocontrole é ensinar o paciente a "desacelerar", observar e analisar a sequência de eventos associados ao ECA. A técnica de análise em cadeia pode ajudar no processo de observação e desaceleração. O paciente deve ser incentivado a analisar em tempo real (1) o evento que desencadeou o ECA e/ou método compensatório, (2) seus pensamentos, crenças, sentimentos e comportamentos na situação e (3) sua avaliação sobre sua própria capacidade para tolerar o que está sentindo (p. ex., "Não sou capaz de tolerar esse desconforto"). Um dos objetivos dessa estratégia é levar o paciente a entender que o ECA envolve uma sequência de passos que se desenrolam rapidamente, mas que podem ser controlados se o paciente aprender a atuar nos vários pontos do processo, utilizando formas adaptadas de regulação do humor.[5,17,18]

Outro aspecto é treinar o paciente para tolerar estados de humor desagradáveis, em vez de obter alívio inadequado por meio do uso dos métodos compensatórios ou outros comportamentos impulsivos. Para esse fim, é importante explicar que estados de humor desconfortáveis fazem parte da experiência humana normal e que é necessário aceitá-los.[5,8] Entretanto, eles são eventos passageiros que não requerem comportamentos específicos. O paciente pode ser incentivado a "deixá-los passar" sem apresentar ECA e a observar suas emoções reduzirem naturalmente, o que pode ajudá-lo a modificar o pensamento de que os estados de humor irão piorar ou persistir interminavelmente se ele não utilizar os métodos compensatórios. Por último, pode ser útil criar uma escala de grau de controle, para que ele observe a melhora do seu autocontrole como resultado das habilidades aprendidas.[3]

ABORDAGEM DA IMAGEM CORPORAL

O distúrbio de imagem corporal pode ser influenciado por diferentes fatores, incluindo a distorção da percepção da forma corporal, aspectos emocionais e comportamentais. Para tratar a distorção da imagem corporal, o primeiro passo é demonstrar para o paciente que ele se percebe de forma distorcida. Para esse fim, podem ser utilizados desenhos do formato corporal do paciente. Em um quadro grande fixado na parede, o paciente desenha o modo como percebe o próprio corpo, enquanto se olha em um espelho. Em seguida, no mesmo quadro, o terapeuta desenha o contorno da silhueta do paciente, para que este possa verificar a discrepância entre o modo como se percebe e o tamanho efetivo. Outro recurso utilizado é a comparação de fotografias anteriores ao início da doença com fotografias atuais.[4,19]

Pacientes com TA podem apresentar diferentes padrões de comportamento em relação à exposição de seu corpo. Alguns evitam olhá-lo, e outros o examinam compulsivamente. A checagem compulsiva aumenta a insatisfação com o formato corporal por meio da atenção seletiva às partes do corpo insatisfatórias sob a óptica do paciente, o que reforça o pensamento de que ele é gordo e imperfeito, mantendo a insatisfação e a preocupação excessiva com a aparência. Assim, a checagem compulsiva deve ser desencorajada. Entretanto, algumas sessões de exposição corporal, guiadas pelo terapeuta, podem ajudar o paciente a se sentir mais confortável com o próprio corpo. Com o auxílio de um espelho, o terapeuta ajuda o paciente a identificar aspectos positivos da sua aparência, com o objetivo de aumentar a autoaceitação. Além das sessões de exposição guiada no espelho, deve ser desenvolvida uma hierarquia de exposição corporal em situações do dia a dia, como, por exemplo, usar biquíni e roupas justas ou curtas.[19,20]

Outro aspecto importante do trabalho com a imagem corporal é ensinar o paciente a lidar melhor com eventuais "imperfeições", e, para tal, seu ideal de imagem corporal deve ser modificado. Pacientes com TA costumam ser muito críticos e perfeccionistas, e esse padrão de exigência aparece também na aparência que esperam ter. É importante ajudá-los a examinar os diferentes biotipos e formatos corporais existentes e confrontá-los com os veiculados pela mídia. Em seguida, como tarefa entre as sessões, eles podem "pesquisar" indivíduos com corpos "imperfeitos" considerados atraentes e bem-sucedidos. Por último, devem ser ajudados a analisar outras características pessoais, além do peso, que podem ser responsáveis pela atração e pelo bom desempenho social e pessoal.[8,19,20]

DESENVOLVIMENTO DE HABILIDADES INTERPESSOAIS

Os TAs podem estar associados a diversos *déficits* interpessoais. Na AN e na BN, são comuns *déficits* de assertividade, conflitos nas relações interpessoais e dificuldades de adaptação social.[6] O sistema de crenças dos pacientes contribui para o desenvolvimento e a manutenção dessas dificuldades, uma vez que são comuns crenças associadas à baixa competência para se comportar de forma socialmente hábil e à alta probabilidade de rejeição em situações interpessoais. Em virtude dessas crenças, as situações interpessoais podem ser evitadas, diminuindo a rede de apoio social. Pode também haver aumento da valorização dos deveres (p. ex., estudo e/ou trabalho), que podem ser utilizados como justificativa para a redução do investimento em relacionamentos interpessoais. Em conjunto, essas dificuldades formam uma barreira para o desenvolvimento de relações afetivas satisfatórias.[4,8,11]

As dificuldades interpessoais podem ser modificadas por meio do treinamento em habilidades sociais realizado pela TCC. O treinamento pode envolver diversas habilidades que aumentam a efetividade interpessoal, incluindo iniciar conversas, expressar opiniões de modo assertivo, terminar relacionamentos destrutivos, desenvolver verbalições empáticas e validantes, entre outras. Em geral, as habilidades são primeiramente treinadas na sessão e, posteriormente, aplicadas em diversos contextos interpessoais.[4,6,11]

O desenvolvimento de habilidades sociais aumenta a efetividade interpessoal, favorecendo a modificação da qualidade das relações interpessoais, o aumento da autoestima e a construção de crenças de autoeficácia, ou seja, de que o paciente pode atuar de forma eficaz nos diversos contextos interpessoais. Esses fatores possibilitam a ampliação do leque de experiências e interesses, facilitando que várias atividades comecem a ocupar maior papel no sistema de autoavaliação, o que reduz a importância atribuída à alimentação e ao formato corporal.[8,11]

TRANSTORNO DE COMPULSÃO ALIMENTAR ASSOCIADO À OBESIDADE

No tratamento do TCA, são utilizadas várias das estratégias anteriormente citadas, como psicoeducação, reestruturação do sistema de crenças, técnicas para regular emoções e estratégias para aumentar a autoestima e desenvolver habilidades interpessoais.[6,7] Entretanto, alguns pacientes com TCA apresentam alimentação excessiva ("comportamento de beliscar") coexistindo com o ECA, o que pode favorecer o desenvolvimento da obesidade. No tratamento desses pacientes, são incluídas estratégias que facilitam a redução do peso corporal. Elas envolvem o incentivo à mudança do estilo de vida, incluindo o aumento da atividade física, técnicas para melhorar a capacidade de planejamento associado à alimentação e resolução de problemas.[6,21]

PLANEJAMENTO E RESOLUÇÃO DE PROBLEMAS

Alguns estudos sugerem que *déficits* de funções executivas, como *déficits* na capacidade de planejamento e resolução de problemas, podem desempenhar importante papel no desenvolvimento ou na manutenção da compulsão alimentar presente no TCA.[6,22] O meio ambiente predominante em países ocidentais caracteriza-se por oferta ilimitada de alimentos baratos, prontos para serem consumidos, palatáveis e de alta densidade energética. Portanto, fazer a escolha de consumir os alimentos mais saudáveis não é a opção mais fácil e depende de o indivíduo fazer uma escolha consciente que requer esforço.[6] Por esse motivo, o tratamento deve focar no aumento da motivação para lidar com essas dificuldades.[14]

Uma boa capacidade para resolver problemas e para planejar antecipadamente permite que o indivíduo desenvolva estratégias para lidar com situações em que há alta exposição a alimentos que devem ser consumidos em baixa frequência. Portanto, para o tratamento bem-sucedido, o paciente deve ser ajudado a desenvolver estratégias de solução de problemas e capacidade de planejamento para lidar com a diversidade de situações de risco para comer inadequadamente (p. ex., lidar com alimentação em restaurantes, férias, festas, etc.).[4,6,21]

Para facilitar o controle dos ECAs, também podem ser utilizadas as estratégias para controle de estímulos, que objetivam reduzir o contato com estímulos que favorecem a alimentação inadequada. Para tal, o paciente é incentivado, por exemplo, a manter disponíveis apenas os alimentos saudáveis e a formalizar a alimentação colocando-a em um prato, em vez de alimentar-se diretamente de sacos ou potes, que não devem ficar disponíveis.[6,21]

MINDFUL EATING

A TCC adota técnicas de *mindful eating* no tratamento de indivíduos com TA. São aplicadas práticas que visam a aprimorar a capacidade do indivíduo de perceber sensações físicas, emoções e pensamentos a fim de melhorar o modo como lida com seus efeitos e aumentar a autorregulação emocional. No caso do TCA, são propostos exercícios para desenvolver atenção plena em diversas situações do dia a dia e melhorar a autorregulação das emoções em geral. Adicionalmente, são propostas diferentes técnicas para melhorar os processos de autorregulação relacionados à fome e à saciedade, aumentar a conscientização dos fatores envolvidos na alimentação inadequada e promover a autoaceitação em geral.[3]

Ao longo do tratamento, o paciente é convidado a aplicar a atenção plena a todos os aspectos da alimentação, Por exemplo, ele é convidado a saborear pequenas porções de alimento atentando para todos os aspectos da experiência, percebendo suas sensações de fome, saciedade e vontade de comer. Esse autoconhecimento permite que o paciente gerencie de modo personalizado o uso de orientações sobre nutrição.[3,5]

As técnicas de exposição aos alimentos são utilizadas na TCC como "experimentos comportamentais" que se contrapõem ao pensamento "tudo ou nada" por trabalharem a capacidade do paciente de consumir uma pequena quantidade dos "alimentos proibidos". A experiência de comer apenas uma porção dos alimentos sem ECA subsequente aumenta o sentimento de autocontrole e ajuda a desenvolver crenças da autoeficácia. A atenção plena aplicada à alimentação pode reduzir os ECAs ao promover a compreensão de que lapsos eventuais na alimentação podem ser aceitáveis e não indicam que o indivíduo tenha baixo autocontrole como um traço pessoal.[3,5]

REESTRUTURAÇÃO DO SISTEMA DE CRENÇAS

Assim como nos demais TAs, a reestruturação do sistema de crenças é fundamental para a manutenção de melhora do TCA. Além da modificação das distorções cognitivas anteriormente citadas, a TCC utiliza diversas técnicas para modificar "pensamentos de autopermissão" que "justificam" a alimentação inadequada (p. ex., "Sei que não preciso comer isso tudo, mas eu mereço porque tive um dia muito difícil"; "Tudo bem ter um ECA porque estou muito chateado"; "Vou comer todos os doces, pois é uma oportunidade"). O objetivo é que o paciente aprenda a escolher os momentos em que opta por comer alimentos de alta densidade de energia e os momentos em que fazer a contenção seria mais coerente com seus objetivos pessoais.[21]

Aspectos-chave do tratamento envolvem a alteração de expectativas não realistas de perda de peso e o estabelecimento de equilíbrio entre autoaceitação, não julgamento e mudança, uma vez que pode ser necessário conviver com algum grau de sobrepeso, em virtude dos determinantes biológicos potencialmente envolvidos na obesidade.[21]

ESTRATÉGIAS PARA PREVENÇÃO DE RECAÍDAS

Os pacientes são auxiliados a identificar as situações que poderiam dificultar o controle da alimentação no futuro, e são elaboradas estratégias para lidar com essas situações.

Deve ser organizado um plano de manutenção por escrito que contenha as estratégias que foram úteis ao longo do tratamento, as situações que oferecem maior risco para recaídas e as possíveis soluções para lidar com elas. O plano de manutenção ajuda a manter um foco no que foi aprendido ao longo da TCC e deve ser revisado periodicamente. Além disso, deve ser discutida a diferença entre lapso e recaída.[8,11]

PROGRAMAS DE TRATAMENTO

Diversos programas de tratamento baseados em TCC foram desenvolvidos e testados. Eles incluem as técnicas anteriormente listadas neste capítulo com diferentes ênfases. Entre os vários programas, podemos citar o Modelo Maudsley para o Tratamento de Adultos com Anorexia Nervosa (MANTRA)[11] e a terapia cognitivo-comportamental ampliada (TCC-A),[8,10] que aborda o tratamento de todos os TAs. O **Quadro 15.1** resume algumas das estratégias adotadas pelo MANTRA.

Com relação à TCC-A, há duas versões principais de tratamento. A primeira é a "focada" e aborda primariamente a psicopatologia nuclear dos TAs. Geralmente tem a duração de 20 sessões e é considerada a "versão padrão" por ser uma dose de tratamento geralmente suficiente para a maioria dos pacientes com TA.

A segunda versão da TCC-A é uma forma ampla de tratamento com duração de 40 sessões que, além de tratar a psicopatologia nuclear e aspectos associados ao baixo peso,

Quadro 15.1
Modelo Maudsley para o MANTRA

Módulo	Temas abordados
1. Começando	Psicoeducação sobre a AN e programa de tratamento. Estratégias para aumento da motivação.
2. Trabalhando com apoio	Identificação do modo como a AN impacta outras pessoas significativas. Identificação do modo como o paciente percebe as características e necessidades dos membros da família e do modo como ele deseja que eles ajudem.
3. Nutrição	Treinamento da identificação da percepção de fome e saciedade, das consequências de fazer dieta restritiva e orientações nutricionais.
4. Formulação do caso	Apresentação do modelo que descreve os fatores de desenvolvimento e manutenção da AN.
5. Aspirações e metas	Identificação das aspirações e metas de vida do paciente. Desenvolvimento de novas habilidades consonantes com suas aspirações e com uma vida valorosa sem AN.

(Continua)

Quadro 15.1
Modelo Maudsley para o MANTRA *(Continuação)*

Módulo	Temas abordados
6. Estilos de pensamento	Redução do perfeccionismo e desenvolvimento da capacidade de raciocinar de modo flexível e global.
7. Mente emocional e social	Estratégias para regulação emocional. Desenvolvimento de autocompaixão, empatia, compaixão pelos demais e melhora de outras habilidades interpessoais.
8. Identidade	Diferenciação entre as características de personalidade do paciente e sintomas característicos da AN. Organização de diagrama que represente o domínio da AN na identidade e reflexões sobre como viver uma vida plena.
9. Seguindo em frente	Estratégias para prevenção de recaídas.

inclui módulos adicionais com técnicas que abordam também aspectos complementares, como perfeccionismo clínico, baixa autoestima e dificuldades interpessoais que podem colaborar para o desenvolvimento e a manutenção dos TAs.[8,10]

A TCC-A é desenvolvida em quatro estágios e inclui uma consulta de revisão que ocorre 20 semanas após o término do tratamento. O **Quadro 15.2** resume algumas estratégias utilizadas em cada estágio.

CONSIDERAÇÕES FINAIS

O National Institute for Clinical Excellence (NICE)[1] conduziu uma análise dos modelos utilizados no tratamento dos TAs e indicou a TCC como a primeira escolha de tratamento para os TAs, em decorrência da quantidade de estudos controlados que evidenciam os bons resultados obtidos com esse modelo de terapia. Ela tem sido extensamente utilizada e pode ser implementada no formato individual ou em grupo.[8] Há também versões adaptadas para tratamento intensivo, hospital-dia e internação. Após a conceitualização do caso, o grau de envolvimento da família no tratamento é avaliado, uma vez que modificações no sistema familiar podem criar uma estrutura de colaboração e facilitar a melhora do TA.[1,11]

Embora alguns pacientes possam apresentar remissão do TA com o uso das modalidades mais curtas e focadas da TCC, o tratamento de outros pacientes pode ter que incorporar as estratégias incluídas nas versões mais longas.[8] Entretanto, a implementação da TCC requer o treinamento de profissionais especialistas capazes de implementar corretamente os diversos recursos terapêuticos e a ampla diversidade de técnicas necessárias para a reestruturação do sistema de crenças do paciente.

■ **Quadro 15.2**
Estratégias utilizadas em cada estágio da TCC-A

Estágios	Estratégias do tratamento
1. Técnicas iniciais	Aumento da motivação para o tratamento. Desenvolvimento da formulação personalizada. Psicoeducação sobre o TA e sobre o modelo de tratamento. Introdução do diário alimentar e condições associadas à alimentação. Implementação de um padrão regular de alimentação e envolvimento de outros significativos no tratamento.
2. Revisão do tratamento	Revisão conjunta com o paciente dos resultados obtidos com as técnicas implementadas ao longo do estágio 1. Avaliação das melhorias obtidas, identificação de "barreiras" para a mudança e de problemas que ainda devem ser abordados. Planejamento da versão a ser utilizada no estágio 3 (focada ou ampliada).
3. Abordagem de mecanismos centrais para a manutenção do TA	Técnicas para reduzir a superavaliação da magreza e modificação de outros pensamentos e crenças associados ao TA. Estratégias para trabalhar a imagem corporal e o "sentimento de estar gordo". Estratégias para regulação do humor, perfeccionismo clínico, baixa autoestima e problemas interpessoais.
4. Prevenção de recaída	Organização de um plano personalizado para lidar com dificuldades futuras e da lista de técnicas a serem aplicadas.

REFERÊNCIAS

1. National Institute for Health and Care Excellence. Eating disorders: recognition and treatment. London: NICE; 2020.
2. American Psychiatric Association Work Group on Eating Disorders. Practice guideline for the treatment of patients with eating disorders (revision). Am J Psychiatry. 2000;157(1 Suppl):1-39.
3. Neufeld CB, Falcone EMO, Rangé BP, organizadores. PROCOGNITIVA Programa de Atualização em Terapia Cognitivo-Comportamental: Ciclo 5. Porto Alegre: Artmed Panamericana; 2018. p. 91-131. (Sistema de Educação Continuada a Distância, v. 2).
4. Duchesne M, Freitas S. Aula 4: Terapia cognitiva comportamental dos transtornos alimentares. In: Nabuco CRF, Vasques MFG, Callegaro MM. Terapias cognitivas: módulo 5: terapias cognitivas e outros transtornos psiquiátricos (parte 1). Porto Alegre: Artmed Panamericana; 2018. (Sistema de Educação Continuada a Distância).
5. Safer DL, Telch CF, Chen EY, Linehan MM. Dialectical behavior therapy for binge eating and bulimia. New York: Guilford; 2009.
6. Duchesne M. Avaliação de funções executivas e habilidades sociais em indivíduos obesos com transtorno da compulsão alimentar periódica [tese]. Rio de Janeiro: Universidade Federal do Rio de Janeiro; 2010.
7. Duchesne M, de Oliveira Falcone EM, de Freitas SR, D'Augustin JF, Marinho V, Appolinario JC. Assessment of interpersonal skills in obese women with binge eating disorder. J Health Psychol. 2012;17(7):1065-75.

8. Fairburn CG, Cooper Z, Shafran R, Bohn K, Wawker DM, Murphy R, et al. Enhanced cognitive behavior therapy for eating disorders: the core protocol. In: Fairburn CG, editor. Cognitive behavior therapy and eating disorders. New York: Guilford; 2008. p. 47-83.
9. Fairburn CG. Overcoming binge eating: the proven program to learn why you binge and how you can stop. 2nd ed. New York: Guilford; 2013.
10. Fairburn CG, Cooper Z, Doll HA, O'Connor ME, Bohn K, Hawker DM, et al. Transdiagnostic cognitive-behavioral therapy for patients with eating disorders: a two-site trial with 60-week follow-up. Am J Psychiatry. 2009;166(3):311-9.
11. Schmidt U, Startup H, Treasure J. A cognitive-interpersonal therapy workbook for treating anorexia nervosa: the Maudsley model. New York: Routledge; 2018.
12. Beck JS. Terapia cognitivo-comportamental: teoria e prática. Porto Alegre: Artmed; 2015.
13. Price-Evans K, Treasure J. The use of motivational interviewing in anorexia nervosa. Child Adolesc Ment Health. 2011;16(2):65-70.
14. Miller WR, Rollnick S. Entrevista motivacional: preparando as pessoas para a mudança. Vila Franca de Xira: Climepsi; 2016.
15. Duchesne M, Dias TRS. Transtornos alimentares. In: Carvalho MR, Malagris LEN, Rangé BP, organizadores. Psicoeducação em terapia cognitivo-comportamental. Porto Alegre: Sinopsys; 2019. p. 134-46.
16. Shafran R, Robinson P. Thought-shape fusion in eating disorders. Br J Clin Psychol. 2004;43(Pt 4):399-408.
17. Duchesne M, Almeida N, Vieira TAL, Neufeld CB. Terapia cognitivo-comportamental em grupo para transtornos alimentares e obesidade. In: Neufeld CB, Rangé BP, organizadores. Terapia cognitivo-comportamental em grupos: das evidências à prática. Porto Alegre: Artmed; 2017. p. 153-5.
18. Tchanturia k, Brown A, Fleming C. Thinking about emotions: CREST group. In: Tchanturia K, editor. Brief group psychotherapy for eating disorders. New York: Routledge; 2015. p. 74-106.
19. Jarry L, Cash TF. Cognitive-behavioral approaches to body image change. In: Cash TF, Smolak L, editors. Body image: a handbook of science, practice, and prevention. New Yok: Guilford; 2012. p. 415-27.
20. Mountford V, Brown A. Body wise: a low intensity group to address body image disturbance. In: Tchanturia K, editor. Brief group psychotherapy for eating disorders. New York: Routledge; 2015. p. 162-83.
21. Duchesne M. Terapia cognitivo-comportamental em grupo para pacientes obesos com transtorno da compulsão alimentar periódica [dissertação]. Rio de Janeiro: Universidade Federal do Rio de Janeiro; 2006.
22. Duchesne M, Mattos P, Appolinário JC, de Freitas SR, Coutinho G, Santos C, et al. Assessment of executive functions in obese individuals with binge eating disorder. Braz J Psychiatry. 2010;32(4):381-8.

16 TERAPIA FAMILIAR DOS TRANSTORNOS ALIMENTARES

Mariangela Bicudo
Liliane Kijner Kern

Este capítulo pretende contribuir com uma visão geral sobre a evolução da terapia familiar no tratamento dos transtornos alimentares (TAs) e apresentar características familiares relacionadas ao desenvolvimento e à manutenção da doença, aspectos importantes de avaliação e modelos de tratamento. Os modelos de tratamento descritos são utilizados no tratamento de crianças, adolescentes e jovens adultos com anorexia nervosa (AN) e bulimia nervosa (BN). Inicialmente, os modelos de tratamento foram desenvolvidos para AN e depois foram adaptados para BN.

EVOLUÇÃO DA TERAPIA FAMILIAR NOS TRANSTORNOS ALIMENTARES

O envolvimento familiar no tratamento se justifica pelo fato de os TAs causarem grande impacto e sofrimento naqueles que convivem com o indivíduo. Via de regra, a organização familiar gira em torno da doença, reforçando a manutenção dos sintomas.

Em termos gerais, o papel da família na etiologia das doenças psiquiátricas vem sendo interesse de observação e estudo há décadas, porém a forma de encarar esse papel foi se transformando ao longo do tempo. Inicialmente, a família era vista como a causadora dos problemas psiquiátricos dos pacientes, e a suposição era a de que o afastamento das influências "negativas" da família traria um melhor prognóstico.

William Gull propunha como forma de tratamento da AN a alimentação monitorada, preferencialmente por uma enfermeira treinada, que não se deixasse levar nem pelos pedidos insistentes da paciente de não comer, nem pelos dos familiares, que desejavam evitar as cenas dos "ataques nervosos histéricos" (fits) de suas filhas. Descreveu que amigos e familiares eram os piores cuidadores nesses casos e prescreveu a "parentectomia", ou seja, a separação da filha doente de seus pais, ressaltando a importância do comportamento da família no prognóstico da paciente.[1]

Por meio da observação das relações familiares, do impacto da família sobre os pacientes, e vice-versa, muitos conceitos e teorias foram propostos. Cabe aqui ressaltar alguns autores e seus conceitos, os quais guiam a leitura da dinâmica familiar e serviram de base para os modelos de tratamento de TAs propostos na atualidade.

Na década de 1960, Don Jackson concentrou-se na dinâmica dos relacionamentos familiares e na análise da comunicação. Propôs o conceito de "homeostase familiar", que se refere a uma relativa constância do funcionamento interno que mantém o equilíbrio da família. A importância desse conceito é a percepção de que muitas vezes o sintoma dos pacientes preserva a estabilidade familiar, e, contraditoriamente ao desejo de melhora, pode ocorrer a resistência à mudança, mantendo a sintomatologia. A família repete padrões de relação, o que resulta em uma inflexibilidade que dificulta a melhora do paciente.[2]

Em 1963, Haley se preocupou com o contexto do paciente e a possível função dos sintomas na família e afirmava que o comportamento de uma pessoa provoca uma reação em outros membros. Esse processo de comportamento mutuamente reagente define as regras do sistema familiar.[2]

A família é vista como um sistema de relações interdependentes que se retroalimentam, se auto-organizam, se adaptam e desenvolvem estratégias que mantêm um equilíbrio dinâmico para sua continuidade e desenvolvimento.[3]

Carter e McGoldrick[4] propõem a ideia de que as famílias têm um ciclo de desenvolvimento, que passa pela formação do casal, filhos pequenos, adolescentes, saída dos filhos de casa e envelhecimento dos pais. A transição de uma fase para outra exige adaptação às demandas inerentes a cada uma delas. Quando a família muda de fase, deve haver flexibilidade para uma reorganização com o desenvolvimento de novos comportamentos e novas respostas. Além dos momentos de transição, uma reorganização também é necessária com o surgimento de uma doença.

Salvador Minuchin propõe a terapia familiar estrutural.[5] Vê a família como um sistema que funciona por meio de padrões repetitivos de interações, os quais definem uma estrutura de funcionamento; esta deve ser capaz de se adaptar quando as circunstâncias se modificam. Dentro do sistema familiar, existem subsistemas (parental, conjugal, fraternal) que são delimitados por fronteiras emocionais que determinam a proximidade ou a distância dos relacionamentos. Na década de 1970, Minuchin trabalhou com famílias psicossomáticas, buscando compreender os tipos de relações familiares que pioravam os sintomas de indivíduos jovens com determinadas doenças (asma, diabetes, AN). Atender a família como paciente melhorava a condição clínica dos indivíduos, promovendo a diminuição de reinternações. Para pacientes com AN, a abordagem de Minuchin e colaboradores favoreceu a recuperação de peso em 75% das pacientes.[6]

Mesmo reconhecendo ser um relato de casos, e não um estudo clínico, essa pesquisa possibilitou que grupos de trabalho com TAs experimentassem replicar o modelo[7] para depois desenvolverem o que hoje chamamos de abordagem familiar para o tratamento de AN e BN nervosas em crianças e adolescentes, além de outras abordagens para cuidadores de indivíduos adultos com TA, "o novo modelo do Maudsley".

Da descrição de Sir Gull aos dias de hoje, houve uma mudança no paradigma do lugar da família no tratamento de pacientes com AN. Atualmente, a participação da família é importante tanto na recuperação do indivíduo doente como na adesão ao tratamento. Por meio do conhecimento e entendimento do TA, os pais/cuidadores podem desenvolver estratégias para lidar com a doença, evitando a manutenção dos sintomas. Hoje, o foco principal é entender como a família se organiza diante do TA, e não buscar as possíveis causas do desenvolvimento da doença.[8]

No momento, o modelo de tratamento mais pesquisado, com maior eficácia comprovada, é o tratamento baseado na família (*family-based treatment* – FBT) para AN, que utiliza como base os conceitos teóricos apresentados anteriormente. O objetivo é isentar a culpa e empoderar os pais, colocando-os em uma posição de autoridade para lidar com os sintomas da doença.[9] Em geral, os pais ou cuidadores se sentem perdidos e até paralisados diante dos sintomas, os quais se tornam o centro da organização familiar. Como consequência, a família pode enrijecer alguns aspectos da sua dinâmica e restringir a capacidade de desenvolver comportamentos adaptativos. O apoio aos cuidadores por meio de informações e suporte para o desenvolvimento de novas habilidades tem impacto significativo na redução de sua carga de angústia, além de modificar suas reações emocionais.[10]

Um estudo desenvolvido por Hughes e colaboradores pesquisou o nível de satisfação dos pais com o tratamento familiar. Em 2017, foram ouvidos 85 adolescentes e 145 pais que completaram o FBT entre 2013 e 2015 a respeito de sua experiência. Como resultado, os pais relatam que a experiência foi positiva principalmente no que se refere ao processo de avaliação multidisciplinar, à educação sobre TAs, ao monitoramento da saúde física e mental dos adolescentes, à *expertise* da equipe e aos cuidados que receberam da equipe de atendimento. A satisfação dos pais foi maior que a dos adolescentes; mesmo assim, a maior parte deles avaliou positivamente a experiência.[11]

ASPECTOS FAMILIARES RELACIONADOS AOS TRANSTORNOS ALIMENTARES

Apesar de o foco não estar direcionado às causas dos TAs, observam-se algumas características comuns às famílias de pacientes com a doença. Isso não significa que todas as famílias que apresentarem essas características terão membros com TAs.

Um estudo conduzido por Mateo-Agut e colaboradores comparou 108 famílias com TAs (anorexia purgativa, anorexia restritiva e BN) e 108 sem TAs. Os pesquisadores observaram que famílias com TAs têm características diferentes das famílias do grupo-controle, apresentando mais história psiquiátrica (transtorno de ansiedade, depressão, transtorno obsessivo-compulsivo [TOC] e quadros de TAs). Quanto à estrutura familiar, observaram-se poucas habilidades de enfrentamento, e suas atitudes em relação aos filhos são complacentes, com laços afetivos ambivalentes. A hierarquia familiar não é claramente definida, e as regras são rígidas e imprevisíveis. A relação entre os pais é distante ou conflituosa, e suas expectativas em relação à prole são muito altas e irrealistas, ou indiferentes.[12]

A família chega ao tratamento mostrando o impacto que a doença tem na forma como interagem.[11] A rotina familiar é rompida, e mecanismos de autorregulação familiar tornam-se ineficazes. Embora o padrão de funcionamento em relação à doença varie de família para família de acordo com o ciclo de vida e o tipo de organização e interação familiares, o fato de a doença se tornar central na vida familiar e a diminuição da capacidade de buscar estratégias de adaptação são frequentemente observados.

A família foi e é estudada como importante em diversos momentos da patologia: no desencadeamento, na manutenção e na recuperação do indivíduo. Em relação ao desenvolvimento dos TAs, encontramos fatores predisponentes, desencadeantes e mantenedores da doença.[11,13]

1. Fatores predisponentes (aqueles que aumentam a possibilidade de o indivíduo desenvolver um TA): hereditariedade, transtornos do humor, TAs na família, abuso de álcool ou drogas, obesidade na infância. Entre as características pessoais, encontramos baixa autoestima, perfeccionismo, autocrítica exagerada e dificuldades de relacionamento.
2. Fatores desencadeantes: podem estar relacionados à entrada na adolescência, período que vem acompanhado por mudanças hormonais, cerebrais, corporais e percepção da sexualidade. A dificuldade de lidar com tantas mudanças pode ser um gatilho para o desenvolvimento dos TAs. Somam-se a esses fatores os eventos que caracterizam a história individual, como divórcio, perdas, morte de um ente querido, conflitos não resolvidos, abuso físico, sexual ou psicológico ou qualquer fato marcante na vida da pessoa.
3. Fatores mantenedores: relacionados às mudanças biológicas decorrentes da própria doença (alterações hormonais, metabólicas e cerebrais) e a aspectos interpessoais, como dificuldades no manejo de conflitos (evitação, rigidez), superproteção parental, falta de autonomia, alto nível de emoção expressa (crítica e hostilidade).

Schimdt e Treasure propõem um modelo de fatores interpessoais mantenedores do TA: fatores antecedentes ao TA, o significado que a família atribui a ele e as consequências da doença.[7,14] Entre os antecedentes estão os traços compartilhados ou vulnerabilidades herdadas, como ansiedade, compulsividade e TAs. Estes tanto predispõem quanto mantêm a doença. Os cientistas concordam que provavelmente 46 a 78% do risco de desenvolvimento de um TA é genético e hereditário.[15]

Herpertz-Dahlmann e colaboradores sugerem que as suposições iniciais de que relacionamentos familiares disfuncionais fossem responsáveis pelo desenvolvimento dos TAs, e sobretudo da AN, criaram uma estigmatização tanto sobre os pais como sobre os pacientes. Conhecimentos adicionais sobre componentes genéticos e hereditariedade como parte da etiologia dos TAs contribuem para a diminuição desse estigma e também para a pesquisa de novas formas de tratamento.[16]

Os fatores antecedentes mais o significado que a família atribui à doença estão diretamente relacionados à forma como os familiares lidam com o problema, e por isso é tão importante o acesso à informação e o conhecimento das características dos TAs; esta é uma das funções do envolvimento familiar no tratamento. Os mitos ou interpretações equivocadas dos sintomas conduzem a atitudes inadequadas que perpetuam os sintomas. A essas interpretações equivocadas Treasure e colaboradores dão o nome de "mitos".[17] Alguns mitos comuns sobre TAs incluem:

- As famílias são culpadas pelo TA, sobretudo as mães.
- Quem tem a doença escolheu tê-la.
- A pessoa com TA tenta punir os pais.
- O TA é uma doença de pessoas fúteis.
- É uma tentativa de chamar a atenção.
- É uma fase passageira.
- Os cuidadores devem fazer todo o possível para agradar e evitar conflitos.

A conjunção de todos esses fatores tem como consequência a reação dos familiares ao TA, os quais podem se acomodar à doença, sendo permissivos aos sintomas, cumprindo as regras impostas pela doença; a pessoa adoecida torna-se uma "ditadora". Sempre que os pais tentam se opor a algum sintoma, o indivíduo com a doença tem ataques de raiva ou crises de muita ansiedade. Isso reforça, para a família, a necessidade de permitir os sintomas, até que, em determinado momento, algum membro da família não suporte mais e se contraponha, gerando nova crise no jovem, favorecendo o medo dos familiares, que voltam a permitir os sintomas, e temos um círculo vicioso. Esse ciclo, muitas vezes, cria formas de relacionamento interpessoal alteradas que se retroalimentam, deixando a família cada vez mais emaranhada na doença. A família pode ser incapaz de mudar por medo de piores consequências para eles ou para a pessoa com TA. Os membros ficam acuados, entre o medo de perder o amor do filho e o medo de que as ameaças que ele faz, de parar de comer, e vir a morrer, se realizem.

Por exemplo: Brenda é uma menina de 16 anos que há um ano começou a mudar sua alimentação após sugestão da técnica do time de nado sincronizado do qual é participante. Inicialmente, os pais acharam adequada a mudança feita por ela, com a supervisão da nutricionista do time. Porém, com o passar das semanas, Brenda foi diminuindo vários grupos de alimentos, até um momento no qual ela aceitava somente peixes e vegetais. Seu comportamento em geral também mudou. Quando seus pais faziam qualquer comentário sobre o quanto ela comia, ou que era para ela comer arroz, macarrão, a filha ficava muito brava, fechava a cara, e várias vezes saía da mesa sem comer o pouco que estava no prato. Seu emagrecimento estava visível, parecia cada vez mais rápido. Os pais estavam cada vez mais aflitos; a mãe, muito chorosa, pedia, por favor, para a filha comer mais, sem sucesso. Certa noite, o pai resolveu dar um basta na situação e pegou o prato da filha para fazê-lo; Brenda já ficou tensa e começou a discutir dizendo que ela sabia o que precisava comer, que eles não sabiam de nada, que o pai era muito ruim. Disse que odiava a família e que preferia morrer a comer o prato feito pelo pai. O pai ficou colérico, e os dois ficaram gritando um com o outro, sem nenhuma possibilidade de solucionar o problema. A mãe, desesperada, chorando, pedia para o pai sair de perto da filha. Depois desse dia, os pais acabaram ficando mais distantes da filha, comprando o que ela queria comer, e a mãe acreditava que ia convencê-la a se alimentar melhor. O pai acabou ficando cada vez mais tempo longe de casa, e mãe e filha, cada vez mais isoladas. A doença de Brenda se fortaleceu; ela passou a dominar a cozinha e determinava o que cada um deveria comer. O pai não se conformava; falava e falava como aquilo não fazia sentido, que a filha tinha que voltar para o lugar dela, porém a mãe tinha muito medo de que isso fizesse a filha comer ainda menos. O casal vivia em conflito, o que favorecia a inflexibilidade de Brenda e mantinha o pavor dela de comer.

A ansiedade dos pais leva à superproteção, que, por sua vez, leva à acomodação e à autorização dos sintomas. Esse círculo vicioso gera frustração, desgaste e sensação de impotência dos pais; estes podem ser expressos por meio de críticas e hostilidade. Outras reações emocionais podem se manifestar, como culpa, raiva, ameaças, provocações, vergonha.[17,18]

Como parte do modelo aprimorado de manutenção cognitiva interpessoal descrito, Treasure e colaboradores também levam em conta que o impacto da fome crônica na cognição social traz consequências nos relacionamentos, pois interfere diretamente na reação das pessoas à doença. Os comportamentos repetitivos da AN causam neuroadaptação, levando ao desenvolvimento de hábitos característicos. Eventuais experiências agressivas de realimentação podem colaborar para aumentar a aversão ao alimento e eventuais conflitos nas refeições.[15]

AVALIAÇÃO FAMILIAR

O momento da avaliação de uma família com um membro com TA deve ser bem abrangente, e não só as necessidades do paciente, mas também as dos familiares, devem ser examinadas. Uma postura de imparcialidade se faz necessária, já que o inimigo comum é o TA, e o que deve ser avaliado são as reações da família em relação à doença (a organização da família em torno do TA). É fundamental a construção de uma aliança terapêutica, bem como o engajamento da família, no processo de tratamento.

O objetivo da avaliação inicial é contextualizar o desenvolvimento da doença, quando e como começou, vulnerabilidades herdadas, presença de doença mental na família, hábitos alimentares tanto do paciente como da família antes do início do TA, possíveis fatores desencadeantes, relacionamentos sociais antes e depois da doença, alterações de humor do paciente e dos familiares, detalhamento dos sintomas (restrição, compulsão, purgação, excesso de exercícios), preocupações familiares em torno do peso, conflitos familiares. É importante indagar quais são as crenças relacionadas ao TA e qual é o significado que os sintomas têm para a família; isso indica a forma como eles estão lidando com a doença, pois a postura da família em relação ao paciente depende desse entendimento. É importante ficar atento ao estado mental geral do paciente, indagando sobre seu humor, ideação suicida, automutilação.[7,19]

É comum os pais chegarem se questionando sobre o que fizeram de errado, onde falharam, o que não perceberam, e o papel do terapeuta é acolhê-los, tentando passar a ideia de que eles fizeram o melhor que puderam, e destacar o papel importante que eles têm na recuperação do paciente a partir desse momento. Os dados da avaliação são indicadores dos padrões relacionais da família, mas não podemos esquecer que, no momento em que os conhecemos, no auge de uma crise, muitos comportamentos disfuncionais são consequência do fato de a doença ter-se tornado o ponto central da vida familiar.

Após essa etapa, que pode levar algumas sessões, deve-se esclarecer o porquê da participação da família e fazê-los perceber que são um recurso fundamental no tratamento.

ABORDAGENS FAMILIARES NO TRATAMENTO DE TRANSTORNO ALIMENTAR

A partir do final da década de 1990, houve aumento significativo nas pesquisas feitas utilizando a abordagem familiar para TA, demonstrando a eficácia desse modelo em crianças e adolescentes,[15,19] associado ao reforço da falta de evidência em relação à dinâmica familiar na etiologia desses quadros. Um fator importante, que favoreceu o aumento das pesquisas, foi a publicação do manual da abordagem familiar para AN por Lock e Le Grange em 2001.[20]

O chamado FBT é um modelo que tem como ideia central a realimentação e a recuperação de peso do paciente com AN, ou a interrupção do ciclo de compulsão alimentar e purgação do paciente com BN. Os pais são orientados a estarem no comando da alimentação. Esse método não se baseia em nenhuma teoria sobre a etiologia dos TAs, e sim na ideia de que a família toda deve se reorganizar para a recuperação do indivíduo doente. Os pais são os condutores do processo de realimentação, e os irmãos são aliados do paciente, ajudando-o a recuperar interesses em outras áreas da vida. O modelo proposto no manual de FBT tem três fases distribuídas entre 20 e 24 sessões no decorrer de 12 meses.

A fase 1 compreende 10 sessões semanais. São objetivos da primeira sessão:

- **a** engajar a família no tratamento;
- **b** compreender como a doença está afetando a família;
- **c** avaliar o funcionamento familiar (coalizões, padrões de comunicação, existência de conflitos, padrão hierárquico).

No início do tratamento, na primeira sessão, o terapeuta define para a família que eles estão vivenciando uma crise, que a doença do filho é muito grave e que pode ser letal. A ideia é provocar aumento de ansiedade na família para que ela chegue à primeira sessão mais flexível e aberta a mudanças e engaje todos os membros no tratamento.

Na segunda parte da sessão, o terapeuta pergunta sobre a história do TA. É fundamental que todos os membros deem seu ponto de vista. Mais importante do que saber a história da doença é entender como a doença afeta cada um. Desenhar o impacto que a anorexia tem na família. Conhecer o que eles já fizeram, o que deu certo e o que não funcionou. Descortinar os sentimentos que estão por trás das atitudes deles, como raiva, culpa, desesperança. Trabalhar a diminuição da paralisia dos pais a fim de que eles se unam diante da tarefa de realimentar o filho doente. Reforçar que a família não é culpada pelo TA, que esta é uma doença com múltiplos fatores etiológicos, e que são os pais que devem cuidar dos filhos.

Ao final da sessão, os pais são orientados a organizarem uma refeição para a próxima sessão. Eles devem trazer comida suficiente para alimentá-los, sem se preocupar com o terapeuta. Nesse modelo, os pais não recebem nenhuma orientação nutricional; devem agir com os conhecimentos já adquiridos. É comum os pais ficarem inseguros e fazerem várias perguntas sobre o que devem trazer, qual seria a quantidade correta. O que dizemos é que a refeição deve estar adequada para o horário da sessão, que pode ser no almoço, ou no meio da tarde, quando devem providenciar um lanche. E o terapeuta reforça a competência dos pais.

A segunda sessão é a oportunidade de o terapeuta observar o padrão de funcionamento familiar. Ao perceber críticas, alianças entre membros de diferentes subsistemas, ou hostilidade, o terapeuta inicia o trabalho de mostrar esses padrões e ajudar a família a modificá-los.

Entre a segunda e a terceira sessões, é proposta a externalização da doença.

Externalização do problema/sintoma/doença é uma estratégia desenvolvida por Michael White e David Epston, nos anos de 1990, como aspecto central na terapia narrativa. A utilização desse recurso permite que o problema seja o problema, e a família deve trabalhar em conjunto para resolvê-lo. Esse recurso auxilia os pais a se manterem alinhados e a buscarem saber qual é a fala da doença e qual é a do filho, de modo que o relacionamento anterior à doença seja resgatado.[21]

No FBT, os pais são os especialistas em relação ao filho; eles é que o conhecem mais e podem cuidar da realimentação. São estimulados pelo terapeuta a refletirem sobre o que seria adequado ou não o jovem comer em cada refeição na busca para a recuperação de peso. O progresso do peso é acompanhado por todos a cada sessão, sendo o jovem pesado no início desta.

A partir do progresso ou não da recuperação de peso, discutem-se as estratégias utilizadas pela família durante a semana, buscando reforçar os aspectos que deram certo. Segue-se trabalhando para que a família diminua o criticismo e a hostilidade direcionados ao filho. O terapeuta mostra em cada sessão como é feita a externalização ao se referir à doença como uma entidade distinta do jovem emaciado.

Na primeira fase do tratamento, os pais são os responsáveis em todo o processo alimentar. Com a recuperação do peso e a diminuição de padrões patológicos na relação com a comida, o jovem volta a preparar o prato e aos poucos volta a fazer as próprias escolhas alimentares; os pais se distanciam, lentamente, da supervisão. Com a manutenção do peso, tem início a terceira fase do processo, na qual as questões habituais da adolescência entram em foco e o término do acompanhamento familiar é trabalhado.

Em 2013, James Lock e Daniel Le Grange[14] publicaram uma edição revisada do manual. Nessa revisão, apresentaram as vantagens do manual para a comunidade científica, permitindo aumento no número de pesquisas sobre o tratamento de TAs em crianças, adolescentes e também adultos jovens. A possibilidade de disseminar o modelo da abordagem familiar permitiu que também fossem estudadas as situações nas quais o modelo não funcionava tão bem, e versões modificadas do modelo foram propostas para atender às dificuldades encontradas. Exemplos são as famílias com alto nível de emoção expressa, que respondem melhor à abordagem quando o terapeuta atende separadamente pais e filhos. E, em situações de dificuldade na recuperação de peso do jovem, a inserção de algumas sessões feitas somente com os pais também mostrou ganho. Esse modelo é indicado para crianças e adolescentes ou jovens adultos que ainda vivem com os pais e que dependem deles.[22]

O questionamento de como melhorar o prognóstico dos pacientes adultos com quadros de TAs crônicos permanece. No final dos anos de 1990, Janet Treasure e seu grupo de pesquisa do Maudsley Hospital de Londres começaram a pesquisar a qualidade de vida dos familiares de pacientes cronificados. A partir dessa avaliação e da larga experiência clínica do grupo no tratamento de pessoas com AN e BN, desenvolveram outro modelo de intervenção para pais e/ou cuidadores de indivíduos com TAs.

Sabemos do impacto que as doenças mentais têm no seio familiar: há aumento no nível de estresse crônico e diminuição da qualidade de vida.[23] Um artigo de 2001 comparou o nível de estresse entre cuidadores de indivíduos com AN *versus* indivíduos com quadros psicóticos. Os autores encontraram nível maior de efeitos emocionais negativos no grupo de cuidadores de indivíduos com TAs. Além do efeito direto nos membros da família, esses efeitos negativos têm contribuição na manutenção dos sintomas, pois favorecem uma cadeia de reações com efeito de *feedbacks* negativos entre os cuidadores e a pessoa doente.[23] Intervenções que tenham os cuidadores como foco, como grupos de apoio, e terapia familiar podem melhorar o prognóstico de pacientes com AN.

Muito além de comer ou não comer, de ter ciclos de compulsão alimentar (CA) e purgação, do excesso de exercícios físicos, da extrema preocupação com o peso e a forma corporal, sabemos que todos estes são sintomas e que estão na superfície do funcionamento da pessoa doente. Por trás deles estão escondidos emoções, sentimentos e pensamentos (em geral negativos) com os quais a pessoa não sabe lidar. Saber que a doença vai além do sintoma ajuda os cuidadores a modularem suas respostas ao indivíduo doente.

Treasure e colaboradores[17] construíram um novo modelo do Maudsley, dirigido a cuidadores ou pais de pacientes com TAs. Esse modelo é realizado em grupos, como *workshops*. Os encontros consistem em uma parte teórica (psicoeducativa sobre TAs) e vivências práticas que colaboram para a melhor compreensão dos vários fatores que dificultam o convívio com a pessoa adoecida. Os participantes fazem experimentos relacionados a várias partes do manual. Utilizam dramatização para auxiliar a percepção de diversos elementos da comunicação, desenvolver uma escuta reflexiva, examinar e refletir sobre processos de mudança nos TAs. Esse formato é enriquecedor, e pesquisas qualitativas realizadas com os participantes reforçam isso.[24]

Os encontros podem ser distribuídos em um fim de semana ou intensivo de cinco dias. Abordagens alternativas foram testadas, como disponibilização do manual em formato de DVD e acompanhamento semanal por telefone de um profissional ou indivíduo da comunidade treinado nesse modelo. Assim como o manual do primeiro modelo do Maudsley, este também tem a proposta de disseminar modelos terapêuticos baseados em evidência. O objetivo dos encontros é trazer informações científicas sobre os TAs. Os mitos e os fatos sobre esse grupo de doenças são discutidos para esclarecer o entendimento de cada um e de como isso afeta o relacionamento com a pessoa adoecida.

Em 2010, Treasure e colaboradores adaptaram o manual feito para os cuidadores para profissionais.[18] Como modelo explicativo sobre o impacto de conviver com uma pessoa doente na vida dos cuidadores, utilizaram a abordagem gráfica desenvolvida por Williams.[25] O impacto é observado em cinco áreas da vida, que podem ser desenhadas tanto do ponto de vista dos cuidadores como da pessoa adoecida. Alguns exemplos de padrões de reação dos cuidadores que colaboram para a manutenção dos sintomas são apresentados no Quadro 16.1:

Para facilitar a compreensão de como os fatos interferem em cada uma dessas dimensões, as autoras propuseram um conjunto de metáforas de animais. Cada conjunto de reações dos cuidadores é associado a determinado animal, a saber: canguru (envolvendo superproteção), rinoceronte (excesso de racionalização, discussões sobre comida e peso para justificar e exigir a mudança do filho doente), avestruz (evitação do problema promovendo o isolamento das partes, sem que o jovem possa encontrar apoio nos cuidadores), água-viva (extrema reatividade emocional, pouca disponibi-

■ Quadro 16.1
Exemplos de padrões de reação dos cuidadores que colaboram para a manutenção dos sintomas

Situações de vida, relacionamentos, problemas de ordem prática: Filha que não consegue abrir a porta da garagem	
Alterações de pensamento	Minha filha está morrendo. Se eu mostrar o quanto me preocupo, ela vai comer.
Alterações emocionais	Ansiedade muito alta, medo, desespero.
Alterações comportamentais	Vigia a filha, procura passar a maior parte do tempo com ela, evita que faça qualquer tarefa física.
Sintomas físicos	Quando eu a abraço, ela está fria. Posso sentir todos os seus ossos.

Fonte: Elaborado com base em Treasure e colaboradores.[18]

lidade para exercer controle e cuidado em relação ao filho doente).[15,17] Esse modelo de intervenção não é um tratamento focado na pessoa doente; ele tem como objetivo a instrumentalização dos pais ou cuidadores para se cuidarem, para mudarem sua forma de agir e ajudar seus filhos durante todo o tratamento.

Em 2016, Jewell e colaboradores publicaram uma revisão sobre abordagens familiares para TAs, concluindo que esse tratamento é efetivo na medida em que oferece aos pais e cuidadores um ambiente de suporte que colabora para conter a ansiedade gerada pelos sintomas, promove mudanças precoces nos aspectos comportamentais do TA e mobiliza esperança e atitudes positivas da família. Essa abordagem é facilitada pela força da aliança terapêutica que os cuidadores e familiares estabelecem com a equipe multidisciplinar especializada em TAs. A base do tratamento é que os pais devem realimentar seu filho porque ele está doente e não tem condições de se cuidar. Baseia-se na reformulação do propósito terapêutico, em que os pais vão se responsabilizar pela realimentação do filho devido à necessidade de cuidado, e não na reorganização da hierarquia familiar, em que os pais assumem o controle sobre o filho doente.[26]

Em geral, indivíduos com AN preocupam-se em demasia em ter controle; assim, é fundamental, no início do tratamento, o terapeuta reforçar que o fato de os pais assumirem o cuidado com a alimentação é decorrente do amor e da necessidade de cuidar. Com pacientes menores de idade, a atuação parental pode ser trabalhada de forma mais natural. Faz sentido que os pais definam o que, quando e como o filho vai comer. Ele pode escolher, por exemplo, com quem vai comer e o local onde irá fazer a refeição. A tarefa de escolher os alimentos e organizar a refeição é dos pais, e não mais do filho. Os pais são as pessoas mais próximas, as que mais se preocupam com ele. Quando as crianças estão adoecidas, não têm como cuidar da própria alimentação, pois as falas da doença são opostas ao comer, sempre negando a necessidade de alimento, com crenças como a de que comer é um sinal de fraqueza. Quando o terapeuta explica essas questões para a família, já está trabalhando a ideia de externalizar a doença. Pais bem orientados podem e devem ser a oposição da doença. Essa abordagem propõe menor foco do tratamento na recuperação de peso e maior ênfase nas necessidades psicológicas de cada grupo familiar.[26]

CONSIDERAÇÕES FINAIS

As intervenções familiares são abordagens terapêuticas que melhoram a condição clínica dos pacientes, diminuem o estresse e a angústia dos pais/cuidadores e colaboram com a adesão ao tratamento. Os modelos estudados e aqui descritos foram disponibilizados em formatos de manuais. A vantagem da existência dos manuais é permitir a disseminação desses modelos e o acesso a práticas baseadas em evidência em lugares distantes dos centros onde os modelos foram inicialmente desenvolvidos. Porém, devemos ter em mente que, para utilizarmos qualquer um desses manuais, é necessário investir na aliança terapêutica e no conhecimento do terapeuta sobre TAs e sobre o funcionamento familiar. Além disso, deve-se avaliar em que fase do processo de mudança a família e a pessoa doente estão (pré-contemplação, contemplação, determinação, ação, manutenção).[17] Não levar em conta esses fatores pode contribuir para a falha da abordagem familiar. As intervenções atuais propõem a melhora nos padrões de comunicação, principalmente em relação aos sintomas alimentares, a busca de maior flexibilidade e maior competência para resolver conflitos.

REFERÊNCIAS

1. Brumberg JJ. The Body project: an intimate history of American girls. New York: Random House; 1998.
2. Nichols PM, Schwartz RC. Terapia familiar: conceitos e métodos. 7. ed. Porto Alegre: Artmed; 2007.
3. Seixas MRD. Sociodrama familiar sistêmico. 2. ed. São Paulo: Aleph; 1992.
4. Carter B, McGoldrick M. As mudanças no ciclo de vida familiar: uma estrutura para a terapia familiar. 2. ed. Porto Alegre: Artmed; 1989.
5. Minuchin S. Famílias, funcionamento e tratamento. Porto Alegre: Artes Médicas; 1982.
6. Minuchin S, Rosman BL, Baker L. Psychosomatic families: anorexia nervosa in context. Cambridge: Harvard University; 1979.
7. Eisler I, Simic M, Blessitt E, Dodge L. Maudsley service manual for child and adolescent eating disorders. London: Academic Health Sciences Centre for London; 2016.
8. Brumberg JJ. The body project: an intimate history of American girls. New York: Vintage Books; 1998.
9. Loeb KL, Lock J, Le Grange D, Greif R. Transdiagnostic theory and application of family-based treatment for youth with eating disorders. Cogn Behav Pract. 2012;19(1):17-30.
10. Nielsen S, Bará-Carril N. Family, burden of care and social consequences. In: Treasure J, Schmidt U, van Furth E, editors. Handbook of eating disorders: theory, treatment and research. Chichester: John Wiley and Sons; 2005. p. 191-206.
11. Hughes EK, Poker S, Bortz A, Yeo M, Telfer M, Sawyer SM. Adolescent and parent experience of care at a family-based treatment service for eating disorders. Front Psychiatry. 2020;11:310.
12. Mateos-Agut M, García-Alonso I, De la Gándara-Martín JJ, Vegas-Miguel MI, Sebastián-Vega C, Sanz-Cid B, et al. Family structure and eating behavior disorders. Actas Esp Psiquiatr. 2014;42(6):267-80.
13. Aratangy EW, Buonfiglio HB, organizadores. Como lidar com os transtornos alimentares: guia prático para familiares e pacientes. São Paulo: Hogrefe; 2017.
14. National Collaborating Centre for Mental Health. Core interventions in the treatment and management of anorexia nervosa, bulimia nervosa and related eating disorders, National Institute for Clinical Excellence. London: British Psychological Society; 2004.
15. Treasure J, Willmott D, Ambwani S, Cardi V, Clark Bryan D, Rowlands K, et al. Cognitive interpersonal model for anorexia nervosa revisited: the perpetuating factors that contribute to the development of the severe and enduring illness. J Clin Med. 2020;9(3):630.
16. Herpertz-Dahlmann B, Seitz J, Konrad K. Aetiology of anorexia nervosa: from a "psychosomatic family model" to a neuropsychiatric disorder? Eur Arch Psychiatry Clin Neurosci. 2011;261 Suppl 2:S177-81.
17. Treasure J, Smith G, Crane A. Skills-based learning for caring for a loved one with an eating disorder: the new Maudsley method. London: Routldge; 2017.
18. Treasure J, Schmidt U, Macdonald P, editors. The clinician's guide to collaborative caring in eating disorders: the new Maudsley method. London: Routldge; 2010.
19. Lock J. Evaluation of family treatment models for eating disorders. Curr Opin Psychiatry. 2011;24(4):274-9.
20. Lock J, Le Grange D, Agras WS, Dare C. Treatment manual for anorexia nervosa: a family-based approach. New York: Guilford; 2001.
21. White M, Epston D. Narrative means to therapeutic ends. New York: WW Norton; 1990.

22. Gorrell S, Loeb KL, Le Grange D. Family-based treatment of eating disorders: a narrative review. Psychiatr Clin North Am. 2019;42(2):193-204.

23. Treasure J, Murphy T, Szmukler G, Todd G, Gavan K, Joyce J. The experience of caregiving for severe mental illness: a comparison between anorexia nervosa and psychosis. Soc Psychiatry Psychiatr Epidemiol. 2001;36(7):343-7.

24. Mitrofan O, Petkova H, Janssens A, Kelly J, Edwards E, Nicholls D, et al. Care experiences of young people with eating disorders and their parents: qualitative study. BJPsych Open. 2019;5(1):e6.

25. Williams C. Overcoming depression and low mood: a five areas approach. London: Hodder Arnold; 2001.

26. Jewell T, Blessitt E, Stewart C, Simic M, Eisler I. Family therapy for child and adolescent eating disorders: a critical review. Fam Process. 2016;55(3):577-94.

17

OUTRAS FORMAS DE PSICOTERAPIA DOS TRANSTORNOS ALIMENTARES

Fellipe Augusto de Lima Souza
Maria Angélica Nunes

Os modelos de psicoterapias tradicionalmente pesquisados no campo dos transtornos alimentares (TAs) são a terapia cognitivo-comportamental (TCC-Fairburn), a terapia interpessoal (TIP) e as terapias psicodinâmicas (TPDs).

Atualmente, as psicoterapias recomendadas pela American Psychological Association (APA) no tratamento dos TAs contemplam cerca de 60% dos pacientes com anorexia nervosa (AN), bulimia nervosa (BN) e transtorno de compulsão alimentar (TCA).[1] Assim, surge a necessidade de outros modelos teóricos de psicoterapias, melhor compreensão da fisiopatologia dos TAs e possíveis implementações clínicas que aumentem a resposta ao tratamento.

A importância do conhecimento de outros modelos de psicoterapias para pacientes não respondentes às recomendações da APA (média de dois anos) impulsionou a testagem clínica de novas abordagens, sendo as principais denominadas "psicoterapias de terceira onda", entre elas a terapia comportamental dialética (DBT), a terapia de aceitação e compromisso (ACT), a terapia de esquemas (TE) e a terapia focada na compaixão (TFC).

A proposta deste capítulo é oferecer ao clínico uma breve revisão das psicoterapias tradicionalmente pesquisadas e um panorama dos últimos estudos relacionados aos novos modelos de psicoterapias nos TAs.

PRINCÍPIOS GERAIS

O emprego de técnicas psicoterápicas no tratamento dos TAs é recomendado desde as primeiras descrições da AN.[2,3] Ao longo dos anos, a compreensão da psicopatologia influenciou diretamente as intervenções psicológicas, iniciando-se com tratamentos puramente psicanalíticos de compreensão da psicopatologia como expressão simbólica de conflitos não resolvidos[2,3] e intervenções familiares direcionadas à organização e à reestruturação dos papéis familiares, sendo esses fatores considerados de risco para o desenvolvimento e a manutenção dos TAs.[4]

Com o passar dos anos, houve uma transição de intervenções interpretativas para abordagens focadas na mudança do comportamento, retirando os pacientes de posturas mais passivas perante os sintomas e colocando-os como sujeitos ativos do tratamento. A estrutura de organizar o tratamento em fases, ter metas claras, realizar o automonitoramento, fazer psicoeducação e construir um ritmo de psicoterapia foram preditos para que o modelo da TCC fosse facilmente disseminado em grandes centros médicos mundo afora, além das expressivas taxas de resposta da TCC em comparação com as abordagens psicológicas da época.[5]

Nas últimas décadas, as psicoterapias dos TAs estão sendo modificadas – das intervenções puramente comportamentais ou cognitivas relacionadas à mudança do paciente – para estratégias relacionadas a aceitação, *mindfulness*, metacognição, regulação emocional e flexibilidade psicológica.[5,6] São as terapias de terceira onda, ou terapias contextuais, que utilizam tecnologias de mudança e procedimentos de aceitação como meio de intervenção na psicopatologia alimentar.

PSICOTERAPIAS TRADICIONALMENTE PESQUISADAS

Os tipos de psicoterapias mais pesquisados em TAs são a TCC-Fairburn, a TIP e a terapia psicodinâmica (TPD) (**Quadro 17.1**).[1,2,7]

Atualmente, a TCC-Fairburn é o modelo de psicoterapia considerado padrão-ouro no tratamento da BN e do TCA.[5,8] As taxas de resposta em pacientes com AN são modestas, principalmente nos sintomas de recuperação de peso na fase aguda da doença e na prevenção de recaídas após a hospitalização desses pacientes.[1]

A segunda recomendação no tratamento da BN e do TCA é a TIP, com forte evidência de eficácia para essa população clínica.[1,5] A conceitualização da psicopatologia é organizada pela óptica dos problemas interpessoais, sendo esse fator capaz de influenciar, agravar e manter os TAs.[9] A técnica utiliza a teoria interpessoal de Sullivan associada ao modelo de apego de Bowlby.[3,5] Ela visa a abordar as relações interpessoais, geralmente

■ Quadro 17.1
Tratamentos tradicionalmente pesquisados nos TAs

TAs	TCC-Fairburn	TIP	TPD
AN	Modesto	Controverso	Modesto
BN	Forte evidência	Forte evidência	Modesto
TCA	Forte evidência	Forte evidência	Modesto

muito prejudicadas nos pacientes com TAs. O tratamento da TIP é dividido em quatro fases, com duração média de 12 a 16 semanas.[9]

A TIP apresenta taxas de resposta semelhantes às da TCC-Fairburn em estudos de seguimento, porém não é a primeira recomendação porque não foca no comportamento alimentar e apresenta lenta resposta a curto prazo.[10] A TIP é uma intervenção focada exclusivamente na melhora das relações interpessoais e no aumento dos domínios de vida de pacientes com TAs. Os resultados da TIP em pacientes com AN necessitam de maior investigação clínica e compreensão de seus efeitos, sendo até o momento uma intervenção a ser considerada, porém com dados controversos.[9]

A TPD engloba abordagens de compreensão psicanalítica.[2] Ela é uma das intervenções mais antigas no tratamento dos TAs.[3] Os estudos de revisão demonstram que os pacientes com TAs apresentam melhora da psicopatologia alimentar, principalmente pacientes com AN.[11] Os resultados demonstram que TPD é um tratamento a ser considerado[2,3,11] caso o paciente não se adapte à TCC-Fairburn ou à TIP ou tenha baixa resposta com os tratamentos recomendados pela APA. Um consenso entre as revisões é o de que a terapia psicodinâmica é uma intervenção favorável no tratamento dos TAs, porém são necessárias mais pesquisas para esclarecer sua eficácia.[2,3] Uma das possíveis razões seria a variedade de estudos heterogêneos, que dificultam a confiabilidade dos dados comparativos, porém as recentes revisões apontam a terapia como um tratamento possivelmente eficaz na AN.[11]

Os modelos de psicoterapias tradicionalmente pesquisados (TCC-Fairburn, TIP e TPD) apresentam algumas contraindicações no tratamento de pacientes com TAs.[10] A TCC-Fairburn foi projetada para o tratamento do comportamento alimentar e seus problemas correlacionados (problemas interpessoais, perfeccionismo e baixa autoestima), sem resposta para outras comorbidades psiquiátricas.[10] Por isso, é uma psicoterapia contraindicada a pacientes que tenham comorbidades como comportamento suicida ou autolesivo, abuso de substâncias, depressão clínica ou pacientes com múltiplos diagnósticos psiquiátricos associados ao TA (**Quadro 17.2**).[8,10]

Nesse caso, é recomendado, de acordo com a TCC-Fairburn, que o paciente primeiro faça o tratamento dessas comorbidades para depois se dedicar ao tratamento do TA.[10]

A TIP é contraindicada a pacientes que necessitem de monitoramento clínico constante, pois o foco é nos fatores mantenedores das relações sociais, não sendo contemplados parâmetros clínicos importantes relacionados a questões médicas.[6]

A terapia psicodinâmica não apresenta descrições de contraindicações claras, não sendo possível identificar efeitos adversos dessa psicoterapia no tratamento dos TAs.[3]

Essas contraindicações dos tratamentos recomendados pela APA impulsionaram pesquisas de outros modelos de psicoterapia, principalmente que pudessem ser implementados junto com os procedimentos tradicionais focados no TAs ou abordagens abrangentes que oferecessem intervenções transdiagnósticas entre o TA e os múltiplos diagnósticos. Uma possibilidade seria a associação com abordagens que apresentam similaridades epistemológicas, como as terapias de terceira onda, que têm como base os conceitos das psicoterapias cognitivas e comportamentais.

■ **Quadro 17.2**
Contraindicações das psicoterapias TCC-FAIRBURN, TIP e TPD

TCC-FAIRBURN	TIP	TPD
Comportamento suicida Depressão grave Abuso de substâncias Crises graves de vida* Incapacidade de ir ao tratamento Férias do terapeuta**	Pacientes com TAs que necessitem de monitoramento clínico***	Sem contraindicações claras

*Desastres, acidentes, luto, entre outras barreiras que possam interferir no tratamento do TA. **Caso o terapeuta necessite ausentar-se nas 6 primeiras semanas de tratamento. ***TAs que necessitem de monitoramento clínico (alimentação, métodos purgativos, métodos compensatórios e/ou episódios de compulsão alimentar).

Fonte: Com base em Fairburn e colaboradores;[8] Fairburn.[10]

As terapias de terceira onda são um novo movimento de psicoterapias que amplia as intervenções puramente comportamentais ou cognitivas relacionadas à mudança do paciente. O termo "onda" significa que a ciência comportamental está em constante mudança, criando, assim, movimentos como se fossem ondas que avançam em direção à praia conforme a ciência avança em relação à compreensão do comportamento humano.[5]

As terapias de terceira onda mantêm grande parte dos procedimentos da terapia cognitiva e comportamental (segunda onda), como automonitoramento, exposição, dessensibilização sistemática, entre outros, porém acaba abrangendo as intervenções para estratégias relacionadas a aceitação, *mindfulness*, metacognição, regulação emocional e flexibilidade psicológica.[5,6]

PSICOTERAPIAS DE TERCEIRA ONDA

Nas últimas décadas, as psicoterapias de terceira onda foram introduzidas no tratamento dos TAs. Diferentemente do percurso das demais psicoterapias, que passaram por inúmeros ensaios clínicos até serem considerados tratamentos confiáveis ou eficazes, as terapias de terceira onda foram facilmente introduzidas nos programas de TAs, mesmo com evidências limitadas de sua aplicação em comparação com a longa trajetória da TCC-Fairburn, da TIP e da TPD.[5,6]

Embora popularizadas, as psicoterapias de terceira onda não são a primeira recomendação clínica no tratamento dos TAs puros ou sem comorbidades psiquiátricas.[12] Recentemente, uma extensa revisão sistemática demonstrou que todos os pacientes tiveram boa resposta ao serem tratados com as terapias de terceira onda, porém nenhuma delas teve resultados superiores aos da TCC-Fairburn ou da TIP,[5,6] sendo tratamentos a serem considerados.

TERAPIA COMPORTAMENTAL DIALÉTICA

A DBT é uma psicoterapia de base cognitiva e comportamental desenvolvida em meados de 1980 pela Dra. Marsha Linehan na Universidade de Washington. Inicialmente, a DBT foi desenvolvida para mulheres com transtorno da personalidade *borderline* que apresentavam comportamento suicida ou autolesivo e intensa desregulação emocional.[13,14]

Atualmente, a DBT é o tratamento padrão-ouro para pacientes com transtorno da personalidade *borderline*. Por isso, no decorrer dos anos, diversos ensaios clínicos foram realizados testando a DBT em outras psicopatologias que tinham características de desregulação emocional, como transtorno por uso de substâncias, transtorno de estresse pós-traumático e os TAs.[14,15]

A DBT é a psicoterapia de terceira onda mais estudada no campo dos TAs, sendo composta por terapia individual, grupo de habilidades (*mindfulness*, regulação emocional, tolerância ao mal-estar e efetividade interpessoal), consultoria por telefone, reunião de consultoria para os terapeutas e tratamentos complementares (atendimento nutricional, médico, entre outros).[14]

Os pacientes, ao se comprometerem a realizar a DBT, recebem cuidados intensivos, tendo, no mínimo, 3 horas de assistência psicológica por semana, as quais são divididas em uma sessão de terapia individual (média de 50min até 1h) e uma sessão de grupo de habilidades (entre 2h e 2h30min). Além disso, são feitas combinações relacionadas ao manejo do comportamento suicida ou autolesivo ou dos comportamentos alimentares de risco (restrição alimentar severa, graves induções de vomito e abuso extremo de laxantes e diuréticos) por telefone. Por isso, a DBT é destinada a pacientes com maior gravidade clínica.[12,16,17]

De acordo com um estudo de revisão sistemática,[17] a DBT atualmente conta com cinco ensaios clínicos randomizados, cinco ensaios clínicos não controlados, três estudos naturalísticos, duas séries de casos e um caso reportado.

Os dados de DBT dos TAs graves e com múltiplos diagnósticos se mostraram promissores na redução da psicopatologia alimentar e de problemas relacionados com a desregulação emocional, principalmente em tratamentos intensivos ambulatoriais e na internação.[12,13,16-18] É importante mencionar que nesses estudos foi implementada a DBT com os procedimentos focados no comportamento alimentar bem estabelecidos pela TCC-Fairburn: diário alimentar, pesagem colaborativa, comer regular e estratégias focadas na imagem corporal.

Os dados de DBT para TCA e BN são bem consolidados em vários ensaios clínicos randomizados, mostrando sua possível eficácia em pacientes com TAs associados a desregulação emocional.[17,19-22]

TERAPIA DE ACEITAÇÃO E COMPROMISSO

A ACT é uma abordagem cujo objetivo é melhorar a flexibilidade psicológica dos pacientes, ou seja, ajudá-los a estar plenamente conscientes no momento presente, aceitar a experiência interna das emoções e ter ações comprometidas com os próprios valores, mesmo que tenham sofrimento interno associado.[23]

No campo dos TAs, a ACT teve resposta controversa em pacientes com TAs, pois até 2016 existia apenas um ensaio clínico randomizado, que demonstrou que a terapia não foi mais eficaz que o tratamento habitual do grupo-controle.[24] Em outros estudos, a ACT novamente não foi superior ao grupo-controle com pacientes que tinham AN e BN.[25] Os poucos dados da ACT no tratamento dos TAs não a classificam como uma psicoterapia potencialmente eficaz.[26,7] São necessários mais estudos da ACT nos TAs, mesmo que os estudos descrevam os efeitos positivos de intervenções pleiteadas em aceitação (**Quadro 17.3**).[5]

TERAPIA DE ESQUEMAS

A TE é uma abordagem psicológica desenvolvida por Jeffrey Young para o tratamento dos transtornos da personalidade.[2,3] Essa modalidade de psicoterapia representa uma evolução do modelo cognitivo de Beck, pelo fato de aprofundar alguns estados cogni-

Quadro 17.3
Recomendações das psicoterapias nos tratamentos dos TAs

Psicoterapias	Recomendações
TCC-Fairburn	Primeira recomendação. Tratamento padrão-ouro para BN e TCA sem comorbidades psiquiátricas, porém com resposta modesta no tratamento da AN.
TIP	Segunda recomendação. Transtorno clínico: tratamento de forte evidência para BN e TCA sem comorbidades psiquiátricas, porém com dados controversos no tratamento da AN.
TPD	Tratamento possivelmente eficaz para AN e modesto para BN e TCA.
DBT	Tratamento possivelmente eficaz para BN, TCA e TAs com múltiplos diagnósticos, principalmente associados ao transtorno da personalidade *borderline* ou a desregulação emocional.
ACT	Ausência de estudos de comprovação da eficácia.
TE	Ausência de estudos de comprovação de eficácia.
TFC	Ainda sem comprovação de eficácia para TAs.

TCC-Fairburn: terapia cognitivo-comportamental (modelo transdiagnóstico de Fairburn); TIP: terapia interpessoal; TPD: terapia psicodinâmica; DBT: terapia comportamental dialética; ACT: terapia de aceitação e compromisso; TE: terapia de esquemas; TFC: terapia focada na compaixão.

Fonte: Com base em Linardon e colaboradores.[5]

tivos, chamados de "esquema inicial desadaptativo".[27] É importante mencionar que a TE é um tratamento eficaz para os transtornos da personalidade, porém não há estudos que comprovem sua eficácia em pacientes com TAs.[27,28]

Até 2016, existia apenas um único estudo clínico randomizado que comparou a TE, a TCC e TCC focada no apetite para pacientes com TCA.[28] Os autores relatam que não houve diferença significativa entre os grupos,[28] sendo este o único ensaio clínico randomizado de TE para adultos com TAs.

OUTROS MODELOS DE PSICOTERAPIAS

TERAPIA FOCADA NA COMPAIXÃO

A TFC é uma psicoterapia desenvolvida por Paul Gilbert para o tratamento do autocriticismo e da vergonha.[29] A TFC não é considerada uma psicoterapia de terceira onda, sendo classificada como um tratamento baseado na psicologia evolucionista, na análise funcional das emoções e nas práticas de atenção plena.[29]

A TFC reconhece a natureza autocrítica e a vergonha de pessoas que sofrem com TAs e que isso pode criar uma relação conflituosa com o próprio *self*, transformando as experiências de forma negativa. No tratamento de psicoterapia individual em adultos com TAs, a TFC tem até o momento apenas dois ensaios clínicos randomizados,[24,30] porém os dois estudos foram realizados com a mesma equipe clínica. No primeiro estudo, a TFC de autoajuda guiada foi comparada com a TCC de autoajuda guiada em grupo e a lista de espera.[24] Os dados mostraram que a TFC de autoajuda e a TCC de autoajuda guiada em grupo foram superiores à lista de espera na redução dos episódios de compulsão alimentar. Além disso, a TFC foi associada a melhores taxas estatísticas nas escalas de avaliação global dos TAs.[24]

O segundo ensaio clínico randomizado[30] comparou a TFC com o tratamento habitual em uma amostra transdiagnóstica, e os resultados foram significativamente positivos para a TFC na escala de avaliação global dos TAs. Nesses estudos, nenhuma análise de seguimento foi realizada.[24,30] Esses dois estudos[24,30] demonstram a importância de novas testagens clínicas para conseguir afirmar se a TFC é considerada favorável no tratamento dos TAs.

CONSIDERAÇÕES FINAIS

A heterogeneidade dos pacientes com TAs requer que os clínicos escolham abordagens que tenham melhor resposta, considerando o tipo de psicopatologia subjacente. Além disso, o curso dos TAs pode ser tão diverso que diferentes modelos terapêuticos necessitam ser testados antes que uma estratégia terapêutica apropriada e efetiva seja encontrada.

REFERÊNCIAS

1. Society of Clinical Psychology. Division 12: psychological treatments. Atlanta: American Psychological Association; 2020.
2. Hewison D. Psychodynamic therapy: as efficacious as other empirically supported treatments? A meta-analysis testing equivalence of outcome. Couple Fam Psychoanal. 2018;8(1):74-6.
3. Steinert C, Munder T, Rabung S, Hoyer J, Leichsenring F. Psychodynamic therapy: as efficacious as other empirically supported treatments? A meta-analysis testing equivalence of outcomes. Am J Psychiatry. 2017;174(10):943-53.
4. Souza LV, Santos MA. A família e os TAs. Medicina (Ribeirão Preto). 2006;39(3):403-9.
5. Linardon J, Fairburn CG, Fitzsimmons-Craft EE, Wilfley DE, Brennan L. The empirical status of the third-wave behaviour therapies for the treatment of eating disorders: a systematic review. Clin Psychol Rev. 2017;58:125-40.
6. Linardon J, Wade TD, de la Piedad Garcia X, Brennan L. The efficacy of cognitive-behavioral therapy for eating disorders: a systematic review and meta-analysis. J Consult Clin Psychol. 2017;85(11):1080-94.
7. Karam AM, Fitzsimmons-Craft EE, Tanofsky-Kraff M, Wilfley DE. Interpersonal Psychotherapy and the Treatment of Eating Disorders. Psychiatr Clin North Am. 2019;42(2):205-18.
8. Fairburn CG, Cooper Z, Doll HA, O'Connor ME, Bohn K, Hawker DM, et al. Transdiagnostic cognitive-behavioral therapy for patients with eating disorders: a two-site trial with 60-week follow-up. Am J Psychiatry. 2009;166(3):311-9.
9. Murphy R, Straebler S, Basden S, Cooper Z, Fairburn CG. Interpersonal psychotherapy for eating disorders. Clin Psychol Psychother. 2012;19(2):150-8.
10. Fairburn CG. Cognitive behavior therapy and eating disorders. New York: Guilford; 2008.
11. Abbate-Daga G, Marzola E, Amianto F, Fassino S. A comprehensive review of psychodynamic treatments for eating disorders. Eat Weight Disord. 2016;21(4):553-80.
12. Ben-Porath DD, Federici A, Wisniewski L, Warren M. Dialectical behavior therapy: does it bring about improvements in affect regulation in individuals with eating disorders? J Contemp Psychother. 2014;44(4):245-51.
13. Brown TA, Cusack A, Berner LA, Anderson LK, Nakamura T, Gomez L, et al. Emotion regulation difficulties during and after partial hospitalization treatment across eating disorders. Behav Ther. 2020;51(3):401-12.
14. Linehan MM. Terapia cognitivo-comportamental para transtorno da personalidade borderline: guia do terapeuta. Porto Alegre: Artmed; 2016.
15. Linehan MM. Treinamento de habilidades em DBT: manual de terapia comportamental dialética para o terapeuta. 2. ed. Porto Alegre: Artmed; 2018.
16. Navarro-Haro MV, Botella MV, Guillen C, Moliner V, Marco R, Jorquera H, et al. Dialectical behavior therapy in the treatment of borderline personality disorder and eating disorders comorbidity: a pilot study in a naturalistic setting. Cognit Ther Res. 2018;182:135-40.
17. Ben-Porath D, Duthu F, Luo T, Gonidakis F, Compte EJ, Wisniewski L. Dialectical behavioral therapy: an update and review of the existing treatment models adapted for adults with eating disorders. Eat Disord. 2020;28(2):101-21.
18. Brown TA, Cusack A, Anderson LK, Trim J, Nakamura T, Trunko ME, et al. Efficacy of a partial hospital programme for adults with eating disorders. Eur Eat Disord Rev. 2018;26(3):241-52.
19. Chen EY, Matthews L, Allen C, Kuo JR, Linehan MM. Dialectical behavior therapy for clients with binge-eating disorder or bulimia nervosa and borderline personality disorder. Int J Eat Disord. 2008;41(6):505-12.
20. Safer DL, Lively TJ, Telch CF, Agras WS. Predictors of relapse following successful dialectical behavior therapy for binge eating disorder. Int J Eat Disord. 2002;32(2):155-63.
21. Safer DL, Robinson AH, Jo B. Outcome from a randomized controlled trial of group therapy for binge eating disorder: comparing dialectical behavior therapy adapted for binge eating to an active comparison group therapy. Behav Ther. 2010;41(1):106-20.

22. Safer DL, Telch CF, Agras WS. Dialectical behavior therapy for bulimia nervosa. Am J Psychiatry. 2001;158(4):632-4.

23. Hayes SC, Pistorello J, Biglan A. Terapia de aceitação e compromisso: modelo, dados e extensão para a prevenção do suicídio. Rev Bras Ter Cogn. 2008;10(1):81-104.

24. Kelly AC, Carter JC. Self-compassion training for binge eating disorder: a pilot randomized controlled trial. Psychol Psychother. 2015;88(3):285-303.

25. Juarascio A, Shaw J, Forman E, Timko CA, Herbert J, Butryn M, et al. Acceptance and commitment therapy as a novel treatment for eating disorders: an initial test of efficacy and mediation. Behav Modif. 2013;37(4):459-89.

26. Pisetsky EM, Schaefer LM, Wonderlich SA, Peterson CB. Emerging psychological treatments in eating disorders. Psychiatr Clin North Am. 2019;42(2):219-29.

27. Wainer R, Paim K, Erdos R, Erdos R, Andriola R. Terapia cognitiva focada em esquemas: integração em psicoterapia. Porto Alegre: Artmed; 2015.

28. McIntosh VVW, Jordan J, Carter JD, Frampton CMA, McKenzie JM, Latner JD, et al. Psychotherapy for transdiagnostic binge eating: a randomized controlled trial of cognitive-behavioural therapy, appetite-focused cognitive-behavioural therapy, and schema therapy. Psychiatry Res. 2016;240:412-20.

29. Gilbert P. The origins and nature of compassion focused therapy. Br J Clin Psychol. 2014;53(1):6-41.

30. Kelly AC, Wisniewski L, Martin-Wagar C, Hoffman E. Group based compassion-focused therapy as an adjunct to outpatient treatment for eating disorders: a pilot randomized controlled trial. Clin Psychol Psychother. 2017;24(2):475-87.

18 TRATAMENTO FARMACOLÓGICO DOS TRANSTORNOS ALIMENTARES

Jose Carlos Appolinario
João Chaves Hiluy

De forma geral, o tratamento farmacológico é um dos pilares da abordagem multimodal dos transtornos alimentares (TAs). Entretanto, certos aspectos do emprego de agentes farmacológicos nesse grupamento diagnóstico devem ser ressaltados. A intervenção farmacológica tem papel central no manejo de vários transtornos psiquiátricos (como esquizofrenia, transtorno bipolar e transtorno depressivo), mas, nos TAs, é coadjuvante a intervenções nutricionais e psicológicas.[1] Deve-se salientar, também, que os medicamentos têm efetividade diferenciada em cada síndrome alimentar. Assim, enquanto na anorexia nervosa (AN) não têm se mostrado muito promissores, na bulimia nervosa (BN) se mostraram eficazes em vários ensaios clínicos randomizados (ECRs),[2] o que também parece ocorrer no transtorno de compulsão alimentar (TCA).[3] Considerando essas características específicas do uso de psicofármacos nos transtornos do comportamento alimentar, são apresentados a seguir princípios gerais de tratamento e as principais evidências de sua efetividade nesses transtornos. Em seguida, é abordado o uso desses fármacos na prática clínica.

PRINCÍPIOS GERAIS

O tratamento farmacológico dos TAs deve basear-se em uma estratégia individualizada e escalonada, sendo planejado em conjunto com intervenções nutricionais e psicológicas, essência do manejo dessas condições. A farmacoterapia deve ser instituída quando essas abordagens não se mostraram efetivas em primeira instância ou ser combinada a elas, incluída em uma estratégia multimodal.[1] Entretanto, outros aspectos devem ser considerados quando se pondera o uso de fármacos no tratamento de TAs.

A resposta terapêutica aos agentes farmacológicos não somente é heterogênea entre os diversos TAs, como pode ser diferente em certos grupamentos sintomáticos em um mesmo transtorno. É o que se observa, por exemplo, na BN com a fluoxetina. Ao mesmo tempo em que ela se mostra eficaz na redução dos episódios de compulsão alimentar (ECAs) e de métodos compensatórios inapropriados para o controle do peso, parece não ter resposta terapêutica similar sobre outros sintomas, como alterações da imagem corporal.[4] Assim, o objetivo do tratamento farmacológico pode ser muito variável em cada categoria diagnóstica. É importante ter isso em mente em relação ao que se pode esperar com o emprego de um medicamento.

Nos TAs, são frequentes transtornos psiquiátricos comórbidos, como os depressivos, ansiosos e do controle de impulsos.[5] Muitas vezes, são um reflexo da própria sintomatologia alimentar. Por exemplo, no caso da AN, quadros depressivos associados podem ser resultado da desnutrição, regredindo conforme a melhora do estado nutricional.[6] Nesses casos, a evolução clínica do paciente pode auxiliar na tomada de decisão sobre o uso de um agente farmacológico. Já o tratamento farmacológico de um transtorno psiquiátrico associado pode auxiliar no tratamento do TA.

Os TAs são caraterizados, ainda, por uma associação importante a várias doenças clínicas, como desnutrição, obesidade, diabetes melito, alterações do equilíbrio hidroeletrolítico e hormonais.[5,7] Ao avaliar o paciente, o profissional deve estar atento à ocorrência de manifestações clínicas associadas, pois a escolha do agente farmacológico deve considerar a presença e a gravidade de quadros clínicos comórbidos.

Outro aspecto diz respeito à duração do tratamento. Essa é uma questão sem resposta precisa na maioria dos transtornos psiquiátricos. No caso dos TAs, há poucos estudos avaliando o uso de medicamentos no longo prazo, e as evidências são de investigações de curta duração (2-3 meses), não permitindo conclusões definitivas.[1] Entretanto, como os TAs costumam ter curso crônico, deve-se considerar o uso mais prolongado de medicamentos.

ANOREXIA NERVOSA

O tratamento farmacológico da AN deve fazer parte de uma estratégia terapêutica ampla, incluindo abordagens nutricionais e psicológicas. Há consenso de que a terapia nutricional associada a psicoterapia, objetivando a restauração e a estabilização do peso corporal, é a principal estratégia terapêutica. Assim, embora muitas vezes seja necessária, as evidências para a farmacoterapia dos sintomas nucleares da AN são frágeis.

A estratégia de tratamento da AN pode ser pensada em dois momentos: nas fases aguda e de manutenção. Na primeira, busca-se a recuperação do peso e a redução dos sintomas nucleares – fobia de peso, distorção da imagem corporal, preocupação obsessiva com comida e comportamentos compulsivos (contagem calórica, exercícios, rituais alimentares). Além disso, a sintomatologia geral associada (não específica a questões de corpo e comida) deve ser considerada, como os sintomas depressivos, ansiosos e obsessivos. Já na fase de manutenção, o objetivo principal é evitar recaídas, prevenindo a piora dos sintomas nucleares da AN e a redução do peso corporal.

Vários estudos clínicos, com fármacos de diferentes classes, foram realizados na busca de um tratamento farmacológico para a AN. Entretanto, há poucas evidências de impacto desse tratamento na restauração do peso e na prevenção de recaídas. As principais classes testadas foram antidepressivos (ADs) e antipsicóticos (APs), havendo estudos isolados com outros agentes.[8]

ANTIDEPRESSIVOS

As semelhanças biológicas e psicopatológicas entre AN, depressão e transtorno obsessivo-compulsivo estimularam estudos que avaliam o uso de ADs na AN.[9] Além disso, alguns desses agentes levam a ganho de peso, o que poderia contribuir no tratamento da AN, sendo, inicialmente, pensados como promissores na farmacoterapia do transtorno.

Os inibidores seletivos da recaptação da serotonina (ISRSs) foram os ADs mais estudados na AN, sendo a fluoxetina o principal agente testado. Um estudo inicial comparou a fluoxetina com placebo em um grupo de pacientes com AN após um período de hospitalização para restauração de peso, observando taxas menores de recaída nos que a receberam.[10] Outro ECR multicêntrico subsequente, entretanto, não conseguiu identificar diferença significativa entre os grupos que receberam fluoxetina ou placebo em relação ao ganho de peso e outras variáveis avaliadas.[11] Outros ADs, como citalopram, mirtazapina e duloxetina, também foram estudados na AN, com resultados negativos. Apesar da falta de resposta terapêutica em relação a variáveis ponderais e psicopatologia nuclear da AN, os ADs costumam agir sobre os sintomas depressivos e obsessivo-compulsivos associados, contribuindo para uma melhora do curso do transtorno.

Assim, os dados disponíveis sobre ADs no tratamento farmacológico da AN demonstram eficácia limitada. Contudo, eles podem melhorar sintomas depressivos, bem como ansiedade, irritabilidade e labilidade emocional, complicadores no curso da AN.[9]

ANTIPSICÓTICOS

As justificativas para o uso de APs na AN se baseiam na ideia de que possam agir em algumas distorções da imagem corporal e no medo do ganho de peso, o que poderia estar relacionado a uma desregulação dopaminérgica subjacente.[12] Em estudos iniciais, antipsicóticos de primeira geração (APGs) não se mostraram efetivos em relação à melhora do peso corporal e às atitudes e aos comportamentos anoréxicos.

Com a introdução dos antipsicóticos de segunda geração (ASGs), houve novo interesse pelo uso dessa classe na AN, muito em função da melhor tolerabilidade e do potencial efeito sobre sintomas obsessivos e de humor. Entre os ASGs, o mais estudado foi a olanzapina, recentemente avaliada em uma revisão sistemática para o tratamento da AN.[13] Após uma série de estudos abertos e alguns ensaios controlados com pequenas amostras de pacientes, um ECR duplo-cego e controlado com placebo, realizado em 2019, avaliou 152 indivíduos, evidenciando que a olanzapina foi superior ao placebo em relação ao ganho de peso. Embora não tenha sido observada melhora nos sintomas psicológicos, os autores concluíram que esse modesto efeito sobre o peso corporal pode representar um avanço no desafio de restaurar o peso nos indivíduos com AN.[14]

Outros ASGs também foram estudados em pequenos ECRs controlados, como a risperidona e a quetiapina, sem demonstrar superioridade ao placebo.[15,16] Já o aripiprazol, avaliado em uma série de casos retrospectivos e alguns relatos de casos, demonstrou possível benefício no ganho de peso e na psicopatologia da AN. Entretanto, até o momento, não há ECRs publicados.

Assim, a olanzapina ainda é o único AP que tem seu uso baseado em evidências robustas na farmacoterapia da AN, uma vez que mostrou efeito modesto sobre o ganho de peso.

OUTROS AGENTES

A ciproeptadina, anti-histamínico de primeira geração, foi avaliada em um estudo no tratamento da AN, com base na observação de sua utilidade para aumentar o apetite e induzir ganho de peso. Embora alguns estudos controlados tenham sido realizados com ciproeptadina na AN, apenas um demonstrou sua eficácia em relação ao ganho de peso em pacientes com AN restritiva,[17] sem melhora de sintomas nucleares do transtorno. Com base nessas evidências, ela tem sido pouco usada no tratamento da AN.

Já o uso do zinco tem como base a semelhança entre os sintomas de indivíduos com deficiência dessa substância (perda de peso, mudanças no apetite, amenorreia e sintomas depressivos) e aqueles observados na AN. Apresentando apenas um estudo positivo em um subgrupo específico de pacientes,[18,19] as evidências atuais não suportam o seu uso na prática clínica.

Diversos outros agentes foram estudados na AN, porém sem comprovação de efeito terapêutico e com eventuais problemas de tolerabilidade (p. ex., lítio, cisaprida, metoclopramida, domperidona, naltrexona, tetra-hidrocanabinol, clonidina e hormônio do crescimento).

FARMACOTERAPIA DA ANOREXIA NERVOSA: RECOMENDAÇÕES

O tratamento farmacológico deve ser pensado caso a caso, com base nos aspectos sintomatológicos que motivam prioritariamente sua implementação. Assim, os ASGs podem ser considerados em pacientes com sintomas graves, com baixo peso extremo, com sérias distorções da autoimagem ou em casos resistentes. A droga de escolha deve ser a olanzapina (2,5-10 mg/dia), única que demonstrou superioridade ao placebo, embora com moderado efeito sobre o ganho de peso. A duração do tratamento não é bem-estabelecida, porém recomenda-se uso não inferior a quatro meses.

Já os ADs podem ser empregados visando à redução de sintomas depressivos e obsessivos associados, uma vez que não demonstraram eficácia no reganho de peso ou na redução de sintomas nucleares da AN. Os ISRSs são os ADs mais recomendados por seu perfil de segurança e menos efeitos adversos. A dose deve ser gradualmente aumentada até atingir valor semelhante ao usado nos transtornos depressivos. Além do uso na fase aguda, os ISRSs podem ser úteis na prevenção de recaídas, podendo ser usados durante o primeiro ano pós-recuperação de peso. É importante observar que algumas pacientes com AN podem usar ISRSs de forma abusiva, visando ao controle de apetite. Tal potencial de abuso deve ser avaliado regularmente.

Alguns aspectos relacionados ao comportamento dos pacientes com AN devem ser considerados, como o risco de negligência do uso de medicações por resistência ao tratamento. Naqueles com sintomas purgativos (vômitos autoinduzidos), os medicamentos devem ser usados em horários distantes de refeições em que costumam purgar, naquelas comumente mais aceitas, ao deitar-se ou com vigilância dos comportamentos por pelo menos duas horas após o uso da medicação.

BULIMIA NERVOSA

A farmacoterapia da BN também deve fazer parte de uma estratégia geral de tratamento.[8] Seu objetivo deve ser a redução/remissão dos ECAs e dos comportamentos compensatórios (como vômitos autoinduzidos ou atividade física excessiva), bem como o tratamento dos sintomas comórbidos (depressão e impulsividade). Entretanto, a farmacoterapia da BN tem evidências bem-estabelecidas, com dados vindos de diversos ECRs controlados, sobretudo com o uso de ADs.[20]

ANTIDEPRESSIVOS

Várias classes de ADs foram avaliadas em ECRs controlados com placebo para o tratamento da BN, tendo sido testadas independentemente da presença ou ausência de sintomas depressivos.[21] De maneira geral, as evidências sugerem que podem reduzir a frequência dos comportamentos bulímicos em 50 a 60% em um intervalo de 6 a 8 semanas.[21] A fluoxetina é o AD de primeira escolha, sendo, até o momento, a única medicação aprovada para o tratamento da BN pela Food and Drug Administration (FDA), com uso preconizado na dose de 60 mg/dia. Para sua aprovação, três ECRs controlados duplos-cegos foram avaliados: dois com duração de nove semanas[4,22] e um terceiro com duração de 16 semanas,[23] sendo este último um estudo multicêntrico envolvendo cerca de 400 pacientes ambulatoriais, no qual os autores reportaram redução significativamente maior no número de ECAs/purgação entre aqueles em uso de 60 mg de fluoxetina em comparação a pacientes em uso de placebo (redução de 50 vs. 21%). Além de tratar os sintomas típicos da doença (compulsão alimentar, purgações, preocupações com peso e forma corporal), a fluoxetina também reduziu sintomas de ansiedade e depressão.

ECRs com outros ISRSs, como a sertralina e a fluvoxamina, também mostraram resultados positivos em comparação ao placebo,[24,25] como redução significativa do número de ECAs e purgação. Apesar de terem uma base menor de evidências, na prática clínica essas medicações servem como boas alternativas ao tratamento com a fluoxetina, sobretudo nos casos de intolerância aos efeitos colaterais. As doses desses ISRSs prescritas no tratamento da BN são semelhantes às indicadas para o tratamento da depressão.

Outras classes de ADs também foram avaliadas no tratamento da BN, visto a eficácia e a segurança no tratamento do transtorno depressivo. Assim, drogas como desvenlafaxina, duloxetina, venlafaxina e vortioxetina foram avaliadas em estudos abertos, com resultados preliminares sugerindo que a duloxetina pode ter efeito positivo no tratamento da BN.[26] A bupropiona, um inibidor da recaptação de dopamina e norepinefrina, foi, em 1988, associada a maior risco de convulsões em pacientes com BN. Entretanto, tratava-se da sua formulação de liberação imediata e em doses superiores a 300 mg/dia. Desde então, não houve estudos avaliando a bupropiona de liberação prolongada ou sustentada no tratamento da BN, ainda que não pareça haver risco maior de convulsões com essas formulações em doses de até 300 mg/dia.[27] Já os antidepressivos tricíclicos (ADTs) apresentam risco adicional de toxicidade em pacientes com BN, devendo ser empregados com cuidado, sobretudo em pacientes com potencial risco de suicídio.

ANTICONVULSIVANTES

Três ECRs controlados avaliaram o uso de anticonvulsivantes (ACs) no tratamento da BN: um com a carbamazepina e dois com o topiramato.[26] Em contraste com o estudo da carbamazepina, que se mostrou ineficaz comparada ao placebo, ambos os ensaios com topiramato evidenciaram sua superioridade comparado ao placebo no tratamento da BN. O topiramato aumenta a atividade do ácido gama-aminobutírico (GABA), bloqueia os canais de sódio voltagem-dependentes, antagoniza os receptores do glutamato (AMPA e cainato) e inibe a anidrase carbônica. Os ECRs evidenciaram significativa diminuição da frequência de ECAs, redução de peso corporal e melhora da sintomatologia relacionada à preocupação com o peso, ao desejo de comer compulsivamente e de provocar purgações. Também parece reduzir a fissura por carboidratos, aumentar a saciedade e estabilizar o humor. A mediana da dose usada foi de 100 mg/dia, entretanto, doses maiores podem ser necessárias na prática clínica. Os principais problemas relacionados ao topiramato parecem referir-se à tolerabilidade. O comprometimento das funções cognitivas e o risco potencial de formação de cálculos renais precisam ser mais bem avaliados nesses pacientes.

Outros agentes foram testados: um estudo aberto com a zonisamida reportou altas taxas de abandono do tratamento por efeitos colaterais; e relatos de casos isolados com o valproato e a lamotrigina apresentaram resultados inconsistentes.[26]

ANTAGONISTAS DO RECEPTOR 5-HT3

Um ECR aberto controlado com placebo[28] avaliou o uso da ondansetrona durante quatro semanas em pacientes com BN grave, de forma autoadministrada via oral, na dose de 4 mg até seis vezes ao dia, administrada conforme necessidade de comer compulsivamente ou vomitar. Foi verificada significativa redução na frequência de ECAs e de vômitos, uma normalização do(s) mecanismo(s) fisiológico(s) que controlam o término e a saciedade das refeições. Também foi observada diminuição significativa no tempo gasto em comportamentos bulímicos, embora sem diferença na mudança de peso entre os grupos. É importante notar que a amostra era pequena (29 indivíduos), incluindo apenas casos graves. Assim, a ondansetrona pode ser usada em casos selecionados, mas é necessária replicação dos dados antes de se recomendar seu uso amplo na prática clínica.

OUTROS AGENTES

Vários estudos investigaram o potencial uso de outras drogas no tratamento da BN. Os antagonistas opioides (naltrexona e naloxone), por exemplo, não se mostraram mais eficazes que placebo na redução dos ECAs.[26] Outros estudos, com limitações metodológicas, evidenciaram resultados negativos em relação ao uso de lisdexanfetamina, dexfenfluramina, eritromicina, lítio, GABA, baclofeno, prazosina, L-triptofano, n-acetilcisteína e ASGs.[26] Em estudo mais recente, pacientes com BN apresentaram redução no consumo calórico nas 24 horas após a administração de ocitocina intravenosa.[29] Mas não foi possível saber se houve melhora do comportamento alimentar subsequente.

FARMACOTERAPIA DA BULIMIA NERVOSA: RECOMENDAÇÕES

O tratamento da BN deve ter como base a abordagem psicoterápica. O uso de medicação inicialmente não é imperativo e, quando iniciado, deve estar associado a psicoterapia. Os ADs são mais eficazes que placebo na redução dos ECAs e de comportamentos purgativos, sendo ISRSs os mais seguros, com a fluoxetina como medicação de primeira escolha, em doses de 60 a 80 mg/dia. O uso alternativo de outros ISRSs, como sertralina e fluvoxamina, pode ser feito em caso de intolerância à fluoxetina. Pacientes que não respondem a um AD podem responder a outro agente usado sequencialmente. O topiramato e a ondansetrona também podem ser considerados no tratamento da BN. Em relação ao topiramato, é importante realizar sua introdução em doses baixas (25 mg/dia), aumentando lentamente (25 mg/semana) até a melhora clínica, minimizando, assim, o abandono por efeitos colaterais. Já a ondansetrona pode ser particularmente útil em pacientes graves.

O tratamento medicamentoso deve ser instituído pelo período mínimo de seis meses, uma vez que a interrupção precoce do uso pode levar a recaída em 30 a 45% dos casos de BN. Se não for observada resposta clínica após 2 a 3 meses de tratamento, pode ser feita troca do esquema medicamentoso. Também é importante verificar se a ingestão da medicação ocorre pouco antes dos episódios de vômito.

TRANSTORNO DE COMPULSÃO ALIMENTAR

O tratamento deve contemplar três aspectos importantes do TCA: comportamento alimentar alterado (i. e., os ECAs), sintomas psicopatológicos associados e alterações metabólicas existentes.[3] A farmacoterapia do TCA tem passado por expansão considerável nas últimas décadas. Seu reconhecimento como um transtorno alimentar nuclear nos atuais sistemas classificatórios, ao lado da AN e da BN, e a descoberta de alguns dos mecanismos psicológicos e neurobiológicos subjacentes a ele provavelmente contribuíram para tanto. Assim, vários compostos têm sido explorados como tratamentos potenciais para o TCA, incluindo agentes para o transtorno de déficit de atenção/hiperatividade (TDAH), ADs, ACs e drogas para perda de peso.[1,3,30]

AGENTES PARA O TRANSTORNO DE DÉFICIT DE ATENÇÃO/HIPERATIVIDADE

A coocorrência entre os transtornos, a presença de altos níveis de impulsividade, a desregulação neurobiológica em circuitos de recompensa e do controle de impulsos e alterações relacionadas na neurotransmissão de dopamina estão entre as bases neurobiológicas propostas para o TCA.[3] Esses mecanismos serviram como base farmacodinâmica para o uso de novos compostos empregados no tratamento do TDAH, como a lisdexanfetamina, no TCA.

A lisdexanfetamina inibe a recaptação de dopamina e norepinefrina, e induz sua liberação de suas áreas de armazenamento nos terminais nervosos. Esse agente foi estudado para o tratamento do TCA a partir de um programa que incluiu três ensaios de curto prazo e dois de longo prazo[3] (sendo um de manutenção da eficácia e um estudo de segurança). Esses estudos foram fundamentais para a aprovação da lisdexanfetamina pelo FDA e posteriormente pela Agência Nacional de Vigilância Sanitária (Anvisa).

Com base nos resultados positivos de um estudo preliminar, foram desenvolvidos dois ECRs em que pacientes com TCA moderado ou grave foram randomizados para receber placebo ou lisdexanfetamina otimizada para 50 ou 70 mg/dia por 12 semanas.[3] Os resultados de ambos os estudos replicaram o estudo-piloto anterior. A lisdexanfetamina foi superior ao placebo em reduzir a frequência de compulsão alimentar e a gravidade global do TCA. Um número significativamente maior de participantes no grupo lisdexanfetamina mostrou remissão completa da compulsão alimentar em ambos os estudos em comparação ao grupo-placebo. A lisdexanfetamina também produziu significativamente mais perda de peso corporal e reduções de nível de triglicerídeos. Ela foi bem tolerada, sendo os eventos adversos mais frequentes boca seca, insônia e dor de cabeça. No estudo de manutenção, foi relatado risco de recaída da compulsão alimentar ao longo de seis meses significativamente menor nos participantes randomizados para a lisdexanfetamina comparados aos do grupo-placebo.[3] Sua segurança no longo prazo no TCA foi avaliada em um estudo aberto de seguimento por 12 meses, em que os eventos adversos associados foram consistentes com os relatados anteriormente.[3] No geral, o uso da substância esteve associado a aumento modesto na taxa de pulso e pressão arterial. Foi relatada redução média de cerca de 7 kg ao final do estudo.

Apesar de não estarem aprovados pelas agências regulatórias, outros agentes usados no TDAH foram estudados no TCA. A dasotralina, um inibidor da recaptação de dopamina e norepinefrina, vem sendo estudada como potencial candidata ao tratamento do TDAH e do TCA. Dois ECRs realizados com dasotralina no TCA foram positivos.[3] A droga foi significativamente superior ao placebo em relação à redução de ECAs, ao peso corporal e à psicopatologia associada (sintomas obsessivo-compulsivos), com boa tolerabilidade. Um pequeno ECR avaliou o metilfenidato em relação à terapia cognitivo-comportamental (TCC) no manejo de pacientes com TCA.[3] Os resultados mostraram ambos os tratamentos associados à diminuição dos episódios de compulsão alimentar, mas apenas o metilfenidato esteve associado a maiores reduções no índice de massa corporal (IMC). Por fim, a atomoxetina foi avaliada no TCA em um pequeno ECR e se mostrou estatisticamente superior ao placebo na redução da compulsão alimentar, da gravidade geral da doença e do excesso de peso corporal.

ANTIDEPRESSIVOS

O uso de ADs no tratamento do TCA baseia-se nas seguintes evidências: alta comorbidade de transtornos depressivos entre pessoas com TCA, eficácia dos ADs na BN – uma síndrome correlacionada – e frequente sobreposição entre obesidade e transtornos do humor.[3] Para melhor avaliar a efetividade dos ADs no TCA, Stefano e colaboradores[3] realizaram uma revisão sistemática com metanálise dos ECRs disponíveis até aquele momento. Eles analisaram sete estudos, um com tricíclicos (imipramina) e seis com ISRSs (fluoxetina, fluvoxamina, sertralina, citalopram), relatando reduções significativas dos ECAs em pacientes com TCA que receberam ADs, assim como redução nos sintomas depressivos associados. No entanto, não foi encontrada diferença significativa quanto ao peso corporal nos indivíduos com TCA e excesso de peso ou obesidade. No geral, os ADs parecem ser modestamente eficazes para reduzir os ECAs no TCA, sem impacto significativo sobre variáveis metabólicas associadas, como excesso de peso.

Vale mencionar que outras classes de ADs foram avaliadas no tratamento do TCA. A efetividade da duloxetina, inibidor seletivo da recaptação de serotonina e norepinefrina (ISRSN), foi investigada em um ECR com 40 pacientes com TCA associado com transtorno depressivo.[3] A duloxetina foi significativamente superior ao placebo na redução dos ECAs, do peso corporal e da depressão. A bupropiona teve seu uso no TCA avaliada em um ECR de oito semanas com 61 mulheres,[3] mas não esteve associada a melhora significativa da compulsão alimentar e dos sintomas depressivos. Ela produziu apenas perda de peso modesta, mas significativa, em mulheres com sobrepeso/obesidade.

AGENTES ANTIOBESIDADE

O fato de o TCA estar com frequência associado a obesidade/sobrepeso, as evidências apontando mecanismos fisiopatológicos compartilhados por ambos e a hipótese de que o TCA seria um subtipo de obesidade servem de base empírica para o uso potencial de agentes antiobesidade nesse transtorno. Os seguintes agentes foram avaliados: sibutramina, orlistat, liraglutida e as associações bupropiona/naltrexona e topiramato/fentermina.[3]

A sibutramina, um inibidor da recaptação de serotonina e norepinefrina, parece induzir perda de peso, primariamente, por aumento da saciedade e, secundariamente, prevenindo o declínio do gasto energético. Seu uso em monoterapia no TCA foi extensivamente estudado em três ensaios controlados com placebo,[3] todos demonstrando superioridade estatisticamente significativa da sibutramina ao placebo na redução da frequência dos ECAs e do peso corporal. Os eventos adversos mais observados nos estudos com TCA foram boca seca e constipação. É importante salientar que, devido aos riscos cardiovasculares, sua comercialização foi descontinuada nos Estados Unidos e na Europa, mas segue aprovada pela Anvisa no Brasil, com a necessidade de um termo de esclarecimento quanto aos possíveis riscos cardiovasculares.

O orlistat é um inibidor de lipase aprovado para o manejo da obesidade que age sobre a absorção de gorduras dietéticas. Diferentemente de outros agentes voltados à obesidade, seu mecanismo de ação é periférico, não tendo ação central. Três ECRs avaliaram sua eficácia em pacientes obesos com TCA, com resultados mistos.[3] Assim, as evidências não sustentam sua efetividade no tratamento do TCA.

A liraglutida, um agonista do receptor glucagon-1 (GLP-1), é aprovada nas doses de 1,8 mg para o tratamento do diabetes tipo 2 e 3 mg para obesidade, sendo administrada como injeção subcutânea diária. Seus efeitos na compulsão alimentar foram investigados em um pequeno estudo,[3] com 44 pacientes obesos, não diabéticos, com sintomas de compulsão alimentar. Aqueles que receberam liraglutida evidenciaram melhora significativa no comportamento de compulsão alimentar, com redução do peso corporal, do IMC, da circunferência da cintura, da pressão arterial sistólica, da glicemia de jejum e do colesterol total. Entretanto, não há ainda um ECR avaliando especificamente sua eficácia em pacientes com o diagnóstico de TCA.

Duas combinações medicamentosas aprovadas para o tratamento da obesidade, fentermina/topiramato[31] e naltrexona/bupropiona,[32] têm sido estudadas para o tratamento do TCA. Um estudo aberto preliminar forneceu evidência inicial da efetividade da combinação fentermina/topiramato no TCA. Um ECR subsequente relatou que tal combinação, além de bem tolerada, foi significativamente mais eficaz na redução de ECAs que o placebo e promoveu maior redução do peso corporal nos participantes com o transtorno. Um estudo aberto de 24 semanas sobre a combinação naltrexona/bupropiona no TCA avaliou o uso de naltrexona LP e 360 mg/dia bupropiona LP em 25 indivíduos com sobrepeso/obesidade e depressão. Associada a aconselhamento nutricional e atividade física, essa combinação esteve relacionada a diminuição significativa de ECAs, sintomas depressivos e peso corporal, com boa tolerabilidade.

ANTICONVULSIVANTES

Várias evidências sugerem que ACs podem ser eficazes no tratamento do TCA. Alguns são eficazes em condições psiquiátricas que ocorrem em comorbidade com o transtorno, como os transtornos por uso de álcool e outros comportamentos impulsivos. Além disso, alguns desses agentes, como topiramato e zonisamida, têm sido indicados para induzir perda de peso terapêutica em pessoas com obesidade.[3]

O topiramato, aprovado no tratamento da epilepsia e na prevenção da enxaqueca, é o AC mais estudado no TCA.[3] Seus eventos adversos mais comuns em pacientes com TCA são parestesias, boca seca, dor de cabeça e dispepsia. Embora raros, alguns efeitos adversos podem ser graves, como a litíase renal e o glaucoma agudo de ângulo estreito.[1]

Até o momento, três estudos avaliaram a eficácia do topiramato no tratamento de pacientes obesos com TCA. Em todos foi observada redução dos ECAs e do peso corporal. A média de perda de peso com o topiramato foi de 5,9 kg vs. 1,2 kg no grupo-placebo.[3] Claudino e colaboradores[3] avaliaram a utilidade do topiramato combinado com TCC no tratamento do TCA. Essa combinação resultou em redução média significativa do peso corporal de 6,8 kg contra um ganho de 0,9 kg no grupo-placebo.

McElroy e colaboradores[3] recentemente avaliaram a zonisamida em um estudo aberto com 15 pacientes com TCA e observaram redução significativa dos ECAs, da frequência de dias com ECAs, da fome, da gravidade global da doença e do peso corporal. No entanto, muitos pacientes abandonaram o tratamento devido a problemas de tolerabilidade.

OUTROS AGENTES

As semelhanças nas bases biológicas do comportamento alimentar e do uso de drogas serviram de sustentação para o uso de agentes antiabuso no TCA. Atualmente, vários deles, como acamprosato, samidorfano, nalmefeno, baclofeno e dissulfiram, têm sido estudados em pequenos ensaios de curto prazo nessa condição clínica.[3] No geral, esses estudos geram resultados negativos ou conflitantes em diferentes componentes do TCA. Outros agentes, como armodafinila e oxibato de sódio, usados para hipersonolência diurna, assim como picolinato de cromo, oxitocina e memantina, também têm sido estudados em pequenos ensaios clínicos, com resultados iniciais negativos ou conflitantes nos domínios do TCA.[3]

FARMACOTERAPIA DO TRANSTORNO DA COMPULSÃO LIMENTAR: RECOMENDAÇÕES

O uso da farmacoterapia no TCA deve ser equilibrada com ações como TCC e manejo nutricional. Após a avaliação, o profissional pode optar, no caso de pacientes com TCA com gravidade acima de moderada, pelo uso de um medicamento associado a psicoterapia e intervenção nutricional. A lisdexanfetamina é o único agente aprovado pelas agências regulatórias para o tratamento farmacológico do TCA moderado a grave, podendo ser usada nas doses de 50 a 70 mg/dia em uma tomada. Embora essas sejam as doses aprovadas, por questões de tolerabilidade individual, muitas vezes pode ser recomendável iniciar com doses menores e aumentar se necessário.

Em caso de não resposta, ou por decisão médica baseada na história clínica do paciente, outros agentes não aprovados, mas com alguma base de evidências no TCA, podem ser usados. O topiramato pode ser uma boa opção. Entretanto, para que seja mais bem tolerado, deve-se começar com a dose de 25 mg/dia, à noite, para minimizar efeitos colaterais. Essa dose deve ser aumentada lentamente em 25 mg/semana até o máximo de 200 a 400 mg/dia. Os ISRSs podem reduzir ECAs, sobretudo se associados a importante sintomatologia depressiva, embora não tenham efeito sobre o peso ou as variáveis metabólicas. A sibutramina, 15 mg/dia, representa outra opção para pacientes que não respondem aos ISRSs e não têm comorbidades psiquiátricas importantes. Ela é relativamente segura, porém pode provocar discretas elevações da pressão arterial e da frequência cardíaca, não devendo ser usada em pacientes com doença coronariana, insuficiência cardíaca congestiva, arritmias cardíacas e acidente vascular cerebral.

CONSIDERAÇÕES FINAIS

A farmacoterapia é um dos componentes do tratamento dos TAs. Quando empregada, deve ser associada a psicoterapia e terapias nutricionais, principais pilares do manejo desses transtornos.

Na AN, seu uso é limitado, já que poucos agentes se mostraram eficazes. Não há compostos aprovados pelas agências regulatórias para seu tratamento, embora haja evidências de efeito positivo do uso de ASGs, marcadamente da olanzapina, na recuperação do peso. Além disso, os ADs podem ser considerados quando há importantes sintomas depressivos e/ou obsessivos comórbidos.

Já para a BN e o TCA, há agentes bem-estabelecidos, sendo a fluoxetina e a lisdexanfetamina, respectivamente, aprovadas pelas agências regulatórias. Além disso, outros compostos demonstraram utilidade em estudos robustos, sendo bastante empregados na prática. O topiramato e a ondansetrona são importantes no tratamento da BN. Já para o TCA, os principais compostos são o topiramato, os ISRSs (sobretudo quando há importantes sintomas depressivos associados) e a sibutramina (na ausência de comorbidades psiquiátricas ou risco cardiovascular elevado).

A **Tabela 18.1** traz uma síntese das recomendações de tratamento farmacológico dos TAs.

■ Tabela 18.1
Resumo das recomendações de estratégias farmacológicas para o manejo de pacientes com TAs

	Classe	Recomendações
AN	ASGs	▪ Olanzapina tem evidência de modesto ganho de peso, sem evidências de melhora dos sintomas nucleares da AN. ▪ Dose de olanzapina de 2,5-10 mg/dia. ▪ Outros ASGs não encontram suporte para seu uso na AN.
	ADs	▪ Considerar fluoxetina de 20-60 mg/dia em pacientes com sintomas depressivos ou obsessivos comórbidos. ▪ Não há evidência de efeito dos ADs sobre os sintomas nucleares da AN. ▪ Outros ISRSs, ISRSNs ou ADTs não apresentam evidências para a recomendação de uso.
	Outros	▪ Considerar uso transitório de benzodiazepínicos para sintomas de ansiedade e fóbicos associados à alimentação.
BN	ADs (ISRSs)	▪ Fluoxetina, agente mais estudado, é aprovada por Anvisa e FDA para tratamento da BN. Deve ser usada em dose de 60 mg/dia, associada a psicoterapia. ▪ Em caso de intolerância à fluoxetina, considerar sertralina ou fluvoxamina, pelos estudos iniciais favoráveis. ▪ Outros ISRSs avaliados podem ser considerados em caso de intolerância ou não resposta, porém não são aprovados.
	ACs	▪ Topiramato é o único AC com evidências robustas que apoiam sua recomendação no tratamento da BN. ▪ Introduzir em doses baixas (25 mg/dia) e aumentar lentamente até atingir dose-alvo de 100-300 mg/dia, objetivando a redução de abandono por efeitos adversos.
	Antagonistas 5-HT3	▪ Considerar ondansetrona em indivíduos com BN grave, refratários. Deve ser usada na dose de 4 mg, até seis vezes ao dia, conforme a necessidade de comer compulsivamente ou vomitar.
	Outros	▪ Considerar uso transitório de benzodiazepínicos para os sintomas de ansiedade e fóbicos associados à alimentação.

(*Continua*)

■ **Tabela 18.1**
Resumo das recomendações de estratégias farmacológicas para o manejo de pacientes com TAs (*Continuação*)

	Classe	Recomendações
TCA	Agentes para TDAH	▪ Lisdexanfetamina é o único agente aprovado pelas agências regulatórias (FDA, Anvisa) para o tratamento farmacológico em casos moderados a graves. A dose-alvo recomendada é de 50-70 mg/dia.
	ACs	▪ Considerar topiramato em caso de não resposta à lisdexanfetamina ou de histórico de boa resposta ao topiramato. ▪ Introduzir em doses baixas (25 mg/dia) e aumentar lentamente até atingir dose-alvo de 200-400 mg/dia, objetivando a redução de abandono por efeitos adversos.
	Agentes antiobesidade	▪ Sibutramina pode ser empregada em casos associados a obesidade, quando não há comorbidades psiquiátricas importantes. ▪ Contraindicada em pacientes com elevado risco cardiovascular.
	Outros	▪ Considerar ISRSs (exceto paroxetina) em casos com importantes sintomas depressivos ou ansiosos comórbidos. Têm efeito modesto na redução dos ECAs, mas em geral não têm impacto significativo sobre variáveis metabólicas. ▪ Bupropiona pode ser considerada em casos selecionados, visando ao controle de sintomas depressivos. Parece promover discreta redução de peso, sem alterar variáveis psicopatológicas do TCA.

REFERÊNCIAS

1. Crow SJ. Pharmacologic treatment of eating disorders. Psychiatr Clin North Am. 2019;42(2):253–62.
2. Hay PJ, Claudino AM. Clinical psychopharmacology of eating disorders: a research update. Int J Neuropsychopharmacol. 2012;15(2):209–22.
3. Appolinario JC, Nardi AE, McElroy SL. Investigational drugs for the treatment of binge eating disorder (BED): an update. Expert Opin Investig Drugs. 2019;28(12):1081–94.
4. Fluoxetine in the treatment of bulimia nervosa: a multicenter, placebo-controlled, double-blind trial. Arch Gen Psychiatry. 1992;49(2):139–47.
5. Udo T, Grilo CM. Psychiatric and medical correlates of DSM-5 eating disorders in a nationally representative sample of adults in the United States. Int J Eat Disord. 2019;52(1):42–50.

6. National Guideline Alliance (UK). Eating disorders: recognition and treatment [Internet]. London: National Institute for Health and Care Excellence; 2017 [capturado em 6 nov. 2020]. (NICE Guideline, n. 69). Disponível em: https://www.ncbi.nlm.nih.gov/books/NBK436876/.
7. Treasure J, Duarte TA, Schmidt U. Eating disorders. Lancet. 2020;395(10227):899–911.
8. Appolinario JC, Bacaltchuk J. Tratamento farmacológico dos transtornos alimentares. Rev Bras Psiquiatr [Internet]. 2002 [capturado em 6 nov. 2020];24(suppl 3):54–9. Disponível em: http://www.scielo.br/scielo.php?script=sci_arttext&pid=S1516-44462002000700012&lng=pt&tlng=pt
9. Miniati M, Mauri M, Ciberti A, Mariani MG, Marazziti D, Dell'Osso L. Psychopharmacological options for adult patients with anorexia nervosa. CNS Spectr. 2016;21(2):134–42.
10. Kaye WH, Nagata T, Weltzin TE, Hsu LK, Sokol MS, McConaha C, et al. Double-blind placebo-controlled administration of fluoxetine in restricting- and restricting-purging-type anorexia nervosa. Biol Psychiatry. 2001;49(7):644–52.
11. Walsh BT, Kaplan AS, Attia E, Olmsted M, Parides M, Carter JC, et al. fluoxetine after weight restoration in anorexia nervosa. JAMA. 2006;295(22):2605–12.
12. Ramacciotti CE, Dell'Osso L, Paoli RA, Ciapparelli A, Coli E, Kaplan AS, et al. Characteristics of eating disorder patients without a drive for thinness. Int J Eat Disord [Internet]. 2002[capturado em 6 nov. 2020];32(2):206–12. Disponível em:http://www.ncbi.nlm.nih.gov/pubmed/12210663
13. Çöpür S, Çöpür M. Olanzapine in the treatment of anorexia nervosa: a systematic review. Egypt J Neurol Psychiatry Neurosurg [Internet]. 2020[capturado em 6 nov. 2020];56(1):2114–23. Disponível em: https://ejnpn.springeropen.com/articles/10.1186/s41983-020-00195-y
14. Attia E, Steinglass JE, Walsh BT, Wang Y, Wu P, Schreyer C, et al. Olanzapine versus placebo in adult outpatients with anorexia nervosa: a randomized clinical trial. Am J Psychiatry [Internet]. 2019[capturado em 6 nov. 2020];176(6):449–56. Disponível em: http://ajp.psychiatryonline.org/doi/10.1176/appi.ajp.2018.18101125
15. Hagman J, Gralla J, Sigel E, Ellert S, Dodge M, Gardner R, et al. A double-blind, placebo-controlled study of risperidone for the treatment of adolescents and young adults with anorexia nervosa: a pilot study. J Am Acad Child Adolesc Psychiatry. 2011;50(9):915–24.
16. Powers PS, Klabunde M, Kaye W. Double-blind placebo-controlled trial of quetiapine in anorexia nervosa. Eur Eat Disord Rev. 2012;20(4):331–4.
17. Halmi KA, Eckert E, LaDu TJ, Cohen J. Anorexia nervosa: treatment efficacy of cyproheptadine and amitriptyline. Arch Gen Psychiatry. 1986;43(2):177–81.
18. Birmingham CL, Goldner EM, Bakan R. Controlled trial of zinc supplementation in anorexia nervosa. Int J Eat Disord. 1994;15(3):251–5.
19. Katz RL, Keen CL, Litt IF, Hurley LS, Kellams-Harrison KM, Glader LJ. Zinc deficiency in anorexia nervosa. J Adolesc Heal Care. 1987;8(5):400–6.
20. Davis H, Attia E. Pharmacotherapy of eating disorders. Curr Opin Psychiatry. 2017;30(6):452–7.
21. Hay PP, Claudino AM, Kaio MH. Antidepressants versus psychological treatments and their combination for bulimia nervosa. Cochrane Database Syst Rev. 2001;(4):CD003385.
22. Pharmacotherapy of bulimia nervosa with fluoxetine: assessment of clinically significant attitudinal change. Am J Psychiatry. 1993;150(5):770–4.
23. Goldstein DJ, Wilson MG, Thompson VL, Potvin JH, Rampey AH. Long-term fluoxetine treatment of bulimia nervosa. Br J Psychiatry. 1995;166(5):660–6.
24. Milano W, Petrella C, Sabatino C, Capasso A. Treatment of bulimia nervosa with sertraline: a randomized controlled trial. Adv Ther. 2004;21(4):232–7.
25. Schmidt U, Cooper PJ, Essers H, Freeman CPL, Holland RL, Palmer RL, et al. Fluvoxamine and graded psychotherapy in the treatment of bulimia nervosa. J Clin Psychopharmacol. 2004;24(5):549–52.
26. McElroy SL, Guerdjikova AI, Mori N, Romo-Nava F. Progress in developing pharmacologic agents to treat bulimia nervosa. CNS Drugs. 2019;33(1):31–46.
27. Tripp AC. Bupropion, a brief history of seizure risk. Gen Hosp Psychiatry. 2010;32(2):216–7.

28. Faris PL, Kim SW, Meller WH, Goodale RL, Oakman SA, Hofbauer RD, et al. Effect of decreasing afferent vagal activity with ondansetron on symptoms of bulimia nervosa: a randomised, double-blind trial. Lancet. 2000;355(9206):792–7.

29. Kim Y-R, Eom J-S, Yang J-W, Kang J, Treasure J. The impact of oxytocin on food intake and emotion recognition in patients with eating disorders: a double blind single dose within-subject cross-over design. PLoS One. 2015;10(9):e0137514.

30. McElroy SL, Guerdjikova AI, Mori N, Keck PE. Psychopharmacologic treatment of eating disorders: emerging findings. Curr Psychiatry Rep. 2015;17(5):35.

31. Safer DL, Adler S, Dalai SS, Bentley JP, Toyama H, Pajarito S, et al. A randomized, placebo-controlled crossover trial of phentermine-topiramate ER in patients with binge-eating disorder and bulimia nervosa. Int J Eat Disord. 2020;53(2):266–77.

32. Carbone EA, Caroleo M, Rania M, Calabrò G, Staltari FA, de Filippis R, et al. An open-label trial on the efficacy and tolerability of naltrexone/bupropion SR for treating altered eating behaviours and weight loss in binge eating disorder. Eat Weight Disord. 2020.

19

OUTRAS INTERVENÇÕES BIOLÓGICAS PARA OS TRANSTORNOS ALIMENTARES

Mara Fernandes Maranhão

Os transtornos alimentares (TAs) são condições psiquiátricas caracterizadas por elevadas taxas de cronicidade, comorbidade e mortalidade.[1] Adicionalmente, os distúrbios da alimentação, como grupo, apresentam correlação mais forte com mortalidade, tentativas de suicídio e comprometimento da qualidade de vida do que outros transtornos psiquiátricos.[2]

Dado o impacto clínico da sintomatologia relacionada aos TAs, esforço contínuo tem sido feito ao longo dos últimos anos no sentido de implementar e avaliar técnicas psicoterápicas e farmacológicas de tratamento para esses quadros, por meio de estudos de eficácia randomizados e controlados. Até o momento, sabe-se que intervenções precoces estão associadas a melhores resultados, embora dados de pesquisa indiquem que a recuperação seja possível para até cerca de 60% dos pacientes com TA, mesmo após 20 anos de doença. Ainda assim, uma parte significativa dos pacientes permanece sintomática mesmo após receber tratamentos de primeira linha para sua condição. Assim, a investigação e o desenvolvimento de novas intervenções que apresentem potenciais efeitos de longo prazo se justificam.[1,3]

Nos últimos anos, vem se desenhando uma mudança de uma visão tradicional da fenomenologia clínica vigente para uma abordagem do comportamento baseada na análise de circuitos cerebrais subjacentes e em medidas neurobiológicas. Essa mudança está de acordo com a proposta do National Institute of Mental Health (NIMH) e com o projeto Research Domain Criteria (RDoc). De forma geral, o RDoc propõe uma abordagem dimensional, para fins de pesquisa, na qual os transtornos mentais são vistos como distúrbios do cérebro e a investigação dos transtornos psiquiátricos se direciona para diferentes aspectos, incluindo fatores comportamentais, biológicos, neuroquímicos e circuitos cerebrais.[4] A melhora na compreensão dos circuitos neurais envolvidos nos TAs deu espaço para o surgimento de tratamentos biológicos, como a neuromodulação, que inclui estimulação cerebral profunda (ECP), estimulação magnética transcraniana repetitiva (EMTr), estimulação transcraniana por corrente contínua (ETCC) e *neurofeedback*, entre outras técnicas .[3]

REGIÕES E CIRCUITOS CEREBRAIS RELEVANTES PARA O DESENVOLVIMENTO DE TRATAMENTOS BIOLÓGICOS EM TRANSTORNOS ALIMENTARES

Um corpo de evidências ainda pequeno, mas consistente, indica que as principais dimensões envolvidas nos TAs são a recompensa (*reward*), a inibição (*inhibition*) e o aprendizado (*learning*).[5] Sugere-se que a anorexia nervosa (AN) e a bulimia nervosa (BN) compartilhem de distúrbios da avaliação da recompensa, os quais se relacionam com desregulação emocional e se manifestam como ansiedade e maior sensibilidade à punição. Já a função de controle inibitório pode variar de acordo com o tipo de TA, e sua manifestação está ancorada em extremos do espectro, que vai da inibição mais intensa (como na AN) ao descontrole (como nos transtornos bulímicos). Existem evidências de que indivíduos com AN podem compensar a disfunção do processamento e da codificação da recompensa com controle cognitivo exagerado. Em contraste, indivíduos com BN e transtorno de compulsão alimentar (TCA) podem apresentar menor controle inibitório e, consequentemente, respostas erráticas e exageradas ao estímulo alimentar.[6]

O circuito límbico ventral, que inclui a parte rostral do córtex cingulado anterior (CCA), o córtex pré-frontal medial (CPFm) e o estriado ventral anterior, é necessário para avaliar a recompensa e os estímulos emocionalmente significativos e para gerar respostas afetivas apropriadas a eles. Um segundo sistema, que embasa o controle cognitivo, a inibição, o planejamento, a regulação voluntária dos estados afetivos e a tomada de decisões, é modulado por um circuito neural dorsal, que inclui o caudado dorsal, a parte dorsal do cingulado (CCAd), o córtex pré-frontal ventromedial (CPFvm) e dorsolateral (CPFDL), a ínsula e o córtex parietal. Como parte do circuito cognitivo, a região dorsal do CCA (que mantém extensas conexões recíprocas com o CPFDL e com o caudado dorsal) monitora o comportamento em situações nas quais o conflito está potencialmente presente. Dadas as conexões anatômicas, o CCAd e o caudado dorsal têm papel na consideração antecipada das consequências advindas de uma escolha. Um terceiro sistema que faz parte das vias de saliência (*salience network*) está centrado na ínsula anterior, a qual tem papel importante na avaliação de estímulos interoceptivos (como dor, gosto, percepção de estar satisfeito ou cheio) e na integração da interocepção com os processos motivacionais e afetivos. Assim, essa complexa rede de neurocircuitos interage para permitir a avaliação da recompensa, antecipar futuras consequências de determinado comportamento e integrar essas informações para, então, guiar o comportamento por meio de habilidades de controle cognitivo e inibição.[6,7]

Disfunções nas regiões e circuitos cerebrais mencionados demonstram ter papel importante na vulnerabilidade para desenvolvimento de um TA (e, portanto, podem persistir após a recuperação) e para sua manutenção.

PRINCÍPIOS DA NEUROMODULAÇÃO

A neuromodulação pode ser definida como qualquer intervenção que tenha como objetivo alterar o funcionamento do sistema nervoso por meio do uso de fontes de energia, como eletricidade, magnetismo ou ambos.[8] As abordagens neuromodulatórias podem ser divididas em procedimentos invasivos (p. ex., estimulação de nervo vago, estimulação medular cervical e ECP) e não invasivos (EMTr, ETCC, eletroconvulsoterapia [ECT]) e se utilizam de uma série de dispositivos implantáveis e não implantáveis para aumentar ou suprimir a atividade neuronal de forma reversível como método de tratamento de doenças. Até o momento, o método de neuromodulação mais amplamente utilizado e conhecido no mundo é a ECT. Diferentemente do que acontece com a ECT, as técnicas mais recentes de neuromodulação permitem a personalização do tratamento por meio da escolha da região a ser estimulada (tratamento focal). Embora existam várias modalidades de neuromodulação, abordaremos, neste capítulo, as técnicas para as quais existem estudos e evidências mais consistentes até o momento: ECP, EMTr e ETCC. Adicionalmente, será explorado o papel da ECT no tratamento dos TAs.

ESTIMULAÇÃO CEREBRAL PROFUNDA

A ECP é uma técnica invasiva de neuromodulação que consiste na implantação de eletrodos em regiões específicas do cérebro, cuja localização é feita por mapeamento estereotáxico. Trata-se de uma técnica não lesiva e reversível (i.e., todo o dispositivo pode ser desligado sem cirurgia adicional ou mesmo removido), que tem sido usada há quase três décadas para modular (podendo inibir ou estimular) a atividade de circuitos cerebrais disfuncionais. Dessa forma, a ECP exerce efeitos não apenas localmente, mas também em alvos distantes, por meio de conexões polissinápticas. A técnica é considerada segura e eficaz para o tratamento da doença de Parkinson e do tremor essencial. Seu uso também foi recentemente estendido a alguns transtornos psiquiátricos, como depressão maior, transtorno obsessivo-compulsivo (TOC), síndrome de Tourette e doença de Alzheimer.

Em 2010, foi publicado o primeiro relato de caso de uso de ECP na AN. A paciente em questão tinha 56 anos e foi estimulada eletricamente por meio da implantação de eletrodos bilaterais no córtex cingulado subcaloso, parte do córtex cingulado anterior, com o intuito de tratar a depressão grave refratária. Além da depressão resistente, a paciente apresentava AN, que, após ECP nessa região, mostrou remissão duradoura e normalização do índice de massa corporal (IMC) (19,1 kg/m^2) no *follow-up* de dois anos após estimulação. Até o momento, já foram publicados pelo menos 58 relatos de caso do uso de ECP na AN.[9]

Em 2020, foi publicada a maior série de casos de ECP em AN até o momento. O estudo envolveu 28 pacientes com AN crônica e refratária, que foram acompanhadas durante dois anos após implantação de eletrodos no *nucleus accumbens* (NAc). Todas as participantes tinham comorbidades psiquiátricas na ocasião da inclusão: 9 com TOC, 7 com ansiedade grave e 12 com depressão maior. Uma análise *post-hoc* sugeriu que a ECP no NAc foi menos efetiva para restauração de peso nas pacientes com subtipo purgativo da AN se comparadas às pacientes com subtipo restritivo.[10]

No que diz respeito ao uso de ECP nos transtornos bulímicos (incluindo TCA), as evidências são escassas. Há descrição de uma série de casos de pacientes com obesidade refratária tratada com ECP do hipotálamo ou NAc; em alguns desses casos, a presença de episódios de compulsão alimentar é mencionada, mas sem a presença de diagnóstico claro de um TA.[11]

É importante destacar que, ao definir o alvo de estimulação cerebral, as vias neuronais disfuncionais subjacentes às alterações clínicas devem nortear a escolha. Embora o mecanismo exato da ECP seja apenas parcialmente compreendido até o momento, a definição do alvo de tratamento é o principal foco de interesse das pesquisas atuais.

ESTIMULAÇÃO MAGNÉTICA TRANSCRANIANA

A estimulação magnética transcraniana (EMT) é uma importante ferramenta de neuromodulação não invasiva que repousa sobre o princípio elétrico da indutância. A atividade cerebral é alterada a partir de um campo elétrico induzido por um campo magnético gerado por uma bobina que é posicionada na superfície do crânio do paciente. Na EMTr, os pulsos são aplicados com uma frequência constante, que pode variar entre 0,1 e 60 Hz. Os neurônios que são estimulados por essa técnica repetitiva apresentam descargas frequentes, o que ocasiona aumento no seu tempo de refratariedade. Tal efeito pode gerar uma mudança na atividade cortical cerebral da área estimulada por um período prolongado e, portanto, ocasionar efeitos comportamentais. Essa modulação pode variar entre a inibição e a facilitação da atividade neuronal, dependendo da frequência e dos parâmetros de EMTr utilizados. Baixas frequências de EMTr (como 1 Hz ou menos), por exemplo, causam supressão da excitabilidade cortical, enquanto frequências > 5 Hz levam ao aumento temporário na excitabilidade cortical.[12]

O primeiro relato de EMTr em AN foi publicado em 2008 e tratava de paciente com AN e depressão comórbida. O estudo reportou ganho de peso e melhora dos sintomas depressivos com 41 sessões de EMTr no córtex pré-frontal dorsolateral esquerdo (CPFDLE).[13] A esse estudo se seguiram outros relatos de caso de EMTr no CPFDLE na AN e, mais recentemente, ensaios clínicos randomizados.[14,15] O tratamento se mostrou seguro e bem tolerado nesses pacientes, mas pesquisas sugerem que um maior número de sessões de EMTr tende a produzir resultados melhores.

A EMTr na compulsão alimentar e em transtornos bulímicos também vem sendo pesquisada nas últimas duas décadas. Em um estudo inicial realizado por Uher e colaboradores,[16] os pesquisadores encontraram que a EMTr aplicada ao CPFDLE pode inibir comportamentos de compulsão alimentar, quando comparada com a EMTr placebo, em mulheres saudáveis consideradas portadoras de altos níveis de fissura por comida (*strong cravers*). Em contraste com um estudo placebo controlado randomizado que não encontrou nenhum benefício da EMTr no comer compulsivo ou nos comportamentos purgativos em indivíduos com transtornos bulímicos,[17] um estudo subsequente relatou resultados positivos de uma única sessão de EMTr real em comparação com a EMTr placebo na redução do desejo por alimentos e na ausência de compulsão alimentar nas 24 horas pós-sessão em indivíduos com TAs do tipo bulímico.

ESTIMULAÇÃO TRANSCRANIANA POR CORRENTE CONTÍNUA

Entre as técnicas de estimulação cerebral não invasiva, a estimulação transcraniana por corrente contínua (ETCC), uma ferramenta de fácil aplicação, vem ganhando destaque. Comparando mecanismos de ação, enquanto ECT e EMT induzem diretamente o disparo de potenciais de ação, a ETCC, por meio da mudança na concentração de íons no meio extracelular, facilita (ânodo) ou dificulta (cátodo) o disparo, sem de fato executá-lo. Seus efeitos, assim como ocorre com a EMT, são dependentes da duração e da intensidade da estimulação.

Na AN, foram testadas abordagens com ETCC aplicada sobre os CPFDLs direito e esquerdo. Em um estudo aberto,[18] 7 pacientes com AN foram submetidas a 10 sessões de 25 minutos de ETCC anódica no CPFDLE. Em 3 das 7 pacientes, foi observada melhora dos sintomas depressivos e alimentares ao final do tratamento, sendo a resposta mantida por 1 paciente após 1 mês do término das sessões. É importante destacar que só apresentaram melhoras as pacientes que estavam em uso concomitante de inibidores seletivos da recaptação da serotonina (ISRSs). Em outro estudo aberto,[19] 9 pacientes foram tratadas com 20 sessões de ETCC (ânodo no CPFDLE e cátodo no CPFDL direito); o tratamento se mostrou efetivo em várias dimensões de sintomas do TA e de depressão comórbida, e os resultados se mantiveram na avaliação feita 30 dias depois do final do tratamento.

Em relação ao tratamento de quadros bulímicos (BN e TCA), um ensaio clínico randomizado e controlado com 39 pacientes indicou redução da urgência para comer e melhora do autocontrole em 39 participantes com BN (2 homens e 37 mulheres) tratados com ETCC bilateral sobre o CPFDL.[20] Outro estudo,[21] com 30 adultos com diagnósticos clínicos e subclínicos de TCA que se submeteram a uma sessão de ETCC (ativo ou placebo) no CPFDL (ânodo à direita e cátodo à esquerda), mostrou melhora da fissura (*craving*) por doces nos indivíduos que receberam sessão "real". Os resultados são interessantes e indicam necessidade de mais estudos controlados que testem a eficácia da ETCC nas várias dimensões dos TAs.

ELETROCONVULSOTERAPIA

A ECT é uma técnica de tratamento que se realiza por meio da aplicação de uma corrente elétrica à cabeça do paciente, com a finalidade de provocar, neste, uma convulsão tônico-clônica generalizada. A resistência à medicação antidepressiva constitui sua principal indicação. Além disso, a ECT tem maior rapidez de resposta em relação aos medicamentos, o que é necessário em situações graves que necessitam de abordagem de urgência, como a catatonia e o risco de suicídio.[22] Embora seja considerado tratamento de eficácia inquestionável no tratamento da depressão, não existem ensaios clínicos randomizados e controlados publicados até o momento investigando a ECT como intervenção terapêutica nos TAs. Não obstante, relatos de caso já foram publicados e envolvem, principalmente, pacientes com AN e depressão comórbida. A maior série de casos até então publicada incluiu 30 adolescentes gravemente deprimidas, com ideação suicida, e que se mostraram refratárias ao tratamento com antidepressivos. O uso de ECT nas pacientes do estudo levou a melhora significativa dos sintomas depressivos e da sintomatologia alimentar e aumento de peso até então possíveis com outras modalidades de tratamento.[23]

No que diz respeito aos transtornos bulímicos, as evidências são ainda mais escassas. De acordo com uma revisão recente,[24] há um relato de caso em que foi empregada ECT em paciente com diagnósticos de TCA e depressão, com melhora da compulsão alimentar. De acordo com essa revisão de literatura, as evidências para uso de ECT no tratamento dos TAs são limitadas. No entanto, o tratamento se mostrou seguro e bem tolerado nos pacientes tratados.

CONSIDERAÇÕES FINAIS

As técnicas de estimulação cerebral em TAs, embora promissoras, carecem de mais investigação. Diferentes alvos potenciais de tratamento têm sido considerados, mas a literatura inclui principalmente estudos abertos, com apenas alguns ensaios clínicos randomizados, e muitas questões permanecem sem resposta. Neste momento, a evidência para usar a estimulação cerebral como um tratamento de rotina no controle de sintomas alimentares ainda é fraca. No entanto, estudos futuros devem trazer novas informações sobre os melhores protocolos e alvos de estimulação.

REFERÊNCIAS

1. Klump KL, Bulik CM, Kaye WH, Treasure J, Tyson E. Academy for eating disorders position paper: eating disorders are serious mental illnesses. Int J Eat Disord. 2009;42(2):97-103.
2. Crow SJ. Costs and cost-effectiveness in eating disorders. In: Agras WS, Robinson A, editors. The Oxford handbook of eating disorders. Oxford: Oxford University; 2010. p. 410-5.
3. Treasure J, Duarte TA, Schmidt U. Eating disorders. Lancet. 2020;395(10227):899-911.
4. Insel T, Cuthbert B, Garvey M, Heinssen R, Pine DS, Quinn K, et al. Research domain criteria (RDoC): toward a new classification framework for research on mental disorders. Am J Psychiatry. 2010;167(7):748-51.
5. Phillips ML, Drevets WC, Rauch SL, Lane R. Neurobiology of emotion perception I: the neural basis of normal emotion perception. Biol Psychiatry. 2003;54(5):504-14.

6. Wierenga CE, Ely A, Bischoff-Grethe A, Bailer UF, Simmons AN, Kaye WH. Are extremes of consumption in eating disorders related to an altered balance between reward and inhibition? Front Behav Neurosci. 2014;8:410.

7. Waters A, Hill A, Waller G. Bulimics' responses to food cravings: is binge-eating a product of hunger or emotional state? Behav Res Ther. 2001;39(8):877-86.

8. Dalton B, Bartholdy S, Campbell IC, Schmidt U. Neurostimulation in clinical and sub-clinical eating disorders: a systematic update of the literature. Curr Neuropharmacol. 2018;16(8):1174-92.

9. Duriez P, Bou Khalil R, Chamoun Y, Maatoug R, Strumila R, Seneque M, et al. Brain stimulation in eating disorders: state of the art and future perspectives. J Clin Med. 2020;9(8):2358.

10. Liu W, Zhan S, Li D, Lin Z, Zhang C, Wang T, et al. Deep brain stimulation of the nucleus accumbens for treatment-refractory anorexia nervosa: a long-term follow-up study. Brain Stimul. 2020;13(3):643-9.

11. Formolo DA, Gaspar JM, Melo HM, Eichwald T, Zepeda RJ, Latini A, et al. Deep brain stimulation for obesity: a review and future directions. Front Neurosci. 2019;13:323.

12. Fregni F, Marcolin MA. O retorno da estimulação cerebral na terapêutica dos transtornos neuropsiquiátricos: o papel da estimulação magnética transcraniana na prática clínica. Arch Clin Psychiatry. 2004;31(5):221-30.

13. Kamolz S, Richter MM, Schmidtke A, Fallgatter AJ. Transkranielle magnetstimulation gegen komorbide depression bei anorexie [Transcranial magnetic stimulation for comorbid depression in anorexia]. Nervenarzt. 2008;79(9):1071-3.

14. Dalton B, Bartholdy S, McClelland J, Kekic M, Rennalls SJ, Werthmann J, et al. Randomised controlled feasibility trial of real versus sham repetitive transcranial magnetic stimulation treatment in adults with severe and enduring anorexia nervosa: the TIARA study. BMJ Open. 2018;8(7):e021531.

15. McClelland J, Kekic M, Bozhilova N, Nestler S, Dew T, Van den Eynde F, et al. A randomised controlled trial of neuronavigated repetitive transcranial magnetic stimulation (rTMS) in anorexia nervosa. PLoS One. 2016;11(3):e0148606.

16. Uher R, Yoganathan D, Mogg A, Eranti SV, Treasure J, Campbell IC, et al. Effect of left prefrontal repetitive transcranial magnetic stimulation on food craving. Biol Psychiatry. 2005;58(10):840-2.

17. Walpoth M, Hoertnagl C, Mangweth-Matzek B, Kemmler G, Hinterhölzl J, Conca A, et al. Repetitive transcranial magnetic stimulation in bulimia nervosa: preliminary results of a single-centre, randomised, double-blind, sham-controlled trial in female outpatients. Psychother Psychosom. 2008;77(1):57-60.

18. Khedr EM, Elfetoh NA, Ali AM, Noamany M. Anodal transcranial direct current stimulation over the dorsolateral prefrontal cortex improves anorexia nervosa: A pilot study. Restor Neurol Neurosci. 2014;32(6):789-97.

19. Strumila R, Thiebaut S, Jaussent I, Seneque M, Attal J, Courtet P, et al. Safety and efficacy of transcranial direct current stimulation (tDCS) in the treatment of Anorexia Nervosa. The open-label STAR study. Brain Stimul. 2019;12(5):1325-7.

20. Kekic M, McClelland J, Bartholdy S, Boysen E, Musiat P, Dalton B, et al. Single-session transcranial direct current stimulation temporarily improves symptoms, mood, and self-regulatory control in bulimia nervosa: a randomised controlled trial. PLoS One. 2017;12(1):e0167606.

21. Burgess EE, Sylvester MD, Morse KE, Amthor FR, Mrug S, Lokken KL, et al. Effects of transcranial direct current stimulation (tDCS) on binge eating disorder. Int J Eat Disord. 2016;49(10):930-6.

22. Mccall WV. What does star*D tell us about ECT? J ECT. 2007;23(1):1-2.

23. 2Shilton T, Enoch-Levy A, Giron Y, Yaroslavsky A, Amiaz R, Gothelf D, et al. A retrospective case series of electroconvulsive therapy in the management of comorbid depression and anorexia nervosa. Int J Eat Disord. 2020;53(2):210-8.

24. Pacilio RM, Livingston RK, Gordon MR. The use of electroconvulsive therapy in eating disorders: a systematic literature review and case report. J ECT. 2019;35(4):272-8.

20 TRANSTORNOS ALIMENTARES E DIABETES

Marcelo Papelbaum
Maria Amália Accari Pedrosa
Jose Carlos Appolinario

O diabetes melito (DM) é uma síndrome de etiologia múltipla, que decorre da falta de insulina ou incapacidade desta de agir adequadamente. O indivíduo com DM se mantém em um estado hiperglicêmico crônico, que pode causar danos a muitos órgãos do corpo, ao desenvolver complicações micro e macrovasculares, como doenças cardiovasculares, lesão nos nervos periféricos (neuropatia), lesões renais (nefropatia) e doenças oculares.[1] O DM tipo 1 (DM1) decorre de deficiência absoluta da secreção de insulina, pela destruição das células beta-pancreáticas, e acomete as populações jovens.[2] Por sua vez, o DM tipo 2 (DM2) geralmente se desenvolve mais tardiamente e resulta de graus distintos de resistência insulínica periférica (frequentemente associada à presença de obesidade) e de deficiência relativa da secreção de insulina.[3] O diagnóstico do DM é feito por meio da positividade de um dos três parâmetros: medida da glicose plasmática em jejum com valores acima de 126 mg/dL; glicose ao acaso (coletada em qualquer horário do dia) maior ou igual a 200 mg/dL com sintomas inequívocos de hiperglicemia; teste de tolerância à glicose com valores de glicose plasmática acima de 200 mg/dL 2 horas após a ingestão de 75 g de glicose por via oral ou HbA1c com valor ≥ 6,5%.[1]

A Organização Mundial da Saúde (OMS) estimou que entre 2000 e 2019 a prevalência mundial de pacientes com DM triplicou, chegando a 463 milhões de pacientes diagnosticados na faixa etária de 20 a 79 em todo o mundo.[4] No Brasil, uma pesquisa realizada pelo Instituto Brasileiro de Geografia e Estatística (IBGE) em 2013 apontou que 6,2% da população brasileira adulta referiu ter o diagnóstico médico de DM,[1] sendo a prevalência estimada atual de 16,8 milhões de adultos.[4] Além do impacto na qualidade de vida e de custos indiretos atribuíveis à mortalidade e a incapacidades relacionadas a complicações da doença, também é avaliado um custo elevado ao sistema de saúde.

O DM é a sexta causa mais frequente de internação hospitalar como diagnóstico primário, representando cerca de 30% das internações em unidades coronarianas intensivas por dor precordial.[5] No Brasil, entre 1999 e 2001, a taxa de hospitalização por DM foi de 6,4 por 10 mil habitantes.[1]

O controle metabólico é a meta principal do tratamento do DM. Entretanto, para que esse objetivo seja corretamente alcançado, os pacientes necessitam modificar seus hábitos alimentares e aderir a esquemas terapêuticos muito rígidos. No DM1, o uso regular de insulina é obrigatório, sendo importante a monitoração adequada da glicemia capilar para evitar complicações agudas da doença.[6] No DM2, o tratamento é realizado inicialmente com o uso de hipoglicemiantes orais. Na falência desse esquema terapêutico, pode ser necessário o uso de insulina de forma complementar.[1,6] Como a maioria dos pacientes com DM2 apresenta sobrepeso ou obesidade, é importante incluir orientações nutricionais e, eventualmente, farmacológicas, visando à redução do peso corporal.[4]

Apesar de todos os esforços no controle da doença, um grupo de pacientes com DM permanece com níveis glicêmicos elevados, mesmo seguindo orientações médicas específicas. Hipóteses que possam explicar esse fenômeno são alvo de extenso interesse dos profissionais nessa área. A presença de um transtorno alimentar (TA) tem sido uma das possibilidades aventadas quando um paciente com DM apresenta complicações no curso do seu tratamento.

OS TRANSTORNOS ALIMENTARES NO DIABETES

De maneira geral, os estudos têm mostrado aumento de TAs em pacientes com DM1, com taxas entre 7,2 e 20,9%.[7] Essa variação na faixa de prevalência se deve, sobretudo, à diversidade de instrumentos utilizados para o diagnóstico dos TAs. Quando comparados com adolescentes sem DM, os pacientes com DM1 parecem apresentar maiores taxas de TA, sendo estimada prevalência de TAs em 7,0%, comparada a 2,8% em indivíduos sem DM.[8]

A bulimia nervosa (BN) é o TA de ocorrência predominante nessa população; além disso, a omissão das doses de insulina é o comportamento compensatório mais frequentemente observado entre os adolescentes com DM1.[9] A anorexia nervosa (AN) aparece com prevalência menor, seguindo a mesma tendência de distribuição dos TAs observada em indivíduos sem DM. De fato, a presença dos TAs no DM1 apresenta distribuição semelhante à encontrada nos indivíduos sem DM,[9] com amplo predomínio entre as mulheres e com incidência predominante em populações jovens, sendo que idade mais baixa foi significativamente associada a níveis elevados de sintomas compatíveis com a psicopatologia de TA.[10]

É importante ressaltar também a observação de altas taxas de TAs subclínicos, avaliados diante de comportamentos alimentares transtornados, mas sem atingir o limiar dos critérios dos TAs.[11] A ocorrência de episódios de compulsão alimentar (ECAs), o engajamento em restrições alimentares com o objetivo de perda de peso e, sobretudo, a omissão das doses de insulina parecem ocorrer de forma frequente em adolescentes do sexo feminino com DM1. Jones e colaboradores encontraram prevalência de 11% de omissão de insulina entre as pacientes com DM1 que não foram diagnosticadas com um TA específico.[12] Os mesmos autores ressaltam a importância de se investigar TA sem outra especificação e TAs subclínicos em indivíduos com DM em virtude do possível impacto negativo no controle da doença.[12]

Diferentemente do padrão habitual de ocorrência das alterações do comportamento alimentar, no DM1, observou-se que a presença de nefropatia diabética grave atua como fator de risco para o desenvolvimento de TA, principalmente de BN, inclusive em populações de faixas etárias distintas das observadas na população em geral (como no estudo de Fukunishi, em que todos os pacientes tinham mais de 58 anos, por se tratar de pacientes com doença renal em estágio avançado).[13] Apesar de não podermos inferir possíveis causas relacionadas a esses achados, o aumento da restrição dietética imposta pela ocorrência da doença renal associada, principalmente relacionada ao conteúdo proteico, poderia agir como fator predisponente adicional na ocorrência de transtornos do comportamento alimentar.[13]

Aparentemente, os dois tipos de DM cursam com aumento na ocorrência de TAs. Assim, taxas elevadas de psicopatologia alimentar também têm sido encontradas em indivíduos com DM2. Embora 90% dos casos de DM sejam do tipo 2,[3] o número de estudos que avaliaram essa associação ainda é menor. Um dos motivos reside no fato de o DM2 ser uma doença muito associada à obesidade e acometer indivíduos em idade mais avançada, e essas características seriam distintas das observadas nas principais categorias de TAs, como a AN e a BN. Adicionalmente, o início insidioso do DM2, em comparação ao do DM1, torna mais difícil o estudo da relação entre os TAs e o DM2.

As taxas de prevalência de TAs no DM2 parecem variar na dependência do instrumento utilizado para o diagnóstico e da faixa etária estudada. Em um dos estudos em que se utilizou o Questionnaire of Eating and Weight Patterns – Revised (QEWP-R) para triagem, foi observada prevalência de 16% de TAs,[14] sendo o transtorno de compulsão alimentar (TCA) de ocorrência predominante (12,2%).[14] Já em um estudo multicêntrico, no qual foi utilizado o Eating Disorder Examination Questionnaire (EDE-Q), demonstrou-se que 6% dos adolescentes com DM2 preencheram os critérios para TCA e 20% foram diagnosticados com um TA subclínico.[15] Há concordância entre eles de que o TCA é, entre os TAs, o mais encontrado nessa população, e sua prevalência varia de 2,5 a 25,6% entre amostras.[16] Já a faixa etária em que foi observada maior prevalência dessa coexistência é dos 21 aos 30 anos.[17]

A sequência temporal de aparecimento de psicopatologia relacionada ao comportamento alimentar em pacientes com DM pode ajudar a esclarecer os fatores de risco dessa associação. No DM2, parece haver uma ordem inversa do aparecimento dessa condição. Gagnon e colaboradores replicaram na sua amostra os resultados de outros estudos, em que 89,5% dos participantes com DM1 relataram ter o início do TA após cerca de sete anos do diagnóstico inicial de DM1; já nos pacientes com DM2, 81,8% tiveram seu diagnóstico de TA antes do início do DM.[18] Ainda, índice de massa corporal (IMC) e ECAs e associação com o ganho de peso podem estar relacionados ao risco do desenvolvimento de DM2.[18] Esse achado fala contra a existência de fatores de risco diretamente relacionados ao DM responsáveis pelo desenvolvimento de alterações do comportamento alimentar.

HIPÓTESES PARA A ASSOCIAÇÃO ENTRE O DIABETES E OS TRANSTORNOS ALIMENTARES

A **Figura 20.1** esquematiza as possíveis explicações para aumento da associação entre os TAs e o DM. Fatores relacionados tanto ao DM como aos TAs poderiam justificar esse aumento de comorbidade.

O DIABETES MELITO COMO DESENCADEANTE DE TRANSTORNOS ALIMENTARES

A investigação do comportamento alimentar no paciente com DM merece atenção especial. O tratamento do DM, per se, é caracterizado por uma série de modificações dos hábitos alimentares. O paciente com DM necessita monitorar a quantidade calórica ingerida, bem como o valor nutricional dos alimentos consumidos, o que acarreta

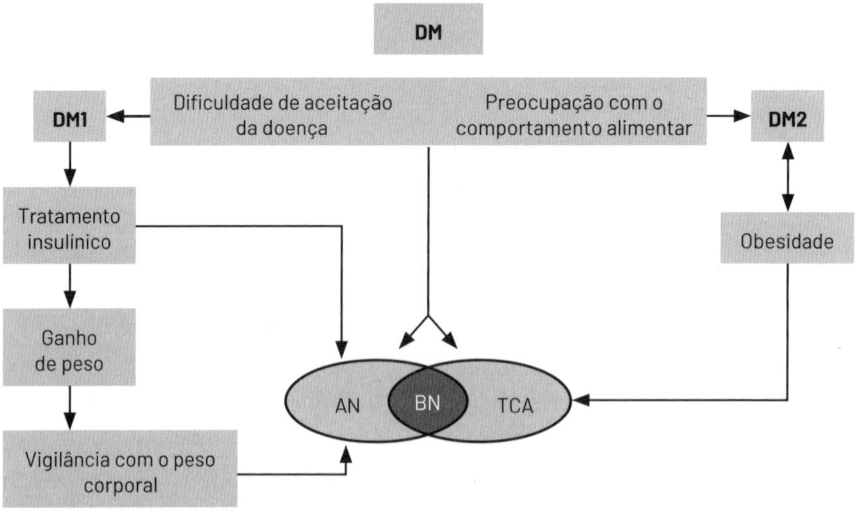

Figura 20.1
Esquema explicativo da associação entre o DM e os TAs.

aumento da preocupação com os hábitos alimentares. Por sua vez, o peso corporal também passa a ser alvo de maior vigilância pelo paciente com DM, visto que a manutenção de um IMC adequado é importante para um controle metabólico satisfatório. Os comportamentos alimentares perturbados, quando não preenchem um diagnóstico formal de TA, parecem ser ainda mais comuns; um estudo norueguês chegou a relatar prevalência de 27% nas mulheres e 8,6% nos homens.[11] Tais mudanças na dieta alimentar e na monitoração do peso corporal poderiam influenciar de forma distinta cada tipo de DM, podendo acarretar o desenvolvimento de um TA.

No DM1, o ganho de peso ponderal associado ao tratamento insulínico, obrigatório nesse tipo de DM, a restrição dietética imposta no tratamento do DM e a baixa autoestima (comumente associada à dificuldade de aceitação da doença) agiriam como fatores predisponentes ao desenvolvimento de um TA. Essas características relacionadas com o DM seriam particularmente prejudiciais para adolescentes do sexo feminino, que apresentam maior percepção de restrição alimentar, elevados níveis de insatisfação corporal e busca acentuada pela magreza.[19] A presença de alterações do comportamento alimentar nesse grupo de pacientes pode refletir uma interação entre os fatores ambientais e individuais na patogênese dos TAs semelhante à observada em outros grupos de risco, como modelos, bailarinas e atletas de competição.[19]

Um dos grandes diferenciais nos pacientes com DM2, quando comparados com os indivíduos com DM1, é a apresentação, em sua grande maioria, de sobrepeso ou obesidade. Dessa forma, um dos principais objetivos do tratamento desse tipo de DM é a redução do peso corporal, o que acarretaria diminuição da resistência periférica à ação da insulina e melhor controle glicêmico. Esses pacientes passam a ter de restringir sua ingestão calórica, contrastando com seu comportamento hiperfágico prévio. Nesse grupo de indivíduos, restrições severas podem inclusive contribuir como um fator desencadeante de compulsão alimentar,[20] assim como o uso do alimento como estratégia de regulação emocional.[18]

Outro aspecto relacionado ao tratamento do DM deve ser ressaltado como um possível fator predisponente de uma alteração do comportamento alimentar.[21] Em indivíduos com DM, sobretudo naqueles que utilizam insulina, podem ocorrer episódios de hipoglicemia. A administração de altas doses de insulina e a ingestão de uma dose aumentada de hipoglicemiantes são algumas das causas de hipoglicemia. Durante esses episódios, é frequente a ocorrência de descontrole alimentar.[22] Entretanto, a alteração do comportamento alimentar associada com a hipoglicemia é acompanhada de sintomas autonômicos, como sudorese, tontura, tremor e visão turva,[6] diferentemente do que ocorre na BN e no TCA. A hipoglicemia também poderia agravar sintomas alimentares em pacientes que já apresentam um TA. Por exemplo, em pacientes com AN sem DM, a hipoglicemia reativa relacionada ao progresso nutricional rápido, devido ao estímulo acentuado na secreção da insulina, associa-se a aumento do medo de ingestão calórica.[22] Dessa forma, a presença de um mesmo fenômeno metabólico, muitas vezes frequente em pacientes com DM1, poderia agravar ou predispor algum tipo de sintoma alimentar nesses pacientes.

OS TRANSTORNOS ALIMENTARES COMO DESENCADEANTES DO DIABETES

As perturbações do comportamento alimentar podem exercer influência sobre a saúde física do indivíduo. Particularmente no DM, a presença de psicopatologia alimentar pode ser um fator associado ao desenvolvimento da doença. No DM1, o TA parece ocorrer após o diagnóstico do DM. Entretanto, observa-se que os sintomas alimentares já estavam presentes na época do diagnóstico do DM, particularmente o TCA, sendo que na amostra do estudo de Gagnon e colaboradores 81,8% dos pacientes tiveram seu diagnóstico de TA 13 anos antes do diagnóstico de DM2.[18]

Vários estudos têm demonstrado que a presença de TCA está associada ao início de obesidade mais cedo na vida, a maior gravidade da obesidade e a história longa de dietas com alto índice de abandono do tratamento para redução do peso corporal.[21] Novos estudos vêm avaliando essa relação, como o de Mitchell e colaboradores,[23] no qual, entre os candidatos obesos agendados para cirurgia bariátrica avaliados, observou-se que 45% dos indivíduos com TCA apresentavam alterações na glicemia de jejum compatíveis com pré-diabetes, levantando a hipótese da relação com os episódios de descontrole alimentar.[24]

Além disso, outra hipótese estudada é a de que o estado inflamatório crônico, observado em pacientes com quadros depressivos e DM2, também pode ser favorecido por reações inflamatórias e estresse oxidativo diante dos episódios de ingesta de grande quantidade de comida.[24] Nonogaki e colaboradores evidenciaram que a presença de hiperfagia crônica em camundongos que exibiam disfunção no sistema de serotonina cerebral poderia ocasionar resistência insulínica e intolerância à glicose.[25] Dessa forma, a presença do TCA poderia aumentar o risco do desenvolvimento de DM2 pelo efeito prejudicial sobre a obesidade e o metabolismo glicídico.[25]

Outra forma de tentar compreender a presença de TA nos indivíduos com DM é a possibilidade de explicá-la por outra variável independente. Dessa forma, as alterações do comportamento alimentar nos pacientes com DM poderiam representar a expressão de uma psicopatologia alimentar associada a outros diagnósticos psiquiátricos, como depressão e ansiedade, pois, dentre os pacientes com DM2, aqueles com baixa autoestima e humor deprimido demonstram maior risco para a ocorrência de TCA.[8]

IMPACTO CLÍNICO DOS TRANSTORNOS ALIMENTARES NO DIABETES

Como forma de lidarem com sua condição clínica, os pacientes com DM podem utilizar enfrentamento menos adaptativo, muitas vezes negando os riscos médicos associados ao mau controle da doença. Por isso, é muito importante o reconhecimento precoce desses comportamentos alimentares alterados pela equipe envolvida com o tratamento desses pacientes e o uso de técnicas de psicoeducação. Em tais contextos, para pacientes com DM, o desenvolvimento de TA pode até parecer uma tentativa de obter maior controle sobre sua alimentação e peso por meio de restrições alimentares e, em alguns casos, omissão de insulina. A presença de TA no DM parece ter impacto negativo no controle metabólico da doença. Entretanto, a avaliação dessa associação deve ser feita de forma distinta para cada tipo de DM.

No DM1, pode haver comportamento alimentar desordenado com a presença de compulsão alimentar e mecanismos compensatórios, como jejuns prolongados ou manipulação das doses da insulina, com redução ou omissão, em que a hiperglicemia é induzida como forma de perder calorias de glicose pela urina.[26] Esses comportamentos parecem aumentar o risco de desenvolvimento de complicações agudas e crônicas do DM. A maioria dos estudos evidenciou piora do controle metabólico em pacientes com DM1 que exibiam um transtorno do comportamento alimentar,[27] estando bem estabelecido nesses pacientes os níveis elevados de HbA1c e o risco aumentado de complicações agudas e crônicas.[11]

As admissões hospitalares por cetoacidose diabética têm sido mais frequentemente observadas entre os pacientes com DM1 que apresentam alteração do comportamento alimentar. O estudo de Takki e colaboradores observou maior frequência de retinopatia e neuropatia em pacientes diabéticas com BN.[28] Parece que a associação entre a presença de complicações clínicas do DM e a ocorrência de TA é maior nos indivíduos com DM1 que omitem ou utilizam de forma inadequada as doses de insulina prescritas. A ocorrência de um TA parece associar-se com início mais precoce e maior número de complicações do DM.[12]

No DM2, novos estudos têm investigado o impacto de um TA no curso clínico da doença. Um estudo observou, em sua amostra, que pacientes com DM2 e TCA, quando comparados com aqueles sem um TA, eram mais jovens, apresentaram maiores níveis de triglicerídeos,[29] maior IMC, além de maior dificuldade na perda de peso, que é um dos pilares do tratamento do DM2.[30] Quanto ao controle glicêmico, em uma das amostras estudadas, pacientes com TCA e síndrome do comer noturno apresentaram aumento progressivo da hemoglobina glicada associado ao aumento na pontuação do questionário de compulsão alimentar Binge Eating Scale, entretanto, na análise não alcançou significância estatística.[31] Esse resultado foi replicado por outros estudos, parecendo que o impacto do TCA no controle glicêmico estaria relacionado com o IMC.[29,32]

AVALIAÇÃO DO COMPORTAMENTO ALIMENTAR NO DIABETES

Williamson e colaboradores[33] sugerem o uso de três dimensões de sintomas na avaliação de um TA: a compulsão alimentar, o medo de gordura e a dimensão de comportamentos compensatórios e busca da magreza. Dessa forma, os pacientes com TA se distinguiriam dos indivíduos sem alterações do comportamento alimentar por apresentarem aspectos qualitativos específicos em cada uma dessas três dimensões. Essa abordagem pode ser particularmente interessante na avaliação de TA nos indivíduos com DM, visto que o próprio DM pode ocasionar aumento da preocupação com relação ao descontrole alimentar e medo de engordar, acarretando baixa adesão ao tratamento do DM (p. ex., omissão das doses de insulina).

Vale ressaltar que as ferramentas convencionais de triagem para TA não levam em consideração comportamentos comuns nessa população, sendo que algumas mais direcionadas têm sido propostas, como o Diabetes Eating Problems Survey-Revised (DEPS-R) e questionário SCOFF.[34] Devemos ficar atentos, pois, como já mencionado anteriormente, a ausência de um diagnóstico de TA em um paciente com DM não exclui a possibilidade de existirem alterações subclínicas do comportamento alimentar, sendo que mesmo estas poderiam prejudicar a adesão ao tratamento do DM, bem como dificultar o controle clínico da doença. Dessa forma, é importante que o clínico geral e o especialista investiguem de maneira rotineira alguns aspectos importantes no tratamento de seus pacientes com DM. Alguns sinais clínicos relevantes são o controle glicêmico deficiente, com alto nível de HbA1c, ou a hipoglicemia recorrente, mas é importante atentar também a sintomas psiquiátricos, como humor deprimido, restrições alimentares quantitativas ou qualitativas, negação ao pesar, atividade física em excesso, baixa autoestima, como preocupação excessiva com imagem corporal, etc.[8]

Dessa forma, em primeiro lugar, principalmente no DM1, deve-se observar, no período inicial após o diagnóstico do DM, a aceitação e a adaptação psicológica do paciente. No DM1, a investigação das alterações do comportamento alimentar deve seguir-se de forma prospectiva. Já no DM2, é fundamental pesquisar a ocorrência de episódios de descontrole alimentar, pois esse comportamento pode vir a prejudicar a adesão do paciente ao tratamento que visa à redução de peso, um dos pilares do tratamento do DM. Perguntas simples como "Você já apresentou episódios de descontrole alimentar?" ou "Você já omitiu alguma dose de insulina para evitar o ganho de peso?" podem distinguir um grupo de pacientes suscetíveis ao desenvolvimento de TA e, possivelmente, de complicações do DM a médio e longo prazos.

TRATAMENTO DOS TRANSTORNOS ALIMENTARES NO DIABETES

O tratamento dos TAs em pacientes com DM deve ser feito com algumas orientações específicas, especialmente em mulheres com DM1. O manejo clínico inicial é realizado de forma semelhante às abordagens de pacientes sem DM com TA. Entretanto, é necessária a utilização de intervenções eficazes para o tratamento das alterações do comportamento alimentar em adolescentes do sexo feminino com DM, em virtude do impacto significativo dessas condições no controle metabólico e na ocorrência de complicações clínicas do DM. Alguns estudos têm demonstrado que o tratamento dos TAs em pacientes com DM1 é mais difícil do que naqueles sem DM.[35] Maior atenção às questões relacionadas ao DM, como a omissão de insulina, o controle metabólico, a restrição dietética e a aceitação da doença, poderia tornar os tratamentos já estabelecidos dos TAs mais eficazes.

Os pacientes com DM1 que exibem um TA, adicionalmente às preocupações com os hábitos nutricionais, entendem o tratamento insulínico como sinônimo de ganho de peso, mas o manter controle sobre a alimentação também é ensinado como forma de controlar as complicações clínicas imediatas e a longo prazo. Esse aspecto deve ser tratado com cuidado pelos profissionais da saúde, pois os momentos das refeições podem ser vivenciados com afeto negativo, medo ou culpa.[36] Dessa forma, deve-se levar em consideração o aspecto motivacional do paciente e a possibilidade de, eventualmente, flexibilizar o tratamento.[35] Por exemplo, medidas como aceitar valores de hemoglobina glicosilada um pouco menos próximos do ideal e diminuir a vigilância sobre as medidas de glicemia capilar poderiam aumentar a adesão às orientações médicas e a aceitação da doença.

É comum que os membros da família apresentem maior dificuldade em dar o tempo necessário para o paciente lidar com seus medos, por estarem mais preocupados com as possíveis consequências da doença, caso a insulina esteja sendo utilizada de forma inadequada. Assim, o profissional da saúde responsável pelo tratamento do paciente com DM deve tentar orientar a família e evitar o desgaste na relação desta com o paciente, pois, ao serem avaliadas intervenções de psicoeducação com maior envolvimento da família, parece haver resultados melhores nas mudanças comportamentais dos pacientes.[26]

A automonitoração da alimentação e dos níveis glicêmicos pode ser particularmente estressante para adolescentes com DM1. Muitos acabam abdicando dessa tarefa, pois a glicemia capilar elevada pode aumentar suas preocupações com os riscos da doença ou ocasionar necessidade de aumento da dose de insulina a ser administrada. O modelo de redução de danos parece ser o mais apropriado. Assim, negociar as doses de insulina ou os nutrientes da dieta pode facilitar a monitoração do paciente, mesmo que isso signifique controle metabólico menos rígido.[12] Preparar o paciente para o possível ganho de peso com o tratamento do DM e discutir questões relacionadas à imagem corporal também pode melhorar a adesão às orientações terapêuticas. Os programas de psicoeducação e a psicoterapia cognitivo-comportamental parecem ser eficazes na adequação da dieta, da insatisfação corporal e da preocupação com a magreza e a alimentação.[12]

Em relação ao nível de tratamento, estudos demonstraram que, em certos pacientes com DM1 e TA associado, a intervenção hospitalar parece ser mais eficaz do que a ambulatorial.[26] Uma das hipóteses é a de que os melhores resultados estejam relacionados à intensidade da intervenção, e, portanto, à eficácia do tratamento. Sabemos que internação hospitalar se trata de uma abordagem complexa, no entanto, devem ser sugeridas, caso sejam necessárias, abordagens mais intensivas, com uma equipe multiprofissional, incluindo endocrinologista e psiquiatra, nos casos que haja complicações clínicas associadas a DM1 e transtornos alimentares.[26]

Outra preocupação são os episódios de descontrole alimentar associados aos de hipoglicemia. Muitos pacientes mantêm esse comportamento por acharem que dessa forma aliviarão mais rapidamente os sintomas físicos da queda do nível glicêmico.[22] A utilização de um esquema rígido de insulina favoreceria a ocorrência desses episódios. A flexibilização das doses de insulina e o manejo nutricional podem ajudar na manutenção de um comportamento alimentar adequado. É importante lembrar que os ECAs também podem ocorrer de forma independente do controle glicêmico. Nesses casos, o tratamento farmacológico adequado pode ser eficaz na remissão da psicopatologia alimentar.

Uma das grandes preocupações com os pacientes com DM2 é a modificação de um estilo de vida cronicamente inadequado, visando à redução do peso corporal. A abordagem dos TAs no DM2 é, portanto, muito semelhante à utilizada nos indivíduos obesos sem DM. O tratamento proposto para esses casos seria composto por psicoterapia, controle glicêmico, aconselhamento nutricional e psicoeducação em DM.[30]

O controle glicêmico é manejado com fármacos específicos e com controle alimentar, ressaltando que recomendações dietéticas devem ser flexíveis em vez de rígidas, sugerindo uma abordagem comportamental, uma vez que a rigidez pode promover episódios de perda de controle e compulsão alimentar.[30] Além disso, a insulina, utilizada em uma parcela dos pacientes com DM2, não é vista por estes como uma forma de purgação.

O TCA é a principal alteração do comportamento alimentar nesses pacientes e deve ser tratado da mesma forma que em indivíduos sem DM2, com intervenções psicológicas e farmacológicas. A lisdexanfetamina é atualmente aprovada pela Food and Drug Administration (FDA) e pela Agência Nacional de Vigilância Sanitária (Anvisa) para o tratamento do TCA de moderado a grave, com desfecho favorável nos ECAs e no peso. Ainda, outros fármacos, como topiramato e fluoxetina, são utilizados *off-label*,[37] mas não foram estudados em populações específicas de pacientes com DM. Do ponto de vista de peso corporal, preconiza-se que haja metas atingíveis, com manejo individualizado, evitando, assim, o reforço da preocupação excessiva com peso e imagem corporal.[30]

De forma geral, a abordagem das síndromes completas de TAs deve ser feita de forma integrada por especialistas. Entretanto, a presença de psicopatologia alimentar que não preenche os critérios para um TA é muito frequente. Assim, devem ser incluídas intervenções de rotina no serviço de DM.

CONSIDERAÇÕES FINAIS

De maneira geral, os pacientes com DM apresentam taxas elevadas de TAs. O DM1 acomete uma população mais jovem, com faixas etárias semelhantes às da incidência da AN e da BN. Além disso, esses indivíduos apresentam tendência a valorização exagerada da imagem corporal. Considerando o possível ganho de peso com o tratamento insulínico, essa população estaria sob risco aumentado de desenvolvimento de alterações do comportamento alimentar. Por sua vez, o DM2 parece associar-se aos TAs principalmente em virtude do sobrepeso e da obesidade presentes nesses pacientes. A ocorrência de ECAs é um dos principais sintomas alimentares nos indivíduos com

DM2 (associados ao TCA ou à BN), inclusive com início antes do diagnóstico de DM. As dietas restritivas associadas ao tratamento do DM aumentariam os períodos de jejum e, consequentemente, os episódios de descontrole alimentar.

Maior lacuna de informações encontra-se na investigação da história natural dos TAs em pacientes com DM. São poucos os estudos que avaliaram o impacto da presença de psicopatologia alimentar sobre o controle metabólico e o risco de complicações clínicas associadas ao DM. No DM1, a maioria dos autores evidenciou piora no controle metabólico entre os indivíduos com DM1 que exibiam um TA. Além disso, pacientes com BN com DM1 parecem apresentar risco aumentado de lesão retiniana e neuropatia diabética. Em contrapartida, no DM2, a presença de um TA não se associou a diferenças em termos de controle glicêmico entre pacientes com ou sem TCA, sugerindo que os ECAs não exercem tanto efeito no desfecho glicêmico em comparação com a omissão de insulina.[29]

O tratamento dos TAs no DM deve buscar meios eficazes de aumentar a adesão ao tratamento da doença. Maior flexibilização das intervenções médicas e orientação do paciente e de sua família quanto aos possíveis mitos e preocupações com o peso corporal podem ajudar no controle clínico da doença. Além disso, o tratamento dos ECAs, sejam eles associados ou não à hipoglicemia, é importante na manutenção de um peso e de um controle glicêmico satisfatórios.

REFERÊNCIAS

1. Sociedade Brasileira de Diabetes. Diretrizes da Sociedade Brasileira de Diabetes: 2019-2020. São Paulo: Clannad; 2019.
2. Alberti KG, Zimmet PZ. Definition, diagnosis and classification of diabetes mellitus and its complications. Part 1: diagnosis and classification of diabetes mellitus provisional report of a WHO consultation. Diabet Med. 1998;15(7):539-53.
3. Miller CD, Phillips LS, Ziemer DC, Gallina DL, Cook CB, El-Kebbi IM. Hypoglycemia in patients with type 2 diabetes mellitus. Arch Intern Med. 2001;161(13):1653-9.
4. International Diabetes Federation. IDF diabetes atlas. 9th ed. Brussels: IDF; 2019.
5. Silvestre JA. Hospitalizações SUS. Brasília: Ministério da Saúde; 1997.
6. Tierney LM, McPhee SJ, Papadakis MA. Current medical diagnosis and treatment. 43th ed. New York: McGraw Hill; 2004. p. 1146-90.
7. Daneman D, Rodin G, Princess T, Hospital M, Jones J, Margaret P, et al. Eating disorders in adolescent girls and young adult women with type 1 diabetes preface. Diabetes Spectr. 2002;15(2):83-105.
8. Racicka E, Bryńska A. Eating disorders in children and adolescents with type1 and type 2 diabetes: prevalence, risk factors, warning signs. Psychiatr Pol. 2015;49(5):1017-24.
9. Hudson JI, Wentworth SM, Hudson MS, Pope HG Jr. Prevalence of anorexia nervosa and bulimia among young diabetic women. J Clin Psychiatry. 1985;46(3):88-9.
10. Wisting L, Siegwarth C, Skrivarhaug T, Dahl-Jørgensen K, Rø Ø. The impact of psychological aspects, age, and BMI on eating disorder psychopathology among adult males and females with type 1 diabetes. Health Psychol Open. 2020;7(2):2055102920975969.
11. Toni G, Berioli MG, Cerquiglini L, Ceccarini G, Grohmann U, Principi N, et al. Eating disorders and disordered eating symptoms in adolescents with type 1 diabetes. Nutrients. 2017;9(8):906.

12. Jones JM, Lawson ML, Daneman D, Olmsted MP, Rodin G. Eating disorders in adolescent females with and without type 1 diabetes: cross sectional study. BMJ. 2000;320(7249):1563-6.

13. Fukunishi I. Alexithymic characteristics of bulimia nervosa in diabetes mellitus with end-stage renal disease. Psychological Reports. 1997;81(2):627-33.

14. Nicolau J, Simó R, Sanchís P, Ayala L, Fortuny R, Zubillaga I, et al. Eating disorders are frequent among type 2 diabetic patients and are associated with worse metabolic and psychological outcomes: results from a cross-sectional study in primary and secondary care settings. Acta Diabetol. 2015;52(6):1037-44.

15. Today Study Group, Wilfley D, Berkowitz R, Goebel-Fabbri A, Hirst K, Ievers-Landis C, et al. Binge eating, mood, and quality of life in youth with type 2 diabetes: baseline data from the today study. Diabetes Care. 2011;34(4):858-60.

16. Çelik S, Kayar Y, Önem Akçakaya R, Türkyılmaz Uyar E, Kalkan K, Yazısız V, et al. Correlation of binge eating disorder with level of depression and glycemic control in type 2 diabetes mellitus patients. Gen Hosp Psychiatry. 2015;37(2):116-9.

17. Jaworski M, Panczyk M, Śliwczyński AM, Brzozowska M, Janaszek K, Małkowski P, et al. A ten-year longitudinal study of prevalence of eating disorders in the general polish type 2 diabetes population. Med Sci Monit. 2018;24:9204-12.

18. Gagnon C, Aimé A, Bélanger C. Predictors of comorbid eating disorders and diabetes in people with type 1 and type 2 diabetes. Can J Diabetes. 2017;41(1):52-7.

19. Pinhas-Hamiel O, Hamiel U, Levy-Shraga Y. Eating disorders in adolescents with type 1 diabetes: challenges in diagnosis and treatment. World J Diabetes. 2015;6(3):517-26.

20. Yanovski SZ. The chicken or the egg: binge eating disorder and dietary restraint. Appetite. 1995;24(3):258.

21. Yanovski SZ, Gormally JF, Leser MS, Gwirtsman HE, Yanovski JA. Binge eating disorder affects outcome of comprehensive very-low-calorie diet treatment. Obes Res. 1994;2(3):205-12.

22. Yasuhara D, Kojima S, Nozoe S, Naruo T. Intense fear of caloric intake related to severe hypoglycemia in anorexia nervosa. Gen Hosp Psychiatry. 2004;26(3):243-5.

23. Mitchell JE, King WC, Pories W, Wolfe B, Flum DR, Spaniolas K, et al. Binge eating disorder and medical comorbidities in bariatric surgery candidates. Int J Eat Disord. 2015;48(5):471-6.

24. Nieto-Martínez R, González-Rivas JP, Medina-Inojosa JR, Florez H. Are eating disorders risk factors for type 2 diabetes? A systematic review and meta-analysis. Curr Diab Rep. 2017;17(12):138.

25. Nonogaki K, Strack AM, Dallman MF, Tecott LH. Leptin-independent hyperphagia and type 2 diabetes in mice with a mutated serotonin 5-HT2C receptor gene. Nat Med. 1998;4(10):1152-6.

26. Clery P, Stahl D, Ismail K, Treasure J, Kan C. Systematic review and meta-analysis of the efficacy of interventions for people with type 1 diabetes mellitus and disordered eating. Diabet Med. 2017;34(12):1667-75.

27. Papelbaum M, Moreira RO, Coutinho WF, Ellinger VCM, Sichieri R. Diabetes mellitus e transtornos alimentares: uma revisão sistemática. J Bras Psiquiatr. 2004;53(3):163-73.

28. Takii M, Komaki G, Uchigata Y, Maeda M, Omori Y, Kubo C. Differences between bulimia nervosa and binge-eating disorder in females with type 1 diabetes: the important role of insulin omission. J Psychosom Res. 1999;47(3):221-31.

29. Nicolau J, Simó R, Sanchís P, Ayala L, Fortuny R, Zubillaga I, et al. Eating disorders are frequent among type 2 diabetic patients and are associated with worse metabolic and psychological outcomes: results from a cross-sectional study in primary and secondary care settings. Acta Diabetol. 2015;52(6):1037-44.

30. García-Mayor RV, García-Soidán FJ. Eating disorders in type 2 diabetic people: brief review. Pontevedra: University Hospital of Vigo; 2017.

31. Petroni ML, Barbanti FA, Bonadonna R, Bruno G, Caletti MT, Croci M, et al. Dysfunctional eating in type 2 diabetes mellitus: a multicenter Italian study of socio-demographic and clinical associations. Nutr Metab Cardiovasc Dis. 2019;29(9):983-90.

32. Papelbaum M, Oliveira Moreira R, Coutinho WF, Kupfer R, Freitas S, Raggio Luz R, et al. Does binge-eating matter for glycemic control in type 2 diabetes patients? J Eat Disord. 2019;7:30.

33. Williamson DA, Womble LG, Smeets MA, Netemeyer RG, Thaw JM, Kutlesic V, et al. Latent structure of eating disorder symptoms: a factor analytic and taxometric investigation. Am J Psychiatry. 2002;159(3):412-8.

34. Winston AP. Eating Disorders and Diabetes. Curr Diab Rep. 2020;20(8):32.
35. Peveler RC, Fairburn CG. The treatment of bulimia nervosa in patients with diabetes mellitus. Int J Eat Disord. 1992;11(1):45-53.
36. Moskovich AA, Dmitrieva NO, Babyak MA, Smith PJ, Honeycutt LK, Mooney J, et al. Real-time predictors and consequences of binge eating among adults with type 1 diabetes. J Eat Disord. 2019;7:7.
37. Appolinario JC, Nardi AE, McElroy SL. Investigational drugs for the treatment of binge eating disorder (BED): an update. Expert Opin Investig Drugs. 2019;28(12):1081-94.

21 TRANSTORNOS ALIMENTARES EM CRIANÇAS E ADOLESCENTES

Roberta Catanzaro Perosa Ferreira
Bacy Fleitlich-Bilyk

Neste capítulo, trataremos dos transtornos alimentares (TAs) que podem acometer crianças e adolescentes. Abordaremos os TAs mais comuns nessa faixa etária: anorexia nervosa (AN), bulimia nervosa (BN), transtorno de compulsão alimentar (TCA), transtorno alimentar restritivo/evitativo (TARE), pica e transtorno de ruminação.

Os TAs são patologias psiquiátricas e são, entre todas as doenças mentais, as que cursam com a maior taxa de morbidade e mortalidade. Em crianças e adolescentes, os TAs estão entre as patologias mais frequentes, sendo mais comuns que o diabetes melito tipo 2 (DM2).[1]

Mensurar a exata incidência dos TAs na infância e adolescência é difícil devido à necessidade de grandes amostras, multicêntricas, e também à tendência de se agrupar crianças e adolescentes na mesma amostra populacional.[2] Um estudo realizado por Swanson e colaboradores, em 2011, com adolescentes norte-americanos constatou a prevalência de 0,3% para AN e de 0,9% para BN, com início dos sintomas, em média, aos 12,3 e 12,4 anos, respectivamente.[3] Nesse mesmo estudo, a prevalência de casos clínicos de TCA foi de 1,6%, e a idade média de surgimento dos primeiros sintomas foi de 12,6 anos.

No Brasil, poucos são os estudos que determinam prevalências de TAs em crianças e adolescentes. Em 2008, um trabalho realizado em Florianópolis com 1.219 adolescentes do sexo feminino de 10 a 19 anos mostrou prevalência de AN de 15,6%.[4] Outro estudo, também realizado em Florianópolis, com 258 adolescentes do sexo feminino, mostrou prevalência de insatisfação corporal de 25,3% e de sintomas de BN e AN de 27,6%.[5]

É importante dizer que algumas profissões e grupos sociais apresentam mais risco para o desenvolvimento de TAs, especialmente aqueles ligados à estética e ao corpo, como bailarinos, atletas, profissionais da moda, atrizes e atores, estudantes de nutrição, medicina e psicologia. Atualmente, os grupos de risco não parecem mais apresentar aumento relevante das taxas.

ANOREXIA NERVOSA

A idade mais comum de início dos sintomas na AN é entre 13 e 18 anos. Estima-se que ela ocorra em aproximadamente 0,5 a 1% das meninas adolescentes.[6] Cerca de 90% dos pacientes acometidos pela AN são do sexo feminino.

ETIOPATOGENIA

A etiologia da AN está relacionada a interações de fatores ambientais, psicológicos e fisiológicos.[7] Acredita-se que as causas da AN, bem como dos demais TAs, sejam multifatoriais, ou seja, não há uma causa específica responsável pelo surgimento, início e manutenção da doença, e sim uma interação complexa de vários fatores: biológicos, genéticos, psicológicos, socioculturais e familiares.

Classicamente, distinguem-se os fatores predisponentes, precipitantes e os mantenedores dos TAs. Os fatores predisponentes são aqueles que estão presentes anteriormente à instalação do TA (p. ex., sexo feminino, história familiar de TA, comorbidade psiquiátrica, baixa autoestima, perfeccionismo, dificuldade em expressar emoções, contexto sociocultural caracterizado pela extrema valorização do corpo magro).

Os fatores precipitantes são aqueles que marcam o aparecimento dos sintomas do TA, atuando como "gatilho" para o desenvolvimento da doença (p. ex., dieta, separação e perdas, alteração da dinâmica familiar, expectativas irreais na escola, no trabalho, na vida pessoal, proximidade da menarca).

Os fatores mantenedores são aqueles que, se não abordados e tratados, podem aumentar o risco de cronificar o TA (p. ex., reforço social da magreza exagerada, associação da magreza à felicidade, magreza usada como sinônimo de superioridade social, contexto familiar no qual o corpo, o peso e a alimentação são assuntos dominantes).

FATORES BIOLÓGICOS E GENÉTICOS

Muitos estudos têm-se voltado para a predisposição biológica da AN. As variáveis biológicas participam da patogenia da AN não como fatores causais, mas precipitantes, como no caso das mudanças hormonais da puberdade, e como fatores mantenedores, como o efeito da desnutrição no estado mental dos pacientes.

A predisposição ou vulnerabilidade genética é determinada pela combinação dos genes de ambos os pais.[8] A manifestação da doença é decorrência da interação gene-ambiente. A concordância de casos de AN entre gêmeos homozigóticos é maior em comparação com heterozigóticos,[7] mas não é de 100%. Esse resultado indica que há fatores ambientais e/ou epigenéticos que interagem com a genética do indivíduo, desencadeando ou não o transtorno. Indivíduos que têm mãe ou irmã com AN têm aproximadamente 12 vezes mais probabilidade de desenvolver AN do que outros indivíduos sem história familiar dessa doença.[9]

Na AN, ocorrem mudanças na neurotransmissão, o que pode causar alterações na modulação da fome, do comportamento alimentar e na maneira de vivenciar e perceber a forma corporal.[10] Ocorre aumento do nível sérico de cortisol, o que levaria a diminuição do apetite, hipogonadismo hipotalâmico e redução do interesse sexual.[7]

A serotonina (5-HT) é um neurotransmissor relacionado à regulação do humor, ao controle do comportamento alimentar e à regulação de impulsos. Avaliações no liquor de pacientes com AN, por meio da mensuração do metabólito ativo da serotonina, 5-ácido-hidroxi-indolacético (5-HIAA), bem como a avaliação com neuroimagem funcional por radioligandos para 5-HT, sugerem que a atividade serotonérgica está alterada tanto na fase aguda como também após a recuperação da doença.[11] Possivelmente, a disfunção de 5-HT está presente antes do início da AN e se relaciona a traços de personalidade como perfeccionismo, obsessões e introversão. Ainda não há consenso sobre se os achados neurobiológicos encontrados em pacientes com AN são traços presentes desde o início do transtorno ou se são consequências dele.

Estudos mostram que na AN (tanto na fase aguda quanto após o tratamento) há diminuição na quantidade de receptores 5-HT2A e aumento na quantidade de receptores 5-HT1A.[12]

A dopamina é um neurotransmissor relacionado ao processamento de prazer e recompensa em áreas subcorticais do cérebro, além de atuar no processamento cognitivo da tomada de decisões e de funções executivas. Os pacientes com AN apresentam menores níveis de metabólitos de dopamina, em avaliações de liquor, do que os controles.[13]

Estudos de neuroimagem funcional em pacientes com AN sugerem que eles apresentam hipoativação de áreas cerebrais relacionadas ao processamento de prazer e recompensa (regiões subcorticais) e hiperativação daquelas que controlam o planejamento e o comportamento (lobo frontal).[13]

Estudos de *linkage*, que têm como objetivo localizar regiões cromossômicas específicas por meio de marcadores genéticos que podem estar associadas com a presença de determinada doença, apontam para a associação da AN restritiva a uma região no cromossomo 1 relacionada a receptores serotoninérgicos 5-HTR1D e receptores delta-opioides, além de regiões nos cromossomos 1, 2 e 13 associadas a sintomas como obsessão por magreza.[9]

FATORES ASSOCIADOS À PUBERDADE

Na maioria das vezes, a AN inicia-se na adolescência, fase que coincide com a aceleração do crescimento, com a puberdade e profundas mudanças psicossociais. A mudança na forma do corpo, que acontece durante a passagem do corpo infantil para o corpo adulto, promove certo estranhamento no adolescente. O espelho é, ao mesmo tempo, amado e odiado, pois o corpo que é visto deixa de ser reconhecido como próprio, e a distorção da imagem corporal, que acontece principalmente na AN, representa o extremo desse estranhamento: o desejo de retorno a um corpo magro, infantil e sem formas, a recusa ao desenvolvimento, ao crescimento e à independência.[14]

Associado ao início da adolescência e da puberdade, qualquer evento vital estressante pode atuar como fator precipitante do TA.

É frequente que, na história da doença, os pais ou o jovem relatem que tudo começou após um evento específico, como separação, problemas na escola, uma doença ou algum tipo de abuso físico ou sexual.[15]

Algumas características da personalidade costumam estar associadas à probabilidade de se desenvolver um TA. Crianças e adolescentes com AN são frequentemente descritos pelos pais como "crianças perfeitas" antes do início dos sintomas alimentares, são perfeccionistas, obedientes, bons alunos e costumam agradar a todos. Esses jovens determinam para si próprios regras e objetivos distantes da realidade e, quando não conseguem atingi-los, sentem-se incapazes e fracassados.[15]

FATORES SOCIOCULTURAIS E FAMILIARES

Hipóteses sobre fatores de risco no desenvolvimento do indivíduo referem que a ligação excessiva com a mãe e a exclusão do pai na relação são os vínculos disfuncionais mais frequentemente relatados em famílias de pacientes com AN. Autores levantam a hipótese que a construção da imagem corporal depende da introjeção satisfatória da função materna, que acontece a partir do primeiro vínculo do bebê com a mãe. Nesse raciocínio, as mães demasiadamente invasivas não permitem que o bebê construa sua própria imagem corporal: ele não se reconhece como um indivíduo independente da mãe e fica identificado com a figura materna.[14]

As famílias dos pacientes com AN são descritas como sistemas aglutinados e extremamente rígidos; seus membros encontram-se excessivamente ligados e indiferenciados. Tipicamente, essas famílias tendem a evitar conflitos e a rejeitar qualquer tipo de mudança, o que reforça o comportamento sintomático do filho doente. No entanto, nem todas as famílias de pacientes com AN apresentam o mesmo padrão de interações.

Os TAs estão presentes nas mais diversas culturas, inclusive em culturas orientais e em grupos mais tradicionais, sendo que a AN é descrita desde os tempos medievais. No entanto, a incidência dos TAs nos países ocidentais é significativamente maior e tem aumentado em indivíduos pré-púberes nos últimos anos, inclusive no sexo masculino. Pressões sociais para que os indivíduos tenham um corpo cada vez mais magro contribuem para o aumento da incidência dos TAs, especialmente em grupos considerados vulneráveis, como as meninas adolescentes. Como citado anteriormente, a magreza tem sido considerada sinônimo de sucesso e valor. A exposição às pressões da mídia e da indústria da moda no que se refere a dietas ou à forma do corpo atinge também as crianças, que demonstram preocupações a respeito desses temas cada vez mais precocemente. Além disso, a pressão dos pais para perder peso, as críticas da família sobre o peso e o investimento materno na magreza das filhas foram positivamente correlacionados com os TAs nos adolescentes.[16]

QUADRO CLÍNICO

A AN caracteriza-se por preocupações excessivas com o peso, a forma corporal e a alimentação com consequentes comportamentos que objetivam não ganhar peso e/ou perdê-lo.

O aparecimento dos sintomas de TA na infância e adolescência ocorre de forma específica, de acordo com a maturidade emocional, biológica e psicológica do paciente. Não há clareza das sensações e medos causados pela doença, e é muito comum que os pacientes mais jovens atribuam as mudanças e restrições alimentares a sintomas físicos, como dor abdominal, náuseas, plenitude gástrica e dificuldade de deglutir, em vez de a queixas claras referentes ao tamanho do corpo ou de algumas de suas partes. Tocar ou apertar repetidamente determinadas partes do corpo, como barriga e coxas, durante e após as refeições, podem ser indícios de preocupação excessiva com o peso e o corpo e de distorção da imagem corporal.

As estratégias mais utilizadas pelas crianças e adolescentes para o controle e/ou a perda de peso são a restrição alimentar, os exercícios físicos excessivos e os vômitos autoinduzidos. A sobrecarga de exercícios físicos pode acontecer tanto pelo aumento do tempo e da intensidade em atividades físicas formais, como na prática de esportes, quanto pelo incremento de atividades de rotina, como arrumar o quarto, subir e descer escadas, auxiliar nos cuidados da casa, evitar sentar-se e ficar quieto. Crianças e adolescentes com AN tendem a fazer restrições alimentares graves e drásticas, podendo até realizarem restrição da ingesta de água, o que aumenta ainda mais as chances de complicações clínicas.[17]

Em crianças e adolescentes com AN, frequentemente o peso se encontra diminuído e, portanto, abaixo do necessário para que eles continuem a crescer e se desenvolver adequadamente. Na infância, é esperada evolução das medidas pôndero-estaturais ao longo do tempo. A estagnação do peso e da estatura nessa etapa do desenvolvimento é tão grave quanto a perda significativa de peso vista nos adultos com AN. Por essa razão, e pelo caráter dinâmico do crescimento em crianças e adolescentes, torna-se necessária a utilização dos percentis ou de escore Z de peso por idade, altura por idade e índice de massa corporal (IMC) por idade, para a avaliação física precisa.

Os percentis pôndero-estaturais prévios ao quadro alimentar são considerados os parâmetros normais de crescimento daquela criança e/ou adolescente. A alteração decrescente dessas medidas indica falha do crescimento. É importante frisar que o uso do IMC não deve ser feito de forma isolada, apresentando baixo valor clínico, por se tratar de um período dinâmico do desenvolvimento.[18]

O *Manual diagnóstico e estatístico de transtornos mentais* (DSM-5) distingue dois subtipos da AN:[19]

- AN restritiva: caracterizada por restrição alimentar, aumento de gasto energético, jejuns e outros comportamentos compensatórios não purgativos, como, por exemplo, atividade física excessiva e sem compulsão alimentar.
- AN purgativa: caracterizada por episódios de compulsão alimentar (ECAs) e/ou comportamento purgativo, como vômitos autoinduzidos e uso de laxantes, diuréticos e enemas.

Em geral, o curso da AN pode estar associado a graves complicações clínicas decorrentes da desnutrição e dos métodos compensatórios inadequados (**Quadro 21.1**).

DIAGNÓSTICO

Os critérios diagnósticos tanto do DSM-5[19] quanto da *Classificação internacional de doenças e problemas relacionados à saúde* (CID-11)[20] contemplam como sintomas capitais para o diagnóstico da AN: a perda de peso autoinduzida, o medo mórbido de engordar e a distorção ou a alteração na maneira de vivenciar a imagem corporal (**Quadros 21.2** e **21.3**).

A amenorreia, que era um critério diagnóstico presente tanto no DSM-IV-TR quanto na CID-10, foi excluída do DSM-5 e da CID-11, uma vez que se observou que muitas mulheres que apresentavam todas as características para a AN podiam manter alguma atividade menstrual.[21] Além disso, esse critério não poderia ser usado em meninas pré-púberes, em mulheres em uso de contraceptivo hormonal ou pós-menopausa e em homens.

O diagnóstico da AN é eminentemente clínico, seguindo os critérios diagnósticos presentes tanto no DSM-5[19] quanto na CID-11.[20] Podemos lançar mão de alguns questionários que avaliam o comportamento alimentar para nos ajudar no raciocínio clínico. Os mais conhecidos são: Eating Disorder Examination (EDE) e Eating Attitudes Test (EAT).

Quadro 21.1
Complicações clínicas da AN

Pele e anexos: pele com aspecto amarelado por hipercarotenemia, pele seca, lanugo, cabelos finos e quebradiços, perda de cabelo.
Sistema digestivo: retardo no esvaziamento gástrico, diminuição de peristaltismo intestinal, pancreatite e constipação intestinal, alterações de enzimas hepáticas, lesões esofágicas causadas por vômitos, perda dentária.
Sistema circulatório: bradicardia, diminuição da pressão arterial, arritmias, insuficiência cardíaca, parada cardíaca, hipotensão postural, aumento do intervalo QT, miocardiopatias.
Sistema excretor: edema, cálculo renal, aumento de ureia sérica, poliúria, desidratação.
Sistema hematológico: anemia, leucopenia, trombocitopenia.
Eletrólitos: hipocalemia, hiponatremia, hipofosfatemia e hipomagnesemia.
Sistema endocrinológico: amenorreia, diminuição de gonadotrofinas, LH e estrogênios, hipotireoidismo, aumento do hormônio do crescimento, do cortisol e das leptinas.
Outras alterações: hipotermia e intolerância ao frio, convulsões, osteopenia/osteoporose, hipoglicemia, atrofia cerebral, alterações neurocomportamentais.

■ Quadro 21.2
Critérios diagnósticos para AN segundo a CID-11

- Há perda de peso significativa considerando a altura do indivíduo, a idade e o estágio de desenvolvimento (IMC menor que 18,5 em adultos e IMC menor que percentil 5 para crianças e adolescentes) que não é justificada por qualquer outra condição médica ou por indisponibilidade de alimento.
- O baixo peso é acompanhado de um padrão persistente de comportamentos com o objetivo de impedir o restabelecimento do peso normal que podem incluir mecanismos que visam a reduzir a ingestão calórica (restrição alimentar), comportamentos purgativos (indução de vômitos, abuso de laxantes e diuréticos) e aumento de gasto energético (p. ex., atividade física em excesso), associados a medo de engordar.
- O baixo peso e a forma corporal são elementos centrais na autoavaliação do indivíduo e são inapropriadamente percebidos como normais ou até mesmo excessivos.

Fonte: World Health Organization.[20]

■ Quadro 21.3
Critérios diagnósticos para AN segundo o DSM-5

A. Restrição da ingesta calórica em relação às necessidades, levando a um peso corporal significativamente baixo no contexto de idade, gênero, trajetória do desenvolvimento e saúde física. Peso significativamente baixo é definido como peso inferior ao peso mínimo normal ou, no caso de crianças e adolescentes, menor do que o minimamente esperado.
B. Medo intenso de ganhar peso ou engordar, ou comportamento persistente que interfere no ganho de peso, mesmo estando com peso significativamente baixo.
C. Perturbação no modo de vivenciar o peso, tamanho ou forma corporais; excessiva influência do peso ou da forma corporais na maneira de se autoavaliar; negação da gravidade do baixo peso.

Especificar subtipo:
Restritivo: nos últimos três meses não houve episódios de compulsão alimentar ou prática purgativa.
Purgativo: nos últimos três meses houve episódios de compulsão alimentar e/ou purgação.

Especificar se:
Em remissão parcial: depois de todos os critérios diagnósticos para AN terem sido preenchidos por um período de tempo, o critério A (baixo peso corporal) não se manteve mais, mas o critério B (medo intenso de ganhar peso ou de se tornar gordo ou comportamento que impede o ganho de peso) ou o critério C (perturbação no modo de vivenciar o peso, tamanho ou forma corporais) ainda se mantêm.
Em remissão total: depois de todos os critérios diagnósticos para AN terem sido preenchidos por um período de tempo, nenhum dos critérios se apresenta mais por um período de tempo.

(*Continua*)

■ **Quadro 21.3**
Critérios diagnósticos da AN segundo o DSM-5 (*Continuação*)

Especificar gravidade atual:
O nível mínimo de gravidade é baseado, para adultos, no IMC (veja a seguir) ou, para crianças e adolescentes, no percentil de IMC. As faixas a seguir são derivadas das categorias da Organização Mundial da Saúde para magreza em adultos; para crianças a adolescentes, os percentis de IMC devem ser usados. O nível de gravidade pode ser aumentado para refletir os sintomas clínicos, o grau de comprometimento funcional e a necessidade de supervisão.

- Leve: IMC ≥ 17 kg/m^2
- Moderada: IMC entre 16 e 16,99 kg/m^2
- Grave: IMC entre 15 e 15,99 kg/m^2
- Extrema: IMC < 15 kg/m^2

Fonte: American Psychiatric Association.[19]

TRATAMENTO

O tratamento dos TAs tanto na infância e adolescência quanto na idade adulta requer uma equipe multidisciplinar composta por no mínimo psiquiatra, psicólogo e nutricionista, todos especializados em tratar TAs.

Logo, o tratamento de crianças e adolescentes com AN requer assistência multidisciplinar e visa à abordagem de seus aspectos clínicos, nutricionais, psicológicos e relacionais. Métodos terapêuticos que levam em conta a etapa do desenvolvimento desses pacientes e a presença ou não de comorbidades psiquiátricas têm maiores chances de êxito.

Assim como ocorre com os adultos, a presença de comorbidades psiquiátricas em crianças e adolescentes com TAs é grande. Um estudo brasileiro com amostra de crianças e adolescentes com TA identificou taxas de transtorno depressivo maior entre 67 e 93% e de transtornos de ansiedade entre 42,2 e 58,2%, dados semelhantes aos de estudos internacionais.[22] Geralmente os transtornos de ansiedade precedem o TA, enquanto o transtorno depressivo ocorre de forma concomitante ou posterior a ele. As comorbidades psiquiátricas mais frequentes em crianças e adolescentes com AN são: depressão maior, transtorno obsessivo-compulsivo (TOC), fobia social e transtorno de ansiedade generalizada.

Quanto mais precocemente ocorrer o diagnóstico dos TAs em crianças e adolescentes e mais cedo se iniciar o tratamento adequado, melhores serão os resultados do tratamento, melhor será o prognóstico e maiores serão as chances de se evitar as formas crônicas e imutáveis desses transtornos.[17]

A maioria dos trabalhos publicados sobre o tratamento de TAs em crianças e adolescentes concorda que a terapia baseada na família, bem como o aconselhamento para pais, são os métodos mais efetivos para a recuperação dos pacientes dessa faixa etária, uma vez que, em geral, no início do tratamento, esses pacientes não têm uma compreensão crítica de que estão doentes e tendem a ter muita dificuldade em colaborar com o processo terapêutico, dificultando a comunicação, o entendimento e a coesão de todos os envolvidos nos seus cuidados. Por isso, os pais ou responsáveis devem ser convocados a participar das consultas com todos os profissionais da equipe.[23]

Entre as modalidades de atendimento familiar, destacam-se duas: o tratamento baseado na família (*family-based treatment* – FBT), do Manual de Tratamento para AN e BN de James Lock eLe Grange, cuja premissa básica é a de que a família, especialmente os pais, deve ser uma das fontes mais importantes de recursos para o tratamento de adolescentes com TA;[23,24] e o Modelo Maudsley, que privilegia o conceito multifatorial de etiologia dos TAs e intervém principalmente nos fatores mantenedores da doença. A terapia cognitivo-comportamental (TCC) vem sendo usada com sucesso, a partir de modelos como o de Fairburn e adaptados para a faixa etária de crianças e adolescentes.[25,26] O entendimento do TA como doença, e não escolha da família ou do paciente, possibilita a desculpabilização do paciente e dos pais e a diferenciação entre o paciente e sua doença (técnica de internalização), viabilizando, assim, à participação e à intervenção dos pais na promoção das mudanças de comportamentos essenciais na recuperação do paciente.

O tratamento da AN pura (cerca de 16% dos casos) é a realimentação criteriosa. No entanto, tendo em vista a existência frequente de comorbidades, o uso de medicações se torna necessário, e, nesses casos, a escolha da medicação será feita de acordo com a comorbidade psiquiátrica.

Na fase aguda da AN em crianças e adolescentes, o uso de medicação se restringe a duas situações: manejo da ansiedade e comorbidades psiquiátricas. Como depressão e transtornos de ansiedade são as comorbidades mais prevalentes, quando necessário, é possível lançar mão do uso dos antidepressivos inibidores seletivos da recaptação de serotonina (ISRSs), especialmente fluoxetina e sertralina, devido a sua eficácia e segurança. Em alguns casos, certos estudos demonstram a utilização de antipsicóticos atípicos, em especial a olanzapina, como coadjuvantes no ganho de peso e na abordagem da recusa alimentar.[27]

O tratamento da AN depende da gravidade da parte clínica e comportamental e pode ser sob regime de internação, hospital-dia ou ambulatorial.

A indicação de internação é baseada na gravidade do caso, no risco de morte ou na ausência de resposta ao tratamento ambulatorial. Os critérios para a internação dos pacientes devem se basear na presença de desnutrição grave (peso menor que 75% do esperado de peso/altura); desidratação; distúrbios eletrolíticos; arritmia cardíaca; instabilidade fisiológica; bradicardia; hipotensão e hipotermia (< 36°C); mudanças ortostáticas (pulso e pressão arterial); estagnação do crescimento e desenvolvimento; falha no tratamento ambulatorial; recusa alimentar aguda; descontrole de purgações e compulsões; complicações clínicas da desnutrição e de emergências psiquiátricas (p. ex., ideação suicida e sintomas psicóticos). Quando o diagnóstico considerado primário ou mais grave é uma comorbidade (p. ex., depressão grave, TOC e disfunção familiar grave), a internação também pode ser indicada.[7,28]

A realimentação por via oral é a primeira escolha para a recuperação do peso e a mais bem-sucedida na recuperação a longo prazo. Em alguns casos, a nutrição parenteral ou enteral é necessária. Durante a fase de realimentação é necessário o monitoramento clínico para se evitar a síndrome da realimentação, que se caracteriza por hipofosfatemia, rápida diminuição do potássio e magnésio, intolerância à glicose, disfunção gastrintestinal e arritmias cardíacas. O ritmo de ganho de peso recomendado é de 0,5 a 1,0 kg por semana em pacientes ambulatoriais e de 1,0 a 1,5 kg por semana em pacientes internados.[28]

A recuperação da AN é longa, e o suporte nutricional (reeducação alimentar) e psicológico individual e familiar é essencial para sustentar a mudança. Alcançar uma alimentação equilibrada e balanceada, adequando comportamentos e escolhas alimentares, além de esclarecer e desmistificar crenças inadequadas, estabelecendo uma relação apropriada com o alimento e com o corpo, são partes fundamentais do processo terapêutico.

BULIMIA NERVOSA

A incidência de BN em crianças e adolescentes varia entre 0,9 e 3%, e sua apresentação é mais tardia, ocorrendo entre 16 e 17 anos.[6] Sua prevalência é maior no sexo feminino, com cerca de 90 a 95% de mulheres para 5 a 10% de homens.[26] Há estudos que mostram prevalência de BN entre 0,5 e 4% da população.[29]

ETIOPATOGENIA

A BN também é uma doença, a exemplo da AN, cuja etiopatogenia compreende uma complexa interação entre fatores biológicos, psicológicos, socioculturais, familiares e genéticos.[30]

FATORES BIOLÓGICOS E GENÉTICOS

O papel dos fatores biológicos na BN tem recebido atenção considerável nas últimas décadas. Foram detectadas alterações nos neurotransmissores cerebrais, como 5-HT e noradrenalina, e também nos peptídeos YY, na leptina e na colecistoquinina. A 5-HT atua na saciedade, na escolha do alimento e nos seus padrões alimentares. A colecistoquinina também atua na saciedade e apresenta-se baixa em indivíduos com BN.[31]

Como já abordado neste capítulo, a dopamina é um neurotransmissor relacionado ao processamento de prazer e recompensa em áreas subcorticais do cérebro, além de atuar no processamento cognitivo da tomada de decisões e de funções executivas. Estudos de neuroimagem funcional em pacientes com BN sugerem que eles apresentam hiperativação das áreas cerebrais relacionadas ao processamento de prazer e recompensas (regiões subcorticais) e hipoativação das áreas cerebrais que controlam o planejamento e o comportamento (lobo frontal).[13]

Não há, até a presente data, identificação de alteração em um único gene causador da BN, mas estudos apontam associação entre o quadro e alterações no cromossomo 10p.[31] Existe alta taxa de concordância em gêmeos monozigóticos acometidos pelo transtorno em comparação a dizigóticos, sustentando esse modelo de transmissão genética.[31]

FATORES ASSOCIADOS À PUBERDADE

A impulsividade é o traço de personalidade mais frequentemente associado à BN. Adolescentes com esse perfil tendem a colocar-se em situação de risco, como abuso de álcool e drogas, promiscuidade sexual e comportamentos autodestrutivos. Compulsões alimentares e práticas purgativas estão associadas a esse traço, em contraste com a personalidade rígida e controladora daqueles jovens que desenvolvem AN.[15]

Não é raro que o início dos sintomas nessa faixa etária se relacione com *bullying* por estar acima do peso ou após sofrer algum tipo de abuso físico e/ou sexual.[28]

Os pacientes com BN com frequência apresentam pensamento dicotômico, perfeccionismo, aversão a conflitos, medo do abandono, baixa autoestima e dificuldade de verbalizar sentimentos.

FATORES SOCIOCULTURAIS E FAMILIARES

As famílias de pacientes com BN tendem a apresentar alto grau de emoção expressa e criticismo, ou seja, a comunicação entre os membros da família é marcada por inúmeras críticas e desvalorização do outro.

Em geral, há relatos de conflitos intrafamiliares, alterações nas relações interpessoais e sistêmicas, falta de coesão no núcleo familiar e precário suporte social. É comum história familiar de dietas ou comer excessivo, obesidade e influência dos pais com comentários recorrentes em relação ao peso ou à forma corporal dos filhos.

Como fatores socioculturais, existem as pressões sociais para que as pessoas, especialmente as mulheres, tenham um corpo cada vez mais magro, associando à magreza sinônimo de sucesso, valor, felicidade e realizações.

QUADRO CLÍNICO

A BN se caracteriza pela presença de ECAs, definidos como a ingesta de uma grande quantidade de alimento – definitivamente maior que a maioria dos indivíduos comeria – em um curto período de tempo, com sensação de perda de controle, seguidos de comportamentos compensatórios (purgativos: vômitos autoinduzidos, uso de laxantes e diuréticos; não purgativos: remédios para emagrecer, atividade física excessiva, jejuns, dietas restritivas) para evitar o ganho ou promover a perda de peso.[30]

O paciente com BN geralmente descreve grande preocupação com seu peso e sua forma corporal previamente ao transtorno propriamente dito, embora seu peso esteja normal ou discretamente elevado. De forma geral, refere intenso medo de engordar, mas sem o desejo de emagrecer ou buscar ideais de beleza cada vez mais magros, como observado na AN.[7] Assim, inicia-se uma dieta restritiva, eliminando alimentos que julga facilitar o ganho de peso, mas sem haver a restrição desenfreada observada em pacientes com AN. O controle sobre o hábito alimentar se mantém até que, em determinado momento, ao se deparar com um alimento "proibido" (da dieta restritiva, geralmente aqueles ricos em carboidratos e lipídeos), o paciente perde o controle e o ingere em grande quantidade em um curto período de tempo. O paciente fica culpado pelo descontrole e também se sente mal fisicamente, pela enorme quantidade de alimento ingerida, e então utiliza-se de comportamentos compensatórios para evitar engordar e aliviar-se física e psiquicamente. Dessa forma, um círculo vicioso é estabelecido, levando ao reinício da dieta, predispondo a novos ECAs seguidos de comportamentos compensatórios inadequados para o controle do peso.

Na BN também são observados distúrbios da imagem corporal, o que acaba sendo um sintoma intenso, que tende a dificultar o tratamento do TA. Na BN, o peso pode estar normal ou um pouco aumentado devido aos frequentes ECAs e à ineficácia dos métodos compensatórios empregados.

Em crianças e adolescentes, o caráter dinâmico do crescimento torna necessária a utilização dos percentis ou de escore Z de peso por idade, altura por idade e IMC por idade, para a avaliação física precisa. Alteração crescente abrupta dos percentis pode indicar ganho de peso excessivo.

É importante frisar que os ECAs com frequência sucedem períodos prolongados de jejuns e/ou de restrição alimentar importante.

Inúmeras complicações clínicas podem ocorrer nos pacientes com BN e geralmente estão relacionadas com o tipo e a frequência dos métodos purgativos utilizados (**Quadro 21.4**).

■ Quadro 21.4
Complicações clínicas da BN

Pele e anexos: calosidade no dorso da mão por escoriação dentária (sinal de Russell), retração gengival, erosão do esmalte dentário, peliose, cáries, hipertrofia de glândulas parótidas em decorrência dos vômitos, podendo ter aumento da fração salivar da amilase.
Sistema gastrintestinal: dor abdominal, dispepsia, gastrite, esofagite, erosões gastresofágicas, hérnia de hiato, metaplasia de Barrett, sangramentos, obstipação, síndrome do cólon irritável, prolapso retal.
Sistema metabólico: desidratação, alterações hidreletrolíticas, como hipocalemia, hiponatremia, hipofosfatemia.
Sistema reprodutivo: irregularidade menstrual, risco de aborto espontâneo, parto cesariana em vez de normal, depressão pós-parto, baixo peso do recém-nato.
Sistema cardiovascular: arritmias cardíacas.

DIAGNÓSTICO

O diagnóstico da BN é eminentemente clínico, seguindo os critérios diagnósticos tanto do DSM-5[19] quanto da CID-11[20] (**Quadros 21.5** e **21.6**). Podem-se utilizar alguns questionários que avaliam o comportamento alimentar para ajudar na avaliação clínica, como o EDE e o Bulimic Investigatory Test, Edinburgh (BITE).

Quadro 21.5
Critérios diagnósticos para BN segundo a CID-11

- Episódios frequentes e recorrentes de compulsão alimentar, uma vez por semana ou mais, por um período de pelo menos um mês.
- Um episódio de compulsão alimentar é definido como um período distinto de tempo em que o indivíduo experimenta uma sensação subjetiva de perda de controle sobre o ato de comer, comendo uma quantidade significativamente maior que o habitual, e sente-se incapaz de parar de comer ou limitar a quantidade e o tipo de alimento que está ingerindo.
- Esses episódios são acompanhados por mecanismos compensatórios inapropriados que visam a evitar o ganho de peso (p. ex., vômitos autoinduzidos, abuso de laxantes ou enemas e exercícios físicos em excesso).
- O indivíduo preocupa-se com a forma e o peso corporal, e isso influencia significativamente a sua autopercepção.
- Nesses casos, o peso não é significativamente baixo, e o indivíduo não preenche critérios para anorexia nervosa.

Fonte: World Health Organization.[20]

Quadro 21.6
Critérios diagnósticos para BN segundo o DSM-5

A. Episódios recorrentes de compulsão alimentar, tendo as seguintes características:
   1. Ingestão em pequeno intervalo de tempo (aproximadamente em 2 horas) de uma quantidade de comida claramente maior do que a maioria das pessoas comeria no mesmo tempo e nas mesmas circunstâncias.
   2. Sensação de perda de controle sobre o comportamento alimentar durante os episódios (sensação de não conseguir parar de comer ou controlar o que e quanto come).

B. Comportamentos compensatórios inadequados para prevenir ganho de peso, como vômito autoinduzido, abuso de laxantes, diuréticos ou outras drogas, dieta restritiva ou jejum ou, ainda, exercícios físicos excessivos.

C. Os episódios de compulsão alimentar e os comportamentos compensatórios ocorrem pelo menos uma vez por semana, por três meses.

D. A autoavaliação é indevidamente influenciada pela forma e peso corporais.

E. A perturbação não ocorre exclusivamente durante episódios de anorexia nervosa.

Especificar se:

Em remissão parcial: após todos os critérios para BN terem sido preenchidos, alguns, mas não todos, se mantiveram por um período de tempo.

Em remissão total: após todos os critérios para BN terem sido preenchidos, nenhum é mais encontrado.

(*Continua*)

■ **Quadro 21.6**
Critérios diagnósticos para BN segundo o DSM-5 *(Continuação)*

Especificar gravidade atual:
O nível mínimo de gravidade é baseado na frequência de comportamentos compensatórios inadequados (veja a seguir). O nível de gravidade pode ser aumentado para refletir outros sintomas e o grau de comprometimento funcional.

- Leve: média de 1 a 3 episódios de comportamentos compensatórios inadequados por semana.
- Moderada: média de 4 a 7 episódios de comportamentos compensatórios inadequados por semana.
- Grave: média de 8 a 13 episódios de comportamentos compensatórios inadequados por semana.
- Extrema: média de 14 ou mais episódios de comportamentos compensatórios inadequados por semana.

Fonte: American Psychiatric Association.[19]

TRATAMENTO

O tratamento da BN deve ser feito por equipe multidisciplinar, composta por nutricionista, psicólogo, avaliação de endocrinologista e psiquiatra. Dependendo da particularidade de cada caso, pode-se solicitar atendimento de enfermagem, terapeuta ocupacional, acompanhante terapêutico e educador físico.[7]

A maioria dos pacientes com BN é tratada ambulatorialmente, e a internação é indicada quando há alterações clínicas importantes decorrentes dos comportamentos compensatórios ou agudização dos sintomas das comorbidades psiquiátricas, que, assim como acontece na AN, também são comuns e frequentes nos pacientes com BN. As comorbidades psiquiátricas mais frequentes em crianças e adolescentes com BN são depressão maior, transtornos de ansiedade (fobia social, TOC e transtorno de ansiedade generalizada) e abuso de substâncias.

Os objetivos do tratamento incluem primeiramente a regularização do comportamento alimentar, a suspensão de purgação e restrição alimentar e a orientação nutricional.[28]

A terapia familiar e o aconselhamento para pais são os métodos terapêuticos mais efetivos para o tratamento de crianças e adolescentes com BN. O FBT e o novo Modelo Maudsley de terapia familiar são os mais indicados. A TCC, individual ou em grupo, também é uma abordagem recomendada a crianças e adolescentes com BN.

O uso de medicação em crianças e adolescentes com BN visa ao controle dos ECAs e das purgações, e para essa finalidade só deve ser considerado quando tais sintomas forem resistentes às abordagens psicológicas e nutricionais. Os antidepressivos, especialmente os ISRSs, como a fluoxetina, são os que demonstraram maior eficácia, porém a fluoxetina, em dose de 60 mg/dia, apresenta vantagem em relação aos tricíclicos no que diz respeito à eficácia e ao perfil menos adverso de efeitos colaterais.[7] Outra medicação que se pode utilizar para o controle dos ECAs e das purgações é o topiramato.[32]

Como as comorbidades psiquiátricas em crianças e adolescentes com BN são frequentes, o uso de medicação específica para tratá-las acaba sendo necessário.

TRANSTORNO DE COMPULSÃO ALIMENTAR

Há relativa escassez de pesquisas sobre TCA em crianças e adolescentes. Pesquisas recentes baseadas na comunidade de crianças e adolescentes norte-americanos sugerem que o TCA ocorre em 1 a 2% dessa população com idades entre 10 e 19 anos.[33] Outro estudo, realizado por Swanson e colaboradores, em 2011,[3] mostrou que a prevalência de casos clínicos de TCA foi de 1,6% e que a idade média de surgimento dos primeiros sintomas foi de 12,6 anos.

ETIOPATOGENIA

Assim como na AN e na BN, a etiopatogenia do TCA compreende uma complexa interação entre fatores biológicos, psicológicos, socioculturais, familiares e genéticos.

Estudos de neuroimagem funcional em pacientes com TCA sugerem que eles apresentam hiperativação dopaminérgica das áreas cerebrais relacionadas ao processamento de prazer e recompensas (regiões subcorticais) e hipoativação das áreas cerebrais que controlam o planejamento e o comportamento (lobo frontal).[13]

As taxas de herdabilidade e contribuição genética para TCA são estimadas em 57%.

QUADRO CLÍNICO

O TCA é caracterizado por episódios recorrentes de compulsão alimentar, na ausência de comportamentos compensatórios para promover a perda ou evitar o ganho de peso.[30] O ECA é definido como a ingestão, em um período de tempo determinado, de uma quantidade de alimento definitivamente maior do que a maioria das pessoas consumiria em um mesmo período de tempo sob circunstâncias semelhantes. Há sofrimento significativo e sensação de perda de controle sobre a ingestão alimentar durante os episódios.[30] Além do grande sofrimento vivenciado pelos pacientes, há esforço, por parte deles mesmos, em tentar ocultar os sintomas alimentares e emocionais.

Crianças e adolescentes com algum grau de obesidade têm como fatores de risco para TCA pressões familiares e sociais para que eles emagreçam, e recomendações de dietas restritivas e/ou jejuns estão presentes. Outros riscos são humor depressivo, fatores estressores interpessoais e sentimentos negativos relacionados ao peso e à forma corporal.

Muitos pacientes com TCA são obesos e sofrem as complicações clínicas associadas à obesidade, como síndrome metabólica, diabetes, hipertensão arterial, dislipidemia, entre outras. É comum a comorbidade com outras patologias psiquiátricas, como depressão, ansiedade, abuso e/ou dependência de álcool e transtorno de déficit de atenção/hiperatividade (TDAH).

DIAGNÓSTICO

O sintoma capital para se fazer o diagnóstico de TCA é a ocorrência dos ECAs sem a utilização de comportamentos compensatórios para evitar o ganho ou promover a perda de peso.

Os **Quadros 21.7** e **21.8** apresentam os critérios diagnósticos de TCA segundo a CID-11[20] e o DSM-5,[19] respectivamente.

■ Quadro 21.7
Critérios diagnósticos para TCA segundo a CID-11

- Episódios frequentes e recorrentes de compulsão alimentar, uma vez por semana ou mais, em um período de vários meses.
- Um episódio de compulsão alimentar é um período distinto de tempo no qual o indivíduo experimenta uma sensação subjetiva de perda de controle sobre o ato de comer, alimentando-se significativamente mais e de forma diferente do habitual, sentindo-se incapaz de parar de comer ou limitar o tipo ou a quantidade de comida ingerida.
- A compulsão alimentar é percebida de forma muito desagradável e frequentemente é acompanhada de emoções negativas como culpa ou desgosto.
- Os episódios de compulsão alimentar, diferentemente da bulimia nervosa, não são acompanhados de comportamentos compensatórios inapropriados que visam prevenir o ganho de peso, tais como indução de vômitos, uso de laxantes ou enemas e exercício físico intensos.

Fonte: World Health Organization.[20]

■ Quadro 21.8
Critérios diagnósticos para TCA segundo o DSM-5

A. Episódios recorrentes de compulsão alimentar. Um episódio de compulsão alimentar é caracterizado por:
   1. Comer, em um período de tempo definido (p. ex., dentro de um período de 2 horas), um montante de comida que é definitivamente maior do que a maioria das pessoas comeria durante o mesmo período de tempo e em circunstâncias semelhantes.
   2. Sensação de falta de controle sobre a alimentação durante o episódio (p. ex., um sentimento de que não consegue parar de comer ou controlar o que ou o quanto está comendo).

B. Os episódios de compulsão alimentar estão associados a três (ou mais) dos seguintes:
   1. Comer muito mais rápido do que o normal.
   2. Comer até sentir-se desconfortavelmente cheio.
   3. Comer grandes quantidades de alimento quando não está fisicamente faminto.
   4. Comer sozinho por vergonha do quanto está comendo.
   5. Sentir repulsa de si mesmo, deprimido ou demasiada culpa após comer excessivamente.

C. Angústia acentuada relativa à presença de compulsão alimentar.

D. A compulsão alimentar ocorre, em média, pelo menos uma vez por semana por três meses.

E. A compulsão alimentar não está associada ao uso recorrente de comportamentos compensatórios inadequados, como na BN, e nem ocorre durante o curso da BN ou AN.

(*Continua*)

Quadro 21.8
Critérios diagnósticos para TCA segundo o DSM-5 *(Continuação)*

Especificar se: **Em remissão parcial:** depois de terem sido previamente satisfeitos todos os critérios de TCA, as compulsões alimentares ocorrem em uma frequência média inferior a um episódio por semana por um período de tempo sustentado. **Em remissão completa:** depois de terem sido previamente satisfeitos todos os critérios de TCA, nenhum dos critérios é mais satisfeito por um período de tempo sustentado. *Especificar gravidade atual:* **Leve:** 1 a 3 episódios de compulsão alimentar por semana. **Moderada:** 4 a 7 episódios de compulsão alimentar por semana. **Grave:** 8 a 13 episódios de compulsão alimentar por semana. **Extrema:** 14 ou mais episódios de compulsão alimentar por semana.

Fonte: American Psychiatric Association.[19]

TRATAMENTO

O tratamento do TCA em crianças e adolescentes, assim como acontece na AN e na BN, também deve ser realizado por uma equipe multidisciplinar mínima, composta por nutricionista, endocrinologista, psiquiatra e psicólogo, todos especializados em tratar TAs.

O tratamento de primeira linha consiste em psicoterapia, especialmente a TCC, que pode ser feita individualmente ou em grupo. As técnicas básicas da TCC são: monitoramento dos pensamentos, sentimentos e/ou comportamentos por meio de diários, por exemplo; formulação de problemas de forma acessível para o paciente, bem como educação a respeito do transtorno; identificação, desafio e verificação das cognições; desenvolvimento de habilidades cognitivas alternativas; aprendizado de maneiras alternativas de lidar com emoções desagradáveis; aprendizado de comportamentos mais adaptativos; exercícios para casa; reforço positivo após cada conquista feita durante o tratamento.[25]

No TCA em crianças e adolescentes, a TCC em conjunto com a terapia familiar e o aconselhamento para pais são os métodos terapêuticos mais efetivos. Entre os citados, o FBT e o novo Modelo Maudsley de terapia familiar são os mais indicados.

A farmacoterapia também pode ser útil, sobretudo no que diz respeito ao controle dos ECAs, e inclui basicamente quatro classes de psicofármacos: antidepressivos ISRSs (fluoxetina, sertralina e fluvoxamina), que também são eficazes no tratamento dos sintomas ansiosos comórbidos, e a bupropiona, que é um antidepressivo inibidor da recaptação da noradrenalina e dopamina, que em certos pacientes inibe o apetite; topiramato; sibutramina; e psicoestimulantes (lisdexanfetamina), quando existe comorbidade.[34] No entanto, é preciso indicação específica para usar cada medicamento, não só porque a eficácia de todos os fármacos para o TCA está longe de 100%, mas também pelo cuidado extra ao se prescrever qualquer psicofármaco para crianças e adolescentes. Deve-se sempre avaliar os riscos e o real benefício dessas medicações para os pacientes.

TRANSTORNO ALIMENTAR RESTRITIVO/EVITATIVO

TARE, o velho novo diagnóstico, variações do mesmo tema. Lask e Bryant-Waugh, em 1993, publicaram o livro *Childhood onset anorexia nervosa and related eating disorders.*[35] Já nesse livro havia uma proposta diagnóstica baseada na experiência diagnóstica e em estudos clínicos para transtornos que não cabiam nas então existentes categorias diagnósticas. Esses transtornos foram nomeados de acordo com as características principais de cada um e pela repetição dessas características nos inúmeros pacientes encaminhados de toda a Inglaterra por serem referência. As categorias a seguir nunca tiveram uma única tradução oficial em português:

- *food avoidance emotional disorder* (FAED)
- *food refusal*
- *pervasive refusal*
- *selective eating*

Até 2013, as crianças que apresentavam dificuldades alimentares que se encaixassem em uma dessas categorias eram assim diagnosticadas. O tratamento tinha uma linha de conduta que envolvia sempre os pais/família, mas que variava para se adaptar a cada caso. Nas classificações oficiais, como DSM e CID, todas essas categorias eram englobadas no diagnóstico de transtorno alimentar sem outra especificação (TASOE), pelo DSM-IV, ou transtornos da alimentação (*feeding disorders*), pela CID-10. As categorias diagnósticas propostas por Lask e Bryant-Wolf faziam sentido clinicamente e tendiam a ser usadas por grupos especialistas em crianças e adolescentes com dificuldades alimentares, apesar de não serem oficiais. As categorias TASOE e transtornos da alimentação não favoreciam o entendimento do transtorno apresentado pelo paciente e também não contribuíam para a escolha do tratamento adequado.

Em 2013, no DSM-5[19] e também na CID-11,[20] criou-se a categoria diagnóstica transtorno alimentar restritivo/evitativo, que praticamente une as duas categorias diagnósticas de Lask mais frequentes: *selective eating* e *food refusal*. As outras duas categorias são mais raras e muito graves, e os pacientes geralmente necessitam de internação hospitalar. Na classificação atual, FAED e *pervasive refusal* estão incluídos no TARE.

No DSM-V, também encontramos as categorias pica e transtorno de ruminação. As três categorias serão abordadas a seguir.

O TARE é um dos TAs mais comuns em crianças. Cerca de 5 a 14% de crianças em tratamentos de internação hospitalar e 22,5% em tratamento ambulatorial são diagnosticadas com TARE.[36] A maneira como esse transtorno é definido baseia-se em evidências científicas, na experiência clínica e na prática médica baseada em evidências.

ETIOPATOGENIA

A etiopatogenia do TARE é multifatorial, assim como nos outros TAs. A manifestação do transtorno será decorrência da interação entre a vulnerabilidade genética apresentada pelo paciente com fatores micro e macroambientais a que o indivíduo esteja exposto. Entende-se por vulnerabilidade genética dada combinação de genes ativos e inativos que podem ser afetados pelo ambiente, fazendo o indivíduo desenvolver a doença. Entende-se por ambiente fatores provenientes do (micro) ambiente familiar e do macroambiente, como características socioculturais.[37]

QUADRO CLÍNICO

A American Psychiatric Association (APA) foi a primeira a lançar o diagnóstico de TARE no DSM-5.[19] Nesse sistema, deve haver quatro principais características para que um clínico possa formular o diagnóstico. O primeiro será olhado em detalhes, e os outros três são os chamados "critérios de exclusão". Primeiro critério: deve haver alteração clara na alimentação quando a criança ainda tem que ser alimentada ou posteriormente, quando a própria criança já é capaz de se alimentar. Portanto, deve haver clara restrição e/ou evitação da alimentação. É possível encontrar três variações da manifestação clínica. Na primeira, a evitação e/ou restrição se dá por falta de interesse da criança. Na segunda, a dificuldade preponderante é sensorial. Na terceira, prepondera a preocupação de que consequências aversivas podem acontecer, como vomitar, ficar enjoado ou passar mal (**Quadro 21.9**).

Detalhando essas variações, a falta de interesse pode estar presente em relação a alimentos em geral. Alguns referem que não têm tempo ou não se lembram de comer, assim como outros parecem não perceber corretamente quando sentem fome. Esses indivíduos provavelmente não sentem prazer em saborear os alimentos.

Outra variação do TARE pode estar ligada a características sensoriais do alimento e à resposta individual a essas características. Nossos sensos incluem o toque, a visão, a audição, o cheiro e o sabor. Em relação ao alimento, além do gosto e do cheiro, também consideramos a textura, a temperatura, a aparência, a cor e o barulho que o alimento faz ao ser mastigado.

A terceira variação da apresentação dos sintomas de TARE pode estar relacionada à preocupação de ter uma experiência desagradável ou ao medo das consequências de ingerir determinado alimento. As consequências temidas em geral são medo de vomitar ou de engasgar, medo de ficar nauseado, de desconforto ou dor abdominal ou simplesmente medo de não gostar.[37]

Se houver uma das apresentações clínicas descritas, o diagnóstico será estabelecido se houver impacto em uma ou mais de três áreas: saúde, desenvolvimento ou atividades do dia a dia. O prejuízo ou a carência pode ser de nutrientes e/ou de quantidade, levando a desnutrição significante e que interfere também no desenvolvimento ponderal.

TRATAMENTO

Características a serem pesquisadas no paciente para guiar o tratamento:

- quantidade
- variedade

■ Quadro 21.9
Critérios diagnósticos para TARE segundo o DSM-5

A. Uma perturbação alimentar (p. ex., falta aparente de interesse na alimentação ou em alimentos; esquiva baseada nas características sensoriais do alimento; preocupação acerca de consequências alimentares aversivas) manifestada por fracasso persistente em satisfazer as necessidades nutricionais e/ou energéticas apropriadas associada a um (ou mais) dos seguintes aspectos:
   1. Perda de peso significativa (ou insucesso em obter o ganho de peso esperado ou atraso de crescimento em crianças).
   2. Deficiência nutricional significativa.
   3. Dependência de alimentação enteral ou suplementos nutricionais orais.
   4. Interferência marcante no funcionamento psicossocial.

B. A perturbação não é mais bem explicada por indisponibilidade de alimento ou por uma prática culturalmente aceita.

C. A perturbação alimentar não ocorre exclusivamente durante o curso de anorexia nervosa ou bulimia nervosa, e não há evidência de perturbação na maneira como o peso ou a forma corporal é vivenciado.

A perturbação alimentar não é atribuível a uma condição médica concomitante ou mais bem explicada por outro transtorno mental. Quando a perturbação alimentar ocorre no contexto de outra condição ou transtorno, sua gravidade excede a habitualmente associada à condição ou ao transtorno e justifica atenção clínica adicional.

Especificar se:

Em remissão: depois de terem sido preenchidos os critérios para transtorno alimentar restritivo/evitativo, esses critérios não foram mais preenchidos por um período de tempo sustentado.

Fonte: American Psychiatric Association.[19]

- dependência de alimentação por sonda ou suplementos
- falta de vontade de tentar experimentar
- falta de habilidade de comer alimentos sólidos
- qualidade
- problemas com mastigação e deglutição
- medo da comida
- comportamentos inadequados durante a alimentação
- falta de interesse por alimentos ou pouco apetite
- tempo que leva para comer

Prejuízos que devem ser considerados para a formulação do tratamento:

- vida social
- falta de ganho em altura ou peso
- prejuízo da saúde geral
- falta de vitaminas e sais minerais

- efeitos negativos no humor
- piora de doenças preexistentes
- prejuízo no ambiente das refeições
- diminuição da energia

A detalhada avaliação de todas as características e impactos que o TARE está causando no indivíduo, assim como a identificação da dificuldade preponderante (medo de que algo de ruim aconteça quando a pessoa ingerir algo, pouca ou falta de interesse ou dificuldade sensorial), vão contribuir para a composição do tratamento.[38]

O clínico deve ouvir as preocupações e auxiliar a mãe/cuidador a determinar as prioridades do tratamento. Também é importante reassegurar que os passos do tratamento podem ser lentos, mas serão eficazes. Durante o tratamento, devem-se tomar medidas que possam tirar a criança do risco físico, como o uso de vitaminas e suplementos, para que a mãe se sinta mais segura para acompanhar o ritmo do tratamento. O tratamento apresentado a seguir foi descrito por clínicos especialistas e baseado em informações científicas.[37]

Quando o principal sintoma é a falta de interesse em comida ou em alimentar-se, recomenda-se realizar uma ou mais sessões de abordagem psicoeducativa. Incentivamos que a família mantenha uma rotina bem estruturada para as refeições da casa para que o paciente possa aprender que talvez mesmo sem sentir fome ou vontade de comer terá que seguir horários de refeição. Esse treinamento geralmente é feito com técnicas da TCC. Na maioria das vezes, também é necessária a terapia familiar.

Quando o principal sintoma é a evitação sensorial, também iniciamos pelo trabalho psicoeducativo e depois passamos a abordagem para a dessensibilização. Nessa etapa, o ritmo do tratamento costuma ser lento e muito baseado nas possibilidades do paciente em cada momento. Recomenda-se usar estratégias cognitivo-comportamentais para manejar sintomas como nojo, aflição ou aversão ao cheiro dos alimentos que vão sendo introduzidos.

Quando o principal sintoma é a preocupação com consequências aversivas (algo de ruim que acontecerá depois da ingestão do alimento), também começamos pelo trabalho psicoeducativo, essencial para a mãe/cuidador compreender os próximos passos. A exposição aos alimentos deve ser gradativa, sempre do alimento mais fácil e com as condições mais propícias até o paciente ir progredindo no mapa de alimentos previamente determinado. A técnica geralmente utilizada é a de exposição e prevenção de resposta, juntamente com técnicas de manejo da ansiedade.[39] Não há tratamento medicamentoso com eficácia validada, exceto para comorbidades.

TRANSTORNO DE RUMINAÇÃO

QUADRO CLÍNICO

O transtorno de ruminação é caracterizado por repetidas regurgitações do alimento, sem que o paciente tenha que realizar esforço, durante ou logo após alimentar-

-se. Em seguida, o paciente pode engolir novamente, mastigar ou cuspir a parte do alimento que foi regurgitada. A ruminação pode causar prejuízo importante, como alterações dentárias, emagrecimento, distúrbios hidreletrolíticos e também psicossociais, já que os pacientes acabam sendo excluídos de seus grupos sociais, escolares ou de trabalho. A ruminação é classificada tanto como um transtorno gastrintestinal funcional, pelo manual *Transtornos gastrintestinais: transtornos da interação garganta-cérebro*, 4ª edição (ROME-IV),[40] quanto como transtorno de ruminação, pelo DSM-5 (**Quadro 21.10**).

TRATAMENTO

O tratamento do transtorno de ruminação é feito em etapas, que podem seguir caminhos diferentes de acordo com a resposta do paciente a cada uma delas. O tratamento se inicia quando o paciente concorda com o diagnóstico de ruminação. Caso ainda não o aceite, deverá receber abordagem educacional sobre a contração da parede abdominal e a consequente subida do alimento que foi comprimido durante a contração abdominal. Avalia-se a presença de comorbidades, como transtorno de ansiedade, que deve ser tratado paralelamente. O clínico ensina o paciente a realizar a respiração diafragmática. Por vezes, o paciente tem de ser encaminhado a um treinamento até conseguir realizar a respiração diafragmática. Quando o paciente estiver realizando essa respiração adequadamente, e a resposta ao tratamento for satisfatória ao paciente, o tratamento e considerado eficaz.[41] O tratamento medicamentoso psiquiátrico é restrito às comorbidades, já que não há estudos de eficácia comprovada para o tratamento do transtorno de ruminação.

Quadro 21.10
Critérios diagnósticos para transtorno de ruminação o segundo o DSM-5

A. Regurgitação repetida de alimento durante um período mínimo de um mês. O alimento regurgitado pode ser remastigado, novamente deglutido ou cuspido.
B. A regurgitação repetida não é atribuível a uma condição gastrintestinal ou a outra condição médica (p. ex., refluxo gastresofágico, estenose do piloro).
C. A perturbação alimentar não ocorre exclusivamente durante o curso de anorexia nervosa, bulimia nervosa, transtorno de compulsão alimentar ou transtorno alimentar restritivo/evitativo.
D. Se os sintomas ocorrerem no contexto de outro transtorno mental (p. ex., deficiência intelectual [transtorno do desenvolvimento intelectual] ou outro transtorno do neurodesenvolvimento), eles são suficientemente graves para justificar atenção clínica adicional.

Especificar se:

Em remissão: depois de terem sido preenchidos os critérios para transtorno de ruminação, esses critérios não foram mais preenchidos por um período de tempo sustentado.

Fonte: American Psychiatric Association.[19]

PICA

QUADRO CLÍNICO

Pica é a ingestão de itens que não sejam nutrientes e/ou nutritivos, como espuma, sabonete, papel, sujeira, areia, cabelo, fezes, ou a ingestão de ingredientes sem que estejam preparados para serem ingeridos, como farinha crua, arroz cru, feijão cru (**Quadro 21.11**).

Quando a pica é praticada devido a razões culturais ou tradições, pode haver consequências clínicas com implicações epidemiológicas como intoxicação e geofagia, que pode levar a prejuízo intelectual grave e alterações relevantes do desenvolvimento físico de uma população ou povoado. Além disso, podem ocorrer parasitoses e déficits nutricionais.

TRATAMENTO

Em primeiro lugar, o tratamento deve focar na desnutrição e em outros problemas médicos, como envenenamento, intoxicação ou obstrução intestinal. Ele consiste em:

- educar as pessoas com pica e seus familiares sobre a condição, incluindo possíveis causas, riscos e estratégias de tratamento;
- criar um ambiente protegido para que a criança com pica não ingira produtos químicos tóxicos e outros;
- retirar da casa os itens consumidos;
- aumentar a supervisão, impedindo as tentativas;
- utilizar distrações para desviar a atenção do item consumido pelo paciente;
- recompensar a criança por comer alimentos saudáveis e descartar os "não alimentos" antes ingeridos.

Quadro 21.11
Critérios diagnósticos para pica segundo o DSM-5

A. Ingestão persistente de substâncias não nutritivas, não alimentares, durante um período mínimo de um mês.
B. A ingestão de substâncias não nutritivas, não alimentares, é inapropriada ao estágio de desenvolvimento do indivíduo.
C. O comportamento alimentar não faz parte de uma prática culturalmente aceita.
D. Se o comportamento alimentar ocorrer no contexto de outro transtorno mental (p. ex., deficiência intelectual [transtorno do desenvolvimento intelectual], transtorno do espectro autista, esquizofrenia) ou condição médica (incluindo gestação), é suficientemente grave a ponto de necessitar de atenção clínica adicional.

Nota para codificação: O código da CID-9-MC para pica é **307.52** e é usado para crianças e adultos. Os códigos da CID-10-MC para pica são **(F98.3)** em crianças e **(F50.8)** em adultos.

Fonte: American Psychiatric Association.[19]

Uma técnica muito utilizada no tratamento de pica é a análise e modificação do comportamento. O primeiro objetivo é reforçar com recompensas os comportamentos positivos e desejados. Os pais também podem usar o *time-out* ou castigo para associar aos comportamentos indesejáveis da pica. A mesma técnica também pode ser utilizada em crianças com alterações do desenvolvimento.[42,43]

REFERÊNCIAS

1. Campbell K, Peebles R. Eating disorders in children and adolescents: state of the art review. Pediatrics. 2014;134(3):582-92.
2. Nicholls D, Bryant-Waugh R. Eating disorders of infancy and childhood: definition, symptomatology, epidemiology, and comorbidity. Child Adolesc Psychiatr Clin N Am. 2009;18(1):17-30.
3. Swanson SA, Crow SJ, Le Grange D, Swendsen J, Merikangas KR. Prevalence and correlates of eating disorders in adolescents. Results from the national comorbidity survey replication adolescent supplement. Arch Gen Psychiatry. 2011;68(7):714-23.
4. Alves E, Vasconcelos FdeA, Calvo MC, Neves Jd. Prevalência de sintomas de anorexia nervosa e insatisfação com a imagem corporal em adolescentes do sexo feminino do Município de Florianópolis, Santa Catarina, Brasil. Cad Saude Publica. 2008;24(3):503-12.
5. Martins CR, Pelegrini A, Matheus SC, Petroski EL. Body image dissatisfaction and its relationship with nutritional status, body fat, and anorexia and bulimia symptoms in adolescents. Rev Psiquiatr Rio Gd Sul. 2010;32(1):19-23.
6. Sadock BJ, Sadock VA, Ruiz P. Kaplan e Sadock compêndio de psiquiatria: ciência do comportamento e psiquiatria clínica. 11. ed. Porto Alegre: Artmed; 2017.
7. American Psychiatry Association. Practice guidelines for the treatment of patients with eating disorders. 3rd. ed. Washington: APA; 2005.
8. Lask B. Aetiology. In: Lask B, Bryant-Waugh R, editors. Anorexia nervosa and related eating disorders in childhood and adolescence. 2nd ed. East Sussex: Psychology; 2000. p. 63-79.
9. Bulik CM. Exploring the gene-environment nexus in eating disorders. J Psychiatry Neurosci. 2005;30(5):335-9.
10. Cordás TA. Transtornos alimentares: classificação e diagnóstico. Arch Clin Psychiatry (São Paulo). 2004;31(4):149.
11. Appolinario JC, Freitas S, Nazar B. Transtornos alimentares. In: Associação Brasileira de Psiquiatria; Nardi AE, Silva AG, Quevedo JL, organizadores. PROPSIQ Programa de Atualização em Psiquiatria: Ciclo 4. Porto Alegre: Artmed Panamericana; 2014. p. 43-93. (Sistema de Educação Continuada a Distância, 2).
12. Frank GK, Kaye WH, Meltzer CC, Price JC, Greer P, McConaha C, et al. Reduced 5-HT2A receptor binding after recovery from anorexia nervosa. Biol Psychiatry. 2002;52(9):896-906.
13. Kaye W. Neurobiology of anorexia and bulimia nervosa. Physiol Behav. 2008;94(1):121-35.
14. Fernandes MH. Tal mãe, tal filha. Mente e cérebro: o olhar adolescente. 1997;1:71-5.
15. Bryant-Waugh R, Lask B. What causes eating disorders? In: Bryant- Waugh R, Lask B. Eating disorders: a parents guide. Abingdon: Brunner-Routledge; 2004, p. 23-46.
16. Stice R. Sociocultural influences on body image and eating disturbance. In: Fairburn C, Brownell K, editors. Eating disorders and obesity. 2nd ed. New York: Guilford; 2002. p. 103-7.
17. Lask B, Bryant-Waugh R. Overview of management. In: Lask B, Bryant-Waugh R, editors. Eating disorders in childhood and adolescence. 3rd ed. London: Routledge Taylor and Francis; 2007.
18. World Health Organization. WHO child growth standards: length/height-for-age,weight-for-age, weight-for--length, weight-for-height and body mass-index-for-age. Methods and development. Geneva: WHO; 2006.
19. American Psychiatric Association. Diagnostic and statistical manual of mental disorders: DSM-5. 5th ed. Washington: APA; 2013.
20. World Health Organization. International statistical classification of diseases and related health problems: ICD-11. 11th ed. Geneva: WHO; 2019.

21. Ernst V, Bürger A, Hammerle F. Prevalence and severity of eating disorders: A comparison of DSM-IV and DSM-5 among German adolescents. Int J Eat Disord. 2017;50(11):1255-63.

22. Pinzon VD, Turkiewicz G, Monteiro DO, Koritar P, Fleitlich-Bilyk B. Who are the children and adolescent patients of a national referral service of eating disorders in Brazil?: a cross-sectional study of a clinical sample. Trends Psychiatry Psychother. 2013;35(3):221-8.

23. Lock J. Family therapy for eating disorders in youth: current confusions, advances, and new directions. Curr Opin Psychiatry. 2018;31(6):431-5.

24. Lock J, le Grange D. Family-based treatment of eating disorders. Int J Eat Disord. 2005;37 Suppl:S64-7; discussion S87-9.

25. Cooper Z, Stewart A. CBT-E and the younger patient. In: Fairburn CG, editor. Cognitive behavior therapy and eating disorders. New York: Guilford; 2008. p. 221-29.

26. Pegado P, Alckmin-Carvalho F, Leme D, Carneiro F, Kypriotis P, Camacho P, et al. Development, applicability, and effects of a pilot program of group cognitive-behavioral therapy in Brazilian adolescents with anorexia nervosa. Arch Clin Psychiatr. 2018;45(3):57-60.

27. Çöpür S, Çöpür M. Olanzapine in the treatment of anorexia nervosa: a systematic review. Egypt J Neurol Psychiatr Neurosurg. 2020;56(1):2114-23.

28. American Dietetic Association. Position of the American Dietetic Association: nutrition intervention in the treatment of anorexia nervosa, bulimia nervosa, and other eating disorders. J Am Diet Assoc. 2006;106(12):2073-82.

29. Preti A, Girolamo Gd, Vilagut G, Alonso J, Graaf Rd, Bruffaerts R, et al. The epidemiology of eating disorders in six European countries: results of the ESEMeD-WMH project. J Psychiatr Res. 2009;43(14):1125-32.

30. American Psychiatric Association. Feeding and eating didorders. In: American Psychiatric Association. Diagnostic and statistical manual of mental disorders: DSM-5. 5th ed. Washington: APA; 2013. p. 338-54.

31. Miguel EC, Gentil V. Transtornos alimentares. In: Miguel EC, Gentil V, Gattaz WF. Clínica psiquiátrica. Barueri: Manole; 2011.

32. Salzano F, Cordás TA. Tratamento farmacológico dos transtornos alimentares. Arch Clin Psychiatry (São Paulo). 2004;31(4):188-94.

33. Johnson WG, Rohan KJ, Kirk AA. Prevalence and correlates of binge eating in white and African American adolescents. Eat Behav. 2002;3(2):179-89.

34. McElroy SL, Guerdjikova AI, Mori N, Munoz MR, Keck PE. Overview of the treatment of binge eating disorder. CNS Spectr. 2015;20(6):546-56.

35. Bryant-Waugh R, Kaminski Z. Overview. In: Lask B, Bryant-Waugh R, editors. Childhood onset anorexia nervosa and related eating disorders. Mahwah: Lawrence Erlbaum; 1993.

36. Norris ML, Spettigue WJ, Katzman DK. Update on eating disorders: current perspectives on avoidant/restrictive food intake disorder in children and youth. Neuropsychiatr Dis Treat. 2016;12:213-8.

37. Bryant-Waugh R. ARFID Avoidance restrictive food intake disorder: a guide for parents and carers. London: Routledge; 2020.

38. Brigham KS, Manzo LD, Eddy KT, Thomas JJ. Evaluation and Treatment of Avoidant/Restrictive Food Intake Disorder (ARFID) in Adolescents. Curr Pediatr Rep. 2018;6(2):107-13.

39. Zimmerman J, Fisher M. Avoidant/restrictive food intake disorder (ARFID). Curr Probl Pediatr Adolesc Health Care. 2017;47(4):95-103.

40. Drossman D, Chang L, Chey WD, Kellow J, Tack J, Whitehead WE, et al. ROME IV: functional gastrointestinal disorders-disorders of gut-brain interaction. 4th ed. Raleigh: Rome Foundation; 2016.

41. Murray HB, Juarascio AS, Di Lorenzo C, Drossman DA, Thomas JJ. Diagnosis and Treatment of Rumination Syndrome: A Critical Review. Am J Gastroenterol. 2019;114(4):562-78.

42. Matson JL, Hattier MA, Belva B, Matson ML. Pica in persons with developmental disabilities: approaches to treatment. Res Dev Disabil. 2013;34(9):2564-71.

43. Williams DE, McAdam D. Assessment, behavioral treatment, and prevention of pica: clinical guidelines and recommendations for practitioners. Res Dev Disabil. 2012;33(6):2050-7.

22 TRANSTORNOS ALIMENTARES E CIRURGIAS BARIÁTRICA E METABÓLICA

Adriano Segal

As cirurgias bariátricas e metabólicas são cada vez mais frequentes nos consultórios não cirúrgicos, mesmo que os profissionais desses consultórios não estejam diretamente vinculados a uma equipe cirúrgica. Isso se deve a pelo menos dois fatores:

- sua eficácia é adequadamente demonstrada em diversas populações, em inúmeros estudos científicos; e
- sua efetividade é maior do que a dos tratamentos não invasivos e do que a dos tratamentos medicamentosos,[1] especialmente, mas não apenas, para casos de obesidade de grau III ou mórbida.[2]

Entre as áreas não cirúrgicas que trabalham com pacientes submetidos a cirurgia bariátrica (conhecidas como "especialidades associadas" no Brasil e, internacionalmente, como *allied health*), a área da saúde mental é, historicamente, uma das duas mais diretamente associadas à obesidade. A outra é a área das ciências da nutrição.

A associação entre obesidade e psiquismo já teve várias colorações, passando por compreensões morais, psicodinâmicas, causais (psicopatologia causando obesidade ou obesidade causando psicopatologia), fisiopatológicas, entre outras. Apesar de ainda permanecermos com pouco mais (mas cada vez mais!) do que teorias para compreender essa associação, o fato é que ela persiste. Não fosse esse cenário já suficientemente nebuloso, soma-se a ele o forte estigma negativo ao qual estão submetidos os indivíduos com obesidade e/ou os pacientes psiquiátricos, a obesidade e/ou os transtornos psiquiátricos, os tratamentos para obesidade e/ou psiquiátricos e, por fim, os profissionais que tratam dos pacientes com obesidade e/ou com transtornos psiquiátricos. O resultado contraproducente dessa equação é ainda hoje presente.

Essa associação causa dois importantes questionamentos, entre vários outros: qual é o impacto da saúde mental (ou da sua ausência e/ou comprometimento) sobre os resultados das cirurgias bariátricas e qual é o impacto das cirurgias bariátricas na saúde mental?

Esses questionamentos estão presentes na população em geral, nos pacientes, nos seus familiares e nos profissionais de saúde. Por conta disso, esta é uma área de intensa pesquisa e produção, com uma vasta e densa literatura científica, que aumenta muito a cada ano. Apesar disso, as respostas a esses questionamentos não estão completamente disponíveis no atual momento do conhecimento científico.

Neste capítulo, nos deteremos nos transtornos alimentares (TAs), mas é importante ressaltar que tanto a população candidata à cirurgia bariátrica quanto, ainda que em menor grau, a população candidata à cirurgia metabólica[3] são populações com elevada comorbidade psiquiátrica geral, com prevalência muito elevada de transtornos de ansiedade e do humor e, em "terceiro lugar", TAs.[4]

Antes de nos dedicarmos ao tema propriamente dito, optamos por iniciar o capítulo fazendo uma rápida apresentação das técnicas cirúrgicas utilizadas em nosso meio para aqueles que não tenham familiaridade com as cirurgias bariátrica e metabólica.

Cada uma delas tem particularidades em termos de tamanho de perda de peso e em termos de efeitos adversos, dificuldades técnicas, entre outros aspectos, mas não cabe aqui uma discussão mais aprofundada. Remetemos o leitor às obras de Hanipah e colaboradores[2] e de Pajecki e Cohen,[5] para uma visão mais abrangente.

CIRURGIAS BARIÁTRICAS E METABÓLICAS: ASPECTOS GERAIS

POR QUE SÃO FEITAS AS CIRURGIAS BARIÁTRICAS?

Modificação do estilo de vida, terapia medicamentosa e cirurgia bariátrica-metabólica são as três modalidades para o tratamento da obesidade.

A intervenção intensiva de estilo de vida (incluindo, mas não se restringindo a, otimização de alimentação e de atividade física) e a terapia medicamentosa têm riscos relativamente baixos, mas sua eficácia e efetividade são modestas, especialmente em pacientes com obesidade grave e no longo prazo.[1]

Assim, embora a cirurgia envolva riscos maiores, ela produz maior perda de peso de modo mais sustentado no longo prazo e consequente aumento da sobrevida e melhora nas comorbidades, mesmo a longo prazo[2] (inclusive algumas comorbidades psicológicas e psiquiátricas).

QUAIS SÃO AS TÉCNICAS MAIS USADAS?

As quatro técnicas operatórias aprovadas no Brasil[5] estão ilustradas e brevemente comentadas nas **Figuras 22.1** a **22.4**: a banda gástrica ajustável (BGA, **Fig. 22.1**), a gastrectomia vertical (GV, **Fig. 22.2**), o *bypass* gástrico com Y de Roux (BPGY, **Fig. 22.3**) e a derivação bilio-pancreática com *duodenal switch* (DBP-DS, **Fig. 22.4**).

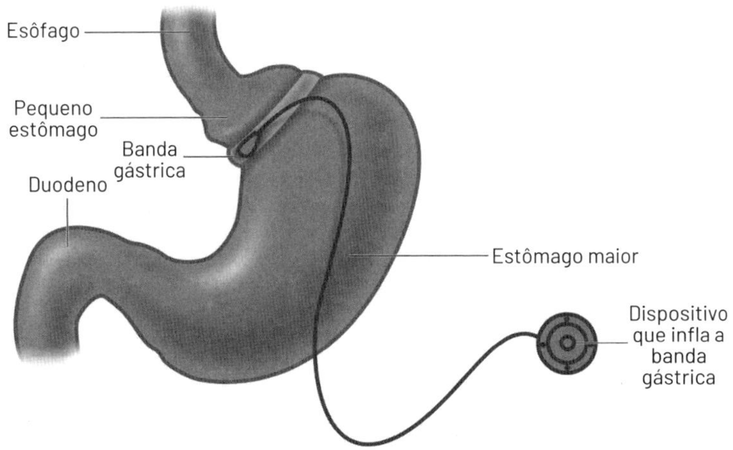

Figura 22.1
Banda gástrica ajustável.
Fonte: Segal e colaboradores.[5]

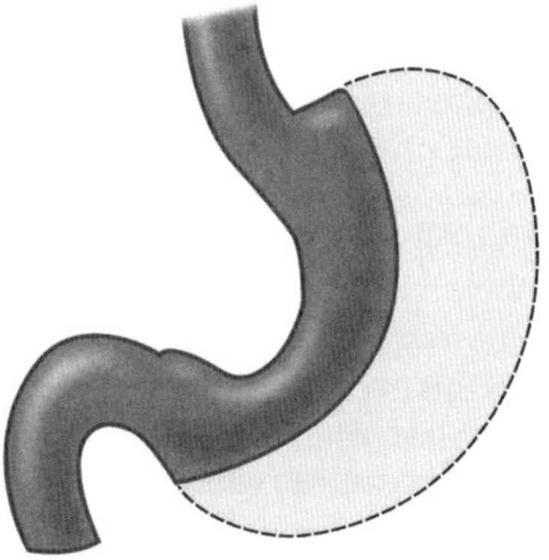

Figura 22.2
Gastrectomia vertical.
Fonte: Segal e colaboradores.[5]

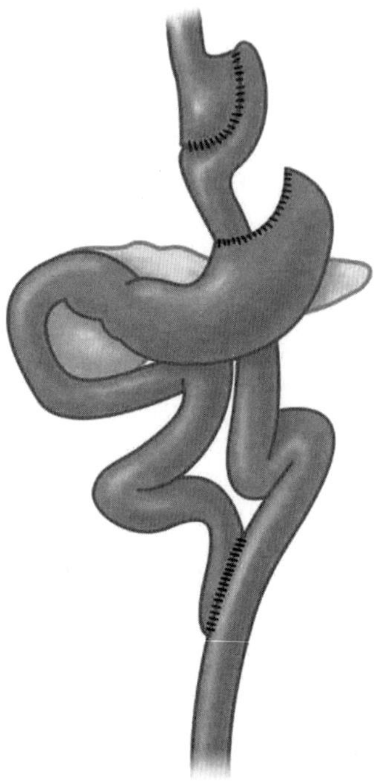

■ **Figura 22.3**
Bypass gástrico com Y de Roux.
Fonte: Segal e colaboradores.[5]

■ **Figura 22.4**
Derivação bilio-pancreática com *duodenal switch*.
Fonte: Segal e colaboradores.[5]

A BGA, uma técnica puramente restritiva, tem o menor resultado em termos de perda de peso e de normalização metabólica entre as técnicas aprovadas. Seu efeito sobre a ingestão se dá por restrição mecânica à passagem do alimento. A BGA pode causar restrição excessiva, que, por sua vez, pode levar a alterações alimentares (ingestão aumentada de alimentos líquidos e pastosos hipercalóricos). Ajustes frequentes e acompanhamento constante com a equipe cirúrgica são necessários,[5,6] o que raramente se mantém no longo prazo. As técnicas puramente restritivas têm sido cada vez menos aplicadas.[5]

A GV, ou *sleeve gastrectomy* (gastrectomia em manga), não é um procedimento considerado puramente restritivo, já que, além da diminuição do volume gástrico, há redução da secreção de grelina pelo fundo gástrico, que é retirado, como ilustra a Figura 22.2.[5]

A GV apresenta resultados comparáveis aos do BPGY, não tem as complicações relacionadas à presença de uma órtese, como na BGA, não demanda um regime de avaliações tão complexo como o da BGA e tem menor índice de complicações nutricionais que o BPGY e a DBP-DS (mas, mesmo assim, alguns estudos demonstraram a necessidade de reposição de nutrientes nessa técnica). Ela tem também impacto positivo sobre doenças e condições clínicas associadas à obesidade.[7] Por esses motivos, entre outros, ela se tornou a técnica mais realizada no mundo nos dias atuais.[5]

Contudo, esse método tem maior incidência de complicações, como fístula e sangramento, e seu efeito colateral principal é o refluxo gastresofágico, que acomete aproximadamente 25% dos pacientes operados.[5,7]

O BPGY é a técnica ainda mais realizada em nosso meio. Ele é feito com a confecção de uma bolsa gástrica de 30 a 40 mL junto à pequena curvatura e com a criação de uma anastomose gastrojejunal em Y de Roux.[5]

Seus mecanismos de ação envolvem restrição mecânica, disabsorção e estímulo à produção de substâncias chamadas de êntero-hormônios, envolvidas no controle da fome e no estímulo à saciedade, além de redução da grelina.[5,8] Em relação à GV, promove maior perda de peso e melhor controle do diabetes melito (DM) e do refluxo gastresofágico. Em contrapartida, o desvio intestinal dificulta a absorção de micronutrientes e vitaminas lipossolúveis, e, portanto, os índices de anemia, carência de cálcio e vitamina D são mais elevados.[2,5] São também mais observadas intolerâncias alimentares e flatulência.[5]

Outras técnicas menos realizadas incluem a DBP-DS e suas variações. Embora muito eficazes para controle do peso e do diabetes, são tecnicamente mais complexas e com maior incidência de efeitos colaterais e risco nutricional, uma vez que o desvio intestinal é maior.[5,9] Por essas razões, respondem por 1% dos procedimentos bariátricos realizados no mundo. No Brasil, algumas dessas técnicas têm o *status* de experimentais e, assim, só são realizadas em protocolos de pesquisa.[9]

QUANDO SÃO FEITAS AS CIRURGIAS METABÓLICAS?

As indicações da cirurgia bariátrica/metabólica para o tratamento do diabetes melito tipo 2 (DM2) são:[5]

- Obesidade leve ou grau I (IMC entre 30 e 34,9 kg/m^2): em pacientes que tenham falhado no controle do DM2 apesar do uso do arsenal farmacológico.
- Obesidade de grau II (IMC entre 35 e 39,9 kg/m^2): deve ser considerada mesmo nos casos de bom controle glicêmico e recomendada naqueles em que haja falha terapêutica com medicamentos antidiabéticos.
- Obesidade de grau III (IMC acima de 40 kg/m^2): recomendada independentemente do controle glicêmico atingido.

Todas as técnicas cirúrgicas descritas podem ser usadas também na chamada cirurgia metabólica. Entre elas, a que apresenta piores resultados nessa indicação é a BGA. Há muitas evidências científicas e grande número de estudos publicados que mostram a eficácia e a segurança dessas cirurgias.[5]

TRANSTORNOS ALIMENTARES NO PRÉ-OPERATÓRIO

A busca por fatores psiquiátricos, psicológicos ou comportamentais que sejam preditivos do desfecho pós-operatório é muito antiga.[1] Pode-se entender esse fato como resultante de uma percepção da elevada comorbidade entre a obesidade e os transtornos psiquiátricos, apesar de isso não ter um impacto grande em termos de formação de equipes (boa parte delas não conta com psiquiatras em seus quadros, tanto em nosso meio como internacionalmente).

Foi publicada uma revisão sobre estudos de associação entre obesidade e diversos transtornos psiquiátricos, entre eles os TAs. Em um dos estudos citados, que foi realizado para avaliar as tendências temporais da prevalência de TA e obesidade comórbidos durante 10 anos, os resultados mostraram que os TAs e a obesidade comórbidos tinham aumentado de 1% para 3,5% durante o período do estudo. Esse aumento da prevalência foi significativamente maior do que o aumento das taxas de obesidade ou TA separadamente.[10] Esse trabalho está em consonância com o restante da literatura, ou seja, há elevada associação entre os transtornos psiquiátricos e a obesidade.

Aqui, devemos citar quais alterações patológicas da ingestão alimentar são mais comumente associadas à obesidade. São elas:

- transtorno de compulsão alimentar (TCA);
- síndrome do comer noturno (SCN);
- bulimia nervosa (BN);
- *sleep related eating disorder* (SRED).

Nos **Quadros 22.1** e **22.2**, apresentamos os critérios do TCA e da SCN.

Quadro 22.1
Critérios para diagnóstico de TCA, adaptados do DSM-5

A. Episódios bulímicos recorrentes. Um episódio bulímico é caracterizado por ambos os seguintes: 1. Comer, num período definido (como num período de 2 horas de duração), uma quantidade de comida definitivamente maior do que a maior parte das pessoas comeria num período similar de tempo e sob circunstâncias similares. 2. Sensação de falta de controle sobre a ingestão durante o episódio (sentir que não consegue parar de comer ou que não consegue controlar o que ou o quanto está comendo).
B. Os episódios bulímicos estão associados a 3 (ou mais) dos seguintes: 1. Comer muito mais rapidamente do que o habitual. 2. Comer até se sentir desconfortavelmente cheio. 3. Comer grandes quantidades de comida quando não fisicamente com fome. 4. Comer sozinho por se sentir envergonhado pela quantidade que come. 5. Sentir-se mal a respeito de si, deprimido ou muito culpado após comer assim.

(*Continua*)

Quadro 22.1
Critérios para diagnóstico de TCA, adaptados do DSM-5 *(Continuação)*

C. Angústia importante em relação aos episódios bulímicos está presente.
D. Os episódios bulímicos ocorrem, em média, pelo menos 1 vez por semana, por 3 meses.
E. Os episódios bulímicos não estão associados com o uso regular de comportamentos compensatórios impróprios e não ocorrem exclusivamente durante a presença de anorexia nervosa ou bulimia nervosa.
Especifique remissão: parcial ou completa.
Especifique gravidade: leve (1-3 episódios de compulsão alimentar por semana), moderada (4-7 episódios de compulsão alimentar por semana), grave (8-13 episódios de compulsão alimentar por semana) ou extrema (mais de 14 episódios de compulsão alimentar por semana).

Fonte: American Psychiatric Association;[13] Segal e Freire.[14]

Quadro 22.2
Critérios propostos para diagnóstico de SCN

A. Ingestão aumentada no anoitecer e/ou à noite, manifestada por um ou ambos dos seguintes: 1. Pelo menos 25% da ingestão alimentar diária ocorre após o jantar. 2. Pelo menos dois episódios por semana.
B. Consciência e memória dos episódios de ingestão noturna.
C. Pelo menos três das seguintes: 1. Anorexia matinal e/ou o desjejum é omitido em pelo menos quatro dias na semana. 2. Forte necessidade de comer entre o jantar e o início do sono e/ou durante a noite. 3. Insônia inicial ou sono entrecortado em quatro ou mais noites por semana. 4. Crença de que é necessário comer para conseguir começar ou voltar a dormir. 5. Humor depressivo ou piora vespertina do humor.
D. O transtorno causa desconforto importante.
E. O padrão alterado de ingestão está presente por pelo menos três meses.
F. O transtorno não é secundário a abuso ou dependência de substâncias, a quadros médicos, medicações ou a outro quadro psiquiátrico.

Fonte: Segal e Freire;[14] Allison e colaboradores.[15]

O SRED é uma parassonia não relacionada ao sono REM,[11,12] e não um TA propriamente dito, em que o ato de comer se dá de modo sonambúlico. Por isso, não será abordado aqui.

Os critérios de BN poderão ser conferidos em capítulos específicos desta obra.

Lembramos que a SCN é classificada no *Manual diagnóstico e estatístico de transtornos mentais* (DSM-5)[13] em "outros transtornos alimentares ou de ingestão especificados".

Nas **Tabelas 22.1** e **22.2**, alguns estudos selecionados avaliam o impacto da presença de cada um desses quadros pré-operatórios na evolução ponderal.

Mesmo com a prevalência do TCA no pré-operatório podendo chegar a 50% nos candidatos à cirurgia bariátrica,[14] é possível perceber que não há consenso nessa área. Contudo, há tendência para se entender o TCA pré-operatório como neutro em relação à perda de peso no pós-operatório,[24] notadamente nos primeiros dois anos. É importante ressaltar que as metodologias variaram muito e que estudos após 2013 usaram os critérios mais inclusivos do DSM-5[13] para o TCA.

Em relação à BN, há escassez de informações sobre sua prevalência no pré-operatório, talvez devido à negação ou à minimização dos sintomas da BN por preocupação com a elegibilidade da cirurgia. Estudos apontam frequência de cerca de 3%. A BN pré-operatória pode estar associada a mais episódios subjetivos de compulsão

■ Tabela 22.1
TCA no pré-operatório *versus* menor perda de peso/recuperação de peso

Autor/Ano	Local	N/Duração	Avaliação	Preditivo de ↑ peso
Hsu e colaboradores.[16]	Não se aplica (revisão de literatura)	Não se aplica (revisão de literatura)	Não se aplica (revisão de literatura)	Não
Karlachian e colaboradores.[17]	EUA	99/2 a 7 anos	EDE-Q	Não
Green e colaboradores.[18]	EUA	6 meses	BES	Sim
Bocchieri-Ricciardi e colaboradores.[19]	EUA	72/1 ano	QEWP-R/TFEQ	Não
Scholtz e colaboradores.[20]	Londres	37/5 anos	EDE	Sim
Sallet e colaboradores.[21]	Brasil	324/3 anos	Entrevista clínica estruturada para o DSM-IV	Sim
Zwaan e colaboradores.[22]	Alemanha	59/2 anos	EDE e BSV	Não
Pekkarinen e colaboradores.[23]	Finlândia	257/2 anos	BES	Não

■ **Tabela 22.2**
SCN no pré-operatório *versus* menor perda de peso/recuperação de peso

Autor/Ano	Local	N/Duração	Avaliação	Preditivo de ↑ peso
Powers e colaboradores.[26]	EUA	116/5 anos	NEQ	Não
Morrow e colaboradores.[27]	EUA	24/5 anos	NEQ	Não
Latner e colaboradores.[28]	Nova Zelândia	150/16 meses	NEQ	Não
Nasirzadeh e colaboradores.[29]	Canadá	844/3 anos	NEQ	Não
Devlin e colaboradores.[30]	EUA	184/7 anos	NEQ	Não

alimentar e a maior frequência de vômitos compensatórios no pós-operatório. Apesar de não haver anorexia nervosa (AN) pré-operatória, não há dados sobre a prevalência *lifetime* dessa patologia em candidatos às cirurgias bariátricas.[25]

A prevalência da SCN na população em geral é de 0,5 a 1,5%. Em pacientes com obesidade que procuram tratamento, varia de 6 a 14%, e, nos candidatos à cirurgia bariátrica, chega a 42%.[14] Diferentemente do TCA, a SCN parece não estar associada a mau prognóstico em termos ponderais quando presente no pré-operatório de modo mais consistente.

TRANSTORNOS ALIMENTARES NO PÓS-OPERATÓRIO

Se a presença de TAs no pré-operatório tem papel ainda controverso, o mesmo não ocorre no pós-operatório. Nessa fase do tratamento da obesidade, comumente a mais longa da vida do paciente, a presença de TAs tem algumas particularidades, pois não só os TAs reconhecidos podem voltar ou iniciar como também novos padrões de ingestão alimentar patológica podem se desenvolver.[14,25,31]

Iniciaremos abordando os TAs citados.

PRESENÇA DE TRANSTORNO DE COMPULSÃO ALIMENTAR OU SÍNDROME DO COMER NOTURNO NO PÓS-OPERATÓRIO

Nas **Tabelas 22.3** e **22.4**, alguns estudos selecionados avaliam o impacto ponderal da presença de cada um desses quadros no pós-operatório.

■ **Tabela 22.3**
TCA no pós-operatório *versus* menor perda de peso/recuperação de peso

Autor/Ano	Local	N/Duração	Avaliação	Preditivo de ↑ peso
Mitchell e colaboradores.[32]	EUA	78/14 anos	Entrevista M-FED	Sim
Larsen e colaboradores.[33]	Holanda	157/3 anos	BES	Sim
Kalarchian e colaboradores.[34]	EUA	99/7 anos	EDE- Q	Sim
Kofman e colaboradores.[35]	EUA	497/3 a 10 anos	QEWP-R	Sim
White e colaboradores.[36]	EUA	361/2 anos	EDE-Q	Sim
Man Lapidoth e colaboradores.[37]	Suécia	103/3 anos	EDE- Q	Não
Kalarchian e colaboradores.[38]	EUA	199 2/3 anos	Entrevista clínica estruturada para o DSM-IV	Sim
Nasirzadeh e colaboradores.[29]	Canadá	844/3 anos	BES EDE-Q	Sim
Devlin e colaboradores.[30]	EUA	184/7 anos	EDE-BSV	Sim
Brode e Mitchell.[39]	EUA	119/1 ano	BES- TFEQ	Sim
Freire e colaboradores.[31]	Brasil	100/12 anos	QEWP-R	Sim

Como dissemos, diferentemente do pré-operatório, o impacto do TCA ou mesmo de ECAs é muito mais observável quando sua presença se dá no pós-operatório. Devemos lembrar também que a remissão do TCA pré-operatório tem sido descrita em uma porcentagem significativa de pacientes. Contudo, a melhora pós-operatória inicial tende a evanescer após dois anos de seguimento.[14]

Tabela 22.4
SCN no pós-operatório *versus* menor perda de peso/recuperação de peso

Autor/Ano	Local	N/Duração	Avaliação	Preditivo de ↑ peso
Powers e colaboradores.[26]	EUA	116/5 anos	NEQ	Sim
Latner e colaboradores.[28]	Nova Zelândia	150/16 meses	NEQ	Sim
Ferreira Pinto e colaboradores.[42]	Brasil	60/3 anos	NEQ	Não
Nasirzadeh e colaboradores.[29]	Canadá	844 /3 anos	NEQ	Não
Devlin e colaboradores.[30]	EUA	184/7 anos	NEQ	Não
Unal e colaboradores.[43]	Turquia	111/8 anos	NEQ	Sim

Após a cirurgia bariátrica, a ingestão de grandes quantidades de alimentos pode não ser mecanicamente possível. Segundo alguns autores, episódios de ingestão alimentar acompanhados da sensação subjetiva de culpa e perda de controle (em inglês *loss of control*, LOC), juntamente com os outros critérios do DSM-5, poderiam indicar a ocorrência de compulsão alimentar, mesmo sem o critério A1 do Quadro 22.1 – o restante do quadro clínico do TCA estaria presente.[14,36,40,41]

Os estudos sobre a SCN têm aumentado nos últimos anos. Alguns demonstraram melhora do quadro, enquanto outros encontraram desenvolvimento da síndrome no pós-operatório. Não há dados conclusivos em relação ao impacto ponderal da SCN no pós-operatório.[14]

PRESENÇA DE OUTROS TRANSTORNOS ALIMENTARES E OUTRAS ALTERAÇÕES DE INGESTÃO NO PÓS-OPERATÓRIO

BULIMIA NERVOSA

A prevalência de BN *lifetime* entre pacientes que procuram cirurgia bariátrica é de 9,2%, e a pontual é de 3,6%. Assim, após a cirurgia, é necessária uma investigação cuidadosa das causas e cognições subjacentes em relação a alguns comportamentos, como diarreia frequente, episódios repetidos de *dumping* ou vômitos causados pela ingestão deliberadamente rápida de grandes quantidades de alimentos. Embora esses comportamentos sejam encontrados após a cirurgia sem que haja um TA presente, é conveniente descartar a possibilidade de purgação voluntária (até 11,9% dos pacientes relatam usar o vômito como forma de controlar o peso ou a forma).

A omissão intencional da aplicação recomendada de insulina como forma de controle de peso (a assim chamada "diabulimia") é outra prática para a qual devemos estar alertas em pacientes que tenham diabetes dependente de insulina.[44]

GRAZING E OUTRAS ALTERAÇÕES

Embora o *grazing* (pastar, em inglês, significando que o paciente ficaria comendo pequenas porções de alimentos de modo reentrante e contínuo), o *picking and nibling* (colher e mordiscar, em inglês) e o *snack eating* (comer lanches, em inglês) sejam cada vez mais apontados como comportamentos mal adaptativos semelhantes entre pacientes pós-cirúrgicos e potencialmente associados a menor perda de peso ou recuperação de peso, não há consenso sobre a definição, o curso e o impacto de nenhum deles no desfecho dos pacientes bariátricos.[44]

Conceição e colaboradores[45] sugeriram que o *grazing* fosse definido como um comportamento alimentar caracterizado por ingestão repetitiva de pequenas ou médias porções de alimentos de forma não planejada e/ou não em resposta a sensações de fome/saciedade. Além disso, eles propuseram dois subtipos: um subtipo compulsivo e um subtipo não compulsivo, caracterizado por comer de forma distraída. O *grazing* deve ser distinguido das refeições de alta frequência prescritas, seja para fins de perda de peso, seja devido à restrição do volume de consumo imposto pela cirurgia bariátrica.

Uma sobreposição entre *grazing* e TCA tem sido descrita. Entre os candidatos à cirurgia bariátrica com TCA, alguns podem desenvolver *grazing* após a cirurgia, especialmente pós BGA.[44-47]

PICA

Pica (também conhecida por "picacismo"), é caracterizada pela ingestão de substâncias não alimentares e não nutritivas de modo constante durante um período de pelo menos um mês.

Algumas deficiências vitamínicas ou minerais específicas foram relatadas, mas nenhuma outra anormalidade foi encontrada. As substâncias ingeridas podem incluir papel, terra, cinzas, carvão ou gelo.[44]

A pagofagia (comer gelo) tem sido frequentemente associada a gravidez e anemia ferropriva e recentemente foi descrita em pacientes pós-cirurgia bariátrica.[48]

Os casos de pica são atendidos após complicações médicas como bezoar, perfurações intestinais, infecções ou envenenamento. O diagnóstico diferencial deve ser feito com algumas apresentações de AN ou BN, incluindo a ingestão de papel de tecido ou bolas de algodão visando ao controle do apetite.[44]

ANOREXIA NERVOSA

Embora a AN não possa ser comórbida com obesidade, ela pode estar presente em algum momento da vida do paciente que busca tratamento para perda de peso devido ao fluxo diagnóstico entre TAs ou aparecimento *de novo*.[25,44]

TRANSTORNO DA EVITAÇÃO ALIMENTAR PÓS-CIRÚRGICA

Em 2004, observamos uma combinação de sintomas de ansiedade semelhantes a fóbicos associados a comportamentos alimentares alterados em uma população pós-cirúrgica e propusemos critérios para um possível quadro especificamente associado não tanto à cirurgia bariátrica em si, mas à perda de peso importante causada por ela. Nós o denominamos "transtorno da evitação alimentar pós-cirúrgica" (TEAPC).[49] O **Quadro 22.3** apresenta os critérios propostos para TEAPC.

Marino e colaboradores revisaram casos de TA pós-cirurgia bariátrica e encontraram um pequeno, mas crescente, número de artigos e estudos de caso.[50] Conceição e colaboradores[51] descreveram uma série de 12 pacientes internados com quadros de TA. Mais recentemente, Watson e colaboradores[52] publicaram um interessante artigo qualitativo sobre o tema.

■ Quadro 22.3
Critérios propostos para TEAPC

1. História prévia de obesidade de grau III seguida por cirurgia bariátrica nos últimos 2 anos.
2. Maior velocidade de perda de peso do que a média geralmente associada à técnica empregada após o diagnóstico de mudança no comportamento alimentar.
3. Uso de estratégias purgativas ou redução excessiva da ingestão alimentar, relacionadas ou não à presença de episódio de compulsão alimentar.
4. Reação de ansiedade extrema e/ou atitude de negativismo ativo quando a correção nutricional é introduzida, o que pode ser evidenciado por:
   - medo intenso de voltar ao peso pré-operatório; e/ou
   - o paciente não aceita orientação para interromper a perda de peso; e/ou
   - o paciente nega que está fazendo algo exagerado que explica essa perda; e/ou
   - o paciente percebe um retorno positivo na perda de peso, apesar das evidências em contrário.
5. Insatisfação ou distorção da imagem corporal.
6. Exames nutricionais de seguimento com alterações significativas e/ou não em consonância com a técnica cirúrgica, mantidos por mais de 2 meses após intervenções iniciais.
7. Excluir anorexia nervosa e bulimia nervosa.
8. Excluir fobias simples (p. ex., de engasgar com alimentos - *food choking*).
9. Excluir causas orgânicas.
10. Critérios obrigatórios: 1, 2 ou 3, 4, 6, 7 e 9.

CONSIDERAÇÕES FINAIS

Não é raro ouvirmos em aulas (quer na forma de conteúdo da aula, quer na forma de perguntas), lermos na mídia leiga ou mesmo em publicações direcionadas a profissionais de saúde, nem nos depararmos de qualquer outra maneira com a ideia de que alguns pacientes (possivelmente um eufemismo politicamente correto para aquilo a que o interlocutor gostaria de chamar de "a maioria dos pacientes") acreditam que as cirurgias bariátricas são mágicas e que não desejam fazer nenhum esforço depois de serem operados. Esses pacientes seriam "passivo-agressivos" por não quererem se responsabilizar nem se empenhar na obtenção de resultados e poderem ainda culpar os profissionais pelos maus resultados.*

Ao mesmo tempo, vários profissionais de diversas áreas que, de alguma forma, têm algum tipo de óbice em relação às cirurgias bariátricas se valem, às vezes de modo inadvertido, de alguns aspectos negativos da evolução do procedimento (p. ex., desenvolvimento de transtornos por uso de álcool e outros transtornos psiquiátricos, reganho parcial do peso, aparecimento de alterações alimentares, vício em comida[53-57]) para "comprovar" seu óbice inicial, mesmo que a literatura não corrobore essa posição.

O que esses fenômenos têm em comum?

Em nossa opinião, as mesmas pessoas que aventam que parte dos pacientes é mais indolente do que deveria ser ao acreditar em promessas mágicas padecem, elas sim, do mal que projetam nos primeiros.

Obesidade é uma doença crônica e recidivante. Não há cura para obesidade. E, como dissemos, o impacto de tratamentos menos invasivos é não só modesto como também inversamente proporcional ao grau de obesidade.

Do mesmo modo, os transtornos psiquiátricos também são, em boa parte, crônicos e recidivantes, notadamente os TAs. Não há cura para boa parte dos transtornos psiquiátricos, incluindo os TAs. Além disso, estes últimos também apresentam resposta terapêutica aquém da ideal.

Obesidade e transtornos psiquiátricos estão associados de forma diretamente proporcional ao excesso de peso.

As cirurgias bariátricas não são mágicas em relação à obesidade.

As cirurgias bariátricas tampouco servem como tratamento psiquiátrico!

Apesar de efetivamente haver melhora psiquiátrica com a perda de peso, os quadros são, como dissemos, em boa parte das vezes, recidivantes. Há, na literatura, uma construção muito frequente de que a melhora de saúde mental e de qualidade de vida obtida

---

*É evidente que pacientes assim existem, mas não só entre aqueles que são candidatos às cirurgias bariátricas; essa característica pode ser vista em toda a área de saúde e, a rigor, em todas as formas de relacionamentos humanos. É também evidente que reações como esta podem ocorrer. Porém, abordagem psicoeducacional pré-operatória abrangente e acompanhamento pós-operatório multiprofissional tendem a diminuir muito a incidência, a gravidade e a duração dessas ocorrências.

no pós-operatório não se sustenta ao longo do tempo. Temos que ficar atentos para o fato de que esse pensamento é fruto de um raciocínio simplista no qual a obesidade causaria o transtorno mental.

Além disso, é possível um quadro psiquiátrico se iniciar no pós-operatório, notadamente agora que esses procedimentos são realizados em adolescentes. Também são possíveis complicações psiquiátricas, tais como transtorno por uso de álcool, assim como pode ocorrer piora psiquiátrica por alteração da absorção de psicofármacos, entre outras questões. O profissional deve estar atento a essa miríade de possibilidades diante desses pacientes e parar, ele sim, de acreditar em resultados mágicos.

Ainda na direção do preconceito, há, em nossa opinião, um fato muito curioso: os dois questionamentos em relação às inter-relações entre saúde mental (ou da sua ausência e/ou comprometimento) e cirurgias bariátricas não encontram paralelo na área das cirurgias metabólicas, apesar de os candidatos a esses procedimentos apresentarem graus variados de obesidade, de as técnicas serem as mesmas e de haver uma reconhecida associação entre DM2 e transtornos psiquiátricos, inclusive TAs.[3,58] Isso pode ocorrer pela "idade" da indicação das cirurgias metabólicas, mais recente. Pode também ocorrer em virtude de haver inequivocamente uma dificuldade que grande parte das pessoas ainda tem de aceitar que a obesidade é uma doença, e não uma consequência de más escolhas de vida, de fraqueza moral ou de transtorno mental.

Dadas as elevadas associações entre obesidade, síndrome metabólica, transtornos psiquiátricos e TAs, é fundamental que uma visão mais ampla e menos calcada em conceitos ultrapassados seja adotada.

REFERÊNCIAS

1. Segal A, Kussunoki DK, Freire CC. Apresentação. In: Cirurgias bariátricas e metabólicas: tópicos de psicologia e psiquiatria. Rio de Janeiro: Rubio; 2021.
2. Hanipah ZN, Aminian A, Schauer PR. Surgical treatment of obesity. In: Wadden TA, Bray GA, editors. Handbook of obesity treatment. 2nd ed. New York: Guilford; 2018. p. 367-92.
3. Diabetes Canada Clinical Practice Guidelines Expert Committee, Robinson DJ, Coons M, Haensel H, Vallis M, Yale JF. Diabetes and mental health. Can J Diabetes. 2018;42 Suppl 1:S130-S41.
4. Guerra LSD, Pang WY. Diagnósticos psiquiátricos na população candidata às cirurgias bariátricas e metabólica. In: Segal A, Kussunoki DK, Freire CC, editores. Cirurgias bariátricas e metabólicas: tópicos de psicologia e psiquiatria. Rio de Janeiro: Rubio; 2021. p. 137-45.
5. Pajecki D, Cohen RV. Cirurgia bariátrica e metabólica. In: Segal A, Kussunoki DK, Freire CC, editores. Cirurgias bariátricas e metabólicas: tópicos de psicologia e psiquiatria. Rio de Janeiro: Rubio; 2021. p. 19-30.
6. Giet L, Baker J, Favretti F, Segato G, Super P, Singhal R, et al. Medium and long-term results of gastric banding: outcomes from a large private clinic in UK. BMC Obes. 2018;5:12.
7. Kheirvari M, Dadkhah Nikroo N, Jaafarinejad H, Farsimadan M, Eshghjoo S, Hosseini S, et al. The advantages and disadvantages of sleeve gastrectomy; clinical laboratory to bedside review. Heliyon. 2020;6(2):e03496.
8. Malin SK, Samat A, Wolski K, Abood B, Pothier CE, Bhatt DL, et al. Improved acylated ghrelin suppression at 2 years in obese patients with type 2 diabetes: effects of bariatric surgery vs standard medical therapy. Int J Obes (Lond). 2014;38(3):364-70.

9. Hamoui N, Chock B, Anthone GJ, Crookes PF. Revision of the duodenal switch: indications, technique, and outcomes. J Am Coll Surg. 2007;204(4):603-8.

10. Rajan TM, Menon V. Psychiatric disorders and obesity: a review of association studies. J Postgrad Med. 2017;63(3):182-90.

11. Thorpy M. International classification of sleep disorders. In: Chokroverty S, editor. Sleep Disorders Medicine. New York: Springer; 2017. p. 475-84.

12. Castelnovo A, Lopez R, Proserpio P, Nobili L, Dauvilliers Y. NREM sleep parasomnias as disorders of sleep-state dissociation. Nat Rev Neurol. 2018;14(8):470-81.

13. American Psychiatric Association. Manual diagnóstico e estatístico de transtornos mentais: DSM-5. 5. ed. Porto Alegre: Artmed; 2014.

14. Segal A, Freire CC. Transtorno da compulsão alimentar e síndrome do comer noturno no pré e no pós-operatórios de cirurgia bariátrica. In: Segal A, Kussunoki DK, Freire CC, editores. Cirurgias bariátricas e metabólicas: tópicos de psicologia e psiquiatria. Rio de Janeiro: Rubio; 2021. p. 153-9.

15. Allison KC, Lundgren JD, O'Reardon JP, Geliebter A, Gluck ME, Vinai P, et al. Proposed diagnostic criteria for night eating syndrome. Int J Eat Disord. 2010;43(3):241-7.

16. Hsu LK, Benotti PN, Dwyer J, Roberts SB, Saltzman E, Shikora S, et al. Nonsurgical factors that influence the outcome of bariatric surgery: a review. Psychosom Med. 1998;60(3):338-46.

17. Kalarchian MA, Marcus MD, Wilson GT, Labouvie EW, Brolin RE, LaMarca LB. Binge eating among gastric bypass patients at long-term follow-up. Obes Surg. 2002;12(2):270-5.

18. Green AE, Dymek-Valentine M, Pytluk S, Le Grange D, Alverdy J. Psychosocial outcome of gastric bypass surgery for patients with and without binge eating. Obes Surg. 2004;14(7):975-85.

19. Bocchieri-Ricciardi LE, Chen EY, Munoz D, Fischer S, Dymek-Valentine M, Alverdy JC, et al. Pre-surgery binge eating status: effect on eating behavior and weight outcome after gastric bypass. Obes Surg. 2006;16(9):1198-204.

20. Scholtz S, Bidlake L, Morgan J, Fiennes A, El-Etar A, Lacey JH, et al. Long-term outcomes following laparoscopic adjustable gastric banding: postoperative psychological sequelae predict outcome at 5-year follow-up. Obes Surg. 2007;17(9):1220-5.

21. Sallet PC, Sallet JA, Dixon JB, Collis E, Pisani CE, Levy A, et al. Eating behavior as a prognostic factor for weight loss after gastric bypass. Obes Surg. 2007;17(4):445-51.

22. Zwaan M, Hilbert A, Swan-Kremeier L, Simonich H, Lancaster K, Howell LM, et al. Comprehensive interview assessment of eating behavior 18-35 months after gastric bypass surgery for morbid obesity. Surg Obes Relat Dis. 2010;6(1):79-85.

23. Pekkarinen T, Koskela K, Huikuri K, Mustajoki P. Long-term results of gastroplasty for morbid obesity: binge-eating as a predictor of poor outcome. Obes Surg. 1994;4(3):248-55.

24. Puhl RM, Pearl RL. Psychosocial contributors to and consequences of obesity. In: Wadden TA, Bray GA, editors. Handbook of obesity treatment. 2nd ed. New York: Guilford; 2018. p. 149-68.

25. Conceição EM, Utzinger LM, Pisetsky EM. Eating disorders and problematic eating behaviours before and after bariatric surgery: characterization, assessment and association with treatment outcomes. Eur Eat Disord Rev. 2015;23(6):417-25.

26. Powers PS, Perez A, Boyd F, Rosemurgy A. Eating pathology before and after bariatric surgery: a prospective study. Int J Eat Disord. 1999;25(3):293-300.

27. Morrow J, Gluck M, Lorence M, Flancbaum L, Geliebter A. Night eating status and influence on body weight, body image, hunger, and cortisol pre- and post- Roux-en-Y Gastric Bypass (RYGB) surgery. Eat Weight Disord. 2008;13(4):e96-9.

28. Latner JD, Wetzler S, Goodman ER, Glinski J. Gastric bypass in a low-income, inner-city population: eating disturbances and weight loss. Obes Res. 2004;12(6):956-61.

29. Nasirzadeh Y, Kantarovich K, Wnuk S, Okrainec A, Cassin SE, Hawa R, et al. Binge Eating, loss of control over eating, emotional eating, and night eating after bariatric surgery: results from the Toronto Bari-PSYCH cohort study. Obes Surg. 2018;28(7):2032-9.

30. Devlin MJ, King WC, Kalarchian MA, Hinerman A, Marcus MD, Yanovski SZ, et al. Eating pathology and associations with long-term changes in weight and quality of life in the longitudinal assessment of bariatric surgery study. Int J Eat Disord. 2018;51(12):1322-30.

31. Freire CC, Zanella MT, Segal A, Arasaki CH, Matos MIR, Carneiro G. Associations between binge eating, depressive symptoms and anxiety and weight regain after Roux-en-Y gastric bypass surgery. Eat Weight Disord. 2021;26(1):191-9.

32. Mitchell JE, Lancaster KL, Burgard MA, Howell LM, Krahn DD, Crosby RD, et al. Long-term follow-up of patients' status after gastric bypass. Obes Surg. 2001;11(4):464-8.

33. Larsen JK, van Ramshorst B, Geenen R, Brand N, Stroebe W, van Doornen LJ. Binge eating and its relationship to outcome after laparoscopic adjustable gastric banding. Obes Surg. 2004;14(8):1111-7.

34. Kalarchian MA, Marcus MD, Courcoulas AP. Eating problems and bariatric surgery. In: Grilo CM, Mitchell JE, editors. The treatment of eating disorders: a clinical handbook. New York: Guilford; 2010. p. 437-46.

35. Kofman MD, Lent MR, Swencionis C. Maladaptive eating patterns, quality of life, and weight outcomes following gastric bypass: results of an Internet survey. Obesity (Silver Spring). 2010;18(10):1938-43.

36. White MA, Kalarchian MA, Masheb RM, Marcus MD, Grilo CM. Loss of control over eating predicts outcomes in bariatric surgery patients: a prospective, 24-month follow-up study. J Clin Psychiatry. 2010;71(2):175-84.

37. Man Lapidoth J, Ghaderi A, Norring C. Binge eating in surgical weight-loss treatments. Long-term associations with weight loss, health related quality of life (HRQL), and psychopathology. Eat Weight Disord. 2011;16(4):e263-9.

38. Kalarchian MA, King WC, Devlin MJ, Marcus MD, Garcia L, Chen JY, et al. Psychiatric disorders and weight change in a prospective study of bariatric surgery patients: a 3-year follow-up. Psychosom Med. 2016;78(3):373-81.

39. Brode CS, Mitchell JE. Problematic eating behaviors and eating disorders associated with bariatric surgery. Psychiatr Clin North Am. 2019;42(2):287-97.

40. de Lourdes MFM, Conceição EM, Kussunoki DK, Segal A. Outras alterações do comportamento alimentar. In: Segal A, Kussunoki DK, Freire CC, editores. Cirurgias bariátricas e metabólicas: tópicos de psicologia e psiquiatria. Rio de Janeiro: Rubio; 2021. p. 160-9.

41. Conceição EM, de Lourdes M, Pinto-Bastos A, Vaz AR, Brandão I, Ramalho S. Problematic eating behaviors and psychopathology in patients undergoing bariatric surgery: the mediating role of loss of control eating. Int J Eat Disord. 2018;51(6):507-17.

42. Ferreira Pinto T, Carvalhedo de Bruin PF, Sales de Bruin VM, Ney Lemos F, Azevedo Lopes FH, Marcos Lopes P. Effects of bariatric surgery on night eating and depressive symptoms: a prospective study. Surg Obes Relat Dis. 2017;13(6):1057-62.

43. Ünal Ş, Sevinçer GM, Maner AF. Prediction of weight regain after bariatric surgery by night eating, emotional eating, eating concerns, depression and demographic characteristics. Turk Psikiyatri Derg. 2019;30(1):31-41.

44. Kussunoki DK. Eating disorders. In: Ettinger J, Ázaro E, Weiner R, Higa KD, Galvão Neto M, Teixeira AF, et al. Gastric bypass: bariatric and metabolic surgery perspectives. Gewerbestrasse: Springer; 2020. p. 287-94.

45. Conceição EM, Mitchell JE, Engel SG, Machado PP, Lancaster K, Wonderlich SA. What is "grazing"? Reviewing its definition, frequency, clinical characteristics, and impact on bariatric surgery outcomes, and proposing a standardized definition. Surg Obes Relat Dis. 2014;10(5):973-82.

46. Colles SL, Dixon JB, O'Brien PE. Grazing and loss of control related to eating: two high-risk factors following bariatric surgery. Obesity (Silver Spring). 2008;16(3):615-22.

47. Saunders R. "Grazing": a high-risk behavior. Obes Surg. 2004;14(1):98-102.

48. Tabaac BJ, Tabaac V. Pica patient, status post gastric bypass, improves with change in medication regimen. Ther Adv Psychopharmacol. 2015;5(1):38-42.

49. Segal A, Kinoshita Kussunoki D, Larino MA. Post-surgical refusal to eat: anorexia nervosa, bulimia nervosa or a new eating disorder? A case series. Obes Surg. 2004;14(3):353-60.

50. Marino JM, Ertelt TW, Lancaster K, Steffen K, Peterson L, de Zwaan M, et al. The emergence of eating pathology after bariatric surgery: a rare outcome with important clinical implications. Int J Eat Disord. 2012;45(2):179-84.

51. Conceição E, Orcutt M, Mitchell J, Engel S, Lahaise K, Jorgensen M, et al. Eating disorders after bariatric surgery: a case series. Int J Eat Disord. 2013;46(3):274-9.

52. Watson C, Riazi A, Ratcliffe D. Exploring the experiences of women who develop restrictive eating behaviours after bariatric surgery. Obes Surg. 2020;30(6):2131-9.

53. Freire CC, Zanella MT, Arasaki CH, Segal A, Carneiro G. Binge eating disorder is not predictive of alcohol abuse disorders in long-term follow-up period after Roux-en-Y gastric bypass surgery. Eat Weight Disord. 2020;25(3):637-42.

54. Segal A. Existe adição à comida? In: Segal A, Kussunoki DK, Freire CC, editores. Cirurgias bariátricas e metabólicas: tópicos de psicologia e psiquiatria. Rio de Janeiro: Rubio; 2021. p. 147-52.

55. Segal A. Depressive disorders, alcohol use disorders, and suicidality in bariatric surgery. In: Ettinger J, Ázaro E, Weiner R, Higa KD, Galvão Neto M, Teixeira AF, et al. Gastric bypass: bariatric and metabolic surgery perspectives. Gewerbestrasse: Springer; 2020. p. 265-72.

56. Moretto M, Bassères LBL, Segal A. Transtornos por uso de álcool. In: Segal A, Kussunoki DK, Freire CC, editores. Cirurgias bariátricas e metabólicas: tópicos de psicologia e psiquiatria. Rio de Janeiro: Rubio; 2021. p. 171-80.

57. Vermeer KJ, Monpellier VM, Cahn, W, Janssen IMC. Bariatric surgery in patients with psychiatric comorbidity: Significant weight loss and improvement of physical quality of life. Clin Obes. 2020;10:e12373.

58. Vieira LCMP, Kussunoki DK. Diabete Melittus e transtornos mentais: desde quando se fala disso? In: Segal A, Kussunoki DK, Freire CC, editores. Cirurgias bariátricas e metabólicas: tópicos de psicologia e psiquiatria. Rio de Janeiro: Rubio; 2021. p. 47-52.

23 REDES DE APOIO E PROVISÃO DE SERVIÇOS DE TRANSTORNOS ALIMENTARES

Mireille Coêlho de Almeida

Além do diagnóstico precoce e do manejo clínico adequado, outros fatores importantes podem contribuir positivamente para o estabelecimento de uma evolução favorável no curso de um transtorno alimentar (TA). Entre eles, destacamos os aspectos relacionados às redes de apoio social dos pacientes com TAs e a organização do sistema de saúde para o cuidado integral desses pacientes. A seguir, são apresentadas as principais evidências sobre o papel que o suporte social desempenha na recuperação dos TAs. Logo depois, são discutidos conceitos essenciais para o planejamento de serviços especializados de alta qualidade e caminhos para a otimização dos recursos disponíveis para proporcionar uma assistência efetiva.

REDES DE APOIO DOS TRANSTORNOS ALIMENTARES

As redes de apoio social são compostas pelo conjunto de pessoas com as quais interagimos regularmente, que colaboram com a formação da nossa identidade e auxiliam nos processos de enfrentamento dos desafios da vida. O apoio social se materializa por meio da ajuda mútua, que é comum nessas redes sociais. No entanto, o impacto positivo do suporte social nas questões de saúde, na percepção de bem-estar e na satisfação com a vida depende muito da qualidade das relações sociais envolvidas.[1]

Assim, cabe ressaltar que os indivíduos com diagnóstico de TA frequentemente apresentam traços de personalidade e comportamentos disfuncionais, que comprometem o desenvolvimento de relações sociais saudáveis. Além disso, observa-se que existe uma ligação entre o suporte social e os TAs nas duas direções: de um lado, a presença de TAs afeta o estabelecimento e a manutenção de relações sociais significativas, que acabam restritas aos laços familiares; de outro, o suporte social positivo contribui indiscutivelmente para melhorar a resposta ao tratamento.[2]

FAMÍLIA

A família desempenha um papel fundamental na recuperação dos pacientes com TAs. Apesar de muitas vezes estar diretamente ligada aos conflitos envolvidos no processo de instalação e na manutenção da própria doença, ela representa a principal fonte de suporte social desses pacientes.[3]

Por designarem entidades clínicas de início precoce, duração média prolongada e com potencial prejuízo físico e psicológico, os TAs normalmente ocorrem em uma fase delicada de transição de papéis, tanto dos acometidos pela doença como de seus familiares. A consequente incompatibilidade entre a idade cronológica e o grau de autonomia e de amadurecimento desses pacientes acaba influenciando a forma como o cuidado é planejado pelos profissionais de saúde durante a formulação da proposta de tratamento.[4]

Em diversos modelos comprovadamente eficazes de tratamento, preconiza-se o envolvimento das famílias na própria intervenção terapêutica. Na terapia familiar sistêmica, acredita-se que o problema não se localiza exclusivamente no indivíduo, portanto o foco das sessões não se limita aos sintomas alimentares, envolvendo também as relações interpessoais, as interações sociais e a própria narrativa a respeito da doença.[5] A terapia familiar dos TAs, por sua vez, trabalha o problema alimentar por meio de um manual estruturado, em que os pais/cuidadores são capacitados (individualmente ou em grupo) para promover a restauração do padrão alimentar.[6] Na terapia cognitivo-comportamental (TCC), os familiares não são envolvidos diretamente, mas podem assumir um papel complementar (ajudando o paciente a implementar as mudanças de comportamento).[7] No novo modelo Maudsley, desenvolvido para cuidadores de adultos refratários, os fatores de manutenção individuais e interpessoais são abordados, com a intenção de diminuir o isolamento e estimular vínculos saudáveis.[8]

Os benefícios de incluir os familiares no processo de recuperação têm sido cada vez mais evidentes na literatura. Alguns estudos apontam como vantagens dessa medida a diminuição do número de internações, do período de permanência na internação e da necessidade de alimentação nasogástrica.[9,10] E, para os cuidadores, há relatos de aumento da confiança e da esperança em relação ao tratamento, diminuição da própria ansiedade e melhora da relação com o paciente.[11]

AMIGOS/PARES/COLEGAS

A literatura tem apontado que a pressão social pela magreza e os comentários sobre a aparência dos amigos são importantes fatores de risco para comportamentos alimentares disfuncionais, principalmente na adolescência.[12,13] O *bullying* também tem sido relacionado como um dos gatilhos para o desencadeamento de um TA nessa faixa etária.[14] Esses fenômenos adquirem uma relevância ainda maior atualmente, porque os adolescentes costumam passar cada vez mais tempo em ambientes sociais digitais (mídias sociais), nos quais ficam expostos constantemente a conteúdos que reforçam ideais de beleza irreais e inatingíveis, acentuando o risco de insatisfação corporal excessiva.

Experiências sociais negativas como estas podem resultar também em uma atitude defensiva em relação ao ambiente, com consequente distanciamento afetivo nas relações interpessoais e diminuição das redes de suporte social.[1]

Diante da carência significativa de apoio, conectar-se com recursos da comunidade pode ser uma estratégia útil, como no exemplo descrito por Monsour e colaboradores,[15] em que o suporte a estudantes universitários com TAs é sistematicamente fornecido na própria universidade, por meio de serviços de aconselhamento estudantil, centros de bem-estar e atléticos.

FÓRUNS, ASSOCIAÇÕES, ORGANIZAÇÕES VOLUNTÁRIAS

Fóruns *on-line* podem representar uma fonte adicional de suporte social. Nesses espaços, os pacientes encontram uma oportunidade para falar livremente sobre suas dificuldades e necessidades. Por serem espaços constituídos de pessoas que passam ou passaram por situações semelhantes, essa troca de experiências proporciona uma sensação de aceitação, reconhecimento e pertencimento a uma comunidade, preenchendo a lacuna deixada pela insuficiente rede de relacionamentos da vida real.[16]

No entanto, como muitos desses ambientes não são mediados por profissionais, eles não podem ser considerados seguros. Alguns, inclusive, acabam promovendo e/ou incentivando comportamentos alimentares inadequados, tanto restritivos quanto purgativos. Em uma revisão recente sobre o impacto de *websites* favoráveis aos TAs, Rodgers e colaboradores[17] identificaram que a exposição a esses *sites* (mesmo por um breve período de 25 minutos) está relacionada ao aumento de insatisfação corporal, de comportamentos restritivos e de afeto negativo.

Em contrapartida, tem sido fundamental a atuação de associações e organizações voluntárias, formadas por profissionais e pessoas com experiência própria (pacientes e/ou familiares), que arrecadam recursos e organizam ações de conscientização, prevenção, apoio e incentivo ao tratamento, além de contribuírem para o desenvolvimento de pesquisas e aprimoramento técnico-científico dos serviços especializados em TAs. Por intermédio de instituições como estas, o suporte social de pacientes e familiares pode ser reforçado adequadamente, com a ajuda de profissionais e da comunidade em geral. No **Quadro 23.1**, estão listadas algumas da mais prestigiadas associações e organizações de TAs de diversos países, com seus endereços eletrônicos e uma breve descrição de suas principais atividades.

PROVISÃO DE SERVIÇOS DE TRANSTORNOS ALIMENTARES

Historicamente, os primeiros tratamentos descritos na literatura para pacientes com TAs baseavam-se na internação de mulheres com anorexia em enfermarias clínicas para promover a realimentação – em países como Inglaterra, França, Espanha e Alemanha,

■ Quadro 23.1
Associações e organizações que apoiam pacientes com TAs e suas principais atividades

Nome (*website*)	País	Atividades
National Eating Disorders Association - NEDA (https://www.nationaleatingdisorders.org)	Estados Unidos	Apoia indivíduos e famílias afetados por TAs. Atua como incentivador da prevenção e do tratamento, além de facilitar o acesso a cuidado de qualidade.
Academy for Eating Disorders - AED (https://www.aedweb.org)	Global	Ajuda os profissionais da área a se conectarem, trocarem experiências e estabelecerem parcerias. Promove atualização científica constante sobre os avanços da pesquisa sobre TAs.
BEAT Eating Disorders (https://www.beateatingdisorders.org.uk)	Reino Unido	Disponibiliza uma *helpline* nacional para encorajar e aconselhar as pessoas a buscarem ajuda profissional e se recuperarem. Apoia famílias e amigos, capacitando-os para que possam ajudar na melhora dos seus entes queridos. Promove campanhas de conscientização e de estímulo ao financiamento de serviços de qualidade.
Butterfly Foundation (https://butterfly.org.au)	Austrália	Oferece serviços de apoio, tratamento, prevenção e intervenção precoces. Proporciona uma *helpline* nacional, com conselheiros treinados e experientes. Disponibiliza programas especializados para provedores de serviços e grupos de recuperação.
Middle East Eating Disorders Association - MEEDA (https://www.meeda.me)	Líbano	Promove a conscientização por meio de palestras, *workshops*, atividades para arrecadação de fundos. Colabora com pesquisas científicas e parcerias com outras associações. Presta assistência gratuita por meio de grupos de apoio para pacientes.

(*Continua*)

Quadro 23.1
Associações e organizações que apoiam pacientes com TAs e suas principais atividades *(Continuação)*

Nome (*website*)	País	Atividades
National Initiative for Eating Disorders - NIED (https://nied.ca)	Canadá	Ajuda as pessoas a lidarem com os efeitos dos TAs, fornecendo recursos informativos e educacionais voltados para prevenção e recuperação.
The Alliance for Eating Disorders Awareness (https://www.allianceforeatingdisorders.com)	Estados Unidos	Dedica-se a divulgação, educação, intervenção precoce, apoio e defesa dos pacientes com TAs. Oferece grupos de apoio e orientação gratuitos para indivíduos acometidos e seus familiares.
Families Empowered And Supporting Treatment for Eating Disorders - FEAST (https://www.feast-ed.org)	Global	Apoia cuidadores de pacientes com TAs, fornecendo informações e apoio mútuo, promovendo o tratamento baseado em evidências e defendendo a pesquisa e a educação de qualidade.
Sociedad Chilena para el Estudio de los Trastornos Alimentarios - SETA (https://setachile.cl)	Chile	Promove o desenvolvimento profissional, a troca e a disseminação do conhecimento atualizado sobre TAs por meio de cursos, congressos, seminários e supervisões. Mantém relações com outras associações (nacionais e internacionais) e com o governo para intercâmbio de informações e colaboração técnica.
Associação Brasileira de Transtornos Alimentares - ASTRALBR (https://astralbr.org)	Brasil	Destina-se a informar, orientar e divulgar conhecimento técnico de qualidade sobre TAs para pacientes e seus familiares. Propicia integração entre profissionais da área, possibilitando união de esforços para quebrar o estigma e facilitar a procura por tratamento.

isso ocorreu principalmente do final do século XIX até a década de 1970. Desde então, a relevância que os TAs adquiriram ante o aumento de sua incidência proporcionou o desenvolvimento de serviços especializados em TAs e unidades de internação específicas para a abordagem desses transtornos.[18]

Nos últimos anos, observamos grandes variações na organização e na forma como esses serviços são ofertados à população dos diferentes países, com divergências ainda mais acentuadas quando comparamos os países desenvolvidos com aqueles em desenvolvimento. Apesar disso, algumas recomendações mínimas devem ser observadas e seguidas, para que os serviços possam apresentar resultados satisfatórios em termos de qualidade e custo-efetividade do cuidado.

PRINCÍPIOS GERAIS DA ASSISTÊNCIA AOS TRANSTORNOS ALIMENTARES

O indivíduo que busca um serviço de saúde primário, apresentando alterações do comportamento alimentar, deve ser acolhido e avaliado, e, caso seja identificada a suspeita de um TA, ele deve ser referenciado imediatamente para o serviço especializado mais próximo, onde passará por uma investigação mais detalhada e receberá as intervenções terapêuticas apropriadas de acordo com seu diagnóstico, a gravidade dos sintomas e o suporte familiar.[19] Em geral, como determina a maioria dos *guidelines* internacionais atuais, adota-se como primeira linha de tratamento o nível de cuidado ambulatorial. Quanto aos critérios de internação, recomenda-se que cada paciente seja analisado em suas particularidades, sendo a hospitalização um recurso considerado nas seguintes condições: falha de tratamento ambulatorial, risco importante de complicações médicas, risco de suicídio e situação sociofamiliar precária.[20]

Quanto à estrutura e à organização dos serviços especializados em TAs, entende-se que algumas características são essenciais:

- Composição multidisciplinar: a complexidade do quadro clínico exige que a abordagem dos TAs seja realizada por uma equipe com diversas especialidades, incluindo minimamente psiquiatra, psicoterapeuta e nutricionista, que devem formar um time coeso e alinhado em relação ao projeto terapêutico de cada paciente.
- Adoção de intervenções comprovadamente eficazes: as estratégias baseadas em evidências científicas devem ser priorizadas, por apresentarem melhores taxas de resposta e menos conflitos de interesse.
- Supervisão clínica: a troca constante de informações entre os profissionais assistentes e a coordenação do cuidado por um especialista experiente auxilia no manejo dos pacientes.
- Acompanhamento da resposta ao tratamento e monitoração da adesão: dimensionar regularmente a melhora clínica permite a identificação de falhas no processo, seja por questões relacionadas à própria intervenção ou à adesão do paciente. Isso é essencial para que os ajustes sejam feitos precocemente, diminuindo o impacto no tempo de resposta ao tratamento.

Considerando que o acesso rápido a um serviço especializado (secundário) contribui para que as medidas terapêuticas possam ser iniciadas em uma fase precoce da doença e, consequentemente, para o melhor prognóstico dos pacientes, a integração entre serviços primários e secundários é uma medida que aumenta a eficácia da assistência aos pacientes com TAs no sentido amplo. A disponibilidade de recursos para cuidado intensivo (atenção terciária), por sua vez, é essencial para os quadros agudos e graves, quando o risco de morte é iminente. No sentido inverso, a comunicação dos serviços de maior complexidade com os de menor complexidade se mostra relevante para prevenção de recaídas e reinserção social dos pacientes.[18] Na **Figura 23.1**, apresentamos um modelo de organização dos três níveis de atenção à saúde (primário, secundário e terciário) para o cuidado integral dos pacientes com TAs, com suas características principais.

Apesar disso, segundo Johns e colaboradores,[21] a maioria dos países enfrenta dificuldades para equilibrar as demandas crescentes de cuidado com os recursos limitados de seus sistemas de saúde. De acordo com a revisão sistemática que eles realizaram a partir das experiências dos indivíduos com TAs, seus familiares e os profissionais de saúde, foram identificadas dificuldades relevantes na atenção primária: pacientes citaram a falta de tempo, conhecimento e interesse dos profissionais da atenção primária como uma barreira; as famílias reconheciam a função primordial do reconhecimento e aconselhamento precoces nesse contexto, mas relataram longas listas de espera e pouca disponibilidade e engajamento dos profissionais no processo de direcionamento para o serviço especializado; por sua vez, os profissionais pontuaram falta de treinamento e grande dificuldade em atender pacientes com TAs, que despertavam sentimentos de frustração, irritabilidade e ressentimento neles. Os autores citaram, ainda, que o tratamento ideal deveria ser realizado em um ambiente acolhedor, por um profissional qualificado, confiante e empático, que estabeleça um bom vínculo terapêutico e adote uma postura colaborativa em relação ao tratamento, e não de autoridade.

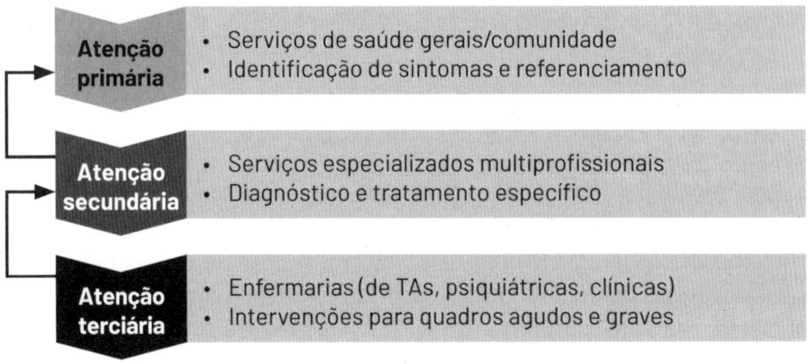

Figura 23.1
Modelo de organização dos níveis de atenção à saúde para o cuidado adequado dos pacientes com TAs.

SERVIÇOS DE TRANSTORNOS ALIMENTARES NO BRASIL

O Grupo de Assistência aos Transtornos Alimentares (GRATA) foi o primeiro grupo multidisciplinar para atendimento de pacientes com TAs no Brasil, criado na Divisão de Nutrologia do Departamento de Clínica Médica da Faculdade de Medicina de Ribeirão Preto, em 1982, sob coordenação do Professor Dr. José Ernesto dos Santos.[22] Nos anos seguintes, outros grupos especializados foram se formando em algumas metrópoles brasileiras, essencialmente ligados ao ambiente acadêmico. Entre eles, destacamos:

- Grupo de Estudo e Assistência em Transtornos Alimentares (GEATA): fundado em 1989, em Porto Alegre, pela psiquiatra Dra. Maria Angélica Nunes, disponibiliza atividades assistenciais, educacionais e de pesquisa.
- Programa de Transtornos Alimentares do Hospital das Clínicas da Faculdade de Medicina da Universidade de São Paulo (Ambulim): inaugurado em 1992, em São Paulo, pelo psiquiatra Dr. Táki Cordás, oferece tratamento ambulatorial e hospitalar gratuitos e desenvolve projetos de pesquisa e cursos para formação de profissionais na área. Nele, encontra-se a única enfermaria com enfoque especializado em TAs no País, com total de 10 leitos.
- Grupo de Obesidade e Transtornos Alimentares (GOTA): fundado em 1993, no Rio de Janeiro, pelos psiquiatras Dr. José Carlos Appolinario e Dra. Silvia Freitas, apresenta intensa atuação assistencial, acadêmica e de pesquisa.
- Núcleo de Atenção aos Transtornos Alimentares (PROATA): iniciou suas atividades em 1994, em São Paulo, sob a coordenação da psiquiatra Dra. Angélica de Medeiros Claudino. Contribui na assistência pública de pacientes com TAs, na capacitação de profissionais de saúde e na produção científica da área.

Nas últimas três décadas, vários outros serviços de TAs foram criados em todo o País, concentrados principalmente nas grandes cidades. Em um levantamento realizado em 2020 pela ASTRALBR, foram cadastrados 47 grupos brasileiros de TAs, dos quais 20 eram públicos e 27 privados. Do total, 41 grupos afirmaram ser assistenciais, e 33 se localizavam na Região Sudeste. Ainda de acordo com esses dados, 551 profissionais de saúde estavam trabalhando em serviços especializados em TAs, sendo 90 psiquiatras, 207 psicólogos, 156 nutricionistas, 29 médicos de outras especialidades, 18 educadores físicos, 10 terapeutas ocupacionais e 42 profissionais de saúde de outras áreas.[23]

Apesar de seguirem protocolos de tratamento modernos e bem conceituados, observamos que os serviços de TAs disponíveis no Brasil são independentes e de certa forma descolados do sistema de saúde do País, funcionando como verdadeiras ilhas de excelência. Isso provoca sobrecarga dos serviços existentes e grande prejuízo no acesso ao tratamento, levando ao atraso do início das intervenções e à diminuição das chances de recuperação, além de inviabilizar ações conjuntas (da atenção primária e secundária) com a finalidade de promover a identificação precoce de sintomas alimentares e articular um seguimento pós-alta para prevenção de recaída.

De acordo com um dos princípios definidores do Sistema Único de Saúde (SUS), a integralidade, os usuários precisam ser considerados em suas diversas dimensões (biológica, cultural e social), e a organização da rede de saúde deve possibilitar o acesso a todos os níveis do sistema, incluindo tanto as ações de prevenção quanto os serviços de maior complexidade.[24,25] A falta de planejamento e articulação entre os setores que observamos na prática reflete, portanto, a grave carência de políticas públicas nacionais direcionadas para o cuidado específico dos pacientes com TAs e a falta de investimentos públicos e privados para a assistência satisfatória desses pacientes.

DESAFIOS ATUAIS E PERSPECTIVAS FUTURAS

Um desafio importante a ser contornado é a falta de recursos financeiros para pesquisa e desenvolvimento de serviços de TAs. Por exemplo, nos Estados Unidos, os valores destinados à pesquisa dos TAs (9 dólares/pessoa acometida) estão muito aquém dos que são direcionados para outros transtornos mentais (69 dólares/pessoa com esquizofrenia; 109 dólares/pessoa com autismo; 239 dólares/pessoa com Alzheimer).[26] Essa situação é ainda pior nos países em desenvolvimento, onde o déficit de financiamento atinge tanto a área científica quanto a assistencial, tornando a realidade do tratamento muito distante da ideal. Apesar de respeitar as diferenças regionais, devemos nos esforçar para diminuir essas disparidades.

Outra questão interessante é a constatação de que os avanços científicos atuais no estudo dos TAs ainda estão muito distantes do que é realizado na prática clínica. Apesar de inúmeros estudos comprovando a eficácia de algumas intervenções, percebe-se que nem sempre esses resultados obtidos em ambientes controlados podem ser verificados na vida real. Em uma revisão de 2017, Kazdin e colaboradores[27] apontam que apenas 20% dos pacientes com TAs têm acesso a algum tratamento. Destes, apenas uma parte recebe intervenções comprovadamente eficazes. Como solução para essa triste realidade, os autores sugerem as seguintes medidas: ampliar o treinamento profissional, inclusive utilizando ferramentas tecnológicas para aumentar seu alcance; desenvolver intervenções mais custo-efetivas (com menor número de sessões, por exemplo); usar aplicativos de suporte, para compartilhar informações entre pacientes e seus terapeutas em tempo real, otimizando os horários das sessões; e regulamentar uma qualificação mínima aos profissionais de TAs. Para os 80% que não são servidos pelos tratamentos atuais, sugere-se que eles podem se beneficiar de tratamentos *on-line* (mais baratos e mais facilmente disseminados) e estratégias alternativas, como treinamento de leigos ou profissionais em formação para ampliar a distribuição de terapias manualizadas.

Por fim, nos últimos anos, tem-se discutido a expansão da responsabilidade sobre as decisões acerca das medidas terapêuticas adotadas, levando em consideração as diversas perspectivas envolvidas, não só dos profissionais como também dos pacientes e dos seus cuidadores. Essa mudança implica uma forma mais inclusiva de lidar com o tratamento, com maiores chances de adesão e engajamento e, consequentemente, maiores chances de recuperação.[28]

CONSIDERAÇÕES FINAIS

Nas últimas cinco décadas, houve enorme progresso no estudo dos TAs, tanto nos conceitos fundamentais (diagnóstico, etiologia, apresentação clínica) quanto no desenvolvimento de intervenções efetivas. Para continuarmos avançando e aumentando o alcance dessas importantes descobertas científicas, precisamos ampliar o olhar para além dos muros dos nossos serviços e entendermos os pacientes com TAs em seu meio social, além de tentar expandir nosso conhecimento de maneira a atender suas necessidades integrais, não apenas a remissão dos sintomas alimentares. Além disso, direcionar os investimentos para pesquisas que possam ser traduzidas para as lacunas da prática clínica e garantir a provisão dos tratamentos cientificamente comprovados por meio de políticas públicas são medidas essenciais para democratizar o acesso ao tratamento de alta qualidade.

REFERÊNCIAS

1. Leonidas C, Dos Santos MA. Social support networks and eating disorders: an integrative review of the literature. Neuropsychiatr Dis Treat. 2014;10:915-27.
2. Raykos BC, McEvoy PM, Fursland A. Socializing problems and low self-esteem enhance interpersonal models of eating disorders: evidence from a clinical sample. Int J Eat Disord. 2017;50(9):1075-83.
3. Morgan CM, Vecchiatti IR, Negrão AB. Etiology of eating disorders: biological, psychological and sociocultural determinants. Rev Bras Psiquiatr. 2002;24(Supl III):18-23.
4. Treasure J, Parker S, Oyeleye O, Harrison A. The value of including families in the treatment of anorexia nervosa. Eur Eat Disord Rev. 2021;29(3):393-401.
5. Pote H, Stratton P, Cottrell D, Shapiro D, Boston P. Systemic family therapy can be manualized: research process and findings. J Fam Ther. 2003;25(3):236-62.
6. Lock J, Le Grange D. Treatment manual for anorexia nervosa: a family-based approach. 2nd ed. New York: Guilford; 2015.
7. Fairburn CG. Cognitive behavior therapy and eating disorders. New York: Guilford; 2008.
8. Treasure J, Smith G, Crane A. Skills-based caring for a loved one with an eating disorder: the new Maudsley method. 2nd ed. Oxfordshire: Routledge; 2016.
9. Lock J, Agras WS, Bryson SW, Brandt H, Halmi KA, Kaye W, et al. Does family-based treatment reduce the need for hospitalization in adolescent anorexia nervosa? Int J Eat Disord. 2016;49(9):891-4.
10. Gusella JL, Campbell AG, Lalji K. A shift to placing parents in charge: Does it improve weight gain in youth with anorexia? Paediatr Child Health. 2017;22(5):269-72.
11. Pépin G, King R. Collaborative Care Skills Training workshops: helping carers cope with eating disorders from the UK to Australia. Soc Psychiatry Psychiatr Epidemiol. 2013;48(5):805-12.
12. Hutchinson DM, Rapee RM. Do friends share similar body image and eating problems? The role of social networks and peer influences in early adolescence. Behav Res Ther. 2007;45(7):1557-77.
13. Webb HJ, Zimmer-Gembeck MJ. The role of friends and peers in adolescente body dissatisfaction: a review and critique of 15 years of research. J Res Adolesc. 2013;24(4):564-90.
14. Sweetingham R, Waller G. Childhood experiences of being bullied and teased in the eating disorders. Eur Eat Disord Rev. 2008;16(5):401-7.
15. Monsour DL, Kimball TG, Henley EL. Navigating challenges to providing eating disorder support in collegiate recovery programs. J Am Coll Health. 2020;21:1-4.

16. Csipke E, Horne O. Pro-eating disorder websites: users' opinions. Eur Eat Disord Rev. 2007;15(3):196-206.

17. Rodgers RF, Lowy AS, Halperin DM, Franko DL. A meta-analysis examining the influence of pro-eating disorder websites on body image and eating pathology. Eur Eat Disord Rev. 2016;24(1):3-8.

18. Treasure J, Oyeleye O, Bonin EM, Zipfel S, Fernandez-Aranda F. Optimising care pathways for adult anorexia nervosa. What is the evidence to guide the provision of high-quality, cost-effective services? Eur Eat Disord Rev. 2021;29(3):306-15.

19. National Institute for Health and Care Excellence. Developing NICE guidelines: the manual. London: NICE; 2017.

20. Hilbert A, Hoek HW, Schmidt R. Evidence-based clinical guidelines for eating disorders: international comparison. Curr Opin Psychiatry. 2017;30(6):423-37.

21. Johns G, Taylor B, John A, Tan J. Current eating disorder healthcare services - the perspectives and experiences of individuals with eating disorders, their families and health professionals: systematic review and thematic synthesis. BJPsych Open. 2019;5(4):e59.

22. Santos JE. Grata: nossa história, trabalho e desafios. Medicina (Ribeirão Preto). 2006;39(3):323-6.

23. Associação Brasileira de Transtornos Alimentares. Ações. São Paulo: Astralbr; 2021.

24. Brasil. Constituição da República Federativa do Brasil. Brasília: Senado Federal; 1988.

25. Brasil. Lei nº 8.080, de 11 de setembro de 1990. Diário Oficial da União 1990;182:1.

26. Deloitte Access Economics. Social and economic cost of eating disorders in the United States of America: report for the strategic training initiative for the prevention of eating disorders and the academy for eating disorders. Canberra: Deloitte; 2020.

27. Kazdin AE, Fitzsimmons-Craft EE, Wilfley DE. Addressing critical gaps in the treatment of eating disorders. Int J Eat Disord. 2017;50(3):170-89.

28. Kaye WH, Bulik CM. Treatment of patients with anorexia nervosa in the US-A crisis in care. JAMA Psychiatry. 2021;78(6):591-2.

24 O EMPREGO DE NOVAS TECNOLOGIAS NOS TRANSTORNOS ALIMENTARES

Ana Carolina Soares Amaral
Juliana Fernandes Filgueiras Meireles

Em um mundo no qual bilhões de pessoas acessam o mundo digital, em um país onde 79,1% da população é usuária da internet,[1] em um contexto cuja grande maioria das pessoas possui um aparelho celular, vislumbra-se um cenário promissor para o desenvolvimento de novas tecnologias na promoção da saúde. Verifica-se que, já há alguns anos, pesquisadores e clínicos têm-se dedicado ao desenvolvimento de intervenções baseadas no uso de tecnologias também no que concerne à prevenção e ao tratamento de transtornos alimentares (TAs). Todavia, o uso das tecnologias em programas de prevenção e tratamento de comorbidades ainda é incipiente, especialmente no contexto brasileiro. No cenário recente da pandemia da *coronavirus disease* 19 (covid-19), observou-se a interrupção dos modelos tradicionais de atendimento e estabeleceram-se o autoisolamento involuntário e o distanciamento físico como a nova norma, ativando esforços globais sem precedentes para adotar meios virtuais de prestação de cuidados de saúde. Considerando essa conjuntura, este capítulo visa a apresentar as principais características do uso das novas tecnologias nos TAs, evidências da eficácia desse tipo de intervenção nesses transtornos, bem como direções futuras para a pesquisa e a prática clínica.

CONTEXTUALIZAÇÃO

As intervenções baseadas no uso de tecnologias digitais de informação e comunicação têm sido cada vez mais sugeridas como forma de suprir alguns dos principais desafios na prevenção e no tratamento de transtornos mentais, entre eles os TAs. As intervenções baseadas no uso de tecnologias (IBTs), como têm sido chamadas, são vistas como alternativas atraentes para superar as barreiras existentes para quem procura ajuda especializada. Esses serviços de saúde são disponibilizados eletronicamente, pela internet, e acessados por meio de computadores, *smartphones* ou outros equipamentos digitais. Considera-se que, assim, essas intervenções tenham o potencial de atingir um grande número de pessoas, independentemente da localização geográfica e sem a necessidade do contato presencial entre o interessado e o profissional. Os benefícios das IBTs também incluem a capacidade de acessar o conteúdo de forma anônima, em horário e local de preferência de cada pessoa, e menor custo operacional.[2-5]

Apesar de sua severidade, sabe-se que os TAs são frequentemente subnotificados e que a maior parte dos pacientes não busca ou não tem acesso a tratamentos especializados.[3,6] Custos do tratamento, restrições de tempo, dificuldade de deslocamento aos serviços especializados disponíveis, bem como o estigma e os estereótipos sociais associados a esses transtornos, são alguns dos desafios que o paciente encara no tratamento da doença. É possível destacar, ainda, algumas barreiras que os serviços de saúde enfrentam, como a demanda e a falta de equipamentos para tratar todos aqueles que buscam ajuda.[4,6] Além de serem facilmente acessíveis e possibilitarem o anonimato do participante, o uso das tecnologias é capaz de disponibilizar intervenções baseadas em evidência, melhorando, assim, o alcance das pessoas a serviços de qualidade,[7] tendo-se mostrado uma alternativa benéfica e viável para indivíduos com menor renda familiar.[8] Nesse contexto, as IBTs têm sido destacadas como intervenções de elevado potencial, no sentido de disseminarem o acesso à prevenção e ao tratamento dos TAs.

As IBTs podem apresentar diversas particularidades, as quais se relacionam, diretamente, à sua eficácia e à possibilidade de disseminação e utilização na prática clínica. Em primeiro lugar, elas podem ser caracterizadas pela comunicação assíncrona, quando as interações entre as pessoas não ocorrem ao mesmo tempo, por exemplo, contatos por *e-mail*, fóruns de discussão, postagens em *websites*, mensagens de áudio ou vídeo, etc. As interações assíncronas possibilitam ao participante flexibilidade no acesso à intervenção, uma vez que ele pode acessar os conteúdos nos momentos mais oportunos, dentro de sua rotina. Por sua vez, a comunicação síncrona é mais interativa e se aproxima das interações face a face. Nesse caso, o contato profissional-participante é feito em tempo real, como em videoconferências, salas de bate-papo e chamadas de voz ou vídeo.

Além disso, as IBTs podem ser classificadas de acordo com o nível de participação do profissional, guiando o participante na intervenção. As intervenções desenvolvidas para que o sujeito as realize sem a ajuda de um profissional são consideradas autoguiadas. Já as intervenções guiadas são aquelas nas quais o progresso do participante é acompanhado por um profissional. Há, também, o uso das tecnologias apenas como instrumento para o desenvolvimento da intervenção, como o atendimento médico ou terapêutico via videoconferência, telefone ou aplicativos de mensagens instantâneas.

A forma como as técnicas terapêuticas são fornecidas ao participante da IBT, ou seja, as plataformas tecnológicas utilizadas, parecem ter papel moderador nos resultados e na adesão ao tratamento. Barakat e colaboradores[9] notaram relação significativa entre a maior diversidade de canais multimídia utilizados (imagens, gráficos, animações, vídeos e áudios) e maior redução nos sintomas de TAs. Os resultados desse e de outros estudos sugerem, ainda, que o potencial do uso das ferramentas interativas pelas IBTs é subutilizado pelos programas existentes até o momento, o que pode comprometer a eficácia dessas intervenções na redução de fatores de risco e sintomas.[9,10]

A promessa de soluções por meio do uso de novas tecnologias estimulou o desenvolvimento de ensaios clínicos randomizados, com o objetivo de avaliar as intervenções direcionadas ao tratamento e à prevenção dos TAs e seus principais fatores de risco. Os resultados desses estudos apontam para a importância de algumas características das IBTs, bem como indicam a eficácia do uso das novas tecnologias tanto na prevenção quanto no tratamento e na prevenção de recidivas dos TAs. Essas informações são discutidas a seguir.

PROGRAMAS *ON-LINE* DE PREVENÇÃO DOS TRANSTORNOS ALIMENTARES

Se, por um lado, o uso da internet tem sido apontado por diversos pesquisadores como problemático, uma vez que está associado a fatores de risco para o desenvolvimento de TAs e permite a exposição a *websites* e materiais que promovem comportamentos de risco,[2,11,12] por outro, tem-se um cenário promissor no que diz respeito ao uso das novas tecnologias na prevenção dessas patologias.[13,14] Uma das principais potencialidades apontadas é o uso das IBTs como estratégia de disseminação e implementação de programas preventivos dos TAs em larga escala, uma vez que o desenvolvimento de prevenções efetivas, bem como de intervenções precoces, é considerado essencial[15] e uma preocupação de saúde pública.[16,17]

Os resultados de metanálises e revisões sistemáticas recentes têm sido ainda divergentes em relação à eficácia* das IBTs. Alguns estudos apontam efeitos pequenos a moderados em diversos fatores de risco para o desenvolvimento de TAs, tais como internalização do ideal de magreza e busca da magreza, preocupação com a forma e o peso corporal, insatisfação corporal, prática de dietas restritivas e afeto negativo.[9,16,18] Por sua vez, outras pesquisas têm indicado que, ao serem utilizados critérios de análise mais robustos, os resultados não permitem dizer que os achados relativos à eficácia das IBTs são promissores.[10,19] Somado a isso, há pouca evidência de efetividade,** com resultados mais positivos tendo sido demonstrados em estudos de prevenção em comparação à avaliação de programas de tratamento.

Outro fator importante a ser considerado na disseminação de programas de prevenção são as taxas de adesão. Alguns fatores podem promover a participação e a adesão ao programa, enquanto outros, possivelmente, desestimulam a permanência dos participantes. Entre os motivos que são descritos como motivadores da adesão às IBTs estão: lembretes, incentivos e *feedbacks* frequentes sobre as atividades desenvolvidas;

---

* A eficácia diz respeito à comprovação do benefício de determinado tratamento ou programa preventivo.

** A efetividade diz respeito ao benefício da conduta adotada quando aplicada em condições reais, fora do contexto do estudo clínico.

personalização dos programas, o que facilita a identificação do participante com as atividades propostas; intervenções estruturadas; uso de mídias sociais; e competições.[17] Ademais, a incorporação do programa no ambiente escolar também tem sido considerada benéfica,[20] e, nesses casos, a atuação dos professores como incentivadores da participação dos adolescentes é um fator que estimula a adesão às intervenções.

Salienta-se que um problema frequente associado às intervenções *on-line* é a elevada taxa de abandono.[15,18] Os valores mais elevados de desistência têm sido relacionados à utilização de critérios de inclusão mais amplos (como em intervenções universais), à inclusão de populações menos homogêneas e à ausência de acompanhamento ou monitoramento (como em intervenções autoguiadas). Ademais, o desconforto com o meio de intervenção, a falta de contato físico e as preocupações com privacidade ou confidencialidade das informações pessoais divulgadas na internet também são citados como justificativa para a baixa adesão. Somadas a esses fatores, algumas características dos programas parecem dificultar a adesão dos participantes, tais como atividades não sensíveis às questões de gênero e limitações de tempo para realização das tarefas.[17]

Embora grupos *on-line* sem moderação possam ser fornecidos a um custo relativamente baixo, é válido lembrar que existem custos associados ao recrutamento e à organização das IBTs, bem como o tempo de conclusão do programa para o usuário. Os custos da disseminação de IBTs demonstram uma grande amplitude nos valores, variando de US$ 10 (10 dólares) a US$ 600 (600 dólares) por participante.[20] Esse valor é influenciado, entre outras coisas, pelas estratégias de recrutamento adotadas (anúncios *on-line*, distribuição de folhetos, cartazes, *workshops*, apresentações, etc.). Pode-se dizer que o custo-efetividade de uma intervenção é essencial para que todo o potencial das IBTs seja alcançado, uma vez que um de seus principais benefícios é a possibilidade de implementação em larga escala.

Além dessas importantes características, um aspecto essencial é a utilização de intervenções baseadas em evidências científicas. Nesse sentido, a maior parte das IBTs disponíveis se ancora em estratégias comprovadas de prevenção, como os programas psicoeducacionais, os baseados em dissonância cognitiva e aqueles derivados das terapias cognitivo-comportamentais (TCC).[21] A seguir, serão apresentadas algumas das IBTs preventivas mais citadas em metanálises e revisões sistemáticas recentes e/ou cuja eficácia tem sido confirmada em diversos ensaios clínicos.

Os programas que utilizam a abordagem psicoeducativa são caracterizados por proporcionar suporte informativo e emocional para os participantes. É o caso do ProYouth, cujo objetivo é a promoção da saúde mental de jovens por meio de uma IBT integrando prevenção e intervenção precoce nos TAs.[22] A plataforma do programa fornece ao participante acesso a informações de qualidade e ferramentas de suporte *on-line* que permitem evitar o desenvolvimento dos TAs, além de facilitar o acesso ao aconselhamento profissional, caso seja necessário. Apenas pessoas com alto risco para o desenvolvimento de TAs ou com sintomas leves são encorajadas a se registrar na plataforma.[20] Diferentemente de outras intervenções, nas quais todos os participantes realizam as mesmas atividades, o ProYouth é baseado na ideia de que uma maior flexibilidade pode se adaptar melhor à heterogeneidade dos participantes, especialmente no que diz respeito à intensidade de apoio demandado. Assim, cada indivíduo tem a liberdade de se engajar em diferentes atividades, de acordo com seu próprio interesse e demanda, com níveis diferentes de suporte profissional. Apesar de representar um importante programa preventivo, disseminado em diversos países, especialmente europeus, os dados de eficácia do ProYouth na redução dos fatores de risco para TAs ainda são escassos.

Outros ensaios avaliaram programas baseados em dissonância cognitiva, como é o caso das adaptações *on-line* do programa Body Project (BP).[23] O BP é um dos programas de prevenção de maior destaque, cuja eficácia e efetividade têm sido comprovadas em diversos ensaios randomizados, realizados por diferentes equipes de pesquisa em todo o mundo, inclusive no Brasil.[24] O *e*-BP foi a primeira tentativa de adaptação do BP para ser desenvolvido em forma de IBT, na qual as participantes se autoguiavam pelas sessões. Entretanto, os efeitos verificados foram fracos, e as participantes mostraram menor persistência ao longo do acompanhamento, se comparado aos efeitos da versão presencial, já consolidados na literatura. Entre as justificativas para esses resultados está a ausência do contato entre as participantes por meio dos grupos, uma vez que essa característica é essencial para a indução da dissonância nesse tipo de programa.[25] Mais recentemente, pesquisadores desenvolveram o *v*-BP, no qual as participantes participam de grupos, liderados por facilitadores treinados, em uma plataforma de *webconferência*.[26] Os resultados encontrados apontam indícios de eficácia da versão *on-line* do BP, configurando-se como importante alternativa para a disseminação dessa intervenção.

Já a IBT que tem sido destacada como a mais promissora na prevenção dos TAs, até o momento, é o programa Student Bodies, cujo objetivo principal é a redução das atitudes e dos comportamentos negativos relacionados aos TAs, bem como dos sentimentos negativos sobre o próprio corpo.[27] O *software* é interativo, contém apresentações de áudio e vídeo, e os usuários podem explorar o programa de forma independente. Os participantes acessam uma nova sessão a cada semana, a fim de terem tempo para refletir sobre novas informações e experimentar as habilidades recém-adquiridas. Recursos adicionais incluem um fórum de discussão *on-line* assíncrono, moderado por um profissional.

Mais informações sobre esses programas podem ser verificadas no **Quadro 24.1**. Destaca-se, entretanto, que ainda é necessário cautela ao atestar a eficácia dessas intervenções, uma vez que resultados controversos ainda têm sido relatados, e, portanto, novas pesquisas são necessárias.

A utilização das novas tecnologias na prevenção dos TAs não se resume ao alcance do participante. Um estudo recente, realizado no Brasil, apresentou uma forma inovadora de se utilizar a internet na prevenção desses transtornos. A pesquisa avaliou a eficácia do programa "O corpo em questão: mais que músculos" (adaptação brasileira da intervenção Body Project: More than Muscles) para homens universitários no Brasil, após o treinamento dos facilitadores ser realizado de forma *on-line*.[28] Considerando que

Quadro 24.1
Descrição das principais IBTs para prevenção dos TAs

	ProYouth	v-Body Project	Student Bodies
Tipo de intervenção	Psicoeducativa	Dissonância cognitiva	Cognitivo--comportamental
Número de sessões	Variável	4	8
Descrição das sessões	O programa contém diferentes módulos, com informações sobre saúde mental, TAs e possibilidades de tratamento; questionários que permitem ao participante identificar comportamentos e atitudes problemáticos; apoio mútuo entre os participantes, bem como suporte profissional; e facilitação do acesso aos cuidados tradicionais.	As sessões incluem atividades que envolvem definir coletivamente o ideal de magreza e discutir os custos associados à busca desse ideal; dramatizações nas quais as participantes devem dissuadir o facilitador de perseguir o ideal de magreza; discutem preocupações pessoais com a imagem corporal, além de desafios comportamentais e exercícios para casa, como o engajamento em ativismos corporais.	O conteúdo inclui discussões sobre ideais culturais e características relacionadas à atratividade, a influência da mídia e técnicas cognitivo--comportamentais para melhorar a imagem corporal, além de conteúdos sobre alimentação e exercícios.
Plataforma utilizada	*Software* próprio	Aplicativo Google Hangouts	*Software* próprio e grupo de apoio por *e-mail*
Nível de acompanhamento	Guiada	Guiada	Autoguiada
Amplitude	Seletiva	Seletiva	Universal e seletiva
Público-alvo	Adolescentes e adultos jovens	Meninas adolescentes e mulheres jovens	Meninas adolescentes e mulheres jovens

(*Continua*)

■ Quadro 24.1
Descrição das principais IBTs para prevenção dos TAs (*Continuação*)

	ProYouth	v-Body Project	Student Bodies
Eficácia	-	Participantes da intervenção mostraram reduções significativas nos sintomas de TAs, comprometimento clínico, insatisfação corporal e internalização do ideal de magreza em comparação ao grupo-controle, com efeitos moderados.	Efeitos pequenos a moderados em desfechos relacionados a insatisfação corporal e comportamento alimentar; aumento no conhecimento sobre o controle saudável do peso, alimentação e exercício.

muitos programas preventivos, inclusive aqueles baseados em dissonância cognitiva, têm sido implementados após treinamento presencial, a realização de capacitações de forma *on-line* pode se configurar uma estratégia importante para a ampla disseminação de programas preventivos.

PROGRAMAS *ON-LINE* DE TRATAMENTO DOS TRANSTORNOS ALIMENTARES

Somada às possibilidades de prevenção, a internet também abriu novas formas de prestação de cuidados de saúde, uma das quais é fornecer tratamentos psicológicos *on-line*. O uso das terapias *on-line* para tratamento dos TAs iniciou-se após o desenvolvimento de protocolos semelhantes para transtornos como depressão e ansiedade. Considera-se que os tratamentos administrados por meio de CD-ROM, de memória somente leitura, foram precursores das pesquisas sobre o tratamento *on-line* de TAs.[29] Atualmente, estudos citam programas de intervenções combinadas (tratamento convencional somado ao uso de tecnologias), com diversos tipos de formatos (como uso da internet, telemedicina, mensagens no celular, *e-mails* e aplicativos), para as variadas psicopatologias alimentares (bulimia nervosa [BN], anorexia nervosa [AN], compulsão alimentar) e com a inclusão de diferentes populações (adolescentes, homens e mulheres).[6,9,16,30]

Quanto ao tipo de terapia adotada nas IBTs, pode-se dizer que a grande maioria dos programas disponíveis para o tratamento dos TAs utiliza a TCC como base teórica.[5,6,9,10,14,16,29,31] Em adição, outros tipos de terapias convencionais também têm sido adaptados para serem realizados de maneira tecnológica, como os psicoeducativos[3] e as estratégias e entrevistas motivacionais.[32]

Estudos apontam que as IBTs baseadas na TCC reduziram as taxas de compulsão alimentar e foram superiores ao grupo-controle na redução dos TAs, da frequência de compulsão alimentar e da purgação e na melhoria da qualidade de vida.[14,31] Além disso, aqueles estudos que investigaram os efeitos do tempo no tratamento *on-line* demonstraram melhorias significativas na psicopatologia dos TAs. Nesse sentido, os achados indicam que a internet parece ser um veículo promissor para o tratamento desses transtornos.

Todavia, dada a alta prevalência, morbidade e mortalidade dos TAs, pode-se dizer que as evidências para os tratamentos *on-line* ainda são limitadas.[6,16] Se, por um lado, pesquisas suportam a eficácia das tecnologias *on-line* para os tratamentos de psicopatologias relacionadas à alimentação,[9,14,18,31] por outro lado, ainda se postulam dúvidas sobre sua capacidade em reduzir os sintomas de TAs.[6,16] Para Ahmadiankalat e colaboradores,[6] o pequeno número de estudos limita a generalização dos resultados de eficácia e aceitabilidade dessas IBTs. As evidências de intervenções digitais parecem mais fortes para BN quando comparadas àquelas para transtorno de compulsão alimentar (TCA) periódica, e muito pouco se sabe sobre o benefício dos tratamentos digitais para a AN.[16] A hesitação em testar uma intervenção digital para AN pode ser devida às preocupações de que a gravidade da condição justifique opções intensivas de tratamento presencial.

Além do tipo de TA, a gravidade dos sintomas pode influenciar os efeitos da intervenção, mas esses resultados também são, ainda, inconclusivos. Para Linardon e colaboradores,[16] por exemplo, os resultados de sua revisão sistemática e metanálise indicaram a elevada gravidade dos sintomas antes da intervenção como preditiva dos efeitos das IBTs. Em contrapartida, Aardoom e colaboradores[14] identificaram que as IBTs mais efetivas foram aquelas cujos indivíduos apresentavam menor psicopatologia associada. Diante do exposto, é válido salientar que ainda há a necessidade do desenvolvimento de mais estudos, com metodologias mais robustas e que avaliem os efeitos das IBTs em pacientes com diferentes tipos de TAs.[6,10,16]

Outro aspecto importante a ser levado em consideração é o envolvimento dos pacientes nas IBTs. Infelizmente, poucos estudos desenvolvidos até o momento relataram esse percentual.[6] Em geral, pode-se dizer que esse tipo de tratamento parece ter elevado engajamento e aceitabilidade, apesar de os níveis variarem consideravelmente entre os diferentes ensaios.[14] Uma das explicações para essa variabilidade é o fato de os estudos utilizarem diferentes estratégias de mensuração da adesão, tais como participantes que aderiram a todos os módulos e/ou atividades ou aqueles que nunca acessaram a intervenção após randomização.[16] Entre os fatores que favorecem o engajamento, estão a facilidade de usar e a atratividade da plataforma, além da flexibilidade e da percepção de melhora em seus problemas. Ademais, algumas estratégias podem ser utilizadas para aumentar o engajamento, como a prescrição de *feedback* personalizado, mensagens de texto de lembrete e telefonemas para aumentar a motivação. Por sua vez, certas características das IBTs podem dificultar a adesão e o envolvimento dos pacientes, como a frieza das comunicações por *e-mail* e a impessoalidade das sessões *on-line*.[14]

De forma semelhante, as taxas de desistência dos programas de tratamento variam consideravelmente, sendo influenciadas pelas estratégias de implementação utilizadas, nível de acompanhamento, duração das intervenções, idade e cultura dos participantes e o tempo de diagnóstico dos TAs. Além disso, pacientes com sintomas pré-tratamento mais leves podem apresentar taxas mais altas de abandono.[3,14] Nesse sentido, um desafio enfrentado por aqueles que desenvolvem intervenção *on-line* é, justamente, como envolver e reter os pacientes e, dessa forma, maximizar os benefícios do tratamento.[31] A expectativa de que 1 em cada 4 participantes desista dos ensaios de intervenção digital ressalta a importância do desenvolvimento e da implementação de estratégias de retenção eficazes. Isso pode proteger contra ameaças à validade dos resultados do ensaio, melhorar os resultados do tratamento, ampliar seu alcance e aumentar o potencial de utilização das IBTs na prática clínica. Cabe salientar que, apesar de suas particularidades, as taxas de abandono encontradas nas IBTs são similares àquelas verificadas nas intervenções presenciais.[16]

Dadas as características apresentadas, alguns tratamentos se destacam por serem os mais citados em revisões sistemáticas e metanálises, o que indica sua ampla utilização no contexto acadêmico, em ensaios de eficácia e efetividade, bem como uma maior possibilidade de transposição para a prática clínica. Entre essas IBTs, estão o SALUT BN e o SALUT BED.[33] O SALUT (Intelligent Environment for Diagnosis, Treatment, and Prevention of Eating Disorders) foi projetado para ajudar os pacientes a recuperar, progressivamente, o controle de seu comportamento alimentar com base em técnicas da TCC. Esse programa é apresentado em duas versões: o SALUT BN, programa de suporte terapêutico *on-line* para pessoas com BN, e o SALUT BED, tratamento *on-line* para pessoas com sobrepeso ou obesidade, com TCA periódica. Ambas as versões têm informações, exemplos e exercícios, que levam de 4 a 6 meses para serem concluídos, e a auto-observação é um ponto-chave dos programas.

Outra IBT para tratamento de BN é a Overcoming Bulimia Online (OBO),[34] cujo principal objetivo é mudar os pensamentos, os sentimentos e os comportamentos das adolescentes com BN em relação à alimentação. As participantes são encorajadas a trabalhar durante as sessões de forma independente, em seu próprio tempo, e podem escolher se o suporte semanal recebido será por telefone, *e-mail* ou mensagem de texto. Essa intervenção parece ser altamente aceitável, com as meninas indicando que o tratamento é útil, agradável e fácil de usar, bem como afirmando que gostaram da conveniência e flexibilidade, considerando-o útil para superar alguns de seus problemas. Embora a flexibilidade seja relatada como uma grande vantagem no tratamento pela internet, ela também requer muita autodisciplina e motivação, com as quais algumas participantes relataram ter dificuldades.

Sendo estas as IBTs mais recorrentes no cenário internacional para o tratamento dos TAs, o **Quadro 24.2** apresenta mais informações sobre elas.

■ **Quadro 24.2**
Descrição das principais IBTs para tratamento dos TAs

	Salut BN	Salut BED	Overcoming Bulimia Online
Tipo de intervenção	Cognitivo--comportamental	Cognitivo--comportamental	Cognitivo--comportamental, estratégias motivacionais e psicoeducação
Número de sessões	7	11	8
Descrição das sessões	As sessões incluem parte teórica e exercícios para ajudar na preparação para a mudança, observação de si mesmo, mudança de comportamento e pensamento, solução de problemas, afirmação de si mesmo e prevenção de recaída.	Os tópicos abordados nos módulos são: motivação, automonitoramento diário, gatilhos para a compulsão, planos de refeição, estratégias de prevenção, atividade física, solução de problemas, assertividade, pensamento automático, reestruturação cognitiva e prevenção de recaída.	Os tópicos abordados são: conceito de bulimia, compreensão dos motivos para adoção de comportamentos bulímicos, como mudar, papel dos pensamentos, assertividade e atividade crescente, resolução de problemas, viver a vida plenamente e planejamento do futuro e revisão.
Plataforma utilizada	*Software* próprio	*Software* próprio	*Software* próprio
Nível de acompanhamento	Guiada	Guiada	Guiada
Público-alvo	Pessoas com BN	Adultos com sobrepeso ou obesidade com TCA periódica	Meninas adolescentes com TA

(Continua)

Quadro 24.2
Descrição das principais IBTs para tratamento dos TAs *(Continuação)*

	Salut BN	Salut BED	Overcoming Bulimia Online
Eficácia	A gravidade dos sintomas de BN e psicopatologia geral melhorou significativamente.	Participantes da intervenção mostraram reduções significativas nos comportamentos de compulsão alimentar, desejo por magreza, insatisfação corporal e consciência das sensações corporais.	Redução dos principais comportamentos diagnósticos de BN, dos episódios de compulsão alimentar (ECAs), dos sintomas afetivos e melhora da qualidade de vida.

Da mesma forma, diversas estratégias tecnológicas têm sido utilizadas no tratamento dos TAs, incluindo alguns aplicativos de celular criados especificamente para pacientes com TAs, como o Noom Monitor. Esse aplicativo foi concebido como uma ferramenta de automonitoramento para refeições e lanches, comportamentos compensatórios, exercícios, verificação corporal, desejos por comida e peso. O uso desse aplicativo, combinado com a TCC *on-line*, demonstrou ser eficaz na redução dos sintomas de compulsão alimentar em comparação com o tratamento padrão.[8] Embora boa parte dos aplicativos forneça informações confiáveis, baseadas em evidências, e tenha o potencial de maximizar os resultados do tratamento, é importante atentar para o risco de efeitos danosos, como encorajar comportamentos alimentares transtornados ou retardar a busca por ajuda. Espera-se que esse tipo de IBT possa ser utilizado de diferentes formas, no contexto clínico, desde a possibilidade de aumentar o tratamento presencial, tornando-o mais efetivo e eficiente, até o desenvolvimento de uma intervenção totalmente personalizada por intermédio dessas plataformas. Entretanto, estudos ainda são necessários no sentido de comprovar a eficácia do uso dos aplicativos na redução dos sintomas de TAs.

Salienta-se, ainda, que algumas IBTs foram desenvolvidas com o objetivo de prevenir recidivas e/ou manter os efeitos alcançados pelo tratamento. Isso se torna especialmente importante, uma vez que a manutenção dos ganhos do tratamento tem sido descrita como desafiadora para muitos pacientes, bem como elevados índices de recaídas têm sido apontados.[30] Mensagens de texto, manuais e módulos interativos, com quadros de mensagens e grupos de conversas, já foram utilizados como estratégias para fornecer apoio a pacientes com TAs após alta hospitalar. Os resultados foram positivos e apontam o potencial uso das IBTs no pós-tratamento.

Para além dos resultados promissores até então apresentados, o uso das tecnologias nos TAs não se restringe ao paciente e à redução dos fatores de risco. Alguns estudos têm destacado o potencial do uso dessas ferramentas no apoio a familiares e cuidadores de pacientes com TAs.[6,30] Uma vez que os cuidadores estão sujeitos a elevados níveis de estresse psicológico, as IBTs representam uma maneira inovadora de fornecer a essas pessoas informações sobre os TAs, suporte profissional, bem como oportunidades de grupos de apoio entre cuidadores.[30] Alguns programas têm o potencial de fornecer cuidados de saúde mental, bem como orientações para cuidadores e pais sobre como lidar com os pacientes. Assim, as IBTs oferecem múltiplas oportunidades para melhorar o atendimento, tanto dos pacientes com TAs quanto da comunidade envolvida.

DIRETRIZES FUTURAS

Como exposto, tem havido interesse crescente em desenvolver estratégias de intervenção baseadas no uso de tecnologias, sejam elas preventivas ou de tratamento.[5] Apesar disso, ainda há muito a caminhar quando se trata do uso de tecnologias nos TAs. A qualidade dos estudos existentes ainda permanece abaixo do desejado, embora tenha sido notada alguma melhora nos últimos anos.[16] Nesse sentido, uma importante prática a ser adotada em pesquisas futuras é a busca por critérios metodológicos mais rigorosos, os quais permitirão maior qualidade das pesquisas e, consequentemente, menor ocorrência de viés nos resultados. Entre as estratégias que podem ser utilizadas pelos pesquisadores, estão a realização da alocação conforme previsto nas normas internacionais para ensaios clínicos e o uso de técnicas estatísticas robustas. Somado a isso, é recomendado que estudos futuros com programas de intervenção justifiquem teórica e/ou empiricamente o desenho de estudo, assim como avaliem as possíveis diferenças individuais na escolha pelos programas *on-line*. Isso pode proteger contra ameaças à validade do ensaio e melhorar os resultados, seja do programa de prevenção ou tratamento.[16]

Outro aspecto importante, que ainda tem tido pouco destaque nos estudos sobre as IBTs, são as estratégias de implementação e disseminação dos programas. Apesar de muitos pesquisadores defenderem que esse tipo de intervenção tem maior amplitude, por permitir que os indivíduos o acessem a qualquer momento e em qualquer lugar, não há evidências de que esses programas alcancem, de fato, populações maiores ou mais heterogêneas.[30] Este seria um ponto importante para pesquisas futuras, uma vez que esta é uma das principais justificativas para o uso de IBTs na prevenção e no tratamento dos TAs. No que diz respeito às especificidades culturais no desenvolvimento e na implementação de IBTs, apesar de alguns desafios serem, de certa forma, comuns em diversos contextos culturais, tais como diagnóstico tardio do TA, demora na busca por tratamento e altos índices de recaídas, os sistemas de saúde de cada país têm suas características.[30] Além disso, a disponibilidade de serviços baseados em evidências varia de acordo com as regiões do globo, levando a particularidades em relação às lacunas nos cuidados acessíveis aos pacientes com TAs.

Ademais, é fundamental o desenvolvimento de estratégias eficazes para a retenção dos participantes. Uma das principais limitações das pesquisas realizadas nos últimos anos é o alto índice de desistência relatado nos ensaios clínicos. Entre as possibilidades para superar essa limitação, sugere-se a inclusão do público-alvo em todas as etapas de desenvolvimento do programa, desde sua preparação até a realização de estudos piloto para avaliação da proposta. Outra forma de retenção dos participantes é o aumento da interatividade e o melhor aproveitamento das possibilidades características das tecnologias digitais da informação e comunicação.[5,9,10] Nesse sentido, alguns recursos podem fomentar a adesão, como ferramentas interativas, uso de jogos, curta duração do programa, estabilidade técnica, usabilidade, ausência de custos e flexibilidade de tempo e lugar.

Para a retenção dos participantes, é necessário levar em consideração, ainda, a privacidade na internet e as medidas de proteção de dados. Lidar com confidencialidade e privacidade parece ser cada vez mais importante para programas *on-line*, já que são vistos como pré-requisitos importantes para a participação em tais programas. As intervenções precisam ser desenvolvidas com o usuário moderno em mente, que pode querer usar as intervenções enquanto faz alguma outra atividade (p. ex., dirigindo) ou em espaços públicos. As interfaces devem, portanto, ser projetadas para serem sensíveis à necessidade de proteger os usuários de "olhares curiosos", por exemplo, considerando como os termos relacionados aos TAs serão exibidos na tela.[2,15,17]

Assim como nas intervenções preventivas presenciais, a maior parte das IBTs desenvolvidas no âmbito dos TAs tem foco em adolescentes do sexo feminino. Essa realidade reflete tanto a maior prevalência de TAs nessa população quanto o fato de meninas serem mais receptivas a esse tipo de intervenção. Para aumentar o alcance entre a população adolescente, os programas de prevenção devem considerar conteúdos e projetos específicos de gênero, visando a aumentar o alcance entre os meninos,[17] bem como as minorias sexuais.[6] Sabe-se que a manifestação dos fatores de risco entre os meninos, especialmente aqueles relacionados à imagem corporal, é distinta e particular. Ademais, os programas preventivos direcionados aos meninos poderiam levar em consideração, além dos TAs, outras patologias comuns entre essa população, como é o caso da dismorfia muscular.

Apesar de alguns estudos indicarem que, diante das despesas e investimentos, as IBTs são uma alternativa viável para pacientes com TAs que não têm fácil acesso a tratamentos especializados, são raros os estudos que comprovem essa suposição. Pode-se dizer que esse tipo de dado é essencial para a sustentabilidade e a disseminação das IBTs em larga escala.[3,14,17] Portanto, os pesquisadores devem considerar os custos relativos ao desenvolvimento do programa (configuração do *software* ou plataforma da intervenção, pagamento da equipe desenvolvedora, entre outros) e, também, aqueles necessários para a implementação, a disseminação e a manutenção das intervenções criadas. Salienta-se a importância do investimento tanto nos programas de tratamento quanto naqueles de prevenção, tendo em vista a redução de problemas subclínicos antes que eles progridam para a síndrome completa dos TAs.

Ainda, considerando que as taxas de prevalência dos TAs e de suas manifestações subclínicas são comparáveis na maioria dos países ocidentais, uma importante alternativa é traduzir e adaptar programas de prevenção com eficácia já comprovada em diferentes países, o que se configura como uma maneira econômica de tornar o programa acessível para mais pessoas. Por sua vez, o desenvolvimento de intervenções específicas, levando em conta as peculiaridades do contexto cultural no qual serão aplicadas, também é encorajado.

Como destacado, atenção especial deveria ser dada à utilização de inovações tecnológicas, incluindo inteligência artificial. Nesse sentido, um projeto inovador está sendo desenvolvido no Brasil, por meio de uma parceria internacional entre o Center of Appearance Research da University of the West of England (CAR-UWE), a Dove, o Fundo de Emergência Internacional das Nações Unidas para a Infância (Unicef) e pesquisadores brasileiros. O projeto tem o objetivo de avaliar a aceitabilidade, a viabilidade e a eficácia de um *chatbot* para melhorar a imagem corporal dos adolescentes brasileiros, de ambos os sexos, reduzindo, assim, um dos principais fatores de risco para o desenvolvimento dos TAs.[35] O *chatbot* é um aplicativo de *software*, projetado para simular, de maneira convincente, a forma como um ser humano se comportaria em uma conversa. O conteúdo do *chatbot* contém elementos psicoeducativos, da dissonância cognitiva e da TCC, sendo, portanto, baseado em evidências empíricas relacionadas à prevenção. Essa IBT foi desenvolvida levando em consideração a opinião de adolescentes brasileiros durante todo o seu processo de desenvolvimento, bem como as características específicas para cada gênero e as especificidades culturais dos adolescentes brasileiros. O programa tem um sistema de lembretes, além de conteúdos altamente interativos, que incluem áudios, vídeos, troca de mensagens, entre outros. Atualmente, a eficácia, a efetividade e a aceitabilidade dessa IBT estão sendo testadas.

CONSIDERAÇÕES FINAIS

As intervenções baseadas no uso de tecnologias nos TAs são uma realidade, mas seu desenvolvimento e implementação são desafiadores. Diversos esforços já foram realizados no sentido de produzir novos programas ou adaptar estratégias já existentes para serem desenvolvidas pela internet, por exemplo. Dessa forma, existem programas preventivos baseados em tecnologia, cuja eficácia tem sido comprovada na redução dos principais fatores de risco para desenvolvimento dos TAs, em especial a insatisfação corporal, a influência da mídia, comportamentos e atitudes alimentares transtornados e afeto negativo.

Além disso, programas de tratamento desenvolvidos em plataformas digitais têm-se mostrado eficazes na redução dos sintomas e na prevenção de recidivas entre os pacientes com TAs. A maior parte dos programas de tratamento não foi desenvolvida para substituir as intervenções face a face, e sim para fazer o acompanhamento do paciente antes, após ou durante o tratamento, com o objetivo de consolidar e manter os ganhos alcançados. Assim, não se espera que as IBTs superem os tratamentos presenciais. Deve-se levar em consideração a importância de abordagens mistas, que combinam componentes das intervenções presenciais e *on-line*, utilizando os principais pontos fortes de cada uma dessas abordagens.

Por sua vez, não há consenso na literatura a respeito da eficácia e do custo-efetividade das IBTs nos TAs, bem como há uma lacuna no que diz respeito ao uso das potencialidades desse tipo de intervenção. Assim, pesquisas futuras que avaliem a aplicabilidade desse tipo de programa nos TAs são necessárias e encorajadas, a fim de garantir que as vantagens desse modelo sejam enfatizadas, bem como a eficácia e altas taxas de aceitabilidade sejam garantidas. Ressalta-se a relevância desse tema, tendo em vista o desdobramento da pandemia da covid-19. Assim, este capítulo pode contribuir fornecendo informações importantes, para profissionais da saúde e pesquisadores, sobre a disponibilidade de intervenções não presenciais e combinadas para o tratamento e a prevenção dos TAs.

REFERÊNCIAS

1. Instituto Brasileiro de Geografia e Estatística. PNAD contínua TIC 2018: internet chega a 79,1% dos domicílios do país. Rio de Janeiro: IBGE; 2020.
2. Zabinski MF, Celio AA, Jacobs MJ, Manwaring J, Wilfley DE. Internet-based prevention of eating disorders. Eur Eat Disorders Rev. 2003;11(3):183-97.
3. Aardoom JJ, Dingemans AE, Van Furth EF. E-Health interventions for eating disorders: emerging findings, issues, and opportunities. Curr Psychiatry Rep. 2016;18(4):42.
4. Kazdin AE, Fitzsimmons-Craft EE, Wilfley DE. Addressing critical gaps in the treatment of eating disorders. Int J Eat Disord. 2017;50(3):170-89.
5. Yim SH, Schmidt U. Experiences of computer-based and conventional self-help interventions for eating disorders: A systematic review and meta-synthesis of qualitative research. Int J Eat Disord. 2019;52(10):1108-24.
6. Ahmadiankalati M, Steins-Loeber S, Paslakis G. Review of randomized controlled trials using e-health interventions for patients with eating disorders. Front Psychiatry. 2020;11:568.
7. Schlegl S, Bürger C, Schmidt L, Herbst N, Voderholzer U. The potential of technology-based psychological interventions for anorexia and bulimia nervosa: a systematic review and recommendations for future research. J Med Internet Res. 2015;17(3):e85.
8. Hildebrandt T, Michaeledes A, Mayhew M, Greif R, Sysko R, Toro-Ramos T, et al. Randomized controlled trial comparing health coach-delivered smartphone-guided self-help with standard care for adults with binge eating. Am J Psychiatry. 2020;177(2):134-42.
9. Barakat S, Maguire S, Smith KE, Mason TB, Crosby RD, Touyz S. Evaluating the role of digital intervention design in treatment outcomes and adherence to eTherapy programs for eating disorders: a systematic review and meta-analysis. Int J Eat Disord. 2019;52(10):1077-94.
10. Loucas CE, Fairburn CG, Whittington C, Pennant ME, Stockton S, Kendall T. E-therapy in the treatment and prevention of eating disorders: A systematic review and meta-analysis. Behav Res Ther. 2014;63:122-31.
11. Rodgers RF, Lowy AS, Halperin DM, Franko DL. A meta-analysis examining the influence of pro-eating disorder websites on body image and eating pathology. Eur Eat Disord Rev. 2016;24(1):3-8.
12. Quesnel DA, Cook B, Murray K, Zamudio J. Inspiration or thinspiration: the association among problematic internet use, exercise dependence, and eating disorder risk. Int J Ment Health Addict. 2018;16(5):1113-24.
13. Beintner I, Jacobi C, Taylor CB. Effects of an Internet-based prevention programme for eating disorders in the USA and Germany--a meta-analytic review. Eur Eat Disord Rev. 2012;20(1):1-8.
14. Aardoom JJ, Dingemans AE, Spinhoven P, Van Furth EF. Treating eating disorders over the internet: a systematic review and future research directions. Int J Eat Disord. 2013;46(6):539-52.

15. Wade TD, Wilksch SM. Internet eating disorder prevention. Curr Opin Psychiatry. 2018;31(6):456-61.
16. Linardon J, Shatte A, Messer M, Firth J, Fuller-Tyszkiewicz M. E-mental health interventions for the treatment and prevention of eating disorders: an updated systematic review and meta-analysis. J Consult Clin Psychol. 2020;88(11):994-1007.
17. Zeiler M, Kuso S, Nacke B, Klesges LM, Waldherr K. Evaluating reach, adoption, implementation and maintenance of Internet-based interventions to prevent eating disorders in adolescents: a systematic review. Eur J Public Health. 2020;30(1):179-88.
18. Melioli T, Bauer S, Franko DL, Moessner M, Ozer F, Chabrol H, et al. Reducing eating disorder symptoms and risk factors using the internet: a meta-analytic review. Int J Eat Disord. 2016;49(1):19-31.
19. Newton MS, Ciliska D. Internet-based innovations for the prevention of eating disorders: a systematic review. Eat Disord. 2006;14(5):365-84.
20. Moessner M, Minarik C, Ozer F, Bauer S. Effectiveness and cost-effectiveness of school-based dissemination strategies of an internet-based program for the prevention and early intervention in eating disorders: a randomized trial. Prev Sci. 2016;17(3):306-13.
21. Watson HJ, Joyce T, French E, Willan V, Kane RT, Tanner-Smith EE, et al. Prevention of eating disorders: A systematic review of randomized, controlled trials. Int J Eat Disord. 2016;49(9):833-62.
22. Bauer S, Papezova H, Chereches R, Caselli G, McLoughlin O, Szumska I, et al. Advances in the prevention and early intervention of eating disorders: the potential of Internet-delivered approaches. Ment Health Prev. 2013;1(1):26-32.
23. Stice E, Rohde P, Shaw H. The body project: a dissonance-based eating disorder prevention intervention. 2nd ed. New York: Oxford University; 2013.
24. Amaral ACS, Stice E, Ferreira MEC. A controlled trial of a dissonance-based eating disorders prevention program with Brazilian girls. Psicol Reflex Crit. 2019;32(1):13.
25. Stice E, Rohde P, Durant S, Shaw H. A preliminary trial of a prototype Internet dissonance-based eating disorder prevention program for young women with body image concerns. J Consult Clin Psychol. 2012;80(5):907-16.
26. Ghaderi A, Stice E, Andersson G, Enö Persson J, Allzén E. A randomized controlled trial of the effectiveness of virtually delivered Body Project (vBP) groups to prevent eating disorders. J Consult Clin Psychol. 2020;88(7):643-56.
27. Winzelberg AJ, Taylor CB, Sharpe T, Eldredge KL, Dev P, Constantinou PS. Evaluation of a computer-mediated eating disorder intervention program. Int J Eat Disord. 1998;24(4):339-49.
28. Almeida M, Brown TA, Campos PF, Amaral ACS, de Carvalho PHB. Dissonance-based eating disorder prevention delivered in-person after an online training: A randomized controlled trial for Brazilian men with body dissatisfaction. Int J Eat Disord. 2021;54(3):293-304.
29. Fairburn CG, Rothwell ER. Apps and eating disorders: a systematic clinical appraisal. Int J Eat Disord. 2015;48(7):1038-46.
30. Bauer S, Moessner M. Harnessing the power of technology for the treatment and prevention of eating disorders. Int J Eat Disord. 2013;46(5):508-15.
31. Fairburn CG, Murphy R. Treating eating disorders using the internet. Curr Opin Psychiatry. 2015;28(6):461-7.
32. Hötzel K, von Brachel R, Schmidt U, Rieger E, Kosfelder J, Hechler T, et al. An internet-based program to enhance motivation to change in females with symptoms of an eating disorder: a randomized controlled trial. Psychol Med. 2014;44(9):1947-63.
33. NetUnion. Products [Internet]. Lausanne; 2021 [capturado em 15 de mar. 2021]. Disponível em: www.netunion.com.
34. McClay CA, Waters L, McHale C, Schmidt U, Williams C. Online cognitive behavioral therapy for bulimic type disorders, delivered in the community by a nonclinician: qualitative study. J Med Internet Res. 2013;15(3):e46.
35. Matheson EL, Smith HG, Amaral ACS, Meireles JFF, Almeida MC, Mora G, et al. Improving body image at scale among Brazilian adolescents: study protocol for a randomised controlled trial assessing the efficacy of a chatbot intervention. No prelo 2021.

ÍNDICE

As letras f, q e t representam, respectivamente, figuras, quadros e tabelas.

U

V